高职院校语文教育专业教学改革精品教材

中国现当代文学

（第二版）

主　编　○　杜春海　　唐　霞
副主编　○　王光碧
编　委　○　彭晓春　　郑雅琴　　漆明珠　　张　丹

西南交通大学出版社
·成　都·

图书在版编目（CIP）数据

中国现当代文学 / 杜春海，唐霞主编. —2版. —成都：西南交通大学出版社，2020.10（2025.7重印）
ISBN 978-7-5643-7808-0

Ⅰ. ①中… Ⅱ. ①杜… ②唐… Ⅲ. ①中国文学 – 现代文学史 – 高等职业教育 – 教材②中国文学 – 当代文学 – 文学史 – 高等职业教育 – 教材 Ⅳ. ①I209.6②I209.7

中国版本图书馆 CIP 数据核字（2020）第 211644 号

Zhongguo Xiandangdai Wenxue

中国现当代文学
（第二版）

主　编／杜春海　唐　霞	责任编辑／郭发仔 封面设计／原创动力

西南交通大学出版社出版发行

（四川省成都市金牛区二环路北一段 111 号西南交通大学创新大厦 21 楼　610031）
营销部电话：028-87600564　　028-87600533
网址：http://www.xnjdcbs.com
印刷：四川森林印务有限责任公司

成品尺寸　185 mm×260 mm
印张　16　　字数　398 千
版次　2020 年 10 月第 2 版　　印次　2025 年 7 月第 8 次

书号　ISBN 978-7-5643-7808-0
定价　48.00 元

课件咨询电话：028-81435775
图书如有印装质量问题　本社负责退换
版权所有　盗版必究　举报电话：028-87600562

前 言

开设教师教育专业的高职高专学校不是很多。长期以来,教师教育的专业建设、教材建设被忽视,甚至明显滞后,简单地与本科层次的教师教育专业趋同,导致专科层次的教师教育专业的职教特色不够鲜明。但是,教育是一项利在当代、功在千秋的事业,关系到国家的富强与民族的振兴,因而急切地需要高素质、高技能的教师。为此,我们高职高专学校必须加强教师教育专业的建设与发展,以期培养更多的社会需要的基础教育阶段的高水平教师。

四川职业技术学院是一所有103年办学历史的高职高专学校,其教师教育专业也有64年的专科办学历史。其中,语文教育专业是该校教师教育专业中历史最悠久的专业之一,它已于2017年建设成为四川省高职院校重点专业。该专业主要为九年义务教育发展培养优秀的语文教师。而"中国现当代文学"就是该专业的基础课程,主要培养学生的文学素养与鉴赏审美能力,重在培养学生对现当代文学作品的鉴赏分析能力,理应以文学作品的学习为主。但是,适合专科层次的《中国现当代文学》教材很少。为此,我们组织了一批教学科研能力强的优秀教师为专科阶段的语文教育专业及相关的初等教育专业学生量身定制了这部《中国现当代文学》教材。

《中国现当代文学》(第二版)是在本书第一版基础上修订而成的。这部教材有三个鲜明的特点:一是正确处理了文学史与文学作品的关系。严格遵循专科层次学生学习文学课应以文学作品的学习为主的原则，文学作品的阅读分析占了教材的三分之二以上的篇幅。二是正确处理了传统经典与特色佳作的关系。该教材既注重入选现代文学各个发展时期涌现的传统经典名篇，也注重入选各个时期出现的特色佳作，比较完整地反映了各个时期文学发展的真实面貌。三是教材编写既注重文学发展的历史感，又按文体的不同集中选读作品，重点分析不同文体在不同时期的不同风格与特点，有助于全面培养和提升学生对不同文体作品的鉴赏能力与审美能力，较好地训育学生的听说读写等语文教师必需的职业素养与职业能力。

本教材由杜春海、唐霞任主编，王光碧任副主编，彭晓春、郑雅琴、漆明珠、张丹为编委。编写的具体分工为：杜春海负责第一篇第一章、第五篇第一章，王光碧负责第二篇第一章、第二章，唐霞负责第三篇第一章、第二章，彭晓春负责第四篇第一章、第二章，郑雅琴负责第五篇第二章，漆明珠负责第六篇第一章、第二章，张丹负责第一篇第二章。全书由杜春海拟定体例大纲并统稿，唐霞参与了教材大纲的草拟与初审工作。

本教材力求吸收相关的前沿性研究成果，参考了诸多文献资料，得到了学院领导、同行专家及出版社编辑的悉心指导与大力支持，在此一并致以深深的谢意。

因编者水平有限，书中疏漏在所难免，敬请专家同仁批评指正，以便进一步修改完善。

编 者
2020 年 10 月

目 录

第一篇 五四时期的文学（1917—1927年）

第一章 五四时期的文学发展 /2
第一节 文学思潮和流派 /2
第二节 小说创作 /4
第三节 诗歌创作 /5
第四节 散文创作 /7
第五节 戏剧创作 /8

第二章 文体作品选读 /9
第一节 小说 /9
第二节 诗歌 /23
第三节 散文 /27

第二篇 "左联"前后的文学（1927—1937年）

第三章 "左联"前后的文学发展 /35
第一节 文学思潮和流派 /35
第二节 小说创作 /37
第三节 诗歌创作 /38
第四节 散文创作 /39
第五节 戏剧创作 /40

第四章 文体作品选读 /42
第一节 小说 /42
第二节 诗歌 /59
第四节 戏剧 /61

第三篇 抗日战争和解放战争时期的文学（1937—1949年）

第五章 抗日战争和解放战争时期的文学发展 /77
第一节 文学思潮与流派 /77
第二节 小说创作 /78
第三节 诗歌创作 /80
第四节 散文创作 /81
第五节 戏剧创作 /82

第六章 文体作品选读 /84
第一节 小说 /84

第二节 戏剧 /133

第四篇 新中国成立十七年与"文革"时期的文学（1949—1976 年）

第七章 新中国成立十七年与"文革"时期的文学发展 /140
第一节 文学思潮和流派 /140
第二节 小说创作 /141
第三节 诗歌创作 /142
第四节 散文创作 /143
第五节 戏剧创作 /144

第八章 文体作品选读 /145
第一节 小说 /145
第二节 诗歌 /151
第三节 戏剧 /153

第五篇 新时期文学（1977— ）

第九章 新时期的文学发展 /172
第一节 文学思潮和流派 /172
第二节 小说创作 /174
第三节 诗歌创作 /175
第四节 散文创作 /178
第五节 戏剧创作 /179

第十章 文体作品选读 /182
第一节 小说 /182
第二节 诗歌 /207
第三节 散文 /213

第六篇 港台文学

第十一章 港台文学的发展 /219
第一节 文学思潮与流派 /219
第二节 小说创作 /222
第三节 诗歌创作 /230
第四节 散文创作 /234

第十二章 文体作品选读 /239
第一节 小说 /239
第二节 诗歌 /245

参考文献 248

第一篇 五四时期的文学
（1917—1927年）

第一章 五四时期的文学发展

第一节 文学思潮和流派

　　五四新文化运动和文学革命,是中国现代文学史的伟大开端。五四新文化运动包括两个方面的内容:一是提倡"民主"与"科学"、反对封建旧思想旧道德的思想革命;二是提倡新文学反对旧文学、提倡白话文反对文言文的文学革命。新文化运动在开始时是一个思想革命运动,也称思想启蒙运动。1915年9月,陈独秀主编的《新青年》(第一卷名《青年杂志》)创刊,这是新文化运动开始的标志。陈独秀、李大钊等新文化运动的倡导者们,以《新青年》为主要阵地,热情宣传民主和科学思想,批判封建伦理道德,批驳旧派人物欲"定孔教为国教"的荒谬主张。以后,新文化运动的倡导者们又广泛地介绍了西方的各种文艺思潮、流派,翻译了西方的一些文学名著,也开展了关于采用白话文的讨论。陈独秀提出了中国文艺"今后当趋向写实主义"的见解,李大钊认为"新文明之诞生,必有新文艺为之先声"。随着反对旧思想、旧道德,提倡新思想、新道德思想革命的深入,反对充斥着封建伦理道德内容的旧文学、反对与群众口语距离甚远的文言文成为必然。因此,文学革命的展开也就势在必行了。

　　1917年1月,胡适在《新青年》上发表的《文学改良刍议》是倡导文学改革、提出系统理论主张的第一篇文章。胡适提出改革文学须从"八事"入手,即"须言之有物""不摹仿古人""须讲求文法""不做无病之呻吟""务去滥调套语""不用典""不讲对仗""不避俗字俗语"。他的主张包括内容和形式两个方面,但总体上强调文学的语言形式改革,即废除文言文,提倡白话文。同年2月,陈独秀发表《文学革命论》,旗帜鲜明地提出"文学革命"的"三大主义",即"推倒雕琢的阿谀的贵族文学,建设平易的抒情的国民文学;推倒陈腐的铺张的古典文学,建设新鲜的立诚的写实文学;推倒迂晦的艰涩的山林文学,建设明了的通俗的社会文学"。陈独秀的主张从内容和形式两个方面讨伐了旧文学,而且态度异常坚决,他是当之无愧的文学革命的主将。胡适、陈独秀的发难,得到了钱玄同、刘半农等人的积极响应。文学革命的另一重要内容是介绍外国文学和翻译外国文学作品,陈独秀、李大钊、鲁迅、周作人、胡适、刘半农、沈雁冰等都发挥了重要作用。

　　俄国十月革命的胜利和马克思主义在中国的传播给文化思想界带来极其巨大而深远的影响。李大钊先后发表了《法俄革命比较观》《庶民的胜利》《布尔什维主义的胜利》《我的马克思主义观》等文,赞扬十月革命,介绍马克思主义学说。1918年,《新青年》编辑部扩大,李大钊、钱玄同、刘半农、胡适、沈尹默、高一涵、周作人、鲁迅等先后参加了编辑活动。从该年5月起,《新青年》全部改用白话。在此期间,新文化运动以《新青年》为核心,逐步形成了由共产主义知识分子、小资产阶级知识分子和资产阶级知识分子三部分人组成的统一战线的文化革命运动。五四新文化运动和文学革命在思想上为五四运动作了准备,五四反帝爱国主义运动,又推动了新文化运动和文学革命的深入发展。从此,中国文化和中国文学进入了一个无产阶级领导的、人民大众的、反帝反封建的新民主主义文化和新民主主义文学新阶段。

　　五四运动以后,新文学社团和新文学期刊不断涌现,标志着新文学运动有了重大发展。

据茅盾在《〈中国新文学大系·小说一集〉导言》中说，全国各地"先后成立的文学团体及刊物，不下一百个"。1921年1月成立于北京的文学研究会，是文学革命后出现的第一个新文学社团，也是中国新文学史上影响最大的文学团体，发起人有周作人、郑振铎、王统照、沈雁冰、叶圣陶、孙伏园、许地山等12人，会员170人左右，包括朱自清、冰心、庐隐、老舍等著名作家。文学研究会成立后，由沈雁冰接手经过革新的《小说月报》，并将其作为代用机关刊物，还出版了《文学旬刊》（后改为《文学周报》）等。文学研究会被称为"为人生"派，他们在《文学研究会宣言》中说："将文学当作高兴时的游戏或失意时的消遣的时候，现在已经过去了。我们相信文学是一种工作，而且又是于人生很切要的一种工作。"文学研究会多数成员的创作，明显地表现出"为人生"的态度和现实主义倾向。文学研究会在成立时，曾猛烈抨击以消遣为目的的"鸳鸯蝴蝶派"和"礼拜六派"的作品。文学研究会更注重介绍、翻译世界进步文学，对促进和推动新文学创作起了良好的作用。文学研究会继承和发展了五四文学革命的"为人生"的现实主义传统，使之发展成为在新文学中占主流地位的文学思潮。被称为"异军突起"的创造社，1921年7月成立于日本东京，主要成员系当时的留日学生郭沫若、成仿吾、郁达夫、张资平、郑伯奇等，先后出版的刊物有《创造季刊》《创造周报》《创造日》《洪水》《创造月刊》等。创造社成员的文艺思想比较复杂，但有一点相同，即"本着我们内心的要求，从事于文学活动"，他们强调文学是作家的自我表现，是作家内心要求的自然流露，这明显地标志着与文学研究会不同的浪漫主义倾向，它被人们称为"为艺术"派。创造社成员因在国外留学，深受西方文艺思潮的影响，他们向国内介绍、翻译以歌德、海涅、雪莱、惠特曼、泰戈尔等浪漫主义诗人为主的作品，也介绍过象征派、表现派等现代主义文艺思潮。他们的创作和翻译，在创造新文学的过程中有着不可磨灭的功绩。1923年成立的新月社，主要成员有胡适、徐志摩、闻一多、梁实秋等。他们提倡新格律诗。闻一多、徐志摩、朱湘等以《诗镌》为阵地，进行新格律诗的创作，从理论和创作实践上为新诗的发展做了有积极意义的探索。鲁迅与周作人、钱玄同、孙伏园、川岛等于1924年11月组成了语丝社，鲁迅被称为"语丝派"的主将。《语丝》多发表杂文、小品，语丝社的文艺思想和创作方法接近文学研究会。此外，这一时期影响较大的文学社团还有未名社、莽原社、浅草社、沉钟社、弥洒社、狂飙社、湖畔诗社、民众戏剧社、南国社等。新文学社团培育和锻炼了大批新文学工作者，促进了新文学创作的发展，形成了现实主义和浪漫主义两股思潮及其他一些流派。

新文化运动与文学革命的迅猛发展，必然遭到封建复古主义的反扑。在此期间，新文学运动曾先后击退了林纾、"学衡""甲寅"等封建复古派的进攻。林纾曾先后发表《致蔡鹤卿书》《论古文之不当废》《论古文白话之相消长》等文，反对白话文，维护文言文，认为"中国四千多年，以伦纪立国"，因此不能"覆孔孟，铲伦常"。林纾还发表《荆生》《妖梦》等影射小说，攻击新文化运动和文学革命的倡导者。1922年，吴宓主编的《学衡》杂志创刊于南京，主要撰稿人有梅光迪、胡先骕等，他们被称为"学衡派"。他们都是欧美留学生，摆出一副学贯中西、博古通今的架势，鼓吹要"昌明国粹，融化新知"，攻击新文化运动，反对言文合一。"甲寅派"因1925年复刊的《甲寅》周刊而得名，其代表人物是北洋政府教育总长兼司法总长的章士钊。章士钊在《评新文化运动》《评新文学运动》中非难白话文，赞美文言文，提倡读经，攻击新文化运动。对于林纾等封建复古派的进攻，文学研究会、创造社、语丝社的成员们都撰文予以驳斥。尤其是鲁迅写了一系列锋芒锐利的杂文，给了他们以致命的打击。

第二节 小说创作

1918年5月出版的《新青年》第四卷第五号，发表了鲁迅的第一篇白话小说《狂人日记》，从此中国文学开始了现代小说的发展历程。

《狂人日记》与鲁迅尔后发表的《孔乙己》《药》等，以"表现的深切和格式的特别"而"颇激动了一部分青年读者的心"，显示了文学革命的实绩。包括上述小说在内的鲁迅小说集《呐喊》《彷徨》，以全新的现代小说观念、彻底的反传统的精神、清醒的现实主义态度和对小说形式的多方面探讨与实践，有力地开拓了现代小说的发展道路，为中国现代小说奠定了坚实的基础。《呐喊》《彷徨》本着"揭出病苦，引起疗救的注意"这一宗旨，描写了农民、个体劳动者、下层知识分子物质上、肉体上的"病苦"，更侧重描写他们心灵上、精神上的"痛苦"。《呐喊》《彷徨》不但深刻地暴露和批判了封建思想、封建道德的"吃人"本质及其对人民群众的毒害之深，而且对国民性弱点作了深刻的开掘和批判，寄希望于民族精神的改革和建设。《呐喊》《彷徨》的"杂取种种人，合成一个"的典型化方法、"画眼睛"和"勾灵魂"的描写方法，以及以现实主义为主但也吸取了浪漫主义、象征主义成分的创作方法，都具有开拓性和典范性，对当时和后来的文学创作，产生了不可估量的影响。

除鲁迅外，本时期还出现了一大批杰出的小说作家，形成了各种不同的流派。

以文学研究会为中心的"人生派"问题小说，是本时期影响最大的小说流派，代表作家有叶圣陶（绍钧）、许地山、冰心、王统照等。他们的创作有一个共同的态度，就是认为"文学应该反映社会的现象，表现并且讨论有关人生一般的问题"。叶圣陶从1919年开始写白话小说，他的小说创作最能体现文学研究会写实主义"人生派"的特点，作品大多描写小城镇中小市民小知识分子的"灰色的人生"，《潘先生在难中》是这类题材的小说最有代表性的一篇。许地山，笔名落花生，是文学研究会中具有独特艺术个性的小说家。许地山出生于一个爱国者的书香门第之家，早年便确立了献身社会与人生的崇高志向。后在缅甸、马来西亚等地任教时，又对佛教、基督教产生了极大的兴趣。因此，他在本时期发表的小说，既揭露和抨击了黑暗的社会和现实，对人间的不平表现了深沉的忧愁和强烈的愤慨，同时也宣扬了"涅槃归真"的佛教思想和乐天知命的宿命人生观。他本时期的小说作品主要有《命命鸟》《商人妇》《缀网劳蛛》等。王统照早期的小说曾以抽象的"爱"和"美"作为弥合人生缺陷的药方，代表作品有《微笑》《沉思》等。随着对社会现实愈来愈清晰的认识，王统照把创作思想转向现实的人生，在《湖畔儿语》《生与死的一行列》《沉船》等作品中，描绘了现实生活之丑，诉说了下层劳苦群众的不幸。冰心是以《斯人独憔悴》等"问题小说"步入文坛的，表现了她对社会人生的关切。不久，她在小说《超人》《悟》中宣扬"爱"的哲学，试图以泛爱来拯救人世，这当然是无法实现的，但也表露了她对黑暗现实的不满和对纯真、无私的感情的渴求。庐隐的中篇小说《海滨故人》是她本时期的代表作。小说中5个充满"追求人生意义"热情的知识女性，在向封建堡垒冲击时，有的苦闷、彷徨，有的悲观、厌世，她们对人生意义探究的答案是"恨"。作品真切地反映了五四时期的社会现实，具有鲜明的反封建色彩。

以创造社为中心的抒情小说派，是一个浪漫主义的小说流派，代表作家有郭沫若、郁达夫、张资平等。郭沫若早期发表过10多篇小说，《牧羊哀话》表达了作者的反帝情绪；《漂流三部曲》等反映了青年知识分子找不到出路的时代苦闷，诉说了他们经济和爱情的苦痛，对旧的社会制度表示强烈的愤怒。郁达夫是创造社作家中小说创作成就最高、对中国现代小说有独特贡献的作家。他的短篇小说集《沉沦》（1921）是中国现代文学史上出版的第一部短篇小说集（包括《沉沦》《银灰色的死》《南迁》3篇小说），所收小说都以留学日本的青年的生活为题材，是"青年忧郁病的解剖"。其中短篇小说《沉沦》表现了反帝爱国的思想倾向，最为典型地代表了郁达夫早期小说创作的思想艺术特色。郁达夫从日本回国后，小说题材有了新的开拓。郁达夫小说有十分鲜明的个性特征："自叙传"的性质，浓郁的抒情格调，感伤色彩浓重的浪漫主义倾向。张资平的小说多以知识分子的恋爱生活为题材，早期短篇小说《她怅望着祖国的天野》《梅岭之春》等描写了下层妇女的痛苦，提出了一些社会问题，具有反封建的倾向和爱国主义意识。1922年其出版的带有自传性的《冲积期化石》是现代文学史上第一部长篇小说。后来由于崇尚生理的观察，他彻底没落了。

"乡土文学"派可说是在鲁迅的影响下形成的一个小说流派，代表作家有王鲁彦、许钦文、王任叔、许杰、彭家煌等。他们出身于农村，对家乡的情况比较熟悉，接受了鲁迅小说的影响，以农村生活为题材，将"乡间的死生、泥土的气息，移在纸上"，写出了一批"隐现着乡愁"，带着各地乡情民俗的作品，如王鲁彦的《黄金》《菊英的出嫁》，许钦文的《石宕》，王任叔的《疲惫者》，许杰的《惨雾》《赌徒吉顺》，彭家煌的《怂恿》《活鬼》等。

第三节 诗歌创作

中国现代文学史上出现的第一批白话诗早于第一篇白话小说《狂人日记》。早在1917年2月，胡适就在《新青年》第二卷第六号上发表了《白话诗八首》。接着，胡适、沈尹默、刘半农又在该刊1918年第四卷第一号上发表白话诗9首。白话诗率先向旧文学发起挑战，胡适是尝试白话诗的第一人。

胡适、沈尹默、刘半农、刘大白等是新诗的开拓者。他们的现实主义诗歌创作对后来的诗歌运动产生过重要影响。胡适的《尝试集》是我国现代诗歌史上第一部新诗集，出版于1920年3月。这本诗集不论在内容上和形式上都在某种程度上体现了五四时代的要求。诗集中的《威权》《一颗遭劫的星》《乐观》等诗反对封建专制，向往民主自由，抨击军阀，针砭时政，调子乐观，手法新颖；《黄克强先生哀辞》讴歌为国捐躯的资产阶级革命家黄兴；《人力车夫》表达了对劳动者的人道主义同情、怜悯。这些诗虽然反映了作者资产阶级民主主义的立场和志向，但在五四运动前后，作为反封建的武器也多有可取之处。《尝试集》在语言形式上做了有益的尝试，不仅采用白话，而且音节也较自然，但存在从旧体诗到自由体新诗过渡的痕迹，正如胡适自己所说，带有"缠脚时代的血腥气"。沈尹默的《月夜》被认为是"第一首散文诗而具备新诗美德的"的佳作；《三弦》则以其音节的和谐与意境的含蓄而博得很多人的称道。刘半农对新诗的形式和音节做过多样的尝试和探索，他提出了"破坏旧韵重造新韵"和"增多诗体"的主张，曾大力搜集民歌，进而仿效江阴民歌创作了一部《瓦釜集》。他的处女作《相隔一层纸》以鲜明的对比揭示了贫富对立的社会现实，诉说了被压迫人民的不幸和苦难。刘大白的《田主来》《卖布谣》等诗揭露了地主豪富的贪婪凶残，描绘了广大农民的悲惨生活和反抗意识，具有深刻的社会意义。刘大白也致力于新诗的平民化，他的诗多取材于农村，采用浅显易懂的民族形式，带有鲜明的现实主义倾向。

郭沫若是中国新诗的奠基者。他的诗集《女神》充分反映了五四时期狂飙突进的时代精神，冲破了旧诗格律的束缚，开了一代诗风。《女神》初版于1921年8月，虽略迟于胡适的《尝试集》，但以它全新的精神与形式显示了新诗革命的实绩。《女神》的基本思想是反抗叛逆、破旧创新，这种彻底破坏旧物、创造新物的思想，在《凤凰涅槃》中得到最充分、最突出的体现。与上述内容密切相关的便是《女神》中响彻的深沉的爱国主义旋律，《炉中煤》《晨安》《匪徒颂》等都表现了对于祖国的深沉眷恋与无限热爱。反对偶像崇拜、推崇个性解放构成了《女神》的又一重要特色，《天狗》《地球，我的母亲》等诗无处不有一个鲜明的"我"，诗人借助这个自我形象尽情地宣泄内心的积愤，发出要求个性彻底解放的强烈呼号。《女神》是一部杰出的、充满浪漫主义色彩的作品，具体表现为：以神话、传说为题材，并借此表达诗人的理想和愿望；运用浪漫主义的象征手法成功地塑造了不少光辉的浪漫主义形象；充满战斗的激情和丰富的想象力；形式自由开放，语言华丽丰满。

小诗，在五四新诗坛上一度成为"风靡一时的诗歌体裁"。

当时写小诗的诗人有冰心、宗白华、朱自清、徐玉诺、俞平伯、潘漠华、汪静之、刘大白等。小诗集《繁星》和《春水》的出版，使冰心成为当时"小诗派"的代表人物。《繁星》《春水》的基调是对"母爱、童真与大自然"的讴歌。诗人歌颂母爱，把母爱视为最崇高、最美好的东西；她赞美童真，视儿童为世界上最纯真、最可爱的朋友；她还礼赞大自然的宁静、柔和、柔美。冰心的小诗的核心和她的早期小说、散文一样，仍旧是"爱的哲学"。在艺术上，冰心的小诗短小凝练，常以哲理入诗，明丽清新又略带忧愁。

冯至与"湖畔诗人"的爱情诗具有强烈的反封建世俗的精神。在本时期的爱情诗创作中，"湖畔诗社"占有突出的地位，正如朱自清在《中国新文学大系·诗集·导言》中说："真正专心致志做情诗的，是'湖畔'的四个年轻人"，他们是汪静之、冯雪峰、潘漠华和应修人。他们的诗歌合集《湖畔》《春的歌集》以及汪静之的《蕙的风》等，抒写真挚的爱情，表达了青年对封建礼教的大胆反抗和对甜美生活的热烈追求，具有鲜明的反封建意义。与"湖畔"诗人写作题材相近的诗人是冯至。他曾被鲁迅誉为"中国最为杰出的抒情诗人"。冯至早期的诗收入《昨日之歌》，以歌颂青年和爱情为基本主题。他的诗精于构思，巧于想象，但又自然从容，显示了诗人高超的诗艺。

以闻一多、徐志摩为代表的"新月诗派"在建立新格律诗理论和进行新格律诗的创作实践等方面作出了重要贡献。闻一多是我国最早提倡新诗格律化的诗人，他在1926年发表的《诗的格律》中主张新的格律诗必须具有音乐的美、绘画的美和建筑的美。他的诗集《红烛》和《死水》的主旋律是爱国主义。他在诗中用充满浪漫色彩的热烈语言表现了浓烈的反帝爱国情思，也在不少诗篇中倾诉了对军阀统治下罪恶现实的不满和愤慨。朱自清称颂闻一多是一个爱国诗人，而且几乎可以说是唯一的爱国诗人。徐志摩追求诗的形式美、意境美，但更注意诗歌的音乐美。他的诗集《志摩的诗》《翡冷翠的一夜》等有对军阀混战、民不聊生的黑暗现实的悲愤抒写，有对下层人民苦难的人道主义同情，也有对资产阶级政治理想的期待、追求和积极乐观的情调。

第四节　散文创作

在五四时期的现代散文创作中，杂文最先脱颖而出。其艺术触角涉及封建制度的各个领域，宣传了民主与科学的主张，战斗性极强。代表作家有李大钊、鲁迅、钱玄同、陈独秀、刘半农等。现代杂文是萌芽于文学革命和思想革命的一种新文体。它起源于1918年4月《新青年》第四卷第四号开始设立的"随感录"栏目，继《新青年》之后，《每周评论》《时事新报·学灯》《民国日报·觉悟》等也先后设立了"随感录"栏目。这样，以《新青年》为中心，形成了一个撰写杂感、随笔的作者群。鲁迅无疑是最优秀的杂文作者，鲁迅这一时期的杂文集有《热风》《坟》《华盖集》《华盖集续编》，他的杂文犀利凝重，充满昂扬的战斗激情；陈独秀的杂文泼辣明快，表现了激进的民主主义者不妥协的战斗风格；钱玄同的杂文"颇汪洋而少含蓄"；李大钊的短论激浊扬清，说理透辟；刘半农的杂文则显得坦白直率，幽默诙谐。1924年语丝社所办的《语丝》是新文学史上第一个专门性的散文（杂文）刊物，它以发表"简短的感想和批评为主"；其作者的基本特色是"任意而谈，无所顾忌，要催促新的产生，对于有害于新的旧物，则竭力加以排击"，因而形成了一种风格泼辣幽默的"语丝文体"。这一时期的杂文，鲁迅写得最多，成就最大。杂文成为一种独立的文学体裁，是鲁迅倡导和长期实践的结果。鲁迅是现代杂文的开拓者和奠基者。

抒情散文的出现稍晚于杂文，当时被称为"小品文"或"美文"。1921年5月，周作人发表《美文》一文，提倡多写"记述的""艺术的"美文，"给新文学开辟出一块新土地"。周作人还以自己的创作实践，扩大了散文的取材范围，增多了散文的创作体式。他这个时期的散文大部分收在《自己的园地》和《雨天的书》中。他的抒情散文具有丰富的知识性、浓厚的趣味性。

鲁迅的《野草》，艺术构思新颖奇特，风格深沉含蓄，是我国散文诗的丰碑。《野草》是以心灵的自我解剖为特色的，反映了鲁迅的战斗、探索、彷徨、苦闷的内心感受，但这种内心感受是现实生活的投影和折射。《野草》着重表现的是作者那种正视现实的态度、改造现实的勇气和同黑暗现实斗争的意志。为了充分表现出作者复杂的内心感受，《野草》在艺术上多用象征主义的表现手法，具有意在言中而又意在言外的艺术效果。

鲁迅的《朝花夕拾》是一部回忆性的散文集，有10篇，可分为两类：一类是叙写作者肯定的、赞许的人物或事件，如《藤野先生》《范爱农》；另一类是叙写被否定、被批判的人物和事象，如《二十四孝图》。《朝花夕拾》不仅是一部引人入胜的优美的散文集，而且是研究鲁迅的生活和思想的主要资料。

在文学研究会作家中，朱自清的散文成就最高，影响最大。他的散文诗意浓郁，文情并茂，《背影》《荷塘月色》等是最负盛誉的佳作。冰心的散文比她的小说、诗歌更有成就，《寄小读者》《往事》《山中杂记》等散文都具有抒情诗和风景画的特色。

创造社郭沫若、郁达夫的散文，率真坦诚，委婉流畅，带有浓厚的"自叙传"色彩。郁达夫早期散文《还乡记》《还乡后记》和《日记九种》等，诉说了个人的遭遇和不幸；郭沫若早期写的《小品六章》等，以牧歌情调抒写孤寂的心情，情调是感伤的，但仍透露出时代的信息。

第五节　戏剧创作

五四时期的戏剧革新运动，其功绩主要在于理论的倡导和西洋名剧的介绍。1917年，随着新文化运动的开展，《新青年》曾发起对传统戏剧的批判，并且就旧戏存废问题，真新戏、假新戏以及如何借鉴西洋话剧等问题展开了激烈的争论。与此同时，《新青年》在1919年发表了胡适借鉴易卜生的《玩偶之家》写的独幕话剧《终身大事》。1921年3月，沈雁冰、郑振铎、欧阳予倩等在上海创立了"民众戏剧社"，出版《戏剧》月刊，介绍欧美话剧理论和艺术，提倡"爱美的"（Amateur，业余的）戏剧。他们在《宣言》中提出："当看戏是消遣的时代现在已经过去了"，戏剧"是推动社会使之前进的一个轮子，又是搜寻社会病根的X光镜，又是一块正直无私的反射镜"。同年12月，上海戏剧协社成立，成员有应云卫、谷剑尘、欧阳予倩、洪深等。他们学习西洋演剧艺术，建立了严格的导演和演出体系，提高了爱美剧的演出水平，推动了爱美剧运动的发展。

创作方面较有影响的，大多是取材于现实生活的社会问题剧，如丁西林的《一只马蜂》《压迫》，洪深的《赵阎王》，田汉的《获虎之夜》，欧阳予倩的《泼妇》《回家以后》等，这些剧作多面向社会人生，较为广泛地涉及恋爱、婚姻、家庭、妇女解放、道德伦理标准等社会问题，都具有一定的现实意义。从剧种看，出现了悲剧、喜剧、正剧等多种，而以喜剧和悲剧水平为最高。本时期历史剧创作成就虽不显著，但也确有一些作家如郭沫若、熊佛西、欧阳予倩等，用历史剧的形式，反对封建礼教、宗法制度，提倡婚姻自由、个性解放。初期的历史剧创作，郭沫若最有代表性，他先后创作了《卓文君》《王昭君》《聂嫈》三部历史剧，后结集出版，名为《三个叛逆的女性》。

思考与练习

1. 五四新文化运动的性质及历史意义是什么？
2. 说明五四文学革命的内容及其功绩。
3. 文学研究会、创造社的文学主张和主要贡献各是什么？
4. 新文化统一战线同哪些复古主义派别进行过斗争？

第二章　文体作品选读

第一节　小说

阿Q正传（节选）

鲁迅

第一章　序

我要给阿Q做正传，已经不止一两年了。但一面要做，一面又往回想，这足见我不是一个"立言"的人，因为从来不朽之笔，须传不朽之人，于是人以文传，文以人传——究竟谁靠谁传，渐渐的不甚了然起来，而终于归接到传阿Q，仿佛思想里有鬼似的。

然而要做这一篇速朽的文章，才下笔，便感到万分的困难了。第一是文章的名目。孔子曰，"名不正则言不顺"。这原是应该极注意的。传的名目很繁多：列传、自传、内传、外传、别传、家传、小传……，而可惜都不合。"列传"么，这一篇并非和许多阔人排在"正史"里；"自传"么，我又并非就是阿Q。说是"外传"，"内传"在哪里呢？倘用"内传"，阿Q又决不是神仙。"别传"呢，阿Q实在未曾有大总统上谕宣付国史馆立"本传"——虽说英国正史上并无"博徒列传"，而文豪迭更司也做过《博徒别传》这一部书，但文豪则可，在我辈却不可的。其次是"家传"，则我既不知与阿Q是否同宗，也未曾受他子孙的拜托；或"小传"，则阿Q又更无别的"大传"了。总而言之，这一篇也便是"本传"，但从我的文章着想，因为文体卑下，是"引车卖浆者流"所用的话，所以不敢僭称，便从不入三教九流的小说家所谓"闲话休提言归正传"这一句套话里，取出"正传"两个字来，作为名目，即使与古人所撰《书法正传》的"正传"字面上很相混，也顾不得了。

第二，立传的通例，开首大抵该是"某，字某，某地人也"，而我并不知道阿Q姓什么。有一回，他似乎是姓赵，但第二日便模糊了。那是赵太爷的儿子进了秀才的时候，锣声镗镗的报到村里来，阿Q正喝了两碗黄酒，便手舞足蹈的说，这于他也很光彩，因为他和赵太爷原来是本家，细细的排起来他还比秀才长三辈呢。其时几个旁听人倒也肃然的有些起敬了。那知道第二天，地保便叫阿Q到赵太爷家里去；太爷一见，满脸溅朱，喝道：

"阿Q，你这浑小子！你说我是你的本家么？"

阿Q不开口。

赵太爷愈看愈生气了，抢进几步说："你敢胡说！我怎么会有你这样的本家？你姓赵么？"

阿Q不开口，想往后退了；赵太爷跳过去，给了他一个嘴巴。

"你怎么会姓赵！——你哪里配姓赵！"

阿Q并没有抗辩他确凿姓赵，只用手摸着左颊，和地保退出去了；外面又被地保训斥了一番，谢了地保二百文酒钱。知道的人都说阿Q太荒唐，自己去招打；他大约未必姓赵，即使真姓赵，有赵太爷在这里，也不该如此胡说的。此后便再没有人提起他的氏族来，所以我终于不知道阿Q究竟什么姓。

第三,我又不知道阿Q的名字是怎么写的。他活着的时候,人都叫他阿Quei,死了以后,便没有一个人再叫阿Quei了,哪里还会有"著之竹帛"的事。若论"著之竹帛",这篇文章要算第一次,所以先遇着了这第一个难关。我曾经仔细想:阿Quei,阿桂还是阿贵呢?倘使他号叫月亭,或者在八月间做过生日,那一定是阿桂了。而他既没有号——也许有号,只是没有人知道他,——又未尝散过生日征文的帖子:写作阿桂,是武断的。又倘若他有一位老兄或令弟叫阿富,那一定是阿贵了;而他又只是一个人:写作阿贵,也没有佐证的。其余音Quei的偏僻字样,更加凑不上了。先时,我也曾问过赵太爷的儿子茂才先生,谁料博雅如此公,竟也茫然,但据结论说,是因为陈独秀办了新青年提倡洋字,所以国粹沦亡,无可查考了。我的最后的手段,只有托一个同乡去查阿Q犯事的案卷,八个月之后才有回信,说案卷里并无与阿Quei的声音相近的人。我虽不知道是真没有,还是没有查,然而也再没有别的方法了。生怕注音字母还未通行,只好用了"洋字",照英国流行的拼法写他为阿Quei,略作阿Q。这近于盲从《新青年》,自己也很抱歉,但茂才公尚且不知,我还有什么好办法呢。

第四,是阿Q的籍贯了。倘他姓赵,则据现在好称郡望的老例,可以照《郡名百家姓》上的注解,说是"陇西天水人也",但可惜这姓是不甚可靠的,因此籍贯也就有些决不定。他虽然多住未庄,然而也常常宿在别处,不能说是未庄人,即使说是"未庄人也",也仍然有乖史法的。

我所聊以自慰的,是还有一个"阿"字非常正确,绝无附会假借的缺点,颇可以就正于通人。至于其余,却都非浅学所能穿凿,只希望有"历史癖与考据癖"的胡适之先生的门人们,将来或者能够寻出许多新端绪来,但是我这《阿Q正传》到那时却又怕早经消灭了。

以上可以算是序。

....

第三章　续优胜记略

然而阿Q虽然常优胜,却直待蒙赵太爷打他嘴巴之后,这才出了名。

他付过地保二百文酒钱,愤愤的躺下了,后来想:"现在的世界太不成话,儿子打老子……"于是忽而想到赵太爷的威风,而现在是他的儿子了,便自己也渐渐的得意起来,爬起身,唱着《小孤孀上坟》到酒店去。这时候,他又觉得赵太爷高人一等了。

说也奇怪,从此之后,果然大家也仿佛格外尊敬他。这在阿Q,或者以为因为他是赵太爷的父亲,而其实也不然。未庄通例,倘如阿七打阿八,或者李四打张三,向来本不算一件事,必须与一位名人如赵太爷者相关,这才载上他们的口碑。一上口碑,则打的既有名,被打的也就托庇有了名。至于错在阿Q,那自然是不必说。所以者何?就因为赵太爷是不会错的。但他既然错,为什么大家又仿佛格外尊敬他呢?这可难解,穿凿起来说,或者因为阿Q说是赵太爷的本家,虽然挨了打,大家也还怕有些真,总不如尊敬一些稳当。否则,也如孔庙里的太牢一般,虽然与猪羊一样,同是畜生,但既经圣人下箸,先儒们便不敢妄动了。

阿Q此后倒得意了许多年。

有一年的春天,他醉醺醺的在街上走,在墙根的日光下,看见王胡在那里赤着膊捉虱子,他忽然觉得身上也痒起来了。这王胡,又癞又胡,别人都叫他王癞胡,阿Q却删去了一个癞字，然而非常藐视他。阿Q的意思，以为癞是不足为奇的，只有这一部络腮胡子，实在太新奇，令人看不上眼。他于是并排坐下去了。倘是别的闲人们，阿Q还不敢大意坐下去。但这王胡旁边，他有什么怕呢？老实说：他肯坐下去，简直还是抬举他。

阿Q也脱下破夹袄来，翻检了一回，不知道因为新洗呢还是因为粗心，许多工夫，只捉到三四个。他看那王胡，却是一个又一个，两个又三个，只放在嘴里毕毕剥剥的响。

阿Q最初是失望，后来却不平了：看不上眼的王胡尚且那么多，自己倒反这样少，这是怎样的大失体统的事呵！他很想寻一两个大的，然而竟没有，好容易才捉到一个中的，恨恨的塞在厚嘴唇里，狠命一咬，劈的一声，又不及王胡响。

他癞疮疤块块通红了，将衣服摔在地上，吐一口唾沫，说：

"这毛虫！"

"癞皮狗。你骂谁？"王胡轻蔑的抬起眼来说。

阿Q近来虽然比较的受人尊敬，自己也更高傲些，但和那些打惯的闲人们见面还胆怯，独有这回却非常武勇了。这样满脸胡子的东西，也敢出言无状么？

"谁认便骂谁！"他站起来，两手叉在腰间说。

"你的骨头痒了么？"王胡也站起来，披上衣服说。

阿Q以为他要逃了，抢进去就是一拳。这拳头还未达到身上，已经被他抓住了，只一拉，阿Q跄跄踉踉的跌进去，立刻又被王胡扭住了辫子，要拉到墙上照例去碰头。

"'君子动口不动手'！"阿Q歪着头说。

王胡似乎不是君子，并不理会，一连给他碰了五下，又用力的一推，至于阿Q跌出六尺多远，这才满足的去了。

在阿Q的记忆上，这大约要算是生平第一件的屈辱，因为王胡以络腮胡子的缺点，向来只被他奚落，从没有奚落他，更不必说动手了。而他现在竟动手，很意外，难道真如市上所说，皇帝已经停了考，不要秀才和举人了，因此赵家减了威风。因此他们也便小觑了他么？

阿Q无可适从的站着。

远远的走来了一个人，他的对头又到了。这也是阿Q最厌恶的一个人，就是钱太爷的大儿子。他先前跑上城里去进洋学堂，不知怎么又跑到东洋去了，半年之后他回到家里来，腿也直了，辫子也不见了，他的母亲大哭了十几场，他的老婆跳了三回井。后来，他的母亲到处说，"这辫子是被坏人灌醉了酒剪去的。本来可以做大官，现在只好等留长再说了。"然而阿Q不肯信，偏称他"假洋鬼子"，也叫作"里通外国的人"，一见他，一定在肚子里暗暗的咒骂。

阿Q尤其"深恶而痛绝之"的，是他的一条假辫子。辫子而至于假，就是没有了做人的资格；他的老婆不跳第四回井，也不是好女人。

这"假洋鬼子"近来了。

"秃儿。驴……"阿Q历来本只在肚子里骂，没有出过声，这回因为正气忿，因为要报仇，便不由得轻轻的说出来了。

不料这秃儿却拿着一支黄漆的棍子——就是阿Q所谓哭丧棒——大踏步走了过来。阿Q在这刹那，便知道大约要挨打了，赶紧抽紧筋骨，耸了肩膀等候着。果然，拍的一声，似乎确凿打在自己头上了！

"我说他！"阿Q指着近旁的一个孩子，分辩说。

拍！拍拍！

在阿Q的记忆上，这大约要算是生平第二件的屈辱。幸而啪啪的响了之后，于他倒似乎完结了一件事，反而觉得轻松些。而且"忘却"这一件祖传的宝贝也发生了效力，他慢慢的走，将到酒店门口，早已有些高兴了。

但对面走来了静修庵里的小尼姑。阿Q便在平时，看见伊也一定要唾骂，而况在屈辱之后呢？他于是发生了回忆，又发生了敌忾了。

"我不知道我今天为什么这样晦气，原来就因为见了你！"他想。

他迎上去，大声的吐一口唾沫：

"咳，呸！"

小尼姑全不睬，低了头只是走。阿Q走近伊身旁，突然伸出手去摩着伊新剃的头皮，呆笑着，说：

"秃儿！快回去，和尚等着你……"

"你怎么动手动脚……"尼姑满脸通红的说，一面赶快走。

酒店里的人大笑了。阿Q看见自己的勋业得了赏识，便愈加兴高采烈起来：

"和尚动得，我动不得？"他扭住伊的面颊。

酒店里的人大笑了。阿Q更得意，而且为满足那些赏鉴家起见，再用力的一拧，才放手。

他这一战，早忘却了王胡，也忘却了假洋鬼子，似乎对于今天的一切"晦气"都报了仇；而且奇怪，又仿佛全身比啪啪的响了之后更轻松，飘飘然的似乎要飞去了。

"这断子绝孙的阿Q！"远远地听得小尼姑的带哭的声音。

"哈哈哈！"阿Q十分得意的笑。

"哈哈哈！"酒店里的人也九分得意的笑。

…………

【导读】

鲁迅（1881—1936），中国现代伟大的文学家、思想家。原名周树人，字豫才，浙江绍兴人。1902年赴日学医，后弃医从文，深受进化论思想的影响。1918年5月，用笔名"鲁迅"在《新青年》杂志发表中国现代第一篇白话文小说《狂人日记》。1920年起，先后在北京大学、北京女子师范大学、厦门大学、中山大学任教。1927年以后，在经历了上海"四一二"反革命政变和广州"四一五"反革命大屠杀的事实教育及不懈的自我解剖、自我批判之后，鲁迅终于完成了由进化论向阶级论、由革命民主主义到共产主义的历史性飞跃。1927年10月移居上海，积极参加"左联"的领导工作和革命文艺运动，与反动文人、反动文学进行不懈的斗争，成为"中国文化革命的伟人"。1936年10月19日病逝。鲁迅一生创作了大量作品，并积极翻译介绍外国文学，整理研究古代文学遗产，为中国文化事业作出了巨大贡献。主要作品有小说集《呐喊》《彷徨》《故事新编》，散文集《朝花夕拾》，散文诗集《野草》，杂文集《坟》《热风》《华盖集》《三闲集》《且介亭杂文》等。辑有《鲁迅全集》。

《阿Q正传》不但是鲁迅的代表作，而且是最早介绍到世界其他国家的中国现代小说。这是一部代表中国现代文学成就的伟大名著。阿Q这一形象也成为世界名著中的文学典型之一。改造国民性，表现"病态社会的不幸的人们""揭出病苦，引起疗救的注意"是鲁迅创作思想的主要特点。在鲁迅看来，创作小说必须是"为人生，而且是改良这人生"。《阿Q正传》正体现了鲁迅这种创作思想。

阿Q是辛亥革命时期一个落后的农民，在讲究等级身份的社会里社会地位十分低下，甚至连姓也没有。他上无片瓦，下无插针之地，寄居在土谷祠，只以帮人打工为生。阿Q的主要性格特征就是"精神胜利法"，他的人生就是"精神胜利法"的深刻演绎。在未庄这个环境里，他始终处于底层地位，在与赵太爷、假洋鬼子、王胡的冲突中永远是失败者，受尽欺凌、剥削和压迫，甚至被断绝生机，生活十分悲惨。但他对自己的失败与卑下的地位麻木无感，没有真正的不平和反抗，采取闭起眼睛、视而不见，甚至采取自我辩护和粉饰的态度，根本不承认自己的失败与被奴役。他以妄自尊大、忌讳缺点、自轻自贱、欺凌弱者等方法，自欺自慰，自我陶醉于虚妄的精神胜利之中。

阿Q的基本思想特征是缺乏起码的自我意识和平等意识，这也是其"精神胜利法"产生的原因。阿Q的思想不是在自身生活追求和精神追求的基础上形成的，而是简单沿袭既有的儒家伦理道德观念的结果。封建的等级身份观念强调纲常礼教、长幼尊卑，规定上有权治下、下要绝对服从上。这是统治者为了压抑个性意志、个人欲望和个性自由，方便自身统治的需要，他却被这种等级观念支配着，在下意识里承认不平等是合理的。在实际生活中，阿Q总是受人欺侮而本能上又不愿承认这种受欺侮的地位。为了摆脱困境，"精神胜利法"便成了他安慰自己的唯一的思想武器。"精神胜利法"不是阿Q所独有的现象，也不是奇怪的思想方式和思想表现，凡是不能在平等关系上看待人与人的本质关系，而承认社会的不平等是正常的合理的人，都可能以精神胜利的方式来承受在强权者面前所受到的凌辱和损害。当时的中国人普遍存在封建等级观念，因此，阿Q的"精神胜利法"正是当时整个中国国民精神弱点的典型概括和形象表现。

鲁迅之所以要把这样一个流浪雇农作为整个国民弱点的集中体现来描写，是因为当时受帝国主义列强欺侮的中华民族在国际上的屈辱地位，与受践踏的阿Q在未庄环境中的地位非常相似，阿Q在一定程度上可以象征中华民族在近代的苦难历史。作者在小说的后半部，把对阿Q的形象塑造放在辛亥革命这一重大历史事件中去表现。不但深化了人物的悲剧命运，而且批判了辛亥革命的不彻底性，深刻揭示了辛亥革命的历史教训。

《阿Q正传》在艺术上特色鲜明，是一部现实主义杰作，既刻画出生动的典型形象，又深刻再现了辛亥革命前后的中国社会。阿Q具有典型环境中的典型性格。作者采用"杂取种种人，合成一个"的典型化方法，使人物具有深广的社会历史内涵，有高度的典型性和个性特征。此外，白描手法也是作者塑造人物的主要方法。他用简洁的笔墨勾勒艺术形象，用最能表现人物性格特征的细节和语言，寥寥数笔，就使人物栩栩如生，呼之欲出。《阿Q正传》把喜剧与悲剧有机地结合在一起。阿Q的可笑正是其可悲之处，这种艺术处理方式极好地表现了鲁迅对整个民族劣根性的"哀其不幸，怒其不争"的情感态度。

本文节选自《阿Q正传》，集中体现了阿Q形象的由来与精神胜利法的特点。《阿Q正传》是一部折射出特定时代中国社会状况、反思民族命运与民族性格、高扬启蒙主义旗帜的伟大作品，成为一部"必读的民族典籍"。

伤逝（节选）
——涓生的手记
鲁迅

如果我能够，我要写下我的悔恨和悲哀，为子君，为自己。

会馆里的被遗忘在偏僻里的破屋是这样地寂静和空虚。时光过得真快，我爱子君，仗着她逃出这寂静和空虚，已经满一年了。事情又这么不凑巧，我重来时，偏偏空着的又只有这一间屋。依然是这样的破窗，这样的窗外的半枯的槐树和老紫藤，这样的窗前的方桌，这样的败壁，这样的靠壁的板床。深夜中独自躺在床上，就如我未曾和子君同居以前一般，过去一年中的时光全被消灭，全未有过，我并没有曾经从这破屋子搬出，在吉兆胡同创立了满怀希望的小小的家庭。

不但如此。在一年之前，这寂静和空虚是并不这样的，常常含着期待；期待子君的到来。在久待的焦躁中，一听到皮鞋的高底尖触着砖路的清响，是怎样地使我骤然生动起来呵！于是就看见带着笑涡的苍白的圆脸，苍白的瘦的臂膊，布的有条纹的衫子，玄色的裙。她又带了窗外的半枯的槐树的新叶来，使我看见，还有挂在铁似的老干上的一房一房的紫白的藤花。

然而现在呢，只有寂静和空虚依旧，子君却决不再来了，而且永远，永远地！……

子君不在我这破屋里时，我什么也看不见。在百无聊赖中，顺手抓过一本书来，科学也好，文学也好，横竖什么都一样；看下去，看下去，忽而自己觉得，已经翻了十多页了，但是毫不记得书上所说的事。只是耳朵却分外地灵，仿佛听到大门外一切往来的履声，从中便有子君的，而且橐橐地逐渐临近，——但是，往往又逐渐渺茫，终于消失在别的步声的杂沓中了。我憎恶那不像子君鞋声的穿布底鞋的长班的儿子，我憎恶那太像子君鞋声的常常穿着新皮鞋的邻院的搽雪花膏的小东西！

莫非她翻了车么？莫非她被电车撞伤了么？……

我便要取了帽子去看她，然而她的胞叔就曾经当面骂过我。

蓦然，她的鞋声近来了，一步响于一步，迎出去时，却已经走过紫藤棚下，脸上带着微笑的酒涡。她在她叔子的家里大约并未受气；我的心宁帖了，默默地相视片时之后，破屋里便渐渐充满了我的语声，谈家庭，谈打破旧习惯，谈男女平等，谈伊孛生，谈泰戈尔，谈雪莱……。她总是微笑点头，两眼里弥漫着稚气的好奇的光泽。壁上就钉着一张铜板的雪莱半身像，是从杂志上裁下来的，是他的最美的一张像。当我指给她看时，她却只草草一看，便低了头，似乎不好意思了。这些地方，子君就大概还未脱尽旧思想的束缚，——我后来也想，倒不如换一张雪莱淹死在海里的纪念像或是伊孛生的罢；但也终于没有换，现在是连这一张也不知那里去了。

"我是我自己的，他们谁也没有干涉我的权利！"

这是我们交际了半年，又谈起她在这里的胞叔和在家的父亲时，她默想了一会之后，分明地，坚决地，沉静地说了出来的话。其时是我已经说尽了我的意见，我的身世，我的缺点，很少隐瞒；她也完全了解的了。这几句话很震动了我的灵魂，此后许多天还在耳中发响，而且说不出的狂喜，知道中国女性，并不如厌世家所说那样的无法可施，在不远的将来，便要看见辉煌的曙色的。

送她出门,照例是相离十多步远;照例是那鲇鱼须的老东西的脸又紧贴在脏的窗玻璃上了,连鼻尖都挤成一个小平面;到外院,照例又是明晃晃的玻璃窗里的那小东西的脸,加厚的雪花膏。她目不斜视地骄傲地走了,没有看见;我骄傲地回来。

"我是我自己的,他们谁也没有干涉我的权利!"这彻底的思想就在她的脑里,比我还透彻,坚强得多。半瓶雪花膏和鼻尖的小平面,于她能算什么东西呢?

....

天气的冷和神情的冷,逼迫我不能在家庭中安身。但是,往那里去呢?大道上,公园里,虽然没有冰冷的神情,冷风究竟也刺得人皮肤欲裂。我终于在通俗图书馆里觅得了我的天堂。

那里无须买票;阅书室里又装着两个铁火炉。纵使不过是烧着不死不活的煤的火炉,但单是看见装着它,精神上也就总觉得有些温暖。书却无可看:旧的陈腐,新的是几乎没有的。

好在我到那里去也并非为看书。另外时常还有几个人,多则十余人,都是单薄衣裳,正如我,各人看各人的书,作为取暖的口实。这于我尤为合式。道路上容易遇见熟人,得到轻蔑的一瞥,但此地却决无那样的横祸,因为他们是永远围在别的铁炉旁,或者靠在自家的白炉边的。

那里虽然没有书给我看,却还有安闲容得我想。待到孤身枯坐,回忆从前,这才觉得大半年来,只为了爱,——盲目的爱,——而将别的人生的要义全盘疏忽了。第一,便是生活。人必生活着,爱才有所附丽。世界上并非没有为了奋斗者而开的活路;我也还未忘却翅子的扇动,虽然比先前已经颓唐得多……

屋子和读者渐渐消失了,我看见怒涛中的渔夫,战壕中的兵士,摩托车中的贵人,洋场上的投机家,深山密林中的豪杰,讲台上的教授,昏夜的运动者和深夜的偷儿……子君,——不在近旁。她的勇气都失掉了,只为着阿随悲愤,为着做饭出神;然而奇怪的是倒也并不怎样瘦损……

....

我要离开吉兆胡同,在这里是异样的空虚和寂寞。我想,只要离开这里,子君便如还在我的身边;至少,也如还在城中,有一天,将要出乎意表地访我,像住在会馆时候似的。

然而一切请托和书信,都是一无反响;我不得已,只好访问一个久不问候的世交去了。他是我伯父的幼年的同窗,以正经出名的拔贡,寓京很久,交游也广阔的。

大概因为衣服的破旧罢,一登门便很遭门房的白眼。好容易才相见,也还相识,但是很冷落。我们的往事,他全都知道了。

"自然,你也不能在这里了,"他听了我托他在别处觅事之后,冷冷地说,"但哪里去呢?很难。你那,什么呢,你的朋友罢,子君,你可知道,她死了。"

我惊得没有话。

"真的?"我终于不自觉地问。

"哈哈。自然真的。我家的王升的家,就和她家同村。"

"但是,不知道是怎么死的?"

"谁知道呢。总之是死了就是了。"

我已经忘却了怎样辞别他,回到自己的寓所。我知道他是不说谎话的;子君总不会再来的了,像去年那样。她虽是想在严威和冷眼中负着虚空的重担来走所谓人生的路,也已经不能。她的命运,已经决定她在我所给予的真实无爱的人间死灭了!

自然,我不能在这里了;但是,"哪里去呢?"

四围是广大的空虚,还有死的寂静。死于无爱的人们的眼前的黑暗,我仿佛一一看见,还听得一切苦闷和绝望的挣扎的声音。

我还期待着新的东西到来,无名的,意外的。但一天一天,无非是死的寂静。

我比先前已经不大出门,只坐卧在广大的空虚里,一任这死的寂静侵蚀着我的灵魂。死的寂静有时也自己战栗,自己退藏,于是在这绝续之交,便闪出无名的,意外的,新的期待。

一天是阴沉的上午,太阳还不能从云里面挣扎出来;连空气都疲乏着。耳中听到细碎的步声和咻咻的鼻息,使我睁开眼。大致一看,屋子里还是空虚;但偶然看到地面,却盘旋着一匹小小的动物,瘦弱的,半死的,满身灰土的……。

我一细看,我的心就一停,接着便直跳起来。

那是阿随。它回来了。

我的离开吉兆胡同,也不单是为了房主人们和他家女工的冷眼,大半就为着这阿随。但是,"那里去呢?"新的生路自然还很多,我约略知道,也间或依稀看见,觉得就在我面前,然而我还没有知道跨进那里去的第一步的方法。

经过许多回的思量和比较,也还只有会馆是还能相容的地方。依然是这样的破屋,这样的板床,这样的半枯的槐树和紫藤,但那时使我希望,欢欣,爱,生活的,却全都逝去了,只有一个虚空,我用真实去换来的虚空存在。

新的生路还很多,我必须跨进去,因为我还活着。但我还不知道怎样跨出那第一步。有时,仿佛看见那生路就像一条灰白的长蛇,自己蜿蜒地向我奔来,我等着,等着,看看临近,但忽然便消失在黑暗里了。

初春的夜,还是那么长。长久的枯坐中记起上午在街头所见的葬式,前面是纸人纸马,后面是唱歌一般的哭声。我现在已经知道他们的聪明了,这是多么轻松简捷的事。

然而子君的葬式却又在我的眼前,是独自负着虚空的重担,在灰白的长路上前行,而又即刻消失在周围的严威和冷眼里了。

我愿意真有所谓鬼魂,真有所谓地狱,那么,即使在孽风怒吼之中,我也将寻觅子君,当面说出我的悔恨和悲哀,祈求她的饶恕;否则,地狱的毒焰将围绕我,猛烈地烧尽我的悔恨和悲哀。

我将在孽风和毒焰中拥抱子君,乞她宽容,或者使她快意……。

但是,这却更虚空于新的生路;现在所有的只是初春的夜,竟还是那么长。我活着,我总得向着新的生路跨出去,那第一步,——却不过是写下我的悔恨和悲哀,为子君,为自己。

我仍然只有唱歌一般的哭声,给子君送葬,葬在遗忘中。

我要遗忘;我为自己,并且要不再想到这用了遗忘给子君送葬。

我要向着新的生路跨进第一步去,我要将真实深深地藏在心的创伤中,默默地前行,用遗忘和说谎做我的前导……。

一九二五年十月二十一日毕

第一篇·五四时期的文学（1917—1927 年）

【导读】

《伤逝》选自鲁迅的小说集《彷徨》，是鲁迅唯一以青年男女恋爱婚姻问题为题材的作品。恋爱自由、婚姻自主是五四时期青年普遍关心和身体力行的一种时尚。五四时期，以"娜拉出走"为喜剧结局的作品风行一时。写在五四退潮期的《伤逝》则描绘了一出引人深思的社会悲剧，体现了鲁迅对"娜拉出走以后怎样"的问题的关注。作品以"涓生手记"的形式，以小说主人公的切身感受，回顾与子君从恋爱到激情破灭一年间的经历，从而通过涓生的反思和悔恨，揭示出恋爱和婚姻问题不可能是一个孤立的问题。它的最终解决，不能光靠着个性的解放，而应该是整个社会解放的一个组成部分。作者从多方面揭示了悲剧的原因，着力刻画的不是社会的压抑、经济的困窘以及性格的软弱，而强调指出的是主人公信奉的个性解放的局限性，所导致他们产生的思想弱点才是悲剧的真正原因。小说隐含了鲁迅对个性解放作用的重新认识。本篇节选自《伤逝》，既交代出《伤逝》叙述的脉络，又展现了鲁迅先生的文笔风范。节选后，本文的第一叙事者涓生的变化也得到了比较明晰的体现。

这是一篇"手记体"小说，也被称为抒情体小说。题材平凡，发掘很深。鲁迅选取的是青年知识分子恋爱婚姻的题材，表现的是普通的人和事，是日常人们司空见惯的生活。鲁迅从追求自主婚姻胜利的喜剧性结局看到了悲剧的开始，揭示了人们热衷的个性解放的思想武器正是导致悲剧的主要原因，提出了妇女只有坚持战斗才能获得彻底解放的深刻而独到的哲学命题。

小说具有浓烈的抒情性，以涓生的痛悔和悔后的追求为基调，全篇交织着幸福、忧愁、痛悔、迷惘、追求的复杂感情，发人深省。生动的细节描写、哲理的启迪，显示出小说深邃的思想力量。

潘先生在难中（故事梗概）

叶圣陶

1924 年，江浙发生战乱，碧庄小学校长潘先生在战乱来临时带着妻子和两个儿子乘火车离开碧庄前往上海逃难。在这趟旅程中，由于逃难的人太多，潘先生想出将家人连成一队的策略，以免家人在出火车站的人群中丢失。到达上海后，潘先生将妻儿安顿在四马路的一间旅馆，一面庆幸，一面感到烦闷。烦闷的原因是他得一个人回到碧庄。

潘先生独自回到碧庄之后，在开学的通告上写了激昂与鼓励的话。但在知道铁路因为战事封锁的时候，他又为自己深感忧虑。一番思索之后，潘先生加入红十字会，并愿意将自己在学校的房屋作为妇女收容所。潘先生加入红十字会，一则为了保全私产，二则为了得到能够保障妻儿安全的袖章和有红十字标志的旗子。潘先生设法进入可以保障生命安全的"红房子"，并在那里遇见了先前坚持要求开学的教育局局长，他亦在那里避难。潘先生和他人摆谈了战争的基本情况。战争在二十天后停止，潘先生此时想到的则是在上海避难的妻儿，还有

17

逃难花去的着实有些冤枉的费用。

在小说的结尾，潘先生受教育局局长邀请，为庆贺军阀杜统帅的凯旋，在车站搭起的彩牌坊上写歌颂之辞。潘先生在落笔之间，眼前却闪过了战争中的"拉夫、开炮，焚烧房屋，奸淫妇人，菜色的男女，腐烂的死尸"，而旁人却只是赞叹其字句。

【导读】

叶圣陶（1894—1988），原名叶绍钧，江苏省苏州人。现代作家、教育家、文学出版家和社会活动家。1914年开始创作文言小说，并发表在新鸳鸯蝴蝶派的核心刊物《礼拜六》上。后又与茅盾、郑振铎共创文学研究会。著有小说《隔膜》《线下》《倪焕之》，散文集《脚步集》《西川集》，童话集《稻草人》《古代英雄的石像》等，并编辑过几十种课本，写过十几本语文教育论著。朱自清曾评价说，他的作品是如实地写，这是作者的自白。他的思想成熟，手法老练，初期文风近于俄国，晚期近于法国。除此而外，叶圣陶也是一位扬名中外的教育家，曾在教育部门担任过要职。

重点阅读的部分是《潘先生在难中》的第一章，全文以细腻的笔触为我们描摹了一个典型的知识阶层小人物在战时可笑的心态，他是惯于看上司脸色行事的卑琐、自私、患得患失的小资产阶级知识分子。战争让潘先生慌乱无措，急着举家逃难，而逃难中的手拉手的细节更是让人含泪而笑，显然这个动作在杂乱的火车站是个地道而且迂腐的可笑动作。逃离后的张狂，战争稍微平息就预测和平而匆忙赶回学校，展示了小知识分子的勇敢和尽责的一面；而当战争刚又打响时，他又慌乱逃向红十字会，甚者听到了别人恶毒的诅咒：那方面的杜统帅实在可恶，这方面打过去，他抵抗什么呢？文章展现了潘先生侥幸的心理：既想保全自家的生命安全，又想在战乱中博得一个好的名声，结果在自己目光短浅的预测中，让自己饱受惊吓，可谓多灾多难，又有点滑稽。

小说以冷静客观的态度，简洁而生动的描写生活、刻画人物，情节结构紧凑。作者从一个逃难到另外一个逃难将潘先生的整个心理流变过程展现得淋漓尽致。其中既有细节的详细刻画，又有勾勒式的简洁描写，从各个不同的角度为我们塑造了潘先生的形象，以及这个形象背后激荡的心灵。

沉沦（节选）

郁达夫

四

他的二十岁的八月二十九日的晚上，他一个人从东京的中央车站乘了夜行车到 N 市去。

那一天大约刚是旧历的初三四的样子，同天鹅绒似的又蓝又紫的天空里，洒满了一天星斗。半痕新月，斜挂在西天角上，却似仙女的蛾眉，未加翠黛的样子。他一个人靠着了三等车的车窗，默默的在那里数窗外人家的灯火。火车在暗黑的夜气中间，一程一程地进去，那大都市的星星灯火，也一点一点的朦胧起来，他的胸中忽然生了万千哀感，他的眼睛里就忽然觉得热起来了。

"Sentimental, too sentimental!"

这样的叫一声，把眼睛揩了一下，他反而自家笑起自家来。

"你也没有情人留在东京，你也没有弟兄知己住在东京，你的眼泪究竟是为谁洒的呀！或者是对于你过去的生活的伤感，或者是对你二年间的生活的余情，然而你平时不是说不爱东京的么？

"唉，一年人住岂无情。"

"黄莺住久浑相识，欲别频啼四五声！"

胡思乱想的寻思了一会，他又忽然想到初次赴新大陆去的清教徒的身上去。

"那些十字架下的流人，离开他故乡海岸的时候，大约也是悲壮淋漓，同我一样的。"

火车过了横滨，他的感情方才渐渐儿的平静起来。呆呆的坐了一会，他就取了一张明信片出来，垫在海涅（Heine）的诗集上，用铅笔写了一首诗寄他东京的朋友。

　　　　峨眉月上柳梢初，又向天涯别故居。
　　　　四壁旗亭争赌酒，六街灯火远随车。
　　　　乱离年少无多泪，行李家贫只旧书。
　　　　后夜芦根秋水长，凭君南浦觅双鱼。

在朦胧的电灯光里，静悄悄的坐了一会，他又把海涅的诗集翻开来看了。

　　　　"Ledet wohl, ihr glatten Säle!
　　　　Glatte Herren, glatte Frauen!
　　　　Auf die Berge will ich steigen,
　　　　Lachend auf euch niederschauen."
　　　　Aus Heines, Buch der Lieder?

　　　　"浮薄的尘寰，无情的男女，
　　　　你看那隐隐的青山，我欲乘风飞去，
　　　　且住且住，
　　　　我将从那绝顶的高峰，笑看你终归何处。"

单调的轮声，一声声连连续续的飞到他的耳膜上来，不上三十分钟他竟被这催眠的车轮声引诱到梦幻的仙境里去了。

早晨五点钟的时候，天空渐渐儿的明亮起来。在车窗里向外一望，他只见一线青天还被夜色包住在那里。探头出去一看，一层薄雾，笼罩着一幅天然的画图，他心里想了一想："原来今天又是清秋的好天气，我的福分真可算不薄了。"过了一个钟头，火车就到了N市的停车场。

下了火车，在车站上遇见了个日本学生；他看看那学生的制帽上也有两条白线，便知道他也是高等学校的学生。他走上前去，对那学生脱了一脱帽，问他说："第X高等学校是在什么地方的？"那学生回答说："我们一路去罢。"

他就跟了那学生跑出火车站来，在火车站的前头，乘了电车。

时光还早得很，N市的店家都还未曾起来。他同那日本学生坐了电车，经过了几条冷清的街巷，就在鹤舞公园前面下了车。他问那日本学生说："学校还远得很么？"

"还有二里多路。"

穿过了公园，走到稻田中间的细路上的时候，他看看太阳已经起来了，稻上的露滴，还同明珠似的挂在那里。前面有一丛树林，树林荫里，疏疏落落的看得见几橡农舍。有两三条烟囱筒子，突出在农舍的上面，隐隐约约的浮在清晨的空气里。一缕两缕的青烟，同炉香似的在那里浮动，他知道农家已在那里炊早饭了。

到学校近边的一家旅馆去一问，他一礼拜前头寄出的几件行李，早已经到在那里。原来那一家人家是住过中国留学生的，所以主人待他也很殷勤。在那一家旅馆里住下了之后，他觉得前途好像有许多欢乐在那里等他的样子。

他的前途的希望，在第一天的晚上，就不得不被目前的实情嘲弄了。原来他的故里，也是一个小小的市镇。到了东京之后，在人山人海的中间，他虽然时常觉得孤独，然而东京的都市生活，同他幼时的习惯尚无十分龃龉的地方。如今到了这N市的乡下之后，他的旅馆，是一家孤立的人家，四面并无邻舍，左首门外便是一条如发的大道，前后都是稻田，西面是一方池水，并且因为学校还没有开课，别的学生还没有到来，这一间宽旷的旅馆里，只住了他一个客人。白天倒还可以支吾过去，一到了晚上，他开窗一望，四面都是沉沉的黑影，并且因N市的附近是一大平原，所以望眼连天，四面并无遮障之处，远远里有一点灯火，明灭无常，森然有些鬼气。天花板里，又有许多虫鼠，息栗索落的在那里争食。窗外有几株梧桐，微风动叶，飒飒的响得不已，因为他住在二层楼上，所以梧桐的叶战声，近在他的耳边。他觉得害怕起来，几乎要哭出来了。他对于都市的怀乡病（Nostalgia）从未有比那一晚更甚的。

学校开了课，他朋友也渐渐儿的多起来。感受性非常强烈的他的性情，也同天空大地丛林野水融和了。不上半年，他竟变成了一个大自然的宠儿，一刻也离不了那天然的野趣了。他的学校是在N市外，刚才说过市的附近是一大平原，所以四边的地平线，界限广大的很。那时候日本的工业还没有十分发达，人口也还没有增加得同目下一样，所以他的学校的近边，还多是丛林空地，小阜低岗。除了几家与学生做买卖的文房具店及菜馆之外，附近并没有居民。荒野的人间，只有几家为学生设的旅馆，同晓天的星影似的，散缀在麦田瓜地的中央。晚饭毕后，披了黑呢的缦斗（斗篷），拿了爱读的书，在迟迟不落的夕照中间，散步逍遥，是非常快乐的。他的田园趣味，大约也是在这Idyllic Wanderings的中间养成的。

在生活竞争不十分猛烈，逍遥自在，同中古时代一样的时候，他觉得更加难受。学校的教科书，也渐渐的嫌恶起来，法国自然派的小说，和中国那几本有名的诲淫小说，他念了又念，几乎记熟了。

有时候他忽然做出一首好诗来，他自家便喜欢得非常，以为他的脑力还没有破坏。那时候他每对着自家起誓说："我的脑力还可以使得，还能做得出这样的诗，我以后决不再犯罪了。过去的事实是没法，我以后总不再犯罪了。若从此自新，我的脑力，还是很可以的。"

然而一到了紧迫的时候，他的誓言又忘了。

每礼拜四五，或每月的二十六七的时候，他索性尽意的贪起欢来。他的心里想，自下礼拜一或下月初一起，我总不犯罪了。有时候正合到礼拜六或月底的晚上，去剃头洗澡去，以为这就是改过自新的记号，然而过几天他又不得不吃鸡子和牛乳了。

他的自责心同恐惧心,竟一日也不使他安闲,他的忧郁症也从此厉害起来了。这样的状态继续了一二个月,他的学校里就放了暑假,暑假的两个月内,他受的苦闷,更甚于平时;到了学校开课的时候,他的两颊的颧骨更高起来,他的青灰色的眼窝更大起来,他的一双灵活的瞳仁,变了同死鱼眼睛一样了。

…………

八

一醉醒来,他看看自家睡在一条红绸的被里,被上有一种奇怪的香气。这一间房间也不很大,但已不是白天的那一间房间了。房中挂着一盏十烛光的电灯,枕头边上摆着一壶茶,两只杯子。他倒了二三杯茶,喝了之后,就跟跟跄跄的走到房外去。他开了门,却好白天的那侍女也跑过来了。她问他说:"你!你醒了么?"他点了一点头,笑微微的回答说:

"醒了。便所是在什么地方的?"

"我领你去罢。"

他就跟了她去。他走过日间的那条夹道的时间,电灯点得明亮得很。远近有许多歌唱的声音,三弦的声音,大笑的声音传到他耳朵里来。白天的情节,他都想出来了。一想到酒醉之后,他对那侍女说的那些话的时候,他觉得面上又发起烧来。

从厕所回到房里之后,他问那侍女说:"这被是你的么?"

侍女笑着说:"是的。"

"现在是什么时候了?"

"大约是八点四五十分的样子。"

"你去开了账来罢!"

"是。"

他付清了账,又拿了一张纸币给那侍女,他的手不觉微颤起来。那侍女说:"我是不要的。"

他知道她是嫌少了。他的面色又涨红了,袋里摸来摸去,只有一张纸币了,他就拿了出来给她说:"你别嫌少了,请你收了罢。"

他的手震动得更加厉害,他的话声也颤动起来了。那侍女对他看了一眼,就低声的说:"谢谢!"

他直的跑下了楼,套上了皮鞋,就走到外面来。

外面冷得非常,这一天大约是旧历的初八九的样子。半轮寒月,高挂在天空的左半边。淡青的圆形盖里,也有几点疏星,散在那里。

他在海边上走了一回,看看远岸的渔灯,同鬼火似的在那里招引他。细浪中间,映着了银色的月光,好像是山鬼的眼波,在那里开闭的样子。不知是什么道理,他忽想跳入海里去死了。

他摸摸身边看,乘电车的钱也没有了。想想白天的事情看,他又不得不痛骂自己。

"我怎么会走上那样的地方去的?我已经变了一个最下等的人了。悔也无及,悔也无及。我就在这里死了罢。我所求的爱情,大约是求不到的了。没有爱情的生涯,岂不同死灰一样么?唉,这干燥的生涯,这干燥的生涯,世上的人又都在那里仇视我,欺侮我,连我自家的亲弟兄，自家的手足，都在那里排挤我到这世界外去。我将何以为生，我又何必生存在这多苦的世界里呢！"

想到这里，他的眼泪就连连续续的滴了下来。他那灰白的面色，竟同死人没有分别了。他也不举起手来揩揩眼泪，月光射到他的面上，两条泪线，倒变了叶上的朝露一样放起光来。他回转头来看看他自家的又瘦又长的影子，就觉得心痛起来。

"可怜你这清影，跟了我二十一年，如今这大海就是你的葬身地了，我的身子，虽然被人家欺辱，我可不该累你也瘦弱到这步田地的。影子呀影子，你饶了我罢！"

他向西面一看，那灯台的光，一霎变了红一霎变了绿的在那里尽它的本职。那绿的光射到海面上的时候，海面就现出一条淡青的路来。再向西天一看，他只见西方青苍苍的天底下，有一颗明星，在那里摇动。

"那一颗摇摇不定的明星的底下，就是我的故国。也就是我的生地。我在那一颗星的底下，也曾送过十八个秋冬，我的乡土啊，我如今再也不能见你的面了。"

他一边走着，一边尽在那里自伤自悼的想这些伤心的哀话。

走了一会，再向那西方的明星看了一眼，他的眼泪便同骤雨似的落下来了。他觉得四边的景物，都模糊起来。把眼泪揩了一下，立住了脚，长叹了一声，他便断断续续的说：

"祖国呀祖国！我的死是你害我的！

"你快富起来！强起来罢！

"你还有许多儿女在那里受苦呢！"

一九二一年五月九日改作

【导读】

郁达夫（1896—1945），创造社主要成员之一，中国现代自叙传浪漫抒情小说的开拓者。原名郁文，浙江富阳人。从小喜读《花月痕》等小说。1913年留学日本，先后在东京第一高等学校预科、名古屋第八高等学校、东京帝国大学学习，1922年毕业于东京帝国大学经济科。在读期间，他阅读了大量俄国及西洋文学作品，并开始文学创作。1920年，处女作《银灰色的死》问世于日本，1921年7月与郭沫若、成仿吾等组织成立创造社。9月曾短期回国，任安庆法政学校英文教员，编辑《创造季刊》。同年10月，处女集《沉沦》出版，这是中国现代文学史上第一部短篇小说集，包括《沉沦》《银灰色的死》《茫茫夜》。其间，郁达夫受"十月革命"的影响，参加留日学生抗日组织"夏社"。1920年7月回国，主要致力于创造社的工作，先后主编过《创造季刊》《创造周报》《创造日》《创造月刊》《洪水》等。1928年与鲁迅合编《奔流》，是年退出创造社。1930年参加中国左翼作家联盟，1932年退出并于同年参加中国民权保障同盟。1933年迁居杭州。1936年曾任福建省政府参议。1938年冬，应友人之约赴香港、南洋群岛一带积极投身抗日宣传工作，担任讨《星州日报》《华侨周报》的编辑。太平洋战争爆发后，他出任"新加坡文化界战时工作团""新加坡华侨抗敌动员委员会"执行委员，兼任"文化界抗日联合会"主席，其间发表过宣传抗日、鼓舞民众的政论文。1942年新加坡沦陷，郁达夫流亡苏门答腊，以"赵豫记酒厂"为掩护坚持抗日斗争，被迫担任日军翻译,以此特殊身份营救过不少华侨和印尼人。1945年9月19日被日本宪兵秘密杀害,终年49岁。主要作品有《沉沦》《春风沉醉的晚上》《薄奠》《迟桂花》《故都的秋》等。

《沉沦》发表于1921年5月,可归属自叙传浪漫抒情小说。作者以一个留日学生的身份讲述了因寻求纯真的友谊和爱情而不得,又不堪忍受异域民族的歧视投海自尽的故事,揭示了五四时期部分觉醒的现代青年在要求个性解放中产生的孤独、寂寞、忧郁变态的心理状态,以及迫切希望祖国富强起来的愿望,反映出郁达夫鲜明的民族自尊感和爱国主义精神。作者受19世纪俄国文学的影响,成功地塑造了一个无害于人,也无补于世的多余者形象,这一形象是中国现代文学史上最早出现的一个染有时代病的知识青年的典型。作者把个人命运和祖国命运联系起来,使忧患和焦虑的情绪演化成切肤之痛的愤激。小说因此具有积极的思想意义,在当时产生了广泛的影响。

《沉沦》是作者自叙传浪漫抒情小说的代表,体现了郁达夫的创作风格。作者受19世纪浪漫主义文学、日本私小说和西方现代派思潮的影响,突破了传统小说的写法,不太注重编织紧张、曲折的故事情节和情节的完整性,而注重抒发和剖析主人公的内心世界,大胆率真地宣泄其消极、颓废的变态心理,真实地反映了一个时代的侧面。小说中各种表现手法均以抒情为目的。使用第三人称,有利于作家抒发自我主观的情绪。结构单纯,以主人公寻求友谊和爱情的颓丧历程为主线,有利于奔放地表现作者的感伤情绪。景物描写也恰到好处地映衬主人公的情绪。流畅、自然、洒脱的文字与表现主人公心灵的律动协调一致。本书节选了《沉沦》的第四节和第八节,第四节较集中地体现了郁达夫自叙传小说心理写真的抒情特点,第八节则体现了20世纪20年代自叙传小说背后隐藏的深刻而复杂的社会历史因素。

郁达夫对现代自叙传浪漫抒情小说的艺术创造作出了重要贡献。郁达夫说:"文学作品都是作家的自叙传。"他的小说具有浓郁的抒情色彩,抒发了作家的主观情绪,或在某种人物身上投射自己的影子。

第二节　诗歌

凤凰涅槃(作者:郭沫若,原诗略)

【导读】

郭沫若(1892—1978),原名郭开贞,曾用名郭鼎堂、麦克昂等。四川乐山人。我国杰出的诗人、剧作家、历史学家。青年时代,积极参加反帝爱国运动。1914年赴日本留学。五四运动前后弃医从文,早期思想深受泛神论的影响,其诗风受美国诗人惠特曼的影响较大。他积极投身于革命文化运动,与成仿吾、郁达夫等组成新文学团体"创造社"。1921年出版了在我国现代诗歌史上具有重要意义的诗集《女神》,开创了一代诗风,成为新诗歌运动的奠基作品。

《凤凰涅槃》取材于阿拉伯神话。用喜剧形式表现诗人的革命理想和审美理想。情节并不复杂,凤凰"满五百岁后,集香木自焚,复从死灰中更生,鲜美异常,不再死。"诗人自己说过:"'五四'以后的中国,在我的心目中就像一位很葱俊的有进取气象的姑娘,她简直就和我的爱人一样。我的那篇《凤凰涅槃》便是象征着中国的再生。"(《革命春秋》第69页)

这篇长诗分"序曲""凤歌""凰歌""凤凰同歌""群鸟歌"和"凤凰更生歌"六部分。"序曲"描绘凤凰啄集香木准备自焚的情景:"凤啄香木,/一星星的火点迸飞,/凰扇火星,/一缕缕的香烟上腾。"凤歌诅咒宇宙,集中反映了旧中国阴森森的景象:"你脓血污秽着的屠场呀!/你悲哀充塞着的囚牢呀!/你群鬼叫号着的坟墓呀!/你群魔跳梁着的地狱呀!"这是充满激情的诅咒、满腔仇恨的呼号。"凰歌"是用眼泪倾泻出来的哀怨:"五百年来的眼泪倾泻如瀑。/五百年来的眼泪淋漓如烛。/流不尽的眼泪,/洗不净的污浊,/浇不熄的情炎,/荡不去的羞辱,/我们这缥缈的浮生/到底要向哪儿安宿?"凤歌粗犷豪放,气魄浑雄;凰歌情绪缠绵,满腔哀怨。情调不同,性格各异,都是对旧世界的憎恨和反抗。"凤凰同歌",在火光香气中迎接死神。"群鸟歌"是岩鹰、孔雀、鸱枭、家鸽、鹦鹉和白鹤等的自画像。它们嘲笑凤凰枉为这禽中的灵长,各唱一节,每节四行。前三行全是鹦鹉学舌,彼此重复,只有后一句是在给自己画像。岩鹰:"从今后该我为空界的霸王!"孔雀:"从今后请看我花翎上的威光!"鸱枭:"哦!是哪儿来的鼠肉的馨香?"家鸽:"从今后请看我们驯良百姓的安康!"鹦鹉:"从今后请听我们雄辩家的主张!"白鹤:"从今后请看我们高蹈派的徜徉!"只用一行诗便活活画出了各种不同类型的嘴脸,是对那些鼠目寸光、夜郎自大、狂妄无知的丑恶灵魂的鞭挞。

"凤凰更生歌"是情节发展的高潮,是中国再生的象征,是诗人革命理想和审美理想的体现。其中"凤凰和鸣"集中表现凤凰更生后的"新鲜""净朗""华美""芬芳""热诚""挚爱""欢乐""和谐""生动""自由""浑雄""悠久"。开头一节:"我们更生了。/我们更生了。/一切的一,更生了。/一的一切,更生了。"凤凰更生恍如脱胎换骨:"我们便是他,他们便是我。/我中也有你,你中也有我。/我便是你。/你便是我。/火便是凰。/凤便是火。/翱翔!翱翔!/欢唱!欢唱!"这种句式,在和鸣的六节中反复选用,不同的只是更换了"华美""芬芳"等一类词。这些诗行充满哲理,读来有点神秘,不好理解。要打开这一神秘之门,只有一把钥匙,那就是哲学上的泛神论。关于泛神论,诗人作过如下解释:"泛神便是无神。一切的自然只是神的表现,自我也只是神的表现。我即是神,一切自然都是自我的表现。人到无我的时候,与神合体,超越时空,而等齐生死……万物必生必死,生不能自恃。死不能自阻,所以只见得'天与地与在他们周围生动着的力……'此力即是创生汇的本源,即是宇宙意志,即是物自体(Ding an sich)……"(《〈少年维特之烦恼〉序引》)"凤歌"第二节:"宇宙呀,宇宙,/你为什么存在?/你自从哪儿来?/你坐在哪儿在?/你是个有限大的空球?/你是个无限大的整块?……"这种宇宙观和上述生死观都是来自泛神论。更生后的凤凰,你中有我,我中有你,我便是你,你便是我,火便是凤,凰便是火,也是泛神论哲理的表现,理解起来比较容易。至于"一的一切""一切的一",内容是什么?都比较费解。"一的一切"是指本体的万汇;"一切的一"是指万汇的本源。

《凤凰涅槃》从宇宙的高度、泛神论的哲理,表现高亢的爱国主义精神和改革社会的理想。但当时诗人改革社会的理想还是朦胧的,他承认当时"这改革社会的要求,在初自然是不分质的,只是朦胧地反对旧社会,想建立一个新社会。那新社会是怎样的,该怎样来建立,都很朦胧"(《郭沫若选集·自序》)。

神话题材有一定的历史局限性。诗人选择这一题材,通过凤凰的更生来象征中国的再生,只用一些"新鲜""净朗""华美""芬芳"一类赞美词,未免华而不实。这和革命理想的朦胧是分不开的。

《凤凰涅槃》想象新颖奇特,感情热烈奔放,具有惠特曼式的雄浑粗犷的风格,行事自由,表现了鲜明的浪漫主义特色。全诗大量采用象征、设问、排比、重叠、反复、对比、映衬等手法,既淋漓酣畅地表达了诗情,又具有和谐优美的内在旋律。

死水

闻一多

这是一沟绝望的死水,
清风吹不起半点漪沦。
不如多扔些破铜烂铁,
爽性泼你的剩菜残羹。

也许铜的要绿成翡翠,
铁罐上绣出几瓣桃花;
再让油腻织一层罗绮,
霉菌给他蒸出些云霞。

让死水酵出一沟绿酒,
飘满了珍珠似的白沫;

小珠们笑声变成大珠,
又被偷酒的花蚊咬破。

那么一沟绝望的死水,
也就夸得上几分鲜明。
如果青蛙耐不住寂寞,
又算死水叫出了歌声。

这是一沟绝望的死水,
这里断不是美的所在,
不如让给丑恶来开垦,
看他造出个什么世界。

【导读】

闻一多(1899—1946),汉族,原名闻家骅,又名多、亦多、一多,字友三、友山,湖北浠水人。中国现代伟大的爱国主义者,坚定的民主战士,中国民主同盟早期领导人,中国共产党的挚友、诗人、学者、民主战士。新月派的代表诗人。1923年出版第一部诗集《红烛》,1928年出版第二部诗集《死水》,作品主要收录在《闻一多全集》中。

《死水》创作于1926年,是闻一多的重要代表作之一。1925年诗人回国后,目睹了国内军阀混战、民不聊生的惨状,产生了怒其不争的愤激情绪。本诗通过对"死水"这一具有象征意义的意象多角度、多层面的描写,揭露和讽刺了腐败不堪的旧社会,表达了诗人对丑恶现实的绝望、愤慨和深沉的爱国主义感情。诗中的"一沟绝望的死水"是半封建半殖民地旧中国的象征。诗人抓住死水之"死",先写死寂,次写色彩,再写泡沫,突出了死水的污臭、腐败,把"绝望"的感情表现得淋漓尽致。闻一多是新诗格律的倡导者和开拓者,《死水》则是他对新诗格律的"最满意的试验"。他强调要具备"三美":音乐美、绘画美、建筑美。全诗5节20行,且每节第二行和第四行押韵,节奏感强,富有音乐美。诗中运用了许多富有色彩的语词和物象,并以辞藻的绚丽多彩反衬了内容之丑,使"死水"的面目愈加可憎可厌。全诗5节,每节都是4行,每行都是9个字,既有外形的整齐感,又有内在的韵律感。《死水》为建立新诗的格律和形式作了严肃而卓有成效的探索。

再别康桥

徐志摩

轻轻的我走了,
正如我轻轻的来;
我轻轻的招手,
作别西天的云彩。

那河畔的金柳,
是夕阳中的新娘;
波光里的艳影,
在我的心头荡漾。

软泥上的青荇,
油油的在水底招摇;
在康河的柔波里,
我甘心做一条水草。

那榆荫下的一潭,
不是清泉,是天上虹;
揉碎在浮藻间,
沉淀着彩虹似的梦。

寻梦?撑一支长篙,
向青草更青处漫溯;
满载一船星辉,
在星辉斑斓里放歌。

但我不能放歌,
悄悄是别离的笙箫;
夏虫也为我沉默,
沉默是今晚的康桥!

悄悄的我走了,
正如我悄悄的来;
我挥一挥衣袖,
不带走一片云彩。

第一篇·五四时期的文学(1917—1927年)

【导读】

徐志摩(1896—1931),浙江海宁人,中国现代著名诗人。徐志摩是新月派代表诗人,新月诗社成员。1915年考入北大预科班,次年入北洋大学,再次年转入北京大学政治学系。1918年转入美国克拉克大学,第二年转入哥伦比亚大学研究院,一年后获硕士学位。1921年进入剑桥大学研究院学习政治经济学,同时开始创作新诗。在剑桥两年,徐志摩深受西方教育的熏陶及欧美浪漫主义和唯美派诗人的影响。1924年,应胡适之邀任北大英文系教授,此后徐志摩一方面继续在大学教书;另一方面和胡适、闻一多等人创立"新月社",创办《新月》杂志。1931年1月,其主编的《诗刊》创刊。同年11月因飞机失事,不幸遇难,时年35岁。主要诗集有《志摩的诗》《翡冷翠的一夜》《猛虎集》《云游》。

《再别康桥》最初发表于1928年12月10日《新月》月刊第1卷第10号上,后收入诗集《猛虎集》。它是诗人重游康桥之后,在归国途中写下的一首绝妙之作。诗人一开头用三个"轻轻的",写作别母校的离别情绪,给人一种宁静的氛围,同时也把自己对康桥的缠绵之情淋漓尽致地表现了出来。在诗人的心中,康桥已经被理想化、诗化了,诗人对那里的一草一木无不饱含深情厚意。西天的云彩、河畔的金柳、软泥上的青荇、榆荫下的清泉、星光斑斓的夜色、沉默的夏虫,无一不被理想化、诗化、人格化。康河边那婀娜多姿的翠柳被夕阳染成灿烂的金色,宛如戴着红盖头的美丽动人的新娘,夕阳又把她的艳影投入微波荡漾的康河。诗人完全沉醉在这如诗如画的黄昏美景中,他神思恍惚,心儿似乎又成了康河的水波,那新娘的艳影在他的心头荡漾。诗人对康桥是那么痴迷,以至于当他看到软泥上的青荇,油油的在水底招摇时,顿生羡慕之情。他竟甘心做一条水草,渴望如那水草一般永远生活在康河柔波的爱抚中。《再别康桥》就是一幅美丽的无形画,诗的每一节都可以称得上是一幅迷人的图画。如诗的第二节,康河边被夕阳染成婀娜多姿的垂柳加上波光粼粼的色彩艳影,就构成了一幅康河晚景图。

本诗表现出诗人高度的艺术技巧。首先,在艺术表现上,在简洁、单纯、洗练的基础上,巧妙地把氛围、感情和意象融为一体,寓情于景,情景交融。其次,这首诗具备闻一多所倡导的"三美"原则。最后,这首诗词汇丰富,语言华丽,音调柔美。

第三节 散文

秋夜

鲁迅

在我的后园,可以看见墙外有两株树,一株是枣树,还有一株也是枣树。

这上面的夜的天空,奇怪而高,我生平没有见过这样的奇怪而高的天空。他仿佛要离开人间而去,使人们仰面不再看见。然而现在却非常之蓝,闪闪地眨着几十个星星的眼,冷眼。他的口角上现出微笑,似乎自以为大有深意,而将繁霜洒在我的园里的野花草上。

我不知道那些花草真叫什么名字,人们叫他们什么名字。我记得有一种开过极细小的粉红花，现在还开着，但是更极细小了，她在冷的夜气中，瑟缩地做梦，梦见春的到来，梦见秋的到来，梦见瘦的诗人将眼泪擦在她最末的花瓣上，告诉她秋虽然来，冬虽然来，而此后接着还是春，蝴蝶乱飞，蜜蜂都唱起春词来了。她于是一笑，虽然颜色冻得红惨惨地，仍然瑟缩着。

枣树，他们简直落尽了叶子。先前，还有一两个孩子来打他们别人打剩的枣子，现在是一个也不剩了，连叶子也落尽了，他知道小粉红花的梦，秋后要有春；他也知道落叶的梦，春后还是秋。他简直落尽叶子，单剩干子，然而脱了当初满树是果实和叶子时候的弧形，欠伸得很舒服。但是，有几枝还低压着，护定他从打枣的竿梢所得的皮伤，而最直最长的几枝，却已默默地铁似的直刺着奇怪而高的天空，使天空闪闪地鬼䀹眼；直刺着天空中圆满的月亮，使月亮窘得发白。

鬼䀹眼的天空越加非常之蓝，不安了，仿佛想离去人间，避开枣树，只将月亮剩下。然而月亮也暗暗地躲到东边去了。而一无所有的干子，却仍然默默地铁似的直刺着奇怪而高的天空，一意要制他的死命，不管他各式各样地䀹着许多蛊惑的眼睛。

哇的一声，夜游的恶鸟飞过了。

我忽而听到夜半的笑声，吃吃地，似乎不愿意惊动睡着的人，然而四围的空气都应和着笑。夜半，没有别人，我即刻听出这声音就在我嘴里，我也立即被这笑声所驱逐，回进自己的房。灯火的带子也即刻被我旋高了。

后窗的玻璃上丁丁地响，还有许多小飞虫乱撞。不多久，几个进来了，许是从窗纸的破孔进来的。他们一进来，又在玻璃的灯罩上撞得了丁丁地响。一个从上面撞进去了，他于是遇到火，而且我以为这火是真的。两三个却休息在灯的纸罩上喘气。那罩是昨晚新换的罩，雪白的纸，折出波浪纹的叠痕，一角还画出一枝猩红色的栀子。

猩红的栀子开花时，枣树又要做小粉红花的梦，青葱地弯成弧形了……。我又听到夜半的笑声；我赶紧砍断我的心绪，看那老在白纸罩上的小青虫，头大尾小，向日葵子似的，只有半粒小麦那么大，遍身的颜色苍翠得可爱，可怜。

我打一个呵欠，点起一支纸烟，喷出烟来，对着灯默默地敬奠这些苍翠精致的英雄们。

一九二四年九月十五日

【导读】

《秋夜》是鲁迅散文诗集《野草》中的第一篇。《野草》写于五四运动退潮后的苦闷彷徨期，表现了作者在苦闷中求索、失望中抗争、孤独中前行的韧性斗争精神。《秋夜》描绘了一幅严霜肃杀的深秋图景，以此象征当时的社会现实。枣树是一个顽强抗拒黑暗、不克厥敌战斗不止的清醒、冷静、有韧性的战斗者形象，也是鲁迅人格精神和战斗豪情的诗意写照。小粉红花靠"做着春天的梦"来生存，象征那些既想反抗又缺乏勇气，既向往未来又感到前途渺茫的一类人。小青虫则是为追求光明而英勇献身的烈士象征。与枣树相比，它们不够成熟，对于它们的牺牲，作者表达了敬意。本文运用写实与象征相结合的手法，融情入景，创造了一个冷峻幽深的艺术境界。

往事（作者：冰心，原文略）

【导读】

　　冰心（1900—1999），现代著名女作家，儿童文学作家。原名谢婉莹，福建长乐人。1918年入协和女子大学预科，1919年开始发表第一篇小说《两个家庭》，此后相继发表了《斯人独憔悴》《去国》等探索人生问题的"问题小说"。受泰戈尔《飞鸟集》的影响，冰心这一时期还写了许多无标题的自由体小诗，后结集为《繁星》和《春水》。1923年燕京大学毕业后赴美国威尔斯利女子大学学习，写有散文集《往事》《寄小读者》。1926年获文学硕士学位后回国，执教于燕京大学和清华大学，著有散文《南归》、小说《分》《冬儿姑娘》等。新中国成立后，冰心著有散文集《归来以后》《再寄小读者》《我们把春天吵醒了》《三寄小读者》等。她的短篇小说《空巢》获1980年度优秀短篇小说奖。冰心小说不以情节取胜，长于温婉有致的抒情叙事；她的散文文字典雅秀逸、清丽淡远，呈现出诗情洋溢、含蓄不露的风格。

　　冰心的散文集《往事》分为两个部分共20多篇，记叙了作者青少年时期的生活以及对人生的感悟。重点阅读第二部分的第三篇，其主要写的是作者留美时期一次病中的感悟。作者描述了晚林中宁静幽谧的夜月之景，作者睹物思怀，由此产生了无尽的遐想。

　　读冰心的文章，需要一颗平静的心。只有在自己的思绪平静到可以驱散所有烦扰时，我们才能更好地体会到冰心那多情的语言。爱，构成了冰心散文的灵魂。《往事（一）之七》就是这样一篇能够给我们浮躁的心以宁静、能够让我们在作者淡淡的诉说中热泪涟涟的文章。往事，在冰心的笔下或者心里从没有什么惊天动地的大事，往往都是一些日常生活中的小事，甚至小到被我们忽视或说漠视的境界。但对冰心而言，其中却孕育了很大的哲学——爱的无限表达。

　　文章从两缸莲花开始讲起。这两缸莲花："一缸是红的，一缸是白的，都摆在院子里。"九年前的故事从一个月夜开始，祖父对我讲"我们园里最初开三蒂莲的时候，正好家庭中添了你们三个姊妹"，家人以为是"应了花瑞"。"半夜里听见繁杂的雨声"，次日，我在烦闷中看到"那一朵白莲已经谢了，白瓣儿小船般散漂在水面"，可是"那一朵红莲，昨夜还是菡萏的，今晨却开满了，亭亭地在绿叶中间立着"。接着作者使用对比的手法来表现母爱。一是屋外雨中的莲叶对莲花的呵护，一是屋里母亲对自己的关怀。雨愈下愈大以至于那唯一的红莲花"被那繁密的雨点，打得左右欹斜"，作者爱惜红莲，但是却无能为力。此时"红莲旁边的一个大荷叶，慢慢地倾侧了来，正覆盖在红莲上"。屋里的场景则是"母亲唤着，我连忙走过去，坐在母亲旁边"。"我"偎依在母亲的身边，在母亲的庇护下躲避着风雨。在屋里屋外的对比中，作者的感情也由莲花想到自己，体会到了母爱的坚强和伟大。那一刻，作者看到了风雨中勇敢而又慈怜的荷叶也如母亲一样为自己的孩子——红莲支撑着。由此及彼，由荷叶、红莲，联想到母亲和自己。由荷叶为红莲遮挡风雨的情景联想到母爱，虽将这种爱埋在心底，但仍然非常感动，因此记下来以平息自己内心的感动与不平。母爱，是永恒的主题。这是移情，这也是爱的升华，是作者爱自然、爱世界的一个细节体现。文章看似在记叙暴雨中的莲花，实则是记叙自己的母亲。结尾处，作者写道："母亲呵！你是荷叶，我是红莲。心中的雨点来了，除了你，谁是我在无遮拦天空下的荫蔽？"这种对细腻情感的表达，是一种女性化的表达，是冰心散文的一个共同特点。

匆匆

朱自清

燕子去了，有再来的时候；杨柳枯了，有再青的时候；桃花谢了，有再开的时候。但是，聪明的，你告诉我，我们的日子为什么一去不复返呢？——是有人偷了他们罢：那是谁？又藏在何处呢？是他们自己逃走了罢：现在又到了哪里呢？

我不知道他们给了我多少日子；但我的手确乎是渐渐空虚了。在默默里算着，八千多日子已经从我手中溜去；像针尖上一滴水滴在大海里，我的日子滴在时间的流里，没有声音，也没有影子。我不禁头涔涔而泪潸潸了。

去的尽管去了，来的尽管来着；去来的中间，又怎样地匆匆呢？早上我起来的时候，小屋里射进两三方斜斜的太阳。太阳他有脚啊，轻轻悄悄地挪移了；我也茫茫然跟着旋转。于是——洗手的时候，日子从水盆里过去；吃饭的时候，日子从饭碗里过去；默默时，便从凝然的双眼前过去。我觉察他去的匆匆了，伸出手遮挽时，他又从遮挽着的手边过去，天黑时，我躺在床上，他便伶伶俐俐地从我身上跨过，从我脚边飞去了。等我睁开眼和太阳再见，这算又溜走了一日。我掩着面叹息。但是新来的日子的影儿又开始在叹息里闪过了。

在逃去如飞的日子里，在千门万户的世界里的我能做些什么呢？只有徘徊罢了，只有匆匆罢了；在八千多日的匆匆里，除徘徊外，又剩些什么呢？过去的日子如轻烟，被微风吹散了，如薄雾，被初阳蒸融了；我留着些什么痕迹呢？我何曾留着像游丝样的痕迹呢？我赤裸裸来到这世界，转眼间也将赤裸裸的回去罢？但不能平的，为什么偏要白白走这一遭啊？

你聪明的，告诉我，我们的日子为什么一去不复返呢？

【导读】

朱自清（1898—1948），原名自华，号秋实，改名自清，字佩弦。原籍浙江绍兴，生于江苏东海。现代著名散文家、诗人、学者、民主战士。幼年在私塾读书，深受中国传统文化的影响。1916年中学毕业后考入北京大学预科，1919年2月出版他的处女诗集《睡吧，小小的人》，1920年北京大学哲学系毕业。1923年发表长诗《毁灭》。1925年8月到清华大学任教，开始研究中国古典文学，创作以散文为主。1927年写作《背影》《荷塘月色》。1931年留学英国，漫游欧洲，著有《欧游杂记》。1932年7月回国，后任清华大学中文系主任，与闻一多一起论学。1937年抗日战争爆发，随校南迁至昆明，任西南联大教授。1946年由昆明返回北京，任清华大学中文系主任。1948年8月，因患胃病辞世。主要作品有《雪朝》《踪迹》《背影》《春》《你我》等。

朱自清是个善于从客观事物中捕捉形象，以抒发自己主观情愫的诗人。燕子来而复去，杨柳枯了又青，桃花谢了再开，这本是人所习见的自然现象，但诗人触景生情，从中联想到自己年轻的生命，默算着24年8 000多个日子的行踪，追索着生命的价值，发出了惋惜的喟叹。韶华易逝，青春难再，年轻人必须珍惜光阴，万勿使其错过。《匆匆》的主旨在于倾吐自己对时日匆匆这一瞬息间的感受。作者在抒发这一感受时，并不是讲述枯燥无味的大道理，也不是去发空洞的呼喊，而是把自己在特定处境里的感受，依托于大自然多种可感的景象之中，使抽象转为具体，使思绪化为形象，使人不得不随着作者的思路去对人生问题作深入的思考。

乌篷船

周作人

子荣君[1]：

　　接到手书，知道你要到我的故乡去，叫我给你一点什么指导。老实说，我的故乡，真正觉得可怀恋的地方，并不是那里；但是因为在那里生长，住过十多年，究竟知道一点情形，所以写这一封信告诉你。

　　我所要告诉你的，并不是那里的风土人情，那是写不尽的，但是你到那里一看也就会明白的，不必罗唆地多讲。我要说的是一种很有趣的东西，这便是船。你在家乡平常总坐人力车，电车，或是汽车，但我的故乡那里这些都没有，除了在城内或山上是用轿子以外，普通代步都是用船。船有两种，普通坐的都是"乌篷船"，白篷的大抵作航船用，坐夜航船到西陵去也有特别的风趣，但是你总不便坐，所以我就可以不说了。乌篷船大的为"四明瓦"（Symenngoa），小的为脚划船（划读 uoa），亦称小船。但是最适用的还是在这中间的"三道"，亦即三明瓦。篷是半圆形的，用竹片编成，中夹竹箬，上涂黑油，在两扇"定篷"之间放着一扇遮阳，也是半圆的，木作格子，嵌着一片片的小鱼鳞，径约一寸，颇有点透明，略似玻璃而坚韧耐用，这就称为明瓦。三明瓦者，谓其中舱有两道，后舱有一道明瓦也。船尾用橹，大抵两支，船首有竹篙，用以定船。船头着眉目，状如老虎，但似在微笑，颇滑稽而不可怕，唯白篷船则无之。三道船篷之高大约可以使你直立，舱宽可以放下一顶方桌，四个人坐着打马将，——这个恐怕你也已学会了罢？小船则真是一叶扁舟，你坐在船底席上，篷顶离你的头有两三寸，你的两手可以搁在左右的舷上，还把手都露出在外边。在这种船里仿佛是在水面上坐，靠近田岸去时泥土便和你的眼鼻接近，而且遇着风浪，或是坐得少不小心，就会船底朝天，发生危险，但是也颇有趣味，是水乡的一种特色。不过你总可以不必去坐，最好还是坐那三道船罢。

　　你如坐船出去，可是不能像坐电车的那样性急，立刻盼望走到。倘若出城，走三四十里路（我们那里的里程是很短，一里才及英里三分之一），来回总要预备一天。你坐在船上，应该是游山的态度，看看四周物色，随处可见的山，岸旁的乌桕，河边的红蓼和白蘋，渔舍，各式各样的桥，困倦的时候睡在舱中拿出随笔来看，或者冲一碗清茶喝喝。偏门外的鉴湖一带，贺家池，壶筋左近，我都是喜欢的，或者往娄公埠骑驴去游兰亭（但我劝你还是步行，骑驴或者于你不很相宜），到得暮色苍然的时候城上挂着薛荔的东门来，倒是颇有趣味的事。倘若路上不平静，你往杭州去时可于下午开船，黄昏时候的景色正最好看，只可惜这一带地方的名字我都忘记了。夜间睡在舱中，听水声橹声，来往船只的招呼声，以及乡间的犬吠鸡鸣，也都很有意思。雇一只船到乡下去看庙戏，可以了解中国旧戏的真趣味，而且在船上行动自如，要看就看，要睡就睡，要喝酒就喝酒，我觉得也可以算是理想的行乐法。只可惜讲维新以来这些演剧与迎会都已禁止，中产阶级的低能人别在"布业会馆"等处建起"海式"的戏场来，请大家买票看上海的猫儿戏。这些地方你千万不要去。——你到我那故乡，恐怕没有一个人认得，我又因为在教书不能陪你去玩，坐夜船，谈闲天，实在抱歉而且惆怅。川岛君夫妇现在偏山下，本来可以给你介绍，但是你到那里的时候他们恐怕已经离开故乡了。初寒，善自珍重，不尽。

十五年十一月十八日夜，于北京

【注释】

[1] 子荣：周作人的笔名，始用于1923年8月26日《晨报副刊》发表的《医院的阶陛》一文。1923年、1925年均用过此笔名，在本文之后，1927年9月、10月所作的《诅咒》《功臣》等文中，也用过"子荣"的笔名。一说"子荣"的笔名系从周作人在日本时的恋人"乾荣子"的名字点化而来。本文收信人与写信人是同一人，可以看作作者寂寞的灵魂的内心对白。

【导读】

周作人（1885—1967），原名枬寿，字星杓，后改名奎绶，自号起孟、启明（或作岂明）、知堂等，浙江绍兴人。重要笔名有独应、仲密、药堂、周遐寿等。鲁迅二弟。现代散文家、诗人、文学翻译家，中国新文化运动的代表人物之一。青年时留学日本，曾任北京大学等校教授，并从事新文学写作。创作小品散文，力主平和冲淡。新中国成立后，主要从事翻译工作。著有《自己的园地》《雨天的书》《泽泻集》等，此外还有译作多种。代表作《故乡的野菜》《乌篷船》《菱角》等多以小题材为描述对象，笔调从容、闲适，于趣味性、知识性中潜移默化地培育读者对生活的热爱。

周作人是一位在我国现代散文创作领域作出了重要贡献的散文家。他的散文，无论是读书札记、文艺评论，还是以草木虫鱼、风俗人情为主要表现内容的小品文，都能把自己的个性精神融入作品之中，从而形成独特的风格。周作人重要的散文集有《雨天的书》《泽泻集》《谈龙集》《谈虎集》等。

《乌篷船》是周作人小品文中平和风格的代表。作者采用书信体的形式，就是为了可以信笔所至，舒卷自如，在亲切随意的话语中讲述家乡的风物和抒发自己的情趣。本文除说明给虚拟的朋友写信的原因外，主要分为两个部分，先是津津有味、不厌其烦地介绍家乡绍兴特有的乌篷船，不但说明"乌篷"与"白篷"的区别，乌篷船中大船与小船的不同，而且连船的形状、材料、结构、用途等都作了具体的描述。在这如数家珍的描述中，正包含作者对自己家乡的深厚情感。然后再讲述在水乡坐船出游的方法。从这篇文章的叙述方法和口气中可以看出，即使是最让人乏味的事情，作者也能做到不急不躁、委婉含蓄。而对于如何游山玩水的经验，讲来兴致盎然，娓娓动听："你如坐船出去，可是不能像坐电车的那样性急，立刻盼望走至。"白天，坐在船上要注意看四周的物色；夜里，则要睡在舱中听水橹的声音。在作者看来，要体验到人生的乐趣，不能性急也是其要点，要做到"要看就看，要睡就睡，要喝酒就喝酒"，这才是"理想的行乐法"。因此，作品说的虽然是游玩之事，传达的是作者对家乡的怀念之情，而真正包蕴的却是隐逸闲适的人生态度。

文章主体虽写的是乌篷船，但不枯燥。仿佛一幅冲淡的江南水墨画，在静态的描摹之后，增添动态景观，静中有动，动中有静；以闲适的态度，似乎是漫不经心地谈论乡间的风土人情，却充溢着自我的体性，离开社会的尘嚣和现代文化的浸染，追求一种由原始的天然、传统文化和宁静心态组成的隐士情景，性格和风趣相应，心态与物境相谐。阅读此文，不但可以领略到作者闲适恬然的情思，而且可以获得一种悠然自得的美的享受。

思考与练习

1. 阿Q的"精神胜利法"的主要特征是什么？简析《阿Q正传》的艺术特色。
2. 为什么说《阿Q正传》是辛亥革命失败的经验教训的形象总结？
3. 涓生和子君的爱情悲剧产生的原因是什么？
4. 简要分析潘先生的形象。
5. 如何认识《沉沦》中主人公形象的积极意义？
6. 简析《凤凰涅槃》的艺术特色，分析其是如何体现狂飙突进的五四精神的。
7. 《死水》是如何体现新格律诗的"三美"主张的？
8. 《再别康桥》有哪些艺术特色？
9. 分析《秋夜》的艺术特色和枣树的形象。
10. 简要分析《乌篷船》的思想感情和艺术特色。

# 第二篇 "左联"前后的文学
（1927—1937年）

第二篇·"左联"前后的文学（1927—1937年）

第三章 "左联"前后的文学发展

第一节 文学思潮和流派

　　1927年大革命失败后，中国革命进入了由无产阶级单独领导的第二次国内革命战争时期。为了适应革命形势发展的需要，1928年初，创造社和新成立的太阳社在中国掀起了倡导无产阶级革命文学的运动。创造社除郭沫若、成仿吾等元老外，还有李初梨、冯乃超、彭康、朱镜我等新成员；太阳社中多数是共产党员，主要有蒋光慈、钱杏邨（阿英）、洪灵菲、孟超等。他们在《创造月刊》《文化批判》《太阳月刊》上连续发表文章，开始倡导无产阶级革命文学。发表的主要文章有：郭沫若的《英雄树》《桌子的跳舞》，成仿吾的《从文学革命到革命文学》，李初梨的《怎样地建设革命文学？》，蒋光慈的《关于革命—文学》，冯乃超的《艺术与社会生活》等。这些文章强调文学是有阶级性的，文学是宣传的武器，要求小资产阶级作家"努力获得（无产）阶级意识""努力获得辩证法的唯物论"。创造社、太阳社的成员在旧中国最黑暗的年代，在严重的白色恐怖笼罩全国的革命低潮时期，响亮地提出了无产阶级革命文学的口号，这在革命失败的环境中起到了振奋人心的作用。更重要的是，倡导者们努力以马克思主义观点来阐释文艺问题，因而扩大了马克思主义文艺思想的宣传，扩大了革命文学运动的影响，引起了文化界对革命文学的注意。但是，创造社、太阳社的某些成员当时还未能很好地掌握马克思主义，他们在试图运用马克思主义原理于中国革命的实际和文艺领域时，出现了严重的主观主义和宗派主义倾向。例如，他们否认当时革命处于暂时的低潮，强调"现在革命运动是更为高涨的"；过分地夸大了文艺的社会功能，忽视了文艺本身的特殊性，把作家世界观的改造看得过于简单，"不怕他昨天还是资产阶级，只要他今天受了无产者精神的洗礼，那他所做的作品也就是普罗列塔利亚的文艺"；把资产阶级、小资产阶级当作革命的对象，对五四以来有卓越成就的作家，如鲁迅、叶绍钧、郁达夫、茅盾等人，当作"时代的落伍者"加以批判、否定，称鲁迅是"资产阶级最良的代言人"，咒骂鲁迅是"封建余孽""不得志的法西斯蒂""双重反革命"，认为"阿Q的时代已经死去，《阿Q正传》的技巧已经死去了"。这样，就发生了鲁迅、茅盾等与创造社、太阳社关于革命文学的论争。其实，鲁迅和茅盾等并不是无产阶级革命文学的反对者，他们只是对那些倡导者们的某些具体观点抱有不同的看法。鲁迅在论争中先后发表了《文艺与革命》《"醉眼"中的朦胧》《文学的阶级性》《铲共大观》《上海文艺之一瞥》《我的态度气量和年纪》等文，批评创造社、太阳社的错误，对革命文学的发展阐明了自己的观点。他不同意把文艺的作用看得过高，他说："我是不相信文艺有旋转乾坤的力量的""倘以为文艺可以改变环境，那是'唯心'之谈"。他肯定文艺的宣传作用，同时又指出不能忘记文艺的特征，不能轻视文艺的技巧，因为"一切文艺固是宣传，而一切宣传却并非全是文艺"，希望革命文学"当先求内容的充实和技巧的上达"。关于世界观对创作的重要意义，鲁迅早在1927年10月发表的《革命文学》中强调说："我以为根本问题是在作者可是一个'革命人'，倘是的，则无论写的是什么事件，用的是什么材料，即都是'革命文学'，从喷泉里出来的都是水，从血管里出来的都是血。"茅盾也写了《从牯岭到东京》

等文,指出革命文艺不能只是一种狭义的宣传工具,而应注意体现出"文艺的本质"。这次论争,是左翼文学内部的思想论争,虽有缺点,但通过论争,纠正了倡导者们的某些理论错误,扩大了无产阶级革命文学运动的影响,为"左联"的成立作了思想上和理论上的准备。

1930年3月,中国左翼作家联盟(简称"左联")在上海成立,这是中国现代文学史上的一件大事,它标志着中国新文学的发展已进入到无产阶级领导的"革命文学"的新的历史阶段。在"左联"的成立大会上,通过了"左联"的理论纲领和行动纲领要点,通过了组织"马克思主义文艺理论研究会""国际文化研究会""文艺大众化研究会"等10多项提案。鲁迅在会上作了《对于左翼作家联盟的意见》的著名讲话。会上选举了沈端先(夏衍)、冯乃超、钱杏邨、鲁迅、田汉、郑伯奇、洪灵菲等7人为常务委员。从此,鲁迅成为"左联"的战斗旗帜。"左联"成立后,相继出版了《拓荒者》《萌芽月刊》《巴尔底山》《世界文化》《北斗》《十字街头》《文学月报》《大众文艺》等刊物,还秘密发行了《文学导报》(创刊号名《前哨》)等杂志,并且先后在北平和日本东京建立了分盟,在广州、南京、武汉、天津建立了小组,先后入盟的成员达270多人。

"左联"成立后,积极地、多方面地开展活动,在中国现代文学史上建立了不朽的功绩,作出了卓越贡献。主要表现在以下几个方面:① "左联"在国民党统治区内领导革命文学工作者和进步作家,对国民党的反革命文化"围剿"进行了英勇顽强的斗争,保卫了革命文学的成果;② 努力传播马克思主义文艺理论,促进了对马克思主义文艺理论的学习,建立与发展了我国无产阶级文艺理论;③ 进行文艺大众化的讨论,提高了革命文学工作者对大众化的认识;④ 开展文艺思想斗争和论争,如1928年至1930年同"新月派"的论争,1930年至1931年对"民族主义文学"的斗争,1931年至1932年同"自由人""第三种人"的论争等;⑤ 培养出一批青年文学作者,创作了大量优秀的文学作品。一些未加入"左联"的进步作家继续在五四开辟的道路上,在"左联"革命运动不同程度的影响下从事文学活动与写作,如闻一多、朱自清、巴金、老舍、曹禺、叶圣陶、王统照等都创作了不少优秀的文学作品。还有一些作家,他们虽同"左联"具有不同的观点,甚至发生过争论,如周作人、林语堂、沈从文、戴望舒、施蛰存等,但他们的文学思想、风格和艺术个性的存在,显示了继五四之后中国30年代文学的丰富多彩。

1936年,革命文学内部还出现过"民族革命战争的大众文学"和"国防文学"两个口号的论争。当时上海左翼文化运动的党内领导者周扬等人提出"国防文学"的口号,号召各阶层、各派别的作家参加抗日民族统一战线,努力创作抗日救亡的文学作品。但在"国防文学"口号的宣传中,有的作者片面强调必须以"国防文学"作为共同的创作口号,有的作者忽视了无产阶级在统一战线中的领导作用。鲁迅注意到这些情况,提出了"民族革命战争的大众文学"的口号,作为对左翼作家的要求和对其他作家的希望。革命文艺界围绕这两个口号的问题进行了尖锐的论争。鲁迅在论争中先后发表了《答托洛斯基派的信》《论现在我们的文学运动》以及《答徐懋庸并关于抗日统一战线问题》等文,表明了他对抗日民族统一战线政策和当时文艺运动的态度。这场论争,是左翼文艺界在新形势下围绕建立文艺界抗日统一战线而发生的思想分歧和论争,通过论争,扩大了抗日民族统一战线的宣传。1936年10月,由鲁迅、郭沫若、茅盾、巴金、洪深、叶绍钧、谢冰心、林语堂、周瘦鹃、包天笑、郑振铎等文艺界各方面的代表人物共21人,联合签名发表《文艺界同人为团结御侮与言论自由宣言》,号召"全国文学界同人应不分新旧派别,为抗日救国而联合"。《宣言》的发表,标志着左翼文学界经过论争达到了新的团结，也标志着文艺界抗日统一战线的初步形成。

第二节　小说创作

　　本时期是现代小说发展的重要阶段。短篇小说有了进一步的发展，长篇小说走向成熟，出现了更多的大家和有特色的新流派。

　　茅盾、巴金、老舍为现代文坛奉献出数量颇丰的小说作品，他们的代表作《子夜》《家》《骆驼祥子》是中国现代文学史上最优秀的长篇小说。茅盾早期主要从事理论批评工作，大革命失败后开始从事小说创作。他的第一部作品《蚀》（三部曲）就引起了极大的反响，不久又发表长篇小说《虹》。1932年至1937年，是茅盾创作的鼎盛时期，长篇小说《子夜》的问世，奠定了茅盾在中国现代文学史上的重要地位。《子夜》以雄浑而细致的笔力描绘了20世纪30年代大都市的生活，通过民族工业资本家吴荪甫的奋斗与破产，雄辩地说明了30年代初期的"中国并没有走向资本主义道路，中国在帝国主义压迫下，是更加殖民地化了"。作品结构宏伟而严谨，语言生动缜密。在此期间，茅盾还写了著名的短篇小说《春蚕》《林家铺子》。巴金是勤奋多产的作家，本时期他的小说有《灭亡》、"爱情三部曲"（《雾》《雨》《电》）、"激流三部曲"之一《家》等。《家》是他的代表作，作品以20世纪20年代初期四川成都的生活为背景，真实地描写了"一个正在崩溃中的地主阶级的封建大家庭的悲欢离合的故事"，深刻地反映了半封建半殖民地社会全面崩溃的现实和趋势。作品结构紧凑，爱憎分明，语言自然酣畅。《家》不仅在巴金的创作道路上具有里程碑的意义，而且是中国现代文学史上一部具有广泛影响的反封建名著。老舍开始长篇创作的时间更早。老舍是以描写城市底层人民生活著称的作家，他把城市贫民这一社会阶层的生活及其命运引进艺术领域，大大地丰富了现代文学的画廊。《骆驼祥子》是其中具有代表性的一部，小说通过祥子"三起三落"最终堕落的事实，深刻揭露了旧社会的罪恶，同时指出劳动人民企图走个人奋斗的道路是行不通的。老舍的作品具有浓郁的市井风味和北京的地方色彩，语言明快活泼，富于幽默感，在现代作家中别具一格。

　　丁玲是本时期开始从事小说创作的女作家。《莎菲女士的日记》是她本时期的代表作品。茅盾曾在《女作家丁玲》一文中指出："莎菲女士是心灵上负着时代苦闷的创伤的青年女性的叛逆的绝叫者""是五四以后解放的青年女子在性爱上的矛盾的心理的代表者"，这十分确切地道出了这篇小说的思想和艺术特色。沈从文是一位多产作家，这个时期是他创作力最旺盛的时期。作于1934年的中篇小说《边城》是他的代表作，作品通过对撑船老人的外孙女翠翠和当地船总的两个儿子之间颇为悱恻的爱情的描写，表现了一种"优美、健康、自然，而又不悖乎人性的人生形式"。整个作品充满了牧歌情调，具有浓郁的湘西地方色彩，艺术上别具一格。

　　本时期，文坛上涌现了大批新人新作，受到了鲁迅的热情肯定和广大群众的欢迎。叶紫的短篇小说集《丰收》对湖南农村的阶级矛盾和农民的觉醒进行了深刻描写，萧军的长篇小说《八月的乡村》对中国共产党领导的一支东北抗日游击队在血与火中的成长历程进行了描写，萧红的《生死场》真切反映东北人民在沦陷前后的生活。这些作品都得到了鲁迅的充分肯定。鲁迅还分别为这三部作品作了序，并假托"奴隶社"的名义，将这三本书编入《奴隶丛书》出版。鲁迅指出，他们有着"奴隶的心"，但"决不是奴才"；他们的作品能给人以"坚强和挣扎的气力"，确实尽到了"文学是战斗的"的责任。张天翼、沙汀、艾芜是本时期的青年作家，是"左联"培养出来的作家。他们更重视对现实的理解和刻画，各自描写了自己熟悉的生活，逐步形成了自己的独特风格。张天翼本时期的优秀作品是《包氏父子》；艾芜的《山峡中》是他的《南行记》中最有代表性的短篇小说；沙汀在本时期出版了他的第一个短篇小说集，但代表他创作上主要成就的作品则出现在抗战时期和解放战争时期。

本时期还出现过一个以施蛰存、穆时英、刘呐鸥为代表的"新感觉派"，这是中国第一个现代主义小说流派。他们受日本"新感觉派"的影响，以弗洛伊德的心理分析方法和意识流等方法，表现人物内心世界的冲突。他们的小说常以快速、跳跃的节奏表现半殖民地都市光怪陆离的生活。这个流派最有成就和最有影响的作家是施蛰存，代表作品有《将军底头》《梅雨之夕》《石秀》等。另外，穆时英的《上海的狐步舞》《白金的女体塑像》《夜总会的五个人》和刘呐鸥的《都市风景线》等，也是该派较有影响的作品。

鲁迅的《故事新编》出版于1936年1月，由8个短篇组成。这些作品是神话、传说及史实的演义，"叙事有时也有一点旧书上的根据，有时却不过信口开河"，即作品中的主要人物和主要事件都有文献可考，但又不受文献的约束，在掌握古人古事精神的基础上，进行艺术想象和虚构。《故事新编》具有古今交融的艺术特色，在创作方法上显示出浪漫主义的特点。

本时期的小说创作，不仅作家多，作品数量也多，而且在作品的思想性、题材的开拓、反映生活的深度等方面，都取得了一定的成就。在作品的艺术描写、人物形象塑造的手法、作家风格流派的形成等方面，也比前一时期呈现出多样化与丰富性的特点。

第三节　诗歌创作

这一时期的诗歌创作，首先应该提及的是殷夫的红色鼓动诗。他的诗直接歌颂无产阶级的革命斗争，格调高昂，形象鲜明，富于节奏感。《血字》一诗是殷夫的"红色鼓动诗"的代表作，是为纪念五四运动四周年而写的。诗人把"五四"比作"血液写成的大字""斜斜地躺在南京路"上，说它将会激起"几万个心灵暴怒"。诗人"预言"："今日我们的血液写成字，异日他们的泪水可入浴"，充分展示了无产阶级在反帝斗争中的英雄面貌和坚强不屈的意志。《别了，哥哥》是"向一个阶级的告别词"，最能显示殷夫不与黑暗势力妥协的战斗意志和要与劳动人民同呼吸共命运的决心。

中国诗歌会的出现，使革命现实主义诗歌在本时期获得较大的发展。中国诗歌会是"左联"领导下的诗人团体，成立于1932年9月，主要成员有蒲风、穆木天、杨骚、任钧、柳倩等。他们主张"捉住现实"，歌唱"反帝反日"的"民众的高涨情绪"，歌唱"新世纪的意识"；他们还提出要用"俗言俚语""要使我们的诗歌成为大众歌调"，在形式上应简明易懂，努力用工人农民听得懂的语言文字入诗，使诗歌在群众中普及。中国诗歌会的创作主张和创作实践鲜明地体现了革命现实主义精神，对革命现实主义诗歌的发展起了一定的推动作用。中国诗歌会中最活跃的诗人是蒲风，他的诗思想健康，感情充沛，诗风朴实，语言通俗。《茫茫夜》是蒲风的第一部诗集，反映的是农民的痛苦和挣扎；《六月流火》是中国现代文学史上第一部长篇叙事诗，它有力地暴露了国民党反革命"围剿"的暴行，热情歌颂了农民为建立自己政权的武装暴动；《钢铁的歌唱》愤怒地控诉了日本侵略者的暴行，呼号抗战。蒲风还坚持不懈地倡导"诗歌大众化"，努力引口语入诗，虽然艺术上缺少锤炼，但从总体上说，蒲风是当时诗坛上富有创造性的有较大成就的现实主义诗人。

本时期登上诗坛、影响较大的新人有臧克家、艾青、田间等。他们以反映现实生活特别是农村生活著称，他们的诗作代表我国现实主义诗歌在20世纪30年代所曾达到的艺术高度和卓越成就。臧克家于1933年出版了第一本诗集《烙印》，翌年又出版诗集《罪恶的黑手》。这两部诗集，表现了诗人对黑暗现实的愤慨和对革命的向往。诗集中有对工人生活的反映，但更多的是关于农民生活的题材，表达了对农民苦难生活的深切同情。臧克家深受闻一多的创作态度和诗风的影响，特别看重选词造句，注重字句的锤炼。他在《论新诗》中说："句子要深刻，但要深刻到家，深刻到浅易的程度。换句话说，须把深的意思藏在浅的字面上。"闻一多在《烙印》的序言中也称道他的诗"没有一首不具有一种极顶真的生活的意义"。他的诗风严谨、朴质、含蓄、凝练。和臧克家相比，艾青和田间的诗风在本时期尚未全面形成，但他们初登诗坛，已崭露头角。艾青1933年写的《大堰河——我的保姆》，是他早期诗歌的代表作，也是本时期诗歌创作的重要收获。田间的诗集《未明集》《中国牧歌》和长诗《中国农村的故事》，以浓厚的生活气息和强烈的反抗意识著称。

本时期还出现了以戴望舒为代表的现代派。现代派诗因1932年3月由施蛰存主编的《现代》杂志而得名。戴望舒的诗集有《我的记忆》《望舒草》和以后的《灾难的岁月》。他早期的诗作，深受中国旧诗特别是晚唐诗词的影响，同时又借鉴了法国象征派诗歌的表现艺术，追求抒情性和情调的感伤性，追求意象的新颖和朦胧，《雨巷》就是这方面的代表作。抗日战争的爆发，唤起了诗人的爱国热情，诗集《灾难的岁月》中的《狱中题壁》《我用残损的手掌》等均表明了他思想艺术上的跃进。诗人怀着深深的民族仇恨，记下了敌人的暴行，对灾难的祖国寄予了无限深情。戴望舒的诗，初期追求字面上的音乐美感，叶圣陶很欣赏《雨巷》语言的音乐美，说它"替新诗底音节开了个新纪元"；后期诗艺更趋成熟，他认为"诗的韵律不在字的抑扬顿挫上，而在诗的情绪的抑扬顿挫上，即在诗情的程度上"。戴望舒是中国新诗史上颇有个性的、有重要地位的著名诗人。

第四节　散文创作

20世纪30年代是现代散文创作最为兴盛的时代。

杂文收获最为丰盛。成就卓著的除鲁迅之外，还有瞿秋白。"左联"成立后，随着无产阶级革命文学的深入发展，国民党反动派对左翼文学的压迫日益加紧。鲁迅曾经愤慨地说："我有生以来，从未见过近来这样的黑暗，网密犬多……非反抗不可。"鲁迅后期杂文就是"在官民的明明暗暗、软软硬硬的围剿杂文的笔下和刀下发展起来的"。鲁迅后期杂文以辩证唯物主义和历史唯物主义的态度，对旧中国政治、思想、文化和文学进行了更为广泛而深入的剖析和批判，对建设无产阶级革命文学发表了许多重要意见。鲁迅杂文的艺术特色是：逻辑性和形象性、理论说服力和艺术感染力紧密结合；强烈的讽刺；精练、犀利、生动、幽默的语言。瞿秋白20年代就开始写杂文，1931年至1933年在上海养病期间，他与鲁迅等共同领导左翼文艺运动，在文化战线上和国民党反动派展开了积极的斗争，写下了许多战斗性很强的杂文，后来结集为《乱弹及其他》。他的杂文泼辣锋利，鼓动性极强。尤其是他写的《〈鲁迅杂感选集〉序言》，运用马克思主义立场观点，结合中国革命实践，系统地研究鲁迅杂文，深刻地阐明了鲁迅的思想发展道路，精当地概括了鲁迅的战斗精神，在中国现代文艺批评史上占有相当重要的地位。30年代，有一批文学青年，他们在鲁迅生前就追随鲁迅的风格，并在鲁迅的直接指导和影响下进行杂文创作，深得鲁迅杂文的风韵，其中唐弢（有《推背集》《海天集》等）、徐懋庸（有《不惊人集》《打杂集》等）等较为出色。

  本时期，散文流派又有了新的组合和分化。1932年起，林语堂在上海先后创办《论语》《人间世》《宇宙风》等杂志，和周作人一起鼓吹"以自我为中心，以闲适为格调"的小品文，结成一个"论语派"。他们游离于斗争之外，标榜中立，攻击左翼作家"开口主义，闭口立场，令人坐卧不安"；他们以"知识"和"趣味"为号召给一些不满现实、缺乏斗争勇气的读者造就了一个避风港。左翼作家以《太白》《作家》《文学界》《中流》《文学》等杂志为阵地，与"论语派"针锋相对，代表人物是鲁迅和茅盾。他们与"论语派"围绕散文创作的思想与形式等问题，展开了激烈的论争。针对林语堂、周作人提倡的"幽默"和"闲适"小品，鲁迅曾深刻指出，这是"将屠户的凶残，使大家化为一笑"，使"在血案中而没有血迹，也没有血腥气"。

  除左翼作家和"论语派"外，还有两个值得注意的散文群体，一个以上海开明书店为中心，作者有叶圣陶、朱自清、夏丏尊、丰子恺、朱光潜等，其中不少人是早期文学研究会的成员。他们忠实于现实，写作态度严肃认真，是积极入世的人生派。另一个以《大公报》的《文艺周刊》为阵地，作者有沈从文、萧乾、何其芳、李广田、卞之琳、严文井、汪曾祺等，他们追求的是艺术的完美。沈从文的《湘行散记》和《湘西》，那"素淡朴讷的文字底下，自有一道明彻的光辉，自有一股隽永的情思"，充满湘西乡土特色；何其芳的《画梦录》曾获1937年《大公报》文艺金奖，评委会高度评价了何其芳的艺术实践："《画梦录》是一种独立的艺术制作，有它超达深渊的情趣"；李广田的《画廊集》展示的是作者"朴野的小天地"的生活画廊，洋溢着浓郁的乡野气息和朴实深厚的农民情愫。

  报告文学是本时期新兴的文学样式，夏衍的《包身工》和宋之的的《一九三六年春在太原》的发表，标志着报告文学创作的成熟。本时期还出现了不少报告文学专集，引人注目的有茅盾主编的《中国一日》和邹韬奋的《萍踪寄语》等。

第五节 戏剧创作

  戏剧运动和戏剧创作在本时期也得到了迅速的发展。

  1927年，田汉领导的"南国社"创立。1929年，欧阳予倩在华南创办了广东戏剧研究所；同年秋，上海艺术剧社成立，这是国统区第一个在中国共产党领导下明确提出无产阶级戏剧口号的戏剧团体；1930年8月，中国左翼剧团联盟成立，翌年1月改组为"中国左翼戏剧家联盟"，这是在中国共产党直接领导下的戏剧界统一战线组织。我国现代戏剧，逐渐成为共产党领导的反帝反封建革命文艺新军中有力的一翼。

  这时期，出现了许多著名的剧本，如田汉的《回春之曲》《名优之死》，洪深的《五奎桥》，曹禺的《雷雨》《日出》，夏衍的《上海屋檐下》等。曹禺的两部剧作的出现，代表着这一时期现实主义戏剧创作的最高成就，也标志着我国现代话剧剧本在艺术上的成熟。田汉的《名优之死》《回春之曲》等，都是不可多得的戏剧佳作。《名优之死》（1927）是田汉前期的代表作。剧本通过著名京剧艺人刘振声与流氓恶棍杨大爷的尖锐斗争和他惨死在戏台上的故事，揭露和控诉了旧社会的黑暗和罪恶，批判了某些艺人的腐化与堕落，表现了他对正直无私、热爱艺术事业的老艺人的深切同情。

思考与练习

1. 简要说明无产阶级革命文学论争的性质及收获。
2. "左联"的历史功绩表现在哪些方面？
3. "两个口号"论争的性质是什么？其重要收获有哪些？

第四章　文体作品选读

第一节　小说

子夜（故事梗概）

茅盾

二十世纪三十年代初的上海，一个春末夏初的晚上，民族工业资本家吴荪甫及其亲属一行，乘车到码头接到了从乡间来沪的吴老太爷。

吴老太爷因乡下农民造反而避难沪上，因25年不曾体验过书斋以外的人生，所以，他像一具封建僵尸一样，一到上海就因受不了灯红酒绿的强烈刺激而患脑出血死去。沪上各式大亨、政客、交际花等汇聚吴府吊唁吴老太爷。民族资本家孙吉人、王和甫、杜竹斋，买办资本家赵伯韬等主要人物登场亮相，并开始了商场、股市、情场的角逐争斗。

兼具雄心、魄力，而又狠毒的吴荪甫，利用世界经济危机对民族工业的冲击，一口气吞掉了8家破产工厂，并幻想由此重振民族工业，在中国建立起一个资本主义的经济实体。但此时，他的对手，帝国主义的奴才、公债大王、大买办赵伯韬，已开始在其背后设置陷阱，欲置其于死地。吴荪甫收买工贼屠维岳破坏工人罢工，并企图以削减工资、裁减工人等手段占据商场、股市的主动权，导致劳资矛盾加剧。而他的家乡，因发生农民暴动而使其乡下钱财无法收回。为了和赵伯韬一决雌雄，吴荪甫和盟友王和甫一起把办工厂的资本投入公债市场。关键时刻，其姐夫杜竹斋投靠赵伯韬，使吴荪甫全线崩溃。

众叛亲离，吴荪甫准备自杀，但一时又下不了这个决心，咽不下这口恶气，于是连夜逃出上海，奔庐山避暑去了。

【导读】

茅盾（1896—1981），原名沈德鸿，字雁冰，浙江桐乡市乌镇人。中国现代著名作家、文学评论家、文化活动家以及社会活动家，文学研究会主要成员。代表作有中长篇小说《蚀》（包括《幻灭》《动摇》《追求》三部曲）以及《子夜》《腐蚀》《霜叶红似二月花》，短篇《春蚕》《林家铺子》，话剧《清明前后》，散文《白杨礼赞》，文学评论《夜读偶记》等。1981年3月14日，茅盾将稿费25万元人民币捐出设立茅盾文学奖，以鼓励当代优秀长篇小说的创作。

《子夜》是茅盾最重要的一部作品，创作于1931年10月至1932年12月。其间，以《夕阳》为题在《小说月报》上连载。1933年1月由开明书店出版单行本，书名改为《子夜》。它的成就是多方面的。这是一部企图从正面来展开20世纪30年代中国社会阶级斗争的全貌并揭示出各个部分之间内在联系和发展趋势的作品。

小说在20世纪30年代中国民生凋敝、战乱不止的大背景下展开。在都市化的上海生活中却呈现出另一番景象：纸醉金迷，各色人物趋炎附势，明争暗斗。

开丝厂的吴荪甫带乡下的父亲吴老太爷避战乱来到上海，扑朔迷离的都市景观使这个足不出户的老朽因深受刺激而猝死。吴府办丧事，上海滩有头有脸的人都来吊唁。他们聚集在客厅，打听战况、谈生意、搞社交。善于投机的买办资本家赵伯韬找到吴荪甫和他的姐夫杜竹斋，拉拢他们联合资金结成公债大户"多头"，想要在股票交易中贱买贵卖，从中牟取暴利。杜竹斋心下犹疑，赵伯韬遂向他透露了用金钱操纵战局的计划。吴、杜决定跟着赵伯韬干一次。这次合作，小有波澜而最终告捷。

因为金融公债上混乱、投机的情形妨碍了工业的发展，实业界同仁孙吉人、王和甫推举吴荪甫联合各方面有实力的人，办一个银行，做自己的金融流通机关，并且希望将来能用大部分的资本来经营交通、矿山等几个企业。这正合吴荪甫的心意。他的野心很大，又富有冒险精神，喜欢和同他一样有远见的人共事，而对那些半死不活的资本家却毫无怜悯地施以手段。很快，益中信托公司就成立了。

这时，吴荪甫的家乡双桥镇发生变故，农民起来反抗，使他在乡下的一些产业蒙受损失。工厂里的工潮此起彼伏，也使他坐立不安。为了对付工人罢工，吴荪甫起用了一个有胆量、有心计的青年职员屠维岳。他先是暗中收买领头的女工姚金凤，瓦解了工潮的组织；事发之后，姚金凤被工人看作资本家的走狗，而工潮复起的时候，他使吴荪甫假令开除姚而提升那个把事情捅出去的女工。这样一来，姚的威信恢复，工人反而不肯接受对她的处置。接着，作为让步，吴收回成命，不开除姚，并安抚女工给予放假一天。吴荪甫依计而行，果然平息了罢工。

交易所的斗争也日渐激烈。原先吴荪甫与赵伯韬的联合转为对垒和厮拼的局面。益中信托公司作为与赵相抗衡的力量，形成以赵伯韬为"多头"和益中公司为"空头"之间的角斗。赵伯韬盯上吴荪甫这块肥肉，想趁吴资金短缺之时吞掉他的产业。几个回合较量下来，益中亏损八万元栽了跟头而停下来。此时吴荪甫的资金日益吃紧，他开始盘剥工人的劳动和克扣工钱。新一轮罢工到来，受到牵制的屠维岳分化瓦解工人组织的伎俩被识破，吴荪甫陷入内外交迫的困境。

赵伯韬欲向吴荪甫的银行投资控股。吴决心拼一把，他甚至把自己的丝厂和公馆都抵押出去作公债，以背水一战。他终于知道在中国发展民族工业是何等困难。对个人利害的顾虑，使他身不由己地卷入买空卖空的投机市场来。

公债的情势危急，赵伯韬操纵交易所的管理机构为难卖空方吴荪甫。几近绝望的吴荪甫把仅存的希望放在杜竹斋身上。千钧一发之际，杜竹斋倒戈转向赵伯韬一边。吴荪甫彻底破产了。

小说塑造了民族资本家吴荪甫、买办资本家赵伯韬等一系列具有个性特征和典型意义的人物形象。其中，吴荪甫是一个精明强干、有实力、有魄力、有企业家"铁腕"、胸怀发展中国民族工业宏图的民族工业资本家。其性格也表现出软弱、怯懦、狂乱和放纵的矛盾性。吴荪甫形象的成功塑造，集中体现了作者的创作特色和艺术才能。作品把人物安置在广阔的社会背景中，通过错综复杂的人物关系和矛盾冲突，多侧面多层次地刻画人物性格，并在矛盾冲突中深刻揭示人物的内心世界。此外，《子夜》的艺术结构宏伟而严谨，语言简洁生动，心理刻画细致而深入，显示了作者深厚的艺术功力。

家（故事梗概）

巴金

　　五四时期成都高家大公馆。高老太爷是大家庭的权威。

　　长孙觉新，被剥夺了学业与爱情。在父亲的安排下，他和指定的姑娘结了婚，并进入西蜀实业公司事务所上班，父亲去世后，觉新成为家中事物的承重者。

　　觉新的二弟觉民和三弟觉慧均接受西方文化知识的熏陶，有先进的思想、昂扬的斗志，是新时代的新青年。觉新也跟他俩一起接受新思想，但是他依旧还是"作揖主义"和"无抵抗主义"的拥护者。一日，觉慧和觉民跟往常一样，买了几本新书，来到觉新的办公室里，这时张太太和琴小姐来了。琴是高家亲戚里面最美丽、最活泼的姑娘，也是一个有理想、有抱负的新青年。她给大家带来了一个不寻常的消息，钱家大姨妈回省城来了，梅表姐嫁了不到一年就守了寡，婚后变得有点憔悴。这个梅表姐就是大哥觉新所挚爱的钱家表妹，而这时觉新正陪着张太太买衣料，他并没有听到这个消息。

　　觉慧和觉民离开了觉新的事务所，觉民去了琴的家里，觉慧在路上遇见同学张惠如，从他口中了解到当兵的打了学生。觉慧义愤填膺地和一些学生们参加了向总督示威游行的队伍。祖父高老太爷很快知道了他游行的事，便让觉新把他囚禁在家里。为了觉新，觉慧只能留在家里，不久后，他又出去了。

　　旧历新年快来了，高公馆这个绅士家庭也忙着准备过新年。除夕的前一天下午，觉慧买了一本小说《前夜》读给他的两个哥哥听，书里的内容激起了觉慧的热情，也唤起了觉新痛苦的回忆，他向两兄弟述说了自己身为长孙承担的重任，自己为了家族的人，牺牲了自己的幸福……觉慧想着，我是青年，我不是畸人，我不是愚人，我要给自己把幸福争过来。他为自己不是大哥感到庆幸。天黑了，高家四世同堂聚集在一起，互相庆贺着吃年夜饭，高老太爷看见自己的子孙满堂，想着再过一两代，他们高家不知道会变成一个怎样繁盛的大家庭，心里非常地高兴。

　　旧历年的最后一天，觉新告诉觉慧他遇见梅表妹了，痛苦和悔恨涌上心头。觉慧责备觉新当初为什么不反抗，落到这地步，是罪有应得。觉新苦笑着说现实的环境不允许他这样做，觉慧突然感觉在思想上跟他的大哥是离得愈来愈远了。

　　高公馆里的丫头鸣凤，既聪慧又漂亮，她很喜欢觉慧。而觉慧只有在回到他那寂寞无聊的家里时，才会因思念鸣凤而苦恼。丫头们传闻，冯乐山要讨姨太太，准备在大房同三房的丫头中挑一个去。鸣凤向觉慧发誓她绝对不会跟别人。

　　元宵节的夜晚，他们几个年轻人接到了消息，督军下令讨伐张军长，前线已经开火。仗终于打起来了，高公馆上下都沉浸在一片恐怖、绝望之中，此时琴也正在高家，她没有地方可去，只能待在这里。她从前还相信自己是一个勇敢的女性，而这时她发现自己还是一个脆弱的女子，没有能力反抗，也只能等待别人来宰割。恐怖的时期终于过去了，和平的统治又恢复了。高公馆又热闹起来。觉民弟兄的几个同学创刊了《黎明周报》，刊载新文化运动的消息，介绍新的思想，批评和攻击不合理的旧制度和旧思想。觉慧热心地参加《周报》的工作，经常在《周报》上发表文章。至于觉民，他白天忙着功课，晚上按时去琴那里教书，对于《周报》并不像觉慧那样热心。

琴因为她的好朋友倩如把长辫剪了，她也想这么做，但遭到母亲的反对，并要把她嫁出去。琴爱的是觉民，她伤心地哭了起来。就在琴伤心痛苦的晚上，鸣凤也同样伤心至极。原来高老太爷要她做冯老头子的姨太太，而且就在三天之后。这是高老太爷的命令，谁也违背不了，谁也反抗不了。她没有办法，觉慧是她唯一的希望，而此时的觉慧正忙着写他的文章，无暇顾及鸣凤，待她要说时，觉民的到来使得她不得不走了。鸣凤彻底地绝望了，她记得她曾说过宁死也不会去，她带着对觉慧深深的爱和对这世上的不公平的恨跳进了湖里。

鸣凤死了，由三房的丫头婉儿代替她去当姨太太。鸣凤的死很快被这大公馆里的人忘记，而觉慧却不能忘，因为他的自私，他没有把他心爱的人留住。他这时才发现平常老是训斥大哥和觉民没有胆量，其实他自己跟他们一样，也是一个没有胆量的人。他对生活已厌倦了，他有了远离这个家庭的想法。一天晚上他看到四房的丫头倩儿偷偷在花园里在给鸣凤和婉儿烧纸钱，感到万分苦楚。

在高老太爷66岁诞辰的庆祝的日子里，冯乐山向高老太爷提亲，将自己的孙侄女许给觉民，同时将淑英许给陈克家的二儿子。觉民爱的是琴，他立即表示自己的事自己作主。为了反抗祖父，他在觉慧的鼓励和帮助下逃离了公馆，觉新在这时听到了梅小姐去世的消息，万分痛苦。

觉慧的五爸在外头讨了妓女"礼拜一"做姨太，还打着老太爷的招牌借了许多债，老太爷为此一病不起，他已清楚高家已走下坡路了，最后的结局是可以想得到的。他做了多年的"四世同堂"的好梦彻底破灭了。临死前他把觉民召了回来，答应冯家的亲事不提了，便离开了人世。

觉慧的嫂嫂瑞珏生产的日子近了，但公馆的太太们却要她迁到城外生产。因为他们迷信什么"血光之灾"，懦弱的觉新没有说一句反抗的话，忍受了一切，把瑞珏接到了城外。

瑞珏几天后就生产了，她生下了一个儿子，自己难产死了。觉新没有能见她最后一面。旧的制度、礼教和迷信夺去了他的青春、他的幸福、他的前途，也夺去了他最爱的两个女人。他意识到了这一点，而他又不能够抵抗这一切，他只有绝望，只有痛苦，他就此醒悟了，同二弟觉民一起，助三弟觉慧终于逃离了这个束缚人的家，到上海去一面求学一面从事进步的革命工作。

【导读】

巴金（1904—2005），原名李尧棠，字芾甘。四川成都人。主要作品有长篇小说《灭亡》《新生》《激流三部曲》《爱情三部曲》《寒夜》等。

《家》是巴金的代表作，和《春》《秋》合称为《激流三部曲》。这部小说自 1931 年问世以来，产生了广泛而积极的社会影响。

《家》描写了 20 世纪 20 年代初期成都一个封建官僚地主家庭。以祖孙两代的矛盾冲突为线索，通过梅、鸣凤、瑞珏三个女子的血泪悲剧沉痛地控诉了封建制度对年轻生命的摧残，深刻地揭露了封建大家庭的罪恶及其腐朽没落，同时热情地歌颂了青年一代民主主义的觉醒及其反封建斗争。作者从生活出发，真实地写出了人物思想性格的复杂性及其发展变化。高老太爷是家长制和封建礼教的代表，十分专制，是高公馆一系列悲剧的制造者，但作者也写了他的幻灭感和他临终前对孙辈的慈祥和忏悔，其性格的两面又都统一于他的维持和发展四世同堂的封建大家庭的人生理想。觉新是一个"有两重人格的人"，他善良懦弱，既是一个深受封建伦理道德熏陶的地主少爷，又是一个受到五四新文化运动影响的青年。一方面他同情封建礼教的受害者，另一方面又反对受害者（包括他自己）进行反抗。但惨痛的生活教训最终使他有了初步的觉醒和反抗。觉慧是受五四新文化运动影响的进步青年，他的民主主义觉醒有一个过程，作者令人信服地描写了他从幼稚到坚定，最后离家出走，成为封建大家庭的第一个叛逆者。他的思想基础正是在20世纪20年代起过一定反封建作用的民主主义和人道主义。

在塑造众多人物形象时，作者善于探索、挖掘人物的内心世界，或直接描绘人物在特定情景下的心理活动，或通过人物的日记、书信、梦幻等来剖析人物的内心隐秘，从而更细致入微地刻画出各种人物的不同性格与不同命运。

在情节安排上，《家》由觉慧和觉民放学回家写起，最后以觉慧离家时在船上的一声"再见"结束。作者把众多的人物、复杂的矛盾以及重大社会事件融入觉慧反抗与成长的过程中，构成了一幅鲜明的时代画卷。

此外，《家》的语言朴素自然，洋溢着浓烈的感情色彩，形成了特有的风格，这种形式被称为"巴金体"。

骆驼祥子（故事梗概）

老舍

壮实憨厚的乡下小伙儿祥子，在北平靠拉车谋生，一门心思要攒钱买辆自己的车。他省吃俭用，终于在三年间凑足一百块，用血汗钱买了一辆新车，此时的祥子对生活充满了希望。谁知好景不长，北平城外军阀混战，祥子连人带车子被十几个大兵抓进营地做苦力。他趁着大兵打了败仗偷跑出来，顺手牵走军阀撤退时落下的骆驼，卖了三十五块钱，从此就有了"骆驼祥子"的外号。

祥子进了刘四爷的车厂里租车干活儿，因为勤快老实得了东家不少照顾。一天晚上，刘四爷的女儿虎妞诱使他喝酒，喝醉的祥子和虎妞睡了一夜。不料，虎妞假装怀孕逼婚，木讷的祥子只好听任她摆布。但是，刘四爷不能容忍女儿和"臭拉车的"勾搭，把二人撵出家门。婚后，虎妞用私房钱给祥子买了一辆车，不久真的怀上身孕。积蓄所剩无几，祥子拼命拉车赚钱，终于劳累病倒。没料想，虎妞难产死去，为置办虎妞丧事，祥子咬着牙卖掉了自己的车。

邻居小福子也是个可怜人，一直对祥子有情有义。无奈祥子负不起养活她弟弟和酒鬼老爹的责任。为了挣钱，祥子离开故地去给旧主雇曹先生拉包月车，再回来时却得知小福子被卖进妓院后自尽的消息。失魂落魄的祥子像变了一个人，每天浪荡街巷，吃喝嫖赌、偷奸耍滑地混日子。没多久的寻常一天里，不成人样的祥子栽倒在街头，再也没有爬起来。

【导读】

老舍（1899—1966），原名舒庆春，字舍予，满族人，生于北京。主要作品有长篇小说《离婚》《骆驼祥子》《四世同堂》《正红旗下》，话剧剧本《龙须沟》《茶馆》等。

长篇小说《骆驼祥子》是老舍早期创作中最优秀的作品。它通过旧北京一个人力车夫的悲剧，表达了作者对挣扎在社会最底层的劳动人民命运的深切关怀和同情。作者热情地赞颂了祥子原来具有的热爱劳动、朴实向上、善良而又自信的美好品质，愤怒地揭露和声讨了那吞吃祥子的一切、把祥子逼进堕落深坑的令人窒息的黑暗社会。

小说以祥子买车的三起三落为情节发展的中心线索，通过祥子与兵匪、祥子与暗探、祥子与车厂主、祥子与虎妞，甚至祥子与天气的关系等各个侧面，淋漓尽致地表现了旧社会人力车夫的苦难生活，艺术地概括了祥子从充满希望到挣扎苦斗，直至精神崩溃，走向堕落的悲剧一生，反映了20世纪20年代末、30年代初旧中国个体劳动者的悲惨命运，有力地说明了在旧社会里想凭个人奋斗劳动发家，只不过是一种幻想。虽然作者当时还无法为主人公指明出路，但作品对于社会罪恶的真实描绘，却能激起人们对旧世界的极大义愤。

作品以严肃的现实主义的创作方法、朴实明畅的语言，代替了作者过去有时失之油滑的诙谐。大量细致动人的心理描写，是作者刻画祥子的重要手法。祥子的沉默寡言，反映了他受压抑、孤苦无告的社会地位。因此，作者用大段的叙事、抒情并夹杂议论的手法，代祥子诉说了血泪凝成的痛苦心声，既刻画了祥子的性格，又表现作者炽烈的感情，大大增强了作品的艺术感染力。

此外，作品具有浓郁的北京味。作品使用的语言是经过提炼加工的北京口语，加之对北京特有的自然景观、屋宇格局和市民阶层生活习性的描写，整个作品充溢着浓郁的地方色彩和生活气息，京味十足。

边城（故事梗概）

沈从文

在川湘交界的茶峒附近，碧溪岨白塔旁边，住着一户人家。独门独院里，只有爷爷老船夫和孙女翠翠两个人，还有一只顺通人性的黄狗。这一老一小在渡船上悠然度日。茶峒城里有个船总叫顺顺，他洒脱大方，喜欢结交朋友，慷慨助人。船总顺顺有两个儿子：老大天保，豪放豁达，不拘俗套小节。老二傩送，气质有些像他的母亲，不爱说话，秀拔出群。兄弟二人，同时爱上了老船夫的孙女翠翠。端午节的龙舟赛上，英俊的青年水手傩送在翠翠的心里留下了深刻的印象。在并不知道翠翠与兄弟傩送相互心生爱慕的情况下，天保托媒人去提亲。后来，兄弟两人把话挑明：天保说这爱是两年前就植下的根苗。老二说，他爱翠翠是三年前的事。做哥哥的也确实吃了一惊。

此时，当地的团总以新磨坊为陪嫁，想把女儿许配给傩送。而傩送宁肯继承一条破船也要等待翠翠。爷爷让翠翠自己做主。兄弟俩采用公平而浪漫的方式——唱山歌——表达感情，让翠翠自己做选择。天保自知唱不过弟弟，心灰意冷，断然驾船远行做生意。然而，碧溪边只听过一夜傩送的歌声。老船夫因为疑惑而询问，才知天保因远出做生意，坐下水船出事的实情……船总顺顺忘不了儿子的死因，对老船夫变得冷淡。老船夫操心孙女翠翠的心事，在焦虑的奔走中得知：傩送因天保的意外而怪责老船夫，并独自下桃源去了。船总顺顺也不愿意翠翠再做傩送的媳妇。老船夫因顺顺和傩送的误会郁闷地回到家，什么也没说，即便翠翠问起他。夜里下了大雨，夹杂着吓人的雷声。爷爷说，翠翠莫怕，翠翠说不怕。两人便默默地躺在床上听那雨声雷声。第二天翠翠起来发现船已被冲走，屋后的白塔也冲塌，翠翠吓得去找爷爷，却发现老人已在雷声将息时死去。热心的乡邻帮着翠翠料理爷爷的后事。爱着傩送的翠翠，守着渡口，等待着傩送的归来。傩送也许永远不会回来了，也许明天就会回来。

【导读】

沈从文（1902—1988），原名沈岳焕，湖南凤凰人。1917年高小毕业后入伍参加地方土著部队，随部队移防到湖南、湖北、四川、贵州等地，阅历丰富。1923年接触了新文学，于是离开部队到北京，开始学习写作。1924年起，在《晨报》副刊《民众文艺》《新月》《小说月报》等刊物上发表文学作品。1928年，离开北京到上海，与胡也频、丁玲一起编辑过《红与黑》《红黑》《人间》。1930年起，先后在武汉大学、青岛大学任教。1933年回北京，主编《大公报》副刊《文艺副刊》。抗战爆发后到昆明西南联大任教授，胜利后又回北京任北大教授。新中国成立后，先后在历史博物馆和中国社会科学院历史研究所工作。其代表作有中长篇小说《边城》《萧萧》《长河》及湘西系列短篇小说，散文集《湘行散记》《湘西》也享誉文坛。

《边城》于1934年元旦开始在《国闻周报》连载，是沈从文"湘西系列小说"中的名篇。作品借老船夫的外孙女翠翠与船总儿子天保、傩送之间的爱情纠葛，展现了作者故乡湘西古老、淳朴的民风和自然、和谐、美好的人性，表达了作者对充满田园牧歌情调的边城世界和边城人格的向往与渴望。

在《边城》里，几乎每个人物都是善和美的化身。老船工50年如一日，勤奋地为人们摆渡，而不肯接受毫厘的分外收入。天保、傩送勤劳善良，他们同时深深地爱着翠翠，但没有争斗而只有体谅和谦让。杨马兵，早年追求翠翠的母亲被拒绝，但他毫不记恨，老船工死后，他挺身而出照顾翠翠、保护翠翠。他的所作所为表现出见义勇为的侠义心肠。就连当地的上层人物船总顺顺也是一个具有古道热肠的豪爽人物。在众多的善良人物中，描写最成功的是翠翠，她是个勤劳、能干、美丽、心灵纯净的女孩。作品着力表现了人物的人性美和人物关系中的人情美。

作者还着力描绘了边城优美的自然景色和欢庆节日的场面，具有浓郁的地方色彩。整个作品人性美与自然美和谐统一，呈现出优美恬淡的艺术风格。

从节选的段落可以看到，这里的"边城"，是远离现代文明的化外之境，是现代社会之外的"桃花源"，不但山美、水美，更有人美，古朴淳厚的民俗，是未曾受到现代文明污染的那种自然、健康、优美的人生形式。一切是那样美，又都那样稍纵即逝，难以长久留存。"边城"之美因此而带有些许忧伤。作者写意的抒情笔法与这种"牧歌情调"风格的小说相得益彰，细细品之，韵味无穷。

为奴隶的母亲

柔石

　　她的丈夫是一个皮贩,就是收集乡间各猎户底兽皮和牛皮,贩到大埠上出卖的人。但有时也兼做点农作,芒种的时节,便帮人家插秧,他能将每行插得非常直,假如有五人同在一个水田内,他们一定叫他站在第一个做标准。然而境况总是不佳,债是年年积起来了。他大约就因为境况的不佳,烟也吸了,酒也喝了,钱也赌起来了。这样,竟使他变做一个非常凶狠而暴躁的男子,但也就更贫穷下去,连小小的移借,别人也不敢答应了。

　　在穷底结果的病以后,全身便变成枯黄色,脸孔黄的和小铜鼓一样,连眼白也黄了。别人说他是黄疸病,孩子们也就叫他"黄胖"了。有一天,他向他底妻说:"再也没有办法了,这样下去,连小锅子也都卖去了。我想,还是从你底身上设法罢。你跟着我挨饿,有什么办法呢?"

　　"我底身上?……"他底妻坐在灶后,怀里抱着她底刚满五周岁的男小孩——孩子还在啜着奶,她讷讷地低声地问。

　　"你,是呀,"她底丈夫病后的无力的声音,"我已经将你出典了……"

　　"什么呀?"他底妻几乎昏去似的。

　　屋内是稍稍静寂了一息,他气喘着说:"三天前,王狼来坐讨了半天的债回去以后,我也跟着他去,走到了九亩潭边,我很不想要做人了。但是坐在那株爬上去一纵身就可落在潭里的树下,想来想去,总没有力气跳了。猫头鹰在耳朵边不住地啭,我底心被它叫寒起来,我只得回转身,但在路上,遇见了沈家婆,她问我,晚也晚了,在外做什么。我就告诉她,请她代我借一笔款,或向什么人家的小姐借些衣服或首饰去暂时当一当,免得王狼底狼一般的绿眼睛天天在家里闪烁。可是沈家婆向我笑道:

　　'"你还将妻养在家里做什么呢,你自己黄也黄到这个地步了"?'

　　我低着头站在她面前没有答,她又说:'"儿子呢,你只有一个了,舍不得。但妻——"'

　　我当时想:'莫非叫我卖去妻了么?'

　　而她继续道:'但妻——虽然是结发的,穷了,也没有法。还养在家里做什么呢?'

　　这样,她就直说出:'有一个秀才,因为没有儿子,年纪已五十岁了,想买一个妾;又因他底大妻不允许,只准他典一个,典三年或五年,叫我物色相当的女人:年纪约三十岁左右,养过两三个儿子的,人要沉默老实,又肯做事,还要对他底大妻肯低眉下首。这次是秀才娘子向我说的,假如条件合,肯出八十元或一百元的身价。我代她寻了好几天,总没有相当的女人。'她说,现在碰到我,想起了你来,样样都对的。当时问我底意见怎样,我一边掉了几滴泪,一边却被她催的答应她了。"

　　说到这里,他垂下头,声音很低弱,停止了。他底妻简直痴似的,话一句没有。又静寂了一息,他继续说:

　　"昨天,沈家婆到过秀才底家里,她说秀才很高兴,秀才娘子也喜欢,钱是一百元,年数呢,假如三年养不出儿子,是五年。沈家婆并将日子也拣定了——本月十八,五天后。今天,她写典契去了。"

这时，他底妻简直连腑脏都颤抖，吞吐着问："你为什么早不对我说？"

"昨天在你底面前旋了三个圈子，可是对你说不出。不过我仔细想，除出将你底身子设法外，再也没有办法了。"

"决定了么？"妇人战着牙齿问。

"只待典契写好。"

"倒霉的事情呀，我！——一点也没有别的办法了么？春宝底爸呀！"

春宝是她怀里的孩子底名字。

"倒霉，我也想过，可是穷了，我们又不肯死，有什么办法？今年，我怕连插秧也不能插了。"

"你也想到过春宝么？春宝还只有五岁，没有娘，他怎么好呢？"

"我领他便了。本来是断了奶的孩子。"

他似乎渐渐发怒了。也就走出门外去了。她，却呜呜咽咽地哭起来。

这时，在她过去的回忆里，却想起恰恰一年前的事：那时她生下了一个女儿，她简直如死去一般地卧在床上。死还是整个的，她却肢体分作四碎与五裂。刚落地的女婴，在地上的干草堆上叫："呱呀，呱呀"声音很重的，手脚揪缩。脐带绕在她底身上，胎盘落在一边，她很想挣扎起来给她洗好。可是她底头昂起来，身子凝滞在床上。这样，她看见她底丈夫，这个凶狠的男子，飞红着脸，提了一桶沸水到女婴的旁边。她简直用了她一生底最后的力向他喊："慢！慢……"但这个病前极凶狠的男子，没有一分钟商量的余地，也不答半句话，就将"呱呀，呱呀，"声音很重地在叫着的女儿，刚出世的新生命，用他底粗暴的两手捧起来，如屠户捧将杀的小羊一般，扑通，投下在沸水里了！除出沸水的溅声和皮肉吸收沸水的嘶声以外，女孩一声也不喊——她疑问地想，为什么也不重重地哭一声呢？竟这样不响地愿意冤枉死去么？啊！——她转念，那时因为她自己当时昏过去的缘故，她当时剜去了心一般地昏去了。

想到这里，似乎泪竟干涸了。"唉！苦命呀！"她低低地叹息了一声。这时春宝拔去了奶头，向他底母亲的脸上看，一边叫："妈妈！妈妈！"在她将离别底前一晚，她拣了房子底最黑暗处坐着。一盏油灯点在灶前，萤火那么的光亮。她，手里抱着春宝，将她底头贴在他底头发上。她底思想似乎浮漂在极远，可是她自己捉摸不定远在那里。于是慢慢地跑回来，跑到眼前，跑到她底孩子底身上。她向她底孩子低声叫："春宝，宝宝！"

"妈妈。"孩子含着奶头答。

"妈妈明天要去了……"

"唔。"孩子似不十分懂得，本能地将头钻进他母亲底胸膛。

"妈妈不能回来了，三年内不能回来了！"她擦一擦眼睛，孩子放松口子问："妈妈那里去呢？庙么？"

"不是，三十里路外，一家姓李的。"

"我也去。"

"宝宝去不得的。"

"呃！"孩子反抗地，又吸着并不多的奶。

"你跟爸爸在家里，爸爸会照料宝宝的：同宝宝睡，也带宝宝玩，你听爸爸底话好了。过三年……"

她没有说完，孩子要哭似地说："爸爸要打我的！"

"爸爸不再打你了。"同时用她底左手抚摸着孩子底右额,在这上,有他父亲在杀死他刚生下的妹妹后第三天,用锄柄敲他,肿起而又平复了的伤痕。

她似要还想对孩子说话,她底丈夫踏进门了。他走到她底面前,一只手放在袋里,掏取着什么,一边说:"钱已经拿来七十元了。还有三十元要等你到了后十天付。"

停了一息说:"也答应轿子来接。"

又停了一息:"也答应轿夫一早吃好早饭来。"

这样,他离开了她,又向门外走出去了。

这一晚,她和他底丈夫都没有吃晚饭。

第二天,春雨竟滴滴淅淅地落着。

轿是一早就到了。可是这妇人,她却一夜不曾睡。她先将春宝底几件破衣服都修补好;春将完了,夏将到了,可是她,连孩子冬天用的破烂棉袄都拿出来,移交给他底父亲——实在,他已经在床上睡去了。以后,她坐在他底旁边,想对他说几句话,可是长夜是迟延着过去,她底话一句也说不出,而且,她大着胆向他叫了几声,发了几个听不清楚的音,声音在他底耳外,她也就睡下不说了。等她朦朦胧胧地刚离开思索将要睡去,春宝又醒了。他就推叫他底母亲,要起来。以后当她给他穿衣服的时候,向他说:"宝宝好好地在家里,不要哭,免得你爸爸打你,以后妈妈常买糖果来,买给宝宝吃,宝宝不要哭。"

而小孩子竟不知道悲哀是什么一回事,张大口子"唉,唉"地唱起来了。她在他底唇边吻了一吻,又说:"不要唱,你爸爸被你唱醒了。"

轿夫坐在门首的板凳上,抽着早烟,说着他们自己要听的话。一息,邻村的沈家婆也赶到了。一个老妇人,熟悉世故的媒婆,一进门,就拍拍她身上的雨点,向他们说:"下雨了,下雨了,这是你们家里此后会有滋长的预兆。"

老妇人忙碌似地在屋内旋了几个圈,对孩子底父亲说了几句话,意思是讨报酬。因为这件契约之能订得如此顺利而合算,实在是她底力量。

"说实在话,春宝底爸呀,再加五十元,那老头子可以买一房妾了。"她说。于是又转向催促她——妇人却抱着春宝,这时坐着不动。老妇人声音很高地:"轿夫要赶到他们家里吃中饭的,你快些预备走呀!"可是妇人向她瞧了一瞧,似乎说:"我实在不愿离开呢!让我饿死在这里罢!"声音是在她底喉下,可是媒婆懂得了,走近道她面前,迷迷地向她笑说:"你真是一个不懂事的丫头,黄胖还有什么东西给你呢?那边真是一份有吃有剩的人家,两百多亩田,经济很宽裕,房子是自己底,也雇着长工养着牛。大娘底性子是极好的,对人非常客气,每次看见人总给人一些吃的东西。那老头子——实在并不老,脸是很白白的,也没有留胡子,因为读了书,背有些偻偻的,斯文的模样。可是也不必多说,你一走下轿就看见的,我是一个从不说谎的媒婆。"

妇人拭一拭泪,极轻地:"春宝……我怎么能抛开他呢!"

"不用想到春宝了,"老妇人一手放在她底肩上,脸凑近她和春宝。"有五岁了,古人说:'三周四岁离娘身,'可以离开你了。只要你底肚子争气些,到那边,也养下一二个来,万事都好了。"

轿夫也在门首催起身了,他们噜苏着说:"又不是新娘子,啼啼哭哭的。"

这样,老妇人将春宝从她底怀里拉去,一边说:"春宝让我带去罢。"

小小的孩子也哭了,手脚乱舞的,可是老妇人终于给他拉到小门外去。当妇人走进轿门的时候，向他们说："带进屋里来罢，外边有雨呢。"

她底丈夫用手支着头坐着，一动没有动，而且也没有话。两村的相隔有三十里路，可是轿夫的第二次将轿子放下肩，就到了。春天的细雨，从轿子底布篷里飘进，吹湿了她底衣衫。一个脸孔肥肥的，两眼很有心计的约摸五十四五岁的老妇人来迎她，她想，这当然是大娘了。可是只向她满面羞涩地看一看，并没有叫。她很亲昵似地将她牵上阶沿，一个长长的瘦瘦的而面孔圆细的男子就从房里走出来。他向新来的少妇，仔细地瞧了瞧，堆出满脸的笑容来，向她问："这么早就到了么？可是打湿你底衣裳了。"

而那位老妇人，却简直没有顾到他底说话，也向她问："还有什么在轿里么？"

"没有什么了。"少妇答。

几位邻居、妇人站在大门外，探头张望的；可是她们走进屋里面了。

她自己也不知道这究竟为什么，她底心老是挂念着她底旧的家，掉不下她的春宝。这是真实而明显的，她应庆祝这将开始的三年生活——这个家庭，和她所典给他底丈夫，都比曾经过去的要好，秀才确实是一个温良和善的人，讲话是那么地低声，连大娘，实在也是一个出乎意料之外的妇人，她底态度之殷勤，和滔滔的一席话：说她和她丈夫底过去的生活之经过，从美满而漂亮的结婚生活起，一直到现在，中间的三十年。她曾做过一次的产，十五六年以前，养下一个男孩，据她说，是一个极美丽又极聪明的婴儿，可是不到十个月，竟患了天花死去了。这样，以后就没有再养过第二个。在她底意思中，似乎——似乎——早就叫她底丈夫娶一房妾。可是他，不知是爱她呢，还是没有相当的人——这一层她并没有说清楚；于是，就一直到现在。这样，竟说得这个具着朴素的心地的她，一时酸，一会苦，一时甜上心头，一时又咸的压下去了。最后，这个老妇人并将她底希望也向她说出来了。她底脸是娇红的，可是老妇人说："你是养过三四个孩子的女人了，当然，你是知道什么的，你一定知道的还比我多。"这样，她说着走开了。

当晚，秀才也将家里的种种情形告诉她，实际，不过是向她夸耀或求媚罢了。她坐在一张橱子的旁边，这样的红的木橱，是她旧的家所没有的，她眼睛白晃晃地瞧着它。秀才也就坐到橱子底面来，问她："你叫什么名字呢？"

她没有答，也不笑，站起来，走到床底面前，秀才也跟到床底旁边，更笑地问她："怕羞么？哈，你想你底丈夫么？哈，哈，现在我是你底丈夫了。"声音是轻轻的，又用手去牵着她底袖子。"不要愁罢！你也想你的孩子的，是不是？不过——"

他没有说完，却又哈的笑一声，他自己脱去外面的长衫了。她可以听见房外的大娘底声音在高声地骂着什么人，她一时听不出在骂谁，骂烧饭的女仆，又好像骂她自己，可是因为她底怨恨，仿佛又是因为她而发的。秀才在床上叫道："睡罢，她常是这么噜噜苏苏的。她以前很爱那个长工，因为长工要和烧饭的黄妈多说话，她却要常骂黄妈的。"日子是一天天地过去了。旧的家，渐渐地在她底脑子里疏远了，而眼前，却一步步地亲近她使她熟悉。虽则，春宝底哭声有时竟在她底耳朵边响，梦中，她也几次地遇到过他了。可是梦是一个比一个缥缈，眼前的事务是一天比一天繁多。她知道这个老妇人是猜忌多心的，外表虽则对她还算大方，可是她底嫉妒的心是和侦探一样，监视着秀才对她的一举一动。有时，秀才从外面回来，先遇见了她而同她说话，老妇人就疑心有什么特别的东西买给她了，非在当晚，将秀才叫到她自己底房内去，狠狠地训斥一番不可。"你给狐狸迷着了么？""你应该称一称自己底老骨头是多少重！"像这样的话，她耳闻不止一次了。这样以后，她望见秀才从外面回来而旁边没有她坐着的时候，就非得急忙避开不可。即使她在旁边，有时也该让开一些，但这种动作，她要做的非常自然，而且不能让旁人看出，否则，她又要向她发怒，说是她有意要在旁人的前面暴露她大娘底丑恶。而且以后，竟将家里的许多杂务都堆积在她底身上，同一个女仆那样。她还算是聪明的，有时老妇人底换下来的衣服放着，她也给她拿去洗了，虽然她说："我底衣服怎么要你洗呢？就是你自己底衣服，也可以叫黄妈洗的。"可是接着说："妹妹呀，你最好到猪栏里去看一看，那两只猪为什么这样喁喁叫的，或者因为没有吃饱罢，黄妈总是不肯给它们吃饱的。"

八个月了，那年冬天，她底胃却起了变化：老是不想吃饭，想吃新鲜的面、番薯等。但番薯或面吃了两餐，又不想吃，又想吃馄饨，多吃又要呕。而且还想吃南瓜和梅子——这是六月里的东西，真稀奇，向那里去找呢？秀才是知道在这个变化中所带来的预告了。他整日地笑微微，能找到的东西，总忙着给她找来。他亲身给她到街上去买橘子，又托便人买了金柑来。他在廊沿下走来走去，口里念念有词的，不知说什么。他看她和黄妈磨过年的粉，但还没有磨了三升，就向她叫："歇一歇罢，长工也好磨的，年糕是人人要吃的。"

有时在夜里，人家谈着话，他却独自拿了一盏灯，在灯下，读起《诗经》来了：

关关雎鸠，

在河之洲，

窈窕淑女，

君子好逑——

这时长工向他问："先生，你又不去考举人，还读它做什么呢？"

他却摸一摸没有胡子的口边，怡悦地说道："是呀，你也知道人生底快乐么？所谓'洞房花烛夜，金榜题名时。'你也知道这两句话底意思么？这是人生最快乐的两件事呀！可是我对于这两件事都过去了，我却还有比这两件事更快乐的事呢！"

这样，除了他底两个妻以外，其余的人们都大笑了。

这些事，在老妇人眼睛里是看得非常气恼了。她起初闻到她底受孕也欢喜，以后看见秀才的这样奉承她，她却怨恨她自己肚子底不会还债了。有一次，次年三月了，这妇人因为身体感觉不舒服，头有些痛，睡了三天。秀才呢，也愿她歇息歇息，更不时地问她要什么，而老妇人却着实地发怒了。她说她装娇，噜噜苏苏地也说了三天。她先是恶意地讥嘲她：说是一到秀才底家里就高贵起来了，什么腰酸呀，头痛呀，姨太太的架子也都摆出来了；以前在她自己底家里，她不相信她有这样的娇美，恐怕竟和街头的母狗一样，肚子里有着一肚皮的小狗，临产了，还要到处地奔求着食物。现在呢，因为"老东西"——这是秀才的妻叫秀才的名字——趋奉了她，就装着娇滴滴的样子了。

"儿子，"她有一次在厨房里对黄妈说，"谁没有养过呀？我也曾怀过十个月的孕，不相信有这么难受。而且，此刻的儿子，还在'阎罗王的薄里'，谁保的定生出来不是一只癞蛤蟆呢？也等到真的'鸟儿'从洞里钻出来看见了，才可以在我底面前显威风，摆架子，此刻，不过是一块血的猫头鹰，就这的装腔，也显得太早一点！"

当晚这妇人没有吃晚饭，这时她已经睡了，听了这一番婉转的冷嘲与热骂，她呜呜咽咽地低声哭泣了。秀才也带衣服坐在床上，听到浑身透着冷汗，发起抖来。他很想扣好衣服，重新走起来，去打她一顿，抓住她底头发恨恨地打她一顿，泄泄他一肚皮的气。但不知怎样，似乎没有力量，连指也颤动，臂也酸软了，一边轻轻地叹息着说："唉，一向实在太对她好了。

结婚了三十年,没有打过她一掌,简直连指甲都没有弹到她底皮肤上过,所以今日,竟和娘娘一般地难惹了。"

同时,他爬过到床底那端,她底身边,向她耳语说:"不要哭罢,不要哭罢,随她吠去好了!她是阉过的母鸡,看见别人的孵卵是难受的。假如你这一次真能养出一个男孩子来,我当送你两样宝贝——我有一只青玉的戒指,一只白玉的……"他没有说完,可是他忍不住听下门外的他底大妻底喋喋的讥笑的声音,他急忙地脱去衣服,将头钻进被窝里去,凑向她的胸膛一边说:"我有白玉的……"

肚子一天天地膨胀的如斗那么大,老妇人终究也将产婆雇定了,而且在别人的面前,竟拿起花布来做婴儿用的衣服。

酷热的暑天到了尽头,旧历的六月,他们在希望的眼中过去了。秋开始,凉风也拂拂地在乡镇上吹送。于是有一天,这全家的人们都到了希望底最高潮,屋里底空气完全地骚动起来。秀才底心更是异常地紧张,他在天井上不断地徘徊,手里捧着一本历书,好似要读它背诵那么地念去——"戊辰","甲戌","壬寅之年",老是反复地轻轻地说着。有时他底焦急的眼光向一间关了窗的房子望去——在这间房子内有产母底低声呻吟的声音,有时他向天上望一望被云笼罩着的太阳,于是又走向房门口,向站在房门内的黄妈问:"此刻如何?"

黄妈不住地点着头不做声响,一息,答:"快下来了,快下来了。"

于是他又捧了那本历书,在廊下徘徊起来。

这样的情形,一直继续到黄昏底青烟在地面起来,灯火一盏盏的如春天的野花般在屋内开起,婴儿才算落地了,是一个男的。婴儿底声音是很重地在屋内叫,秀才却坐在屋角里,几乎快乐到流出眼泪来了。全家的人都没有心思吃晚饭,在平淡的晚餐席上,秀才底大妻向用人们说道:"暂时瞒一瞒罢,给小毛头避避晦气,假如别人问起,也答养一个女的好了。"他们都微笑地点点头。

一个月以后,婴儿底白嫩的小脸孔,已在秋天的阳光里照耀了。这个少妇给他哺着奶,邻舍的妇人围着他们瞧,有的称赞婴儿底鼻子好,有的称赞婴儿底口子好,有的称赞婴儿底两耳好;更有的称赞婴儿底母亲,也比以前好,白而且壮。老妇人却真和老祖母那么地吩咐着,保护着,这时开始说:"够了,不要弄他哭了。"

关于孩子底名字,秀才是煞费苦心地想着,但总想不出一个相当的字来。据老妇人底意见,还是从"长命富贵"或"福禄寿喜"里拣一个字:最好还是"寿"字或与"寿"同意义的字,如"其颐""彭祖"等。但秀才不同意,以为太通俗,人云亦云的名字。于是翻开了《易经》《书经》,向这里面找,但找了半月,一月,还没有恰贴的字。在他底意思:以为在这个名字内,一边要祝福孩子,一边要包含他底老而得子底蕴义,所以竟不容易找。这一天,他一边抱着三个月的婴儿,一边又向书里找名字,戴着一副眼镜,将书递到灯底旁边去。婴儿底母亲呆呆地坐在房内底一边,不知思想着什么,却忽然开口说道:"我想,还是叫他'秋宝'罢。"屋内的人们底几对眼睛都转向她,注意地静听着,"他不是生在秋天吗?秋天的宝贝——还是叫他'秋宝'罢。"

秀才立刻接着说道:"是呀,我真是极费心思了。我年过半百,实在到了人生的秋期,孩子也正养在秋天;'秋'是万物成熟的季节,秋宝,实在是一个很好的名字呀!而且《书经》里没么?'乃亦有秋',我真乃亦有'秋'了!"

接着,又称赞了一通婴儿底母亲:说是呆读书实在无用,聪明是天生的。这些话,说的这妇人连坐着都觉得局促不安，垂下头，苦笑地又含泪地想："我不过因春宝想到罢了。"

秋宝是天天成长的非常可爱地离不开他底母亲了。他有出奇的大的眼睛，对陌生人是不倦地注视地瞧着，但对他底母亲，却远远地一眼就知道了。他整天地抓住了他底母亲，虽则秀才是比她还爱他，但不喜欢父亲；秀才底大妻呢，表面也爱他，似爱他自己亲生的儿子一样，但在婴儿底大眼睛里，却看她似陌生人，也用奇怪不倦的视法。可是他的执住他底母亲愈紧，而他底母亲的离开这家的日子也愈近了。春天底口子咬住了冬天底尾巴；而夏天底脚又常是紧随着在春天底身后的；这样，谁都将孩子底母亲底三年快到的问题横放在心头上。

秀才呢，因为爱子的关系，首先向他底大妻提出来了：他愿意再拿出一百元钱，将她永远买下来。可是他底大妻底回答是："你要买她，那先给我药死罢！"

秀才听到这句话，气的只向鼻孔放出气，许久没有说；以后，他反而做着笑脸地："你想孩子没有娘……"

老妇人也尖利地冷笑地说："我不好算是他底娘么？"

在孩子底母亲的心呢，却正矛盾着这两种的冲突了：一边，她底脑里老是有"三年"这两个字，三年是容易过去的，于是她底生活便变做在秀才底家里的佣人似的了。而且想象中的春宝，也同眼前的秋宝一样活泼可爱，她既舍不得秋宝，怎么就能舍得掉春宝呢？可是另一边，她实在愿意永远在这新的家里住下去，她想，春宝的爸爸不是一个长寿的人，他底病一定是在三五年之内要将他带走到不可知的异国里去的，于是她便要求她底第二个丈夫，将春宝也领过来，这样，春宝也在她底眼前。

有时，她倦坐在房外的沿廊下，初夏的阳光，异常地能令人昏朦地起幻想，秋宝睡在她底怀里，含着她底乳，可是她觉得仿佛春宝同时也站在她底旁边，她伸出手去也想将春宝抱近来，她还要对他们兄弟两人说几句话，可是身边是空空的。

在身边的较远的门口，却站着这位脸孔慈善而眼睛凶毒的老妇人。目光注视着她。这样，她也恍恍惚惚地敏悟："还是早些脱离罢，她简直探子一样地监视着我了。"可是忽然怀内的孩子一叫，她却又什么也没有的只剩着眼前的事实来支配她了。

以后，秀才又将计划修改了一些：他想叫沈家婆来，叫她向秋宝底母亲底前夫去说，他愿意再拿进三十元钱——最多是五十元，将妻续典三年给秀才。秀才对他底大妻说："要是秋宝到五岁，是可以离开娘了。"

他底大妻正是手里捻着佛珠，一边在念着"南无阿弥陀佛"，一边答："她家里也还有前儿在，你也应该放她和她底结发夫妇团聚一下罢。"

秀才低着头，断断续续地仍然这样说："你想想秋宝两岁就没有娘……"

可是老妇人放下念佛珠说："我会养的，我会管理他的，你怕我谋害了他么？"

秀才一听到末一句话，就拔步走开了。老妇人仍然在后面说："这个儿子是帮我生的，秋宝是我底；绝种虽然是你家底种，可是我却仍然吃着你家底餐饭。你真被迷住了，老昏了，一点也不会想了。你还有几年好活，却要拼命拉她在身边？双连牌位，我是不愿意坐的！"

老妇人似乎还有许多刻毒的锐利的话，可是秀才走远开听不见了。

在夏天，婴儿底头上生了一个疮，有时身体稍稍发些热，于是这位老妇人就到处地问菩萨，求佛药，给婴儿敷在疮上，或灌下肚里，婴儿底母亲觉得并不十分要紧，反而使这样小小的生命哭成一身的汗珠，她不愿意，或将吃了几口的药暗地里拿去倒掉。于是这位老妇人就高声叹息，向秀才说："你看她竟一点也不介意他底病，还说孩子是并不怎样瘦下去。爱在心里的是深的;专疼表面是假的。"

这样,妇人只有暗自挥泪,秀才也不说什么话了。

秋宝一周纪念的时候,这家热闹地排了一天的酒筵,客人也到了三四十,有的送衣服,有的送面,有的送银制的狮狴,给婴儿挂在胸前的,有的送镀金的寿星老头儿,给孩子钉在帽上的,许多礼物,都在客人底袖子里带来了。他们祝福着婴儿的飞黄腾达,赞颂着婴儿的长寿永生;主人底脸孔,竟是荣光照耀着,有如落日的云霞反映着在他底颊上似的。

可是在这天,正当他们筵席将举行的黄昏时,来了一个客,从朦胧的暮光中向他们底天井走进,人们都注意他:一个憔悴异常的乡人,衣服补衲的,头发很长,在他底腋下,挟着一个纸包。主人骇异地迎上前去,问他是那里人,他口吃似地答了,主人一时糊涂的,但立刻明白了,就是那个皮贩。主人更轻轻地说:"你为什么也送东西来了?你真不必的呀!"

来客胆怯地向四周看看,一边答说:"要,要的……我来祝祝这个宝贝长寿千……"

他似没有说完,一边将腋下的纸包打开来了,手指颤动地打开了两三重的纸,于是拿出四只铜制镀银的字,一方寸那么大,是"寿比南山"四字。

秀才底大娘走来了,向他仔细一看,似乎不大高兴。秀才却将他招待到席上,客人们互相私语着。

两点钟的酒与肉,将人们弄的胡乱与狂热了:他们高声猜着拳,用大碗盛着酒互相比赛,闹得似乎房子都被震动了。只有那个皮贩,他虽然也喝了两杯酒,可是仍然坐着不动,客人们也不招呼他。等到兴尽了,于是各人草草地吃了一碗饭,互祝着好话,从两两三三的灯笼光影中,走散了。

而皮贩却吃到最后,佣人来收拾羹碗了,他才离开了桌,走到廊下的黑暗处。在那里,他遇见了他底被典的妻。

"你也来做什么呢?"妇人问,语气是非常凄惨的。

"我那里又愿意来,因为没有法子。"

"那末你为什么来的这样晚?"

"我那里来买礼物的钱呀?!奔跑了一上午,哀求了一上午,又到城里买礼物,走得乏了,饿了,也迟了。"

妇人接着问:"春宝呢?"

男子沉吟了一息答:"所以,我是为春宝来的。……"

"为春宝来的?"妇人惊异地回音似地问。

男人慢慢地说:"从夏天来,春宝是瘦的异样了。到秋天,竟病起来了。我又那里有钱给他请医生吃药,所以现在,病是更厉害了!再不想法救救他,眼见得要死了!"静寂了一刻,继续说:"现在,我是向你来借钱的……"

这时妇人底胸膛内,简直似有四五只猫在抓她,咬她,咀嚼着她底心脏一样。她恨不得哭出来,但在人们个个向秋宝祝颂的日子,她又怎么好跟在人们底声音后面叫哭呢?她吞下她底眼泪,向她底丈夫说:"我又那里有钱呢?我在这里,每月只给我两角钱的零用,我自己又那里要用什么,悉数补在孩子底身上了。现在,怎么好呢?"

他们一时没有话,以后,妇人又问:"此刻有什么人照顾着春宝呢?"

"托了一个邻舍,我仍旧想回家,我就要走了。"他一边说着,一边揩着泪。

女的同时哽咽着说:"你等一下罢,我向他去借借看。"

她就走开了。

三天以后的一天晚上，秀才忽然问这妇人道："我给你的那只青玉戒指？"

"在那天夜里，给了他了。给了他拿去当了。"

"没有借你五块钱么？"秀才愤怒地。

妇人低着头停了一息答："五块钱怎么够呢！"

秀才接着叹息说："总是前夫和前儿好，无论我对你怎么样！本来我很想再留你两年的，现在，你还是到明春就走罢！"

女人简直连泪也没有地呆着了。

几天后，他还向她那么地说："那只戒指是宝贝，我给你是要你传给秋宝的，谁知你一下就拿去当了！幸得她不知道，要是知道了。有三个月好闹了！"

妇人是一天天地黄瘦了。没有精采的光芒在她底眼睛里起来，而讥笑与冷骂的声音又充塞在她底耳内了。她是时常记念着她底春宝的病的，探听着有没有从她底本乡来的朋友，也探听着有没有向她底本乡去的便客，她很想得到一个关于"春宝的身体已复原"的消息，可是消息总没有；她也想借两元钱或买些糖果去，方便的客人又没有，她不时地抱着秋宝在门首过去一些的大路边，眼睛望着来和去的路。这种情形却很使秀才底大妻不舒服了，她时常对秀才说："她那里愿意在这里呢？她是极想早些飞回去的。"

有几夜，她抱着秋宝在睡梦中突然喊起来，秋宝也被吓醒，哭起来了。秀才就追逼地问："你为什么？你为什么？"

可是女人拍着秋宝，口子哼哼的没有答。秀才继续说："梦着你底前儿死了么，那么地喊？连我都被你叫醒了。"

女人急忙一边答："不，不，……好像我底前面有一圹坟呢！"

秀才没有再讲话，而悲哀的幻象更在女人底前面展现开来，她要走向这坟去。

冬末了，催离别的小鸟，已经到她底窗前不住地叫了。先是孩子断了奶，又叫道士们来给孩子度了一个关，于是孩子和他亲生的母亲的别离——永远的别离的运命就被决定了。

这一天，黄妈先悄悄地向秀才底大妻说："叫一顶轿子送她去么？"

秀才底大妻还是手里捻着念佛珠说："走走好罢，到那边轿钱是那边付的，她又那里有钱呢？听说她底亲夫连饭也没得吃，她不必摆阔了。路也不算远，我也是曾经走过三四十里路的人，她的脚比我大，半天可以到了。"

这天早晨当她给秋宝穿衣服的时候，她的泪如溪水地流下，孩子向她叫："婶婶，婶婶"——因为老妇人要他叫自己是"妈妈"，只准叫她是"婶婶"——她向他咽咽地答应。他很想对她说几句话，意思是："别了，我底亲爱的儿子呀！你的妈妈待你是好的，你将来也好好地待还她罢，永远不要再记念我了！"

可是她无论怎样也说不出。她也知道一周半的孩子是不会了解的。

秀才悄悄地走向她，从她背后的腋下伸进手来，在他底手内是十枚双毫角子，一边轻轻说："拿去罢，这两块钱。"

妇人扣好孩子的纽扣，就将角子塞在怀内的衣袋里。

老妇人又进来了，注意着秀才走出去的背后，又向妇人说："秋宝给我抱去罢，免得你走时他哭。"

妇人不做声响，可是秋宝总不愿意，用手不住地拍在老妇人底脸上，于是老妇人生气地又说:"那末你同他去吃早饭去罢,吃了早饭交给我。"

黄妈拼命地劝她多吃饭,一边说:"半月来你就这样了,你真比来的时候还瘦了。你没有去照照镜子。今天,吃一碗下去罢,你还要走三十里路呢。"

她只不关紧要地说了一句:"你对我真好!"

但是太阳是升的非常高了,一个很好的天气,秋宝还是不肯离开他的母亲,老妇人便狠狠地将他从她的怀里夺去,秋宝用小小的脚踢在老妇人的肚子上,用小小的拳头搔住她底头发,高声呼喊她。妇人在后面说:"让我吃了中饭去罢。"

老妇人却转过头,汹汹地答:"赶快打起你底包袱去罢,早晚总有一次的!"

孩子的哭声便在她的耳内渐渐远去了。

打包裹的时候,耳内是听着孩子底哭声。黄妈在旁边,一边劝慰着她,一边却看她打进什么去。终于,她挟着一只旧的包裹走了。

她离开他底大门时,听见她底秋宝的哭声。可是慢慢地远远地走了三里路了,还听见她底秋宝的哭声。

暖和的太阳所照耀的路,在她面前竟和天一样无穷止地长。当她走到一条河边的时候,她很想停止她底那么无力的脚步,向明澈可以照见她自己底身子的水底跳下去了。但在水边坐了一会之后,她还得依前去的方向,移动她自己的影子。

太阳已经过午了,一个村里的一个年老的乡人告诉她,路还有十五里;于是她向那个老人说:"伯伯,请你代我就近叫一顶轿子罢,我是走不回去了!"

"你是有病的么?"老人问。

"是的。"她那时坐在村口的凉亭里面。

"你从那里来?"

妇人静默了一时答:"我是向那里去的;早晨我以为自己会走的。"

老人怜悯地也没有多说话,就给她找了两位轿夫,一顶没篷的轿。因为那是下秋的季节。

下午三四时的样子,一条狭窄而污秽的乡村小街上,抬过了一顶没篷的轿子,轿里躺着一个脸色枯萎如同一张干瘪的黄菜叶那么的中年妇人,两眼朦胧地颓唐地闭着。嘴里的呼吸只有微弱地吐出。街上的人们个个睁着惊异的目光,怜悯地凝视着过去。一群孩子们,争噪地跟在轿后,好像一件奇异的事情落到这沉寂的小村镇里来了。

春宝也是跟在轿后的孩子们中底一个,他还在似赶猪那么地哗着轿走,可是当轿子一转一个弯,却是向他底家里去的路,他却直了两手而奇怪了,等到轿子到了他家里的门口,他简直呆似地远远地站在前面,背靠一株柱子上,面向着轿,其余的孩子们胆怯地围在轿的两边。妇人走出来了,她昏迷的眼睛还认不清站在前面的,穿着褴褛的衣服,头发蓬乱的,身子和三年前一样的短小,那个八岁的孩子是她的春宝。突然,她哭出来地高叫了:"春宝呀!"

一群孩子们,个个无意地吃了一惊,而春宝简直吓的躲进屋里他父亲那里去了。

妇人在灰暗的屋内坐了许久许久,她和她底丈夫都没有一句话。夜色降落了,他下垂的头昂起来,向她说:"烧饭吃罢!"

妇人就不得已地站起来,向屋角上旋转了一周,一点也没有气力地对她丈夫说:"米缸内是空空的……"

男人冷笑了一声,答说:"你真在大人家底家里生活过了!米,盛在那只香烟盒子内。"

当天晚上,男子向她底儿子说:"春宝,跟你底娘去睡!"

而春宝却靠在灶边哭起来了。他的母亲走近他，一边叫："春宝，春宝！"

可是当她底手去抚摸他底时候，他又躲闪开了。男子加上说："会生疏得那么快，一顿打呢！"

她眼睁睁地睡在一张龌龊的狭板床上，春宝陌生似地睡在她底身边。在她底已经麻木的脑内，仿佛秋宝肥白可爱地在她身边挣动着，她伸出两手想去抱，可是身边是春宝。这时，春宝睡着了，转了一个身，她底母亲紧紧地将他抱住，而孩子却从微弱的鼾声中，脸伏在她底胸膛上，两手抚摩着她底两乳。

沉静而寒冷的死一般长的夜，似无限地拖延着，拖延着……

1930年1月20日

【导读】

柔石（1901—1931），原名赵平复，浙江宁海人。代表作有中篇小说《二月》，短篇小说《为奴隶的母亲》等。

《为奴隶的母亲》是柔石最优秀的短篇小说。以朴实的手法和形式，表现了社会下层劳动人民的凄苦生活和悲惨命运。作品写的是野蛮的典妻制度。春宝娘在生活的逼迫下被凶狠的丈夫当作生孩子的工具租给一个秀才。她被典三年，不但原来的春宝同她生疏了，三年期满又不得不同新生的秋宝分离。作者写出了春宝娘在这个野蛮制度下非人生活的痛苦，也写出了失去孩子的母亲的悲哀。作品用白描的手法，塑造了勤劳、善良、忍辱负重的春宝娘形象，刻画了她由一个有自己孩子、过着正常生活的母亲，沦为替地主传宗接代的工具的屈辱生活。在强烈的对比中，集中地表现了她被剥夺了母爱的权利后无边的痛苦心理，深刻地控诉了万恶的封建制度不仅无情地摧残了劳动人民的肉体，而且残酷地踩蹦着他们的心灵。小说结构自然，语言朴实，是一篇现实主义的杰作。

第二节　诗歌

大堰河——我的保姆（作者：艾青，原诗略）

【导读】

艾青（1910—1996），原名蒋海澄，浙江金华市人，现代文学家，诗人。作品有诗集《大堰河》《北方》《旷野》，长诗《向太阳》《火把》等。

1932年7月，艾青因从事爱国运动在上海被捕入狱。在狱中正式开始诗歌创作，《大堰河——我的保姆》即其中之一，带有自传性质。诗人以真挚的感情，抒写了对哺育他长大的保姆"大堰河"的怀念，揭示了一个勤劳的农村妇女的善良灵魂，通过对她痛苦而悲惨一生的描写，控诉了社会的黑暗与不义。大堰河在艰苦竭蹶中度过一生，但她总是含着笑不停地操劳着，这就是诗人为大堰河建造的永久的塑像，也是勤劳、忠厚的中国劳动妇女的塑像。因此，这是一首呈献给千千万万劳苦农民的"赞美诗"，也是一首"给予这不公道的世界的咒语"。诗人把爱和恨、赞美和诅咒交织在一起，传达了他对当时罪恶社会的愤慨和不平。

《大堰河——我的保姆》是一首优美的自由诗。在诗里，诗人通过叙事进行抒情，用排比和对比手法来表达强烈的感情，用重叠的诗句或诗节反复咏叹，使诗篇既明朗单纯又多姿多彩。借助联想进行铺叙，构成生动的画面。诗句长短不定，但内在韵律、音调和谐，色彩鲜明，情味深长。

雨巷

戴望舒

撑着油纸伞，独自
彷徨在悠长，悠长
又寂寥的雨巷，
我希望逢着
一个丁香一样地
结着愁怨的姑娘

她是有
丁香一样的颜色，
丁香一样的芬芳，
丁香一样的忧愁，
在雨中哀怨，
哀怨又彷徨；

她彷徨在这寂寥的雨巷，
撑着油纸伞
像我一样，
像我一样地
默默彳亍着，
冷漠，凄清，又惆怅。

她默默地走近
走近，又投出
太息一般的眼光，

她飘过
像梦一般地，
像梦一般地凄婉迷茫。

像梦中飘过
一支丁香地，
我身旁飘过这女郎；
她静默地远了，远了，
到了颓圮的篱墙，
走尽这雨巷。

在雨的哀曲里，
消了她的颜色，
散了她的芬芳，
消散了，甚至她的
太息般的眼光，
丁香般的惆怅。

撑着油纸伞，独自
彷徨在悠长，悠长
又寂寥的雨巷，
我希望飘过
一个丁香一样地
结着愁怨的姑娘。

【导读】

戴望舒（1905—1950），原名戴梦鸥，浙江杭县人，"现代派"的代表诗人。作品有诗集《我底记忆》《望舒草》《灾难的岁月》等。

戴望舒是 20 世纪 30 年代"现代派"的代表诗人。他早期的诗虽也不乏描写现实生活,具有清新气息,但大多数均沉溺于个人情感之中,情调比较低沉。《雨巷》发表于 1928 年,诗人在低沉的调子里,抒发自己沉重的情绪。在绵绵细雨中,他怀着痛苦而朦胧的"希望","撑着油纸伞,独自彷徨在悠长、悠长又寂寥的雨巷"里。诗人的自我形象是孤独伤感的,但在那寂寥的雨巷里,却寄寓了诗人对现实不满、失望和痛苦的情绪。

戴望舒的诗歌受法国象征派和我国古典诗词的影响很深,强调表现自我的感觉,喜欢追求意象的朦胧,用象征手法抒情。《雨巷》里的许多形象,凄美迷茫,充满象征意味。另外,他十分注重音乐感,音节优美,韵脚铿锵,每节押韵两至三次,同时还以复沓、重复等手法来强化全诗的音乐性。叶圣陶说这首诗"替新诗底音节开了一个新的纪元"。

断章(作者:卞之琳,原诗略)

【导读】

卞之琳(1910—2000),江苏省海门市人。1929 年考入北京大学英语系,开始对英国浪漫派诗歌和法国象征主义诗歌产生兴趣,并于大学二年级开始创作诗歌。1936 年,他参与创办《新诗》杂志。1940 年后,先后在昆明西南联大任讲师、副教授。抗战胜利后,在天津南开大学任教授。1949 年后,在北京大学任西语系教授、文学研究所研究员。先后出版新诗《三秋草》《鱼目集》及诗选集《雕虫纪历》和《卞之琳选集》等。

《断章》写于 1935 年 10 月。它将刹那的感觉升腾为深邃的慧思,表达了一种相对、平衡的观念:人可以看风景,也可能成为风景之一部分而被别人观赏;可以看见明月装饰了自己的窗子,也可能这整个儿又成了别人梦境的装饰,"你""我"的形象互换在对方的眼中和梦里。四行诗表现出诗人对于宇宙万物息息相关、互为依存关系的一种哲理性思考,包含深刻的人生体验,因而词约意丰,令人回味无穷。

本诗表现的本是抽象的观念,但却以鲜亮明媚的生活形象写出。诗行间的逻辑关系也十分明确,故诗意深沉而不晦涩,邈远而不虚空,颇见功力。主要词语的复现,既是内容的需要,也造成了节奏与诗意的往复回环。

第四节　戏剧

五奎桥(节选)

洪深

长工甲　　(大声叫)你们不要闹,不要闹。周乡绅来了,周乡绅自己来了!
　　　　　(长工们听见周乡绅来,便住了手。)

（乡下人也慢慢地静下来。）

长工甲　　本来谢先生差我进城去请周乡绅的。哪里知道周乡绅早已得到信息，自己坐轿子下乡来了，我在城门口碰见的。

谢先生　　（才如释去重负，叹口气）嗐！

长工甲　　一共是两肩轿子；还同了一位官来，地方法院的什么承发吏，王老爷！

几个长工　（好像是件了不得的事）唔！

长工甲　　（回头指点）现在都在那边下了轿子了。

谢先生　　（低低的，像是对自己说）周乡绅自己来了，也罢，再用不着我们为难了。（高声，对乡下人）你们当面自己讲吧。

（一个老年农民）既然周乡绅自己来了，我们且等他来，听他自己是怎样的说法。

（众人便鹄候着）

（未看见人，先听见周乡绅假咳嗽的声音。）

（周乡绅颏下的长须，叫人看了觉得他是"年高望重"；不止是他实际所过的五十三岁了。顾长身材，瘦狭庞，一双清秀中含着锐利的眼睛；而且吐属文雅，气度大方，不愧是一个世代仕官，自又是读过书、做过官、办过事，退老在家享福的乡绅！他的手腕、他的机智，已到了"炉火纯青"的程度；所以人家平常决不觉得他会有奸诈；除非他是动了肝火暴躁的时候。他的面目便还免不了要露出些挣狞的真相。你看他今天穿着一件宽大的生丝长衫，戴一付金丝边蓝眼镜，一只手携犀角装头镶羊金的直手杖，一只手摇一把缘玉柄的全白羽毛扇；斯斯文文，踱上桥来，真是一团和气。）（王老爷肥头大脑，一双小眼睛，真是起码官，满脸讨厌相。他极想装出些官的威武，但无论他心里怎样狠恶，做出的事，说出的话，总带着几分笨气。如果他不笨，他也不会相信周乡绅的话，陪他下乡来了。）

（周乡绅带来两个仆人，王老爷带来一个司法警，还有几个轿夫，此刻都紧跟着主人走上来立在桥那面侍候着。）

谢先生　　（垂下两手）周先生。

周乡绅　　（点头）很好。你教他们搬两张椅子来。（对王老爷）我们就在这里说话也好。

（谢先生指点一个长工去了。）

周乡绅　　（对着众乡下人笑颜点头）今天桥上人倒不少，大约村里人都在这里了。其中一大半我都不认得。（仔细巡视。）

陈金福　　（周乡绅眼睛看到他的时候，恭敬叫一声）周大老爷。

周乡绅　　（稍微点点头）唔。（从人丛中寻出一个头发花白的农民）
你不是黄二官么？半年多不见，人又老劲了。身体还像从前一样健壮么？

黄二官　　（不知不觉的客气起来了）托周先生的福，我还算是老健；饭也吃得落，田也种得动！

周乡绅　　（点点头，又转身对一个老年农民说）家里老小都好么？老伴怎么没有来？

（一个老年农民）她在家里抱小孙子，没有来！托福，都好。

周乡绅　　你又添了孙子了，好福气。

（一个老年农民笑了）

周乡绅　（对一个胖胖的中年农民）你的大儿子到了上海去，新近回来过没有？
　　　　（一个中年农民）没有，可是有信来过：他在上海学机器匠呢，明年要满师了。
周乡绅　哦（转身对王老爷）他的大儿子本来在大街上卖鱼，前年到上海去的。（又回转身，轻描淡写地对众人说）谢先生差人告诉我，你们醵打过又要闹拆桥了，是这么一回事么？
　　　　（大众立刻肃静了，没有一个人肯领头回答。）
周乡绅　何不同我说说呢？
李全生　是的，田里干得快，车水实在来不及，所以我们要拆桥，撑只洋龙船过桥去打水。
周乡绅　（好像没有听见）田里缺水，田里缺水么？
李全生　是的。
周乡绅　（正眼不去看他，自对乡下人说）田里缺水，想必是天不落雨的缘故。我们就应当斋戒求雨。从前大禹的时代，也是大旱，"三年不雨，乃作桑林之舞。"这个叫做"挽天意"！（周说得这样神秘，众人莫明其妙，面面相觑。）
周乡绅　如果求了雨，天还不落雨，你们乡下有的是水车，有的是人手，有的是黄牛、水牛，应该多车水。起早，磨晚，勤谨一点，辛苦一点。这又是一个办法，叫做"尽人事"！
　　　　（几个老农民，听了有点头的。）
周乡绅　至于说到田里没有水要拆桥，我虚度五十三岁，从来没有经历过、听见过。我读遍四书、五经、二十四史，书中从有说起过。天不落雨，从来没有拆桥的办法的。
李全生　（忍不住了）周先生，你要晓得——
周乡绅　（正色厉声）等我说完。
　　　　（一个中年农民）等周先生说完。
　　　　（李全生只得不响。）
周乡绅　你们说，拆桥是为了摇一只洋龙船进去打水。我们中国人种田素来是用水车的，这是圣人定了下来的制度；我中华以农立国，几千年来，所靠的就是这部水车！乡下人从来不曾说过不好不便，不妨问问村里的老辈看！现在何以忽然要用起洋龙来了！
　　　　（几个老年农民，觉得他愈说愈有理了。）
周乡绅　洋龙是洋人做出来的东西。难道洋人不来，中国的田都得干死了么？何以洋人洋东西没有到中国来的过去五千年，中国人照样可以种田，而且不年年闹旱闹荒呢？
　　　　（简单的老农民，有几个居然点头称是了。）
周乡绅　我辞官居家近十年来，看见你们乡下，凡是用洋龙打水的地方，一夏天用不着车水，一群年轻小伙子，都聚在茶馆里赌钱碰麻将（做出愤世嫉俗的样子，将他手里拿的洋人做出来的洋手杖，用力敲地）这就是洋人造出来的洋东西的好处了！
　　　　（老年农民，同情于周乡绅的更多了。）

|周乡绅|（又和缓地）至于这座五奎桥，是我周家祖上状元公修造的；因为三代五进士，所以叫做五奎桥。自从这桥造了之后，我们周家固然是世代书香，举皁壮官；就是你们乡下人，住在五会桥左近的，也都是年年丰登，岁岁平安。虽说乡下地方，一年之中，免不了总有点水火盗贼；但是大年多，荒年少；顺境多，逆境少；这就是风水的好处了。这座五奎桥，岂但关系我们周家祖坟上的风水，也关系你们全乡全村的风水。这样好风水，保桥还来不及呢！岂可青口白舌，轻易说拆去么？你们当中，还有几位有了年岁有点见识的老辈，请仔细想想，不要轻易听信了一般年轻小伙子的胡说。|

（好一番巧妙的歪曲，乡下人被他说糊涂了；至于那年纪老的一半，现在是不要拆桥的了。）

（长工们早已搬了两张椅子来，周乡绅回身邀王老爷坐了，很得意的两人咬着耳朵。）

（一个头发花白的农民）（对同伴）我们走吧。
（一个中年农民）正是，半个早晨已经过去，我们要紧赶回田里去车水呢。
（一个中年农妇）车也没有用，咳。
（另一个老年农民）总比不车好，还是回去车车吧。
（零零落落地走了十来个农民，不走的除了陈金福之外都是年轻人了。）
（李全生见了暗自发急。）
（这时珠凤忽从村里来。）

大　保	（先看见，低声喊）珠凤，你刚才在那里的？为什么此刻才来！
珠　凤	我在陪伴全生的病娘，煮粥给她吃，现在怎么样，桥还拆不拆呢？
大　保	现在可说不定了。
周乡绅	（一眼看见珠凤）来，这位小姑娘上前来。（珠凤不愿意，但也有人推她上前，她不得已上桥去。）
周乡绅	你来，我们好像是见过的。是了是了，你是金福的女儿，是不是，名字叫珠凤？（珠凤不响。）
周乡绅	我还是前年看见的；一年多不见，长得这样大了。（挑头喊）金福。
陈金福	是。
周乡绅	你只有这一个女儿吧？（正经之至）相貌倒端正，一副聪明样子，一点不像乡下人。几时领她到城里来，给我做（冠冕之至的）干女儿。
陈金福	是了。
珠　凤	（看见李全生）全生，你娘叫我来寻你的。她又大咳起来了，叫你回去。
李全生	（正在想心事）晓得了。我有事呢，不回去。
珠　凤	我先去了。你娘还等着我拿粥给她吃呢。

（径去了。）
（周乡绅似乎有些爽然若失的样子；举起羽扇障着太阳，仍和王老爷咬耳朵。）
（乡下人又有几个走了。）
（这时候最急的是李全生，太阳直高起来。时光像快马般过去。五奎桥不曾动得一块砖头，那拆桥的人反而被周乡绅的花言巧语，说得三心二意，走散一半了!他看破了周乡绅的阴谋诡计,胸中有说不出的悲愤,恨不得三拳两脚一顿把他打死;但是救稻事大,出气事小,压住了心头火,严重地镇静地和周乡绅讲理,他的忍耐,正似纸包火。)

李全生　周先生。
　　　　(周乡绅似乎未听见。)
李全生　(厉声)周先生!
周乡绅　(震惊)唔!
李全生　你不能用这种下作法子来对付我们!
周乡绅　(恢复常态,随随便便地)什么对付你们?
李全生　你周先生上桥的时候,这里桥上桥下都是我们村里人;你周先生难道会不晓得他们个个是来拆桥的么?你周先生偏装做不明白,故意找出几个老年人,跟他们说家常,拉交情。(斥骂)献你的假殷勤!
周乡绅　"君子不忘旧",我们多年的乡邻,一向认得的,问问家常有什么不应该,笑话了!
李全生　你当做我们看不透你的心事么?乡下人都是老实的,直心直肚肠;你以为同他们客套几句,说两声好听话恭维他们几句,他们就会当你是好人,掉转头向着你帮着你;至少也要顾到点情面,不好意思拉破脸皮和你闹拆桥?——好的好的,你算成功了,村里人果然几个回去了!(咬牙)好恶毒的计策!
周乡绅　咦,笑话了!(不慌不忙)我是本地的乡绅!乡绅们说的话,乡下人素来是听从的。我要他们怎样,他们就是怎样,何消得什么计策!笑话了!
李全生　让我告诉你,清清楚楚地告诉你,你尽管欺他们骗他们,欺骗得他们回去车水了!不过等到他们又车了一天的水,车到(沉痛)个个皮焦骨痛,可是田里的水仍旧不见多出来,田里的稻仍旧还是枯下去的时候,他们(吆喝)他们就会明白是上了你的当;他们不但拆你的桥,还要寻着你,不饶赦你的!
周乡绅　(看见风色不大好,立起身对王老爷)这里晒太阳,热不过,我们祠堂里去坐吧。
李全生　(再取和缓态度)就是你,也有几亩田在桥东边,是你周家的护坟田。田虽然不是你自己种,种你田的人,总不会瞒你的。你何不问问你们自己家里的佃户,你的坟田里是不是也缺水,田里的稻是不是也要干死。你不要因为你家在桥西的田多,今年不怕收成不好,你就全不顾桥东的种田人。
周乡绅　(立定了)我的田我自己会料理,何劳你烦心,笑话了!
李全生　我们求过你不知有多少次数了,今天再求你一次,请你立刻让我们拆桥,我们总会记得你的好处,说不定也有回答你的一日的。而且我们已经商量了,我们自己来聚钱,将来造一座更大更好的桥还你。即或拆了桥,有人会说,"乡下人要拆桥,就把周乡绅家的五奎桥拆了,"好像是乡下人占了上风似的。可是你周先生就让乡下人占一次上风有什么不好?你到底是帮助救活了桥东几十家的男女老少呢!让我们拆桥吧!
桂　升　徐元发　(附和)让我们拆桥罢,辰光不早了!
周乡绅　(似乎活动了,一看,他的长工仆役轿夫等比乡下人多到两三倍;当着他们面前,是不可示弱的)不能,这座桥是有关风水的!

李全生	风水的话,那里靠得住!如果五奎桥真正是十全十美的好风水,今年的雨水不会这样少,桥东四百多亩田也不会这样干了!五奎桥的风水,也许对于姓周的一家还是好的,因为你周先生的田在桥西面的多,对于我们桥东几十家的种田人,五奎桥的风水是坏透的了。
周乡绅	桥是我们周家的,我姓周的一定不许拆。
李全生	一定不许拆的话,那末,(瞪着周乡绅,有用意的一字一字慢慢说)恐怕这座五奎桥,连到对于你周家的风水也是不好的了!
周乡绅	(渐渐的明白了他的意思,不觉大怒)混账,乡下人敢这样放肆么?乡下人的事,乡绅们倒不能作主,反而让乡下人作了主去么?天下真要反了!
桂　升	(也怒)你只有一顶桥,我们有四百多亩田呢!
周乡绅	我早料到的,现在乡下人不安分的多。七天醮打完,天不落雨,又该要闹一闹,所以我今天特为请了地方法院的王老爷,跟我一同下乡来。(对王老爷)请他看看我这座修理得齐齐整整的桥,请他再看看近来乡下人嚣张跋扈的样子!(对李全生)桥是我周家的祖产,哪个敢动一动,动一动就是犯法,现在司法警察在这里,捉到衙门去重办。
王老爷	(忠人之事)哼!嗨!(立起来,对众人)我在旁边看了半天了。你们有你们的苦处,我也知道了。不过我是地方法院的官,我只能代表法律说话。(李全生等众人不得不听他)
王老爷	法律是大公无私的!嘿!嗨!什么叫做大公无私的呢?就是,犯了哪一种罪,一定有哪一种刑罚;一点没有通融,一点没有客气的,你犯罪是如此,他犯罪也是如此!居心不良而犯罪是如此;为了不得已,像你们这样,怕田里的稻枯死,发急要拆桥,因而犯罪,也是如此。法律是大公无私的! (众人闻所未闻。)
王老爷	你们今天所做的事,几乎没有一件不是犯罪的。你们都是乡下人,不懂得法律,(从口袋内取出一本袖珍六法全书,内中几页早用白纸条夹开)第一,你们不应该聚集了许多人到桥上来!刑法第一百五十六条:"公然聚众,意图为强暴胁迫……在场助势之人,处六月以下有期徒刑拘役……首谋者,处三年以下有期徒刑。"你们聚众,就是犯法的!第二,刑法第一百九十九条:"损坏或壅塞陆路水路桥梁,或其他公众往来之设备,致生往来之危险者,处三年以下有期徒刑拘役。"还有,第三百八十一条:"损坏他人建筑物……致令不堪用者,处五年以下有期徒刑。"(有几个字,他念得格外清朗。) (众人心里不平。)
王老爷	你们不但不应该拆桥,连嘴里说说也是犯法的。刑法第三百一十九条,"以加害生命身体自由名誉财产之事,恐吓他人,致生危害于安全者,处二年以下有期徒刑。"这是中华民国的刑法,印在书上;不是我想出来的。 (藏起书。) (李全生冷笑一声。)
王老爷	(摆出架子)我是一个法官,不能不维护法律的尊严。我既然来了,凡是我眼睛所看见一切犯法的事,我就不能不管。哪一个犯法,我就拘办哪一个。嘿!

	嗨！我再清清楚楚对你们说一遍。你们在桥上扳一块砖，动一块土就是犯法的，你们拿拆桥的话恐吓周先生也是犯法的。我静坐在这里看着！不要你们桥没有拆成，先去坐了三五年的监牢；而吃了官司，桥还是没有拆成！你们胡闹，是没有用的。
	（众青年农民听他这样说，果然有点迟疑起来。）
周乡绅	（得意）你们哪个敢动一动！
李全生	（上前拉住周乡绅）我不同你转圈子讲法律，我只问你一句话。
	（周乡绅愕然看着他。）
李全生	如果今年真的旱荒了，怎么办？
周乡绅	什么旱荒！
李全生	如果今年真的旱荒了，你养活我们村里几十家人口么？
周乡绅	旱荒，你看田里满满的稻，今年会旱荒么？
李全生	桥西的年成是好的。可是如果桥东的稻都枯死了，你让我们到你的祠堂里，吃你周家的米么？
周乡绅	放屁，这是什么野人，敢说这种野话！他是什么人，他姓什么？
	（李全生瞪着他。）
周乡绅	（问谢先生）他姓什么，叫什么？
谢先生	他就是李全生。
周乡绅	李全生，哦，李全生。（忽然触动灵机）原来你就是李全生，我和你说了半天话，还不晓得，失敬了！
李全生	我是李全生。
周乡绅	（面孔一板）你是什么东西！（做出愤慨的样子）你配来同我说么？
	（李全生呆住了。）
周乡绅	我来告诉你们。（一路想一路说）他曾经有一次寻了我家一个长工，要他领了去见谢先生；说是这回拆桥的事，是由他领头，他可以作得主的。意思之间，想点好处——
李全生	好处，什么话！
周乡绅	你怕我将你的底细都揭露出来么？
	（李全生上前想去揪他。）
周乡绅	（避开）拉他下去。
	（仆人轿夫都上桥来。）
李全生	你的好处，放你妈的狗屁。
桂升 徐元发	（拉住李全生）你让他说。（推李全生到一边，遥对周乡绅）你说你说！
周乡绅	想问我要好处，他说拆桥的事情，都在他掌握之中；他能叫乡下人拆，也能叫乡下人不拆，意思之间，如果我能允许他点好处，他就叫乡下人不拆。他对谢先生说，他家里只有一个娘，一年能吃多少米，希望我照应照应他。他还要谢先生领他进城来见我——（看谢先生。）
	（谢先生咳嗽。）
周乡绅	谢先生为了这件事，居然特为进城来见我。我道这是不妥当的。如果乡下人

真是为了洋龙打水而要拆桥的,那还情有可原。现今这样说法,竟是乡下人上了李全生的当,专为了李全生一个人发财了。我是堂堂正正的乡绅,何犯着去买通勾结一个乡下人。我难道自己说服不了乡下人来受他的竹杠么?我吩咐谢先生一口回绝了他。当时他就恨恨的说:"周乡绅这样小气,不要后悔!"他要去撺掇乡下人闹事。(看谢先生)
(谢先生怕做难人,局促不安。)

周乡绅　他今天果然领了你们来拆桥了,这是他好处没有得到手的原故。
(桂升等抱住李全生,不让他上桥。)

周乡绅　谢先生现在就在这里,你们可以问问他,到底有没有过这样一件事。这种话说过没有:"他家里只有一个娘,一年能吃多少米。要周乡绅照应他!"(看谢先生。)
(谢先生还不说。)

周乡绅　(怒目逼视)谢先生,是不是?
(众人屏息而听)

谢先生　(模棱)有的——他——他——他家——
周乡绅　(得意)如何?
谢先生　他家里只有一个娘,一年吃不了多少米,这是实在的。
大　保　(真气不过了)啊——啊!
周乡绅　(大怒)什么人!
(众人视大保,大保不响)

周乡绅　哪里来的野孩子!乡绅们在这里说话,你敢来打搅么?
(众人都不作声。)

周乡绅　哪里来的野种,赶他开去!
(众人看着谢先生。)

周乡绅　(问谢先生)他是哪一个的儿子?
谢先生　(不得已)我的儿子。
周乡绅　(没有法子发作)哼!
(有人悄悄叫大保避开。)
(一个青年农民)(怀疑)全生,真有这件事么?

李全生　哪里会有。不过他家有一个长工,有一次倒来劝过我;教我不要领头闹,周乡绅肯照应我。我没有答应他。
(一个青年农民)是么?

桂　升　这是周乡绅成心冤枉人,全生阿哥决不会做这种事的。
(青年农民还是疑疑惑惑有点不放心。)

周乡绅　你们当李全生是好人,他完全是利用你们,向我敲竹杠。这样一个假公济私刁诈奸恶的东西,你们还好相信他的话么?

陈金福　(踌躇了半天了)周老爷。(支支唔唔,有点不敢说)我是老实人,只会说老实话——我们并不是要听李全生的话,没有饭吃是真的——我种的田在桥东边,就是你老人家的坟田也是没有水。——我呢,到了真荒的时候,不愁你老人家不周济我些——别人呢，难说了——全生不过种七亩多田，别人却是几十家人口呢！乡下人不读书，没有城里人才情好，这是真的；不过也未见得十分容易骗，会上了全生的当。——周老爷要明白，这是大家的事，不是全生一个人的事，——不是全生一个人弄出来的——

周乡绅　　（勃然）依你说，是不是应该拆桥呢？
陈金福　　眼看着桥西是大丰年，自己一粒收不着，是有点难过的。
桂　升　　（嚷起来）你听听，你们自己的种田人，都是这样说了。
周乡绅　　（这一下真动了肝火了）你吃我的饭，种我的田，竟敢这样胡说！（举起手杖劈头劈脑地打去。）
　　　　　（可怜陈金福只能招架，不敢还手。）
周乡绅　　（对长工等）拖他到祠堂里去，捆起来！（对谢先生）查查账簿看，他前两年还欠多少租米，带他到城里，送他到地方法院重办去！（对轿夫）把轿子搭到祠堂里来，我就要进城了。（他看着几个长工揪住陈金福，由谢先生押到祠堂里去；他自己正待动脚。）
李全生　　（跳上桥去）你不到拣忠厚人欺。我们和你客气商量着拆桥，你偏要逼得我们不得不翻脸。桥是拆定了，你答应也是拆，你不答应也是拆，官司我吃好了！现在的法律，不帮乡绅们，难道还会帮我们乡下人么！（上前便把桥栏杆的砖扳了一块下来。）
周乡绅　　呕！（提起手技又是没头没脑地打。）
李全生　　（夺过手杖来掷在河里）我不同你相打，我只拆了桥，救我田里的稻。
　　　　　（此时长工、轿夫、仆人等，满布桥上，农民不得上前。）（周乡绅急了，将手里羽毛扇在李全生头上乱敲，也被李全生夺过去，撕得粉碎。）
周乡绅　　（狂喊）捉强盗，捉土匪！
王老爷　　（俨然出现）你们来，捉住他！他损坏人家的财产，有罪的！
　　　　　（司法警和几个仆人好容易把李全生捉住。）
周乡绅　　（吩咐）也捆在祠堂里去。
　　　　　（李全生挣不脱，被仆人们拖去。农民气极，奔上桥来抢他；人少力量薄，被长工们拦住。）
周乡绅　　还了得，还了得，乡下人真反了！（对王老爷）我先到祠堂里去，桥上的事，拜托你了。（由一个长工搀扶着去了。）
　　　　　（众农民从来没像今天这样愤慨，但是慑于积威，还是有点敢怒而不敢言。）
桂　升　　（对徐元发）你去多喊几个乡下人来。
　　　　　（徐元发奔向村里去了。）
　　　　　（这时候珠凤听见喧闹的声音寻了来。）
大　保　　珠凤，不好了！
珠　凤　　什么事？
大　保　　（不平）你的爹爹被周乡绅大打了一顿。
珠　凤　　（失声）打了一顿！
大　保　　被周乡绅拿他手里的棍子打了一顿（甚为不甘）现在捆到祠堂里去了，还要打呢！

珠　凤　（变色，半晌）我去看看去。

大　保　（胆量也来了）好，我陪你去。
（珠凤冷笑一声，两个人也奔向祠堂去了。）
（那些长工轿夫们，虽说是吃周乡绅的饭，看见这种事，也有点不服气；有几个甚而是怒形于色；现在都不起劲，退回桥那边去了。）

桂　升　（愈想愈气）这是什么理，我倒问问他看。（奔上桥来）请问王老爷，为什么捉李全生？

王老爷　他毁坏人家财产，他扳了桥上的砖，又撕了周乡绅的羽毛扇。

桂　升　请问王老爷，为什么捉陈金福？

王老爷　他——他——他说话说得不好。

桂　升　（看他这样不讲理，愤怒极了，不知是哪里来的勇气，什么法院什么老爷全都不管了，握起拳头在王老爷的面上晃，就要打他的祥子）请问王老爷，打人——动手打人——是不是犯法的？

王老爷　（见他的拳头有点怕）打人是犯法的，犯法的。

桂　升　周乡绅动手打人，你为什么不捉周乡绅！

王老爷　我——我——嘿唵！
（这时候农民又陆陆续续来了不少，看着桂升羞辱王老爷。）

桂　升　你做的是什么官？你还是做中华民国的官呢，还是做周乡绅家的官？
（王老爷闭口无言。）

桂　升　姓周的养一只狗，也不会像你这样听话的。
（这时候忽然听见祠堂一面珠凤惊叫的声音。）
（众人又渐渐地静下来，倾听着。）
（又听见珠凤哭喊："爹爹，他们打得你这样厉害么？"）
（桥上的人听了，毛骨悚然；四五十个人一点声息也没有；忽然不约而同的像暴雷似的，众人大喊一声：连长工轿夫在内。）

王老爷　（面如土色，想溜）我去——我去看看去——叫他们不要打。（转身就走。）

桂　升　（拿着几块砖石，追上来掷他）不要逃，不要逃，你敢不把捆着的两个人放出来！

王老爷　（急急地走着）放——放。（人不见了。）

桂　升　（转身大喊）我们还等什么？拆呀！拆呀！

众农民　（齐应）拆呀！（各人拿着家伙就动起手来。）
（只听见村里头一片锣响，渐渐自远而近。徐元发打着锣领着不少的男女老少农民来了，看见拆桥，大家动手。）
（桂升一面拾着砖，一面指挥着大众。）
（徐元发敲着锣领着几个人又奔向祠堂那面去。）
（桥上砖石横飞。）

李全生　（奔回来，看见有人拆桥了）好，我去把洋龙船撑过来。（向西去了。）
（祠堂那边锣声震天价响。）
（周家的长工也有来帮着扛砖头的。）

（大保、珠凤扶着陈金福回来。陈金福也忙着拾砖。
（大保和珠凤走过桥来立在一边看着。）

大　保　（看着那五奎桥一点一点没有了）啊啊，这一下周乡绅算是完全的完结了！这叫做"敬酒不吃吃罚酒"，好好和他商量，再也霸住了不肯的。一定要弄到这样，他现在也服服帖帖不声不响了！

珠　凤　现在乡下人有了活路了！
（锣声又响起来，徐元发又领了更多的人来拆桥了。）

—闭幕—

【导读】

洪深（1894—1955），江苏武进人。洪深的祖父洪亮吉是清朝有名的学者，父亲洪述祖是民国初年的风云人物，洪深本人则是现代剧作家、戏剧理论家、教育家、电影艺术家。正如曹禺所称赞的那样，他"能编、能导、能演，是剧坛的全能"，其文学才能是多方面的。

洪深从小就爱好文艺。在清华读书时常参加业余戏剧活动。大学毕业后留美专攻戏剧，是中国话剧事业奠基人之一。"话剧"一词就是他首先提出来的。1923年加入戏剧协社，首倡话剧舞台上的男女合演。1928年入南国社，开始与田汉长期合作。1930年加入左联，思想"开始有若干改变"。

洪深的剧作有30余部，另改译外国剧作多种。他的创作态度严肃认真，不趋时不媚俗，着力描写贫富差异、军阀混战、农村破产、抗战风云、反帝斗争等重大而富有现实意义的题材。他的戏剧抒写民生疾苦，抨击黑暗势力，表现了一个正直、豪爽、爱国的艺术家的社会良知和艺术敏锐力。郭沫若所谓"大胆文章拼命酒"是洪深为文为人的真实写照。

洪深还是卓越的戏剧理论家。他强调戏剧为人民，表现时代精神，提倡现实主义。主要论著有《洪深戏剧论文集》《戏剧导演的初步知识》等。他为20世纪中国现代戏剧理论的建设作出了重要贡献。洪深也是我国进步电影的开拓者和奠基人之一，自编自导过《冯大少爷》等多部影片，还主演了《爱情与黄金》。他写的《申屠氏》是我国第一部电影文学剧本。他一生写有30余部电影剧本，丰富了我国电影文学文库。

《五奎桥》是洪深20世纪30年代创作的《农村三部曲》（另两部是《香稻米》《青龙潭》）之一，写于1930年。《农村三部曲》是洪深的代表作，也是20世纪中国文学发展史上较早出现的反映农村生活和农民反抗斗争的优秀剧作。《五奎桥》的大致情节如下：大旱之年，农民无水灌田。农民们想租一条"洋船"来抽水浇田，但船被周乡绅家建的五奎桥所阻，要想浇田，必须拆桥。但周乡绅不顾农民死活，不准拆桥。最后农民们团结起来，强行拆桥，取得了反乡绅斗争的胜利。剧本主题的倾向性很明显，现实性也较强，反映了洪深一贯坚持的现实主义创作原则。

重点阅读部分是戏剧情节的高潮部分：周乡绅亲自下乡阻止拆桥，先是狡猾地瓦解人心，后又蛮横无理地殴打陈金福、绑走李全生。这激怒了农民，大家群起反抗，把桥拆了。剧本塑造了几个性格鲜明的人物：周乡绅专横狡诈、阴险伪善，李全生正直坚定、头脑清醒，谢先生胆小怕事、两面讨好，陈金福老实巴交、心存幻想。这些人物形象都刻画得栩栩如生，呼之欲出。剧作语言朴实，情节紧凑，冲突尖锐集中，人物形象鲜明，表现了洪深精湛的艺术功力。

雷雨（故事梗概）

曹禺

三十年前，涉世未深的周家少爷周朴园，爱上女佣梅妈的女儿侍萍，并生下两个儿子。但周家为了给他娶一位门当户对的小姐，逼迫侍萍在大年三十抱着刚出生不久的小儿子大海投河自尽。侥幸被人救起后，母子二人流落他乡，靠做佣人为生。侍萍后来嫁与鲁贵并生下女儿四凤。周朴园所娶的小姐未能生儿育女便去世，又娶蘩漪，并与之生子周冲。在周朴园的专制意志的控制下，蘩漪过着枯寂的生活。周朴园经营矿山等产业，常年在外，蘩漪便有机会接近周朴园的大儿子周萍，并与之有私。周萍既慑于父亲的威严，又耻于乱伦的关系，对蘩漪逐渐疏远，并移情于使女四凤。同时周冲也向四凤求爱。蘩漪得知周萍变心后，想说服周萍未果。周萍为摆脱蘩漪，打算离家带着四凤到父亲的矿上去。蘩漪找来四凤之母侍萍，要求她将女儿带走。侍萍来到周家，急于领走四凤，以免重蹈自己当年的覆辙，但又与周朴园不期而遇。此时大海正在周家矿上做工。作为罢工代表的大海，在与周朴园交涉的过程中，与周萍发生争执，遭周萍率众殴打。

鲁家一家人回到家中，四凤还在思念周萍。夜晚，周萍跳窗进鲁家与四凤幽会，蘩漪则跟踪而至，将窗户关死。大海把周萍赶出鲁家，四凤出走。雷电交加之夜，两家人又聚集于周家客厅。周朴园以沉痛的口吻宣布真相，并令周萍认母认弟。

此时周萍意识到了四凤是自己的妹妹，大海是自己的亲弟弟。四凤羞愧难当，逃出客厅，触电而死，周冲出来寻找四凤也触电而死，周萍开枪自杀，大海出走，侍萍和蘩漪经受不住打击而疯，周朴园一个人在悲痛中深深忏悔。

【导读】

曹禺（1910—1996），原名万家宝，字小石，祖籍湖北潜江，生于天津一个封建没落的官僚家庭。父亲为军人，曾留学日本，任过黎元洪秘书等职，善诗书。曹禺幼年丧母，1923年入南开中学，1925年加入南开新剧团，开始了他的戏剧生涯。在导师张彭春的指导下，在易卜生戏剧《娜拉》《国民公敌》中扮演娜拉等角色而崭露戏剧才华。1928年中学毕业后保送到南开大学政治系，1930年转入清华大学西洋文学系，1933年毕业后进入清华研究院。1934年在《文学季刊》上发表《雷雨》，同年9月回天津在河北女子师范学院外文系任教。1936年发表《日出》，同年8月到南京戏剧专科学校任教。1937年发表《原野》。

1945年毛泽东在重庆会见社会人士时，赠言曹禺"足下春秋鼎盛，好自为之"。有剧本《雷雨》（1934年）、《日出》（1936）、《原野》（1937）、《蜕变》（1939）、《明朗的天》（1954）、《胆剑篇》（1961）、《王昭君》（1979）等剧本。新中国成立后担任戏剧协会主席。

曹禺在少年时代就接触《圣经》，并经常跟着继母去教堂做礼拜，在大学时代还曾专门研究过《圣经》和"圣经文学"，基督教文化对他的人生观和创作观都有相当大的影响，其作品主要人物都浸透了基督教的人文意识，如原罪情结、忏悔意识等。此外，曹禺还大量接触了希腊三大悲剧家和莎士比亚、莫里哀、易卜生、奥尼尔、契诃夫等人的剧作，并受他们的影响，然后博采众长，不断丰富自己的创作，逐渐形成了独特的创作个性和艺术风格。

《雷雨》是曹禺23岁时完成的,是作者的处女作,也是成名作,是现代话剧成熟的标志,也是中国话剧的最高成就。

剧本在一天时间内在周公馆和鲁家两个地方展开了周鲁两家30年的复杂矛盾纠葛。其中有周朴园与鲁侍萍的爱与恨,有蘩漪和周萍、周冲和四凤的情感纠缠以及鲁大海与周朴园的劳资纠纷,以此向人们展示了血缘的悲剧、爱情的悲剧、阶级斗争的悲剧、人性罪恶的悲剧以及神秘命运的悲剧。

三十年前,周朴园曾引诱女仆梅妈的女儿侍萍,生了两个孩子。后来,他为了娶一位"有钱有门第的小姐",强迫侍萍把大儿子(周萍)留下,把刚生下三天的第二个孩子(鲁大海)带走,他为了金钱就这样遗弃了她们母子俩。侍萍被逼得走投无路,冒着大风雪去跳河,但被救起。求死不成的她,为了孩子,又嫁两次,与后来的丈夫鲁贵生了女儿四凤。不料鲁贵与四凤无意中又当了周家的仆人,儿子鲁大海也当了周家的煤矿工人。于是以周家为中心发生了各种巧合的违反伦常的性爱关系,展开了错综复杂的矛盾:继母蘩漪与周萍私通,同母异父的兄妹周萍与四凤相爱,周冲也在追求四凤,而周朴园与鲁大海父子又相互为敌,周萍与鲁大海兄弟之间也相互仇视。这个悲剧的内幕是侍萍因蘩漪通知她领回四凤而来到周家才被揭露的。结果,周萍自杀,四凤和周冲触电身亡,蘩漪发疯,侍萍离开,这个罪恶的家庭最终归于毁灭。

剧本中雷雨前的盛夏天气,暗示的是一种情绪、心理、性格和一种生命的存在方式。《雷雨》的人物都陷入一种欲望与追求的"情热"之中,人处于一种非理性的渴求与走向自毁之路。人在性、情欲、忏悔、破坏中生存,这些力量的聚积、超常的欲望与对欲望的超常压抑,造成了巨大的精神痛苦,使戏剧中人物表现出雷雨似的性格,预示着一场毁灭性的"雷雨"的到来。

"这堆在下面蠕动着的生物,他们怎样盲目地争执着,泥鳅似地在情感的火坑里打着昏迷的滚,用尽心力来拯救自己。"然而,"愈挣扎,愈深深地陷入在死亡的泥沼里"。

"宇宙正像一口残酷的井,落在里面,怎样呼号也难逃脱这黑暗的坑"。

这种带有神秘的宿命论的无知力量对命运的把持更加增添了戏剧情节的残酷。

周朴园是这场命运悲剧的直接制造者与受害者,善人的悲剧值得同情,恶人的忏悔或许更值得深思。他既是尊崇旧道德的资本家,又是在外国留学过的知识分子。对于这个人物隐藏在"仁厚""正直"和有"教养"等外衣下的伪善、庸俗、卑劣的精神面貌,以及由此产生的罪恶,作家通过富有表现力的戏剧情节给予了有力的揭露和批判。

例如,他冷酷无情地压制、摧毁家中一切人的个性、尊严和自由思想,使公馆成为能窒息人的黑暗王国,他就是黑暗王国中的专制魔王。这最突出地表现于他和蘩漪的关系中。蘩漪是有个性、有思想、追求幸福的女性,在周公馆这个黑暗牢笼十八年,形成了她抑郁乖戾的个性。第一幕中的吃药一场,作者采用"大写特写"的戏剧手法,突出表现周朴园的专横暴戾、冷酷无情的性格特征。

他对物质、名誉的追求,最后遭到了惩罚,承担现实的罪恶:子女死亡、家庭散去、清醒地接受命运无情的审判。总而言之,他是一个专横、冷酷的封建资本家形象。

蘩漪是《雷雨》中一个鲜明独特、复杂而富有深度的艺术形象。她是五四以后的资产阶级女性、聪明、美丽，有追求自由和爱情的要求；但任性而脆弱，热情而孤独，饱受精神折磨，渴望摆脱自己的处境而又只能屈从这样的处境，她在周家被折磨了十八年，这是她性格形成的典型环境。三年前，周萍的出现，燃起了她被压抑的热情。她需要爱，她不顾一切地爱上了周萍且把一切都交给了周萍。日子一长，周萍悔恨和繁漪的关系，想摆脱和繁漪的关系。这使繁漪不能忍受父子两代的欺负，她要做困兽的搏斗，她要破坏周萍和四凤的关系，她要拉住周萍。她的反抗是极端的，她对周家庸俗单调的生活感到难以忍受，对阴沉的气氛感到烦闷，对精神束缚感到痛苦，她要求挣脱这一切。在《雷雨》中她最具有"雷雨"的性格。她以尖锐的语言揭露和控诉周朴园和周家的罪恶，撕破他们道德家的伪善面目；她和专横的周朴园进行了一次又一次的正面交锋，推动剧情向高潮前进。

她是一个被侮辱与被损害者。而剧本又使她在难以抗拒的环境中走向变态：爱变成恨，倔强变成疯狂，悲剧的意义于是就更加深刻和突出。《雷雨》表现了人性的复杂性、丰富性与残酷性，以及由此造成的不可挽回的悲剧性。

雷雨的内容和形式很和谐，艺术上很完整。情节连贯、紧凑，曲折，冲突富于戏剧化。

第一，情节曲折，故事性强，富有传奇色彩。

本剧中，在最终的悲剧发生之前，接二连三地制造悬念，产生冲突。分属于两个家庭里的八个人，由于周朴园在三十年前和鲁侍萍的一段感情而被紧密地联系在一起，并且其中又夹杂着纷繁复杂的人物关系，这种人物关系主要是人物之间的情感，如周萍和四凤、周萍和繁漪、周冲和四凤，四个人之间就出现了三种交织在一起的感情。这样密如网的人物关系是本剧传奇色彩之所在，也使得整部剧高潮迭起，悬念迭出。

第二，结构严密，集中紧张。

剧作从事件的危机开幕，在后果的猝然爆发中交代复杂的前因，将现在进行的事件和过去发生的事件巧妙地交织在一起，并以过去的戏来推动现在的戏，而所有的矛盾冲突都浓缩在早晨至半夜的二十四小时之内，集中在周公馆的客厅和鲁贵的家中发生。剧中所有人都紧密联系，形成了牵一发而动全身的严密集中结构。

序幕和尾声在整个戏剧中的意义：对悲剧情节的消解，符合传统的欣赏习惯；同时，让观众远距离观照戏剧情节，使之超越于现实生活之上，达到对观众情感的净化、升华和超越。这种结构，有传统中国戏剧的痕迹，借鉴了西方戏剧的手法，使观众清醒地认识到自己的角色，凸显舞台的地位，目的是将观众交还到现实中来。

第三，明暗双线，纵横交错，引人入胜。

剧中周朴园和繁漪的冲突是一条明线，周朴园和侍萍的关系则是一条暗线。这两条线索同时并存，彼此交织，互为影响，交相钳制，使剧情紧张曲折，引人入胜。在三十年前旧景重现的基础上，将戏剧矛盾推向高潮，爆发了一连串的惨剧，剧中 8 个人物的命运有交织也有不同，但都逃脱不了"悲剧"二字。

第四，语言简练、个性化，潜台词丰富。

语言口语化程度高，是从日常生活中筛选出来又精心加工过了的，不华丽、不做作，而且是准确、流畅、响亮、入耳，逼真地符合人物独特的性格，即个性化，同时又符合特定戏剧情境，即情境化。动作性强，富有心灵的进攻性和情感的冲击力。

思考与练习

1. 分析吴荪甫的复杂思想性格。
2. 分析《子夜》的主要艺术手法。
3. 比较分析觉慧与觉新的性格特征及其典型意义。
4. 造成祥子悲剧的原因是什么？
5. 简要分析《骆驼祥子》的艺术特色。
6. 分析《为奴隶的母亲》中春宝娘的复杂思想性格。
7. 《边城》的人性美主要表现在哪些方面？其艺术风格是什么？
8. 《大堰河——我的保姆》表达了诗人怎样的思想感情？
9. 分析《大堰河——我的保姆》的艺术特色。
10. 《雨巷》反映了诗人怎样的思想感情？其诗歌形式有哪些特点？
11. 分析《雷雨》的思想意义、艺术成就和蘩漪的复杂思想性格。
12. 说明《五奎桥》的主题思想。

第三篇 抗日战争和解放战争时期的文学(1937—1949年)

第三篇·抗日战争和解放战争时期的文学（1937—1949年）

第五章　抗日战争和解放战争时期的文学发展

第一节　文学思潮与流派

1937年抗战爆发以后，中国共产党的抗日民族统一战线政策推动了广大爱国文艺工作者的大联合。1938年3月，中华全国文艺界抗敌协会（简称"文协"）在武汉成立。大会推举老舍、郭沫若、茅盾、丁玲、郁达夫、田汉、巴金、胡风、张道藩、沈从文、曹禺、朱自清、朱光潜、许地山、夏衍、张恨水、施存、冯玉祥等45人为理事。理事会推选老舍为总务部主任，主持"文协"工作。"文协"成员包括除汉奸以外的各派文学家、艺术家。"文协"是全国规模的文艺界抗日民族统一战线组织。大会决定出版全国性的《抗战文艺》。"文协"成立大会上，提出了"文章下乡，文章入伍"的口号，号召爱国的文学艺术工作者到农村去，到前线去，开展抗战文艺运动与创作。"文协"还派遣代表到前线劳军，组织"作家战地服务团"访问了西北中原的几个战场。"文协"在全国各地（如广州、成都、桂林、昆明、香港、上海、延安等）先后建立了几十个分会。由于作家深入生活实际，和人民群众有了广泛的接触，提高了自己的认识和创作水平，因而在全国各地掀起了朗诵诗、街头诗、活报剧、街头剧、报告文学和短篇小说等的创作高潮，尤其是抗战诗歌与戏剧的创作活动空前活跃。1945年抗战胜利后，"文协"改称为"中华全国文艺界协会"。

抗战时期，在文艺界统一战线内部，由于立场观点的不同，也发生过几次论争。1938年12月1日，梁实秋在他主编的《中央日报》副刊《平明》上发表《编者的话》："现在抗战高于一切，所以有人下笔就忘不了抗战。我的意见稍微不同。与抗战有关的材料，我们最为欢迎，但是与抗战无关的材料，只要真实流畅，也是好的，不必勉强把抗战截搭上去。至于空洞的'抗战八股'，那是对谁都没有益处的。"罗荪、宋之的、郭沫若、张天翼、巴人（王任叔）等纷纷撰文批评梁实秋的观点。1940年，昆明西南联大的教授陈铨、林同济等创办《战国策》半月刊，不久又在重庆《大公报》上编《战国》周刊，被称为"战国策派"或"战国派"。他们宣扬"权力意志"的伸张、强者的行动、弱者的服从。说什么"抗战以来，中国最有意义，最切合实际的口号莫过于'军事第一，胜利第一'，'国家至上，民族至上'，'意志集中，力量集中'。第一就是'战'，第二个就是'国'，第三个就是'策'"。在文艺思想上规定反理性的"恐怖、狂欢、虔恪"为创作的三道母题。与此同时，陈铨的剧本《野玫瑰》和荆有麟的小说《间谍夫人》被推崇为两个样板作品。当时，《新华日报》《群众》和延安《解放日报》先后发表汉夫、欧阳凡海、李心清的文章，从理论到创作对"战国策派"作了批判。

以延安为中心的解放区文学主流是好的，但在激烈复杂的政治斗争形势下，也出现了种种新的问题和矛盾。为使革命文艺工作者更好地配合整个革命工作，中共中央于1942年5月2日至23日在延安召开文艺座谈会，毛泽东在会议开始和结束时分别做了讲话，1943年10月19日，《解放日报》发表《在延安文艺座谈会上的讲话》。毛泽东是从政治策略的角度，从中国共产党如何领导文艺为政治服务的角度思考文艺政策的。他回答了政党如何领导文艺的根本政治性问题。包括文艺与生活、文艺与政治、内容与形式、普及与提高、世界观与创作

77

方法、文艺批评标准、对文化遗产的批评继承、文艺队伍建设、统一战线等文艺的外部问题。《讲话》的中心内容是文艺"为人民大众"和"如何为人民大众"这两个根本问题。《讲话》指出：文学艺术是人类社会生活在作家、艺术家头脑中反映的产物，生活是文学艺术的唯一源泉；无产阶级的和人民的作家必须以为人民服务的态度，站在无产阶级和人民的立场上反映生活，必须深入人民的生活中，首先是深入占人民绝大多数的工农兵的生活中，才能够写出反映他们的生活、符合他们需要的作品，并且以这些作品来团结和教育人民，推动人民进行反对敌人、改造旧社会、建设新生活的斗争。毛泽东强调："为什么人的问题，是一个根本的问题、原则的问题。""我们的文学艺术都是为人民大众的，首先是为工农兵，为工农兵而创作，为工农兵所利用。""为人民"是《讲话》为中国文艺确立的出发点和目的地。《讲话》不仅指导了当时的文艺整风运动，推动了解放区文艺运动和文艺创作的发展，而且表现出一个伟大的政治家对文艺问题的严肃思考，以自己的完整性和科学性体现了党的文艺方针和政策，标志着革命文艺运动已经进入一个新的发展阶段，为新中国成立后的社会主义文艺方针奠定了理论基础，指明了社会主义文艺的发展方向，有着深远的历史意义。习近平同志在《在文艺工作座谈会上的讲话》中更是明确指出："社会主义文艺，从本质上讲，就是人民的文艺""文艺要反映好人民心声，就要坚持为人民服务、为社会主义服务这个根本方向。这是党对文艺战线提出的一项基本要求，也是决定我国文艺事业前途命运的关键。"习近平同志关于社会主义文艺的论述是对《讲话》精神的继承与发展。延安文艺座谈会结束后，广大文艺工作者自觉按照《讲话》的精神，纷纷走向社会，深入工农兵当中，直接投身于火热的斗争，创作出崭新的人民文艺作品。

除国统区、解放区外，从1937年11月12日上海沦陷到1941年12月8日太平洋战争爆发的4年零1个月时间里，上海及其周围区域均被日军占领，一部分文艺工作者利用上海租界的特殊环境，坚持抗日文学活动，这类文艺作品被称为"孤岛文学"。"孤岛文学"最显著的成绩是戏剧运动的活跃和杂文、散文创作的风行。

第二节 小说创作

本时期的小说创作（包括国统区的和解放区的），从不同的角度、不同的侧面反映了迅速变革的社会现实。由于社会生活的变化和文学自身发展规律的作用，这一时期的小说创作在不同的阶段和地区呈现不同的特点。

在国统区，张天翼、沙汀等"左联"时期出现的优秀作家，继续以小说为武器投入战斗，取得了可喜的成就。张天翼的《华威先生》成功地塑造了一个国民党党棍、反动官僚华威先生的形象；沙汀的《在其香居茶馆里》描绘了一出在兵役问题上反动统治集团内部互相冲突的丑剧。上述两篇小说都是富有时代特征的讽刺佳作。在长篇小说创作方面，成绩均比较突出的有茅盾的《腐蚀》、老舍的《四世同堂》、钱钟书的《围城》、路翎的《财主底儿女们》、黄谷柳的《虾球传》、张恨水的《八十一梦》等，《腐蚀》是茅盾继《子夜》之后的又一杰出作品。小说以皖南事变为历史背景，通过女主人公赵惠明——一个失足堕落为特务的女青年的日记，揭露了国民党反动派与日、汪相勾结，残害抗日爱国革命者的罪行。《四世同堂》愤怒地揭露和控诉了日本法西斯给中国人民带来的无穷灾难,反映了沦陷区人民在苦难中的觉醒与抗争。老舍的《四世同堂》结构宏大、人物众多,其中有对民族气节的歌颂和对北京风土人情、民俗风光的出色描写,是老舍继《骆驼祥子》之后在长篇小说创作方面为中国现代文学作出的又一新的巨大贡献。钱钟书的《围城》是一部很有特色的作品,它以讽刺的笔法,对抗战时期某些高级知识分子的精神面貌作了精妙的刻画,反映了特定历史时期中国社会的某些本质。《围城》的讽刺、幽默手法是高超的,加上带有哲理意味的比喻语与双关语的大量运用,以及古今中外的历史知识和典故的大量运用,构成了小说的独特风格。路翎的《财主底儿女们》通过对苏州巨富蒋捷三家庭生活及其子女所走道路的描写,形象地说明了知识分子脱离群众的个人主义是没有出路的。作品背景开阔,规模宏大,时代气氛强烈。在表现手法上,坚持现实主义道路,又强调作者的主观精神,重视对人物的心理分析和描写。黄谷柳的《虾球传》借鉴了章回体的形式,以城市流浪少年儿童的曲折经历为线索,广泛地展示了殖民地半殖民地社会光怪陆离的社会相,揭示了劳动人民追求解放的正确道路。小说题材新颖、别开生面,情节曲折生动,语言朴素简练,在民族化、群众化方面取得了可喜的成果。张恨水是我国现代文学史上多产的著名作家,抗战前较有影响的作品有《春明外史》《金粉世家》《啼笑因缘》等;写于本时期的《八十一梦》是他抗战时期的代表作。《八十一梦》是讽喻小说,作者借神话故事,以梦幻的形式,描绘出国民党贪官污吏以及大后方官绅纸醉金迷的腐朽丑恶生活。这一时期有影响的长篇小说还有萧红的《呼兰河传》、巴金的《春》《秋》、端木蕻良的《科尔沁旗草原》,张爱玲的《传奇》等。

在解放区,由于经过延安文艺整风,小说创作出现了可喜的新气象。广大作家深入工农兵生活,努力反映新生活,表现解放了的人民主要是农民新的精神面貌。同时,在民族化、大众化方面也作出了努力。

赵树理是这个时期的代表作家之一。他的《小二黑结婚》《李有才板话》《李家庄的变迁》等作品,描写了根据地人民的翻身斗争,反映了他们反对封建势力和清除封建意识影响、争取真正解放的努力,较充分地表现了新民主主义革命时期农村社会生活的变革和农民的思想、心理变化。这些作品塑造了小二黑、李有才、老杨同志等先进农民及干部形象,刻画了二诸葛、三仙姑等落后农民形象和阎恒元等地主形象,在艺术上继承了传统小说的民族形式,用农民群众的语言和他们喜闻乐见的形式,把人物和生动的情节糅合在一起,做到了艺术性与群众性的有机结合。

孙犁有自己独到的美学理想。他追求一种清新、活泼和抒情的味道,其小说结构趋向散文化,并融入诗歌因素,充满诗的情调、诗的意境。代表作品有《芦花荡》《荷花淀》《嘱咐》《采蒲台》等短篇小说,内容多为歌颂新生活中新人物(特别是青年妇女)的新的精神面貌。其中,《荷花淀》是他著名的代表作。

长篇小说出现较晚,但也取得了丰收。著名的有丁玲的《太阳照在桑干河上》和周立波的《暴风骤雨》。前者深刻地反映了土改前农村各阶层人民心灵的巨大变化,后者注意表现土改斗争的尖锐复杂和新人物的成长。这两部长篇小说都以宏伟的结构、丰富的情节、鲜明的形象歌颂了共产党领导下的农村土地改革运动。此外,成就较大并具有一定影响的长篇小说还有欧阳山的《高干大》,柳青的《种谷记》,马烽、西戎的《吕梁英雄传》,袁静、孔厥的《新女儿英雄传》、草明的《原动力》等。

第三节 诗歌创作

本时期,新诗发展进入了一个新的历史时期。尽管生活在不同地区的诗人们的作品有风格上的明显差异,但都有一个共同的时代主题,即为神圣的民族解放事业歌唱。

代表这一时期诗歌最高成就的是艾青。抗战爆发以后,通过抗日斗争烽火的锤炼,艾青的创作激情极为高涨。在抗战前期的短短几年中,他先后出版了《北方》《旷野》《他死在第二次》《向太阳》《火把》等诗集。这些诗,不论是对农民在黑暗政治压迫下的悲惨命运的描写,还是对英勇无畏战士的歌颂,都具有明显的时代特色,充满乐观向上的鼓舞力量。1941年"皖南事变"后,艾青来到了延安,这时期创作的诗歌主要收在《雪里钻》《献给乡村的诗》《反法西斯》和《黎明的通知》等诗集中。抗日战争时期是自由体诗继五四之后的第二个高潮,而艾青则是代表。艾青的诗一方面坚持并发展了革命现实主义的传统,另一方面又从西方先进的思想和优秀的诗歌艺术中吸取丰富的营养,从而使自由体诗在艺术上达到了一个新的高度。另外,艾青还十分重视独特意象的创造。他在《诗论掇拾》中认为:"一首诗里面,没有新鲜,没有色调,没有光彩,没有形象——艺术的生命在哪里呢?"他的诗具有一种可感可触的造型美。艾青还主张新诗要有散文美,为新诗形式开辟了新的途径。艾青是继郭沫若之后,对我国自由体新诗的发展作出了很大贡献的诗人。田间的诗集有《给战斗者》《呈在大风砂里奔走的岗卫们》《抗战诗抄》等。闻一多称他为"时代的鼓手"。《给战斗者》是他本时期的代表作。他的诗充满了爱国主义的热情,表现了中国人民宁死不屈的战斗意志和对侵略者复仇的决心。田间1938年到了延安,曾积极倡导并参与延安"街头诗运动",写下了不少短小精悍、通俗易懂的街头诗,如《假如我们不去打仗》《义勇军》等。田间的诗采用的是"鼓点"式的诗行,简短有力,鼓动性强,正如闻一多所说:"这里没有'弦外之音',没有'绕梁三日的余韵,没有半音,没有玩任何'花头',只是一句句朴质、干脆、真诚的话(多么有斤两的话!)。简短而坚实的句子,就是一声声的'鼓点',单调,但是响亮而沉重,打入你耳中,打在你心上。"

在国统区,在反侵略的旗帜下涌现了一个新的诗歌流派——"七月"诗派。"七月"诗派这一名称来自胡风主编的《七月》杂志及《七月诗丛》。"七月"诗派是我国从抗战开始到1949年前夕,以《七月》(创刊于"七七事变"后不久,终刊于"皖南事变"后不久)、《希望》(创刊于1945年底,终刊于1946年10月)为中心而形成的诗歌文学团体,主要成员有胡风、阿垅、艾青、田间、鲁藜、绿原、冀汸、芦甸、曾卓、牛汉、杜谷等。"七月"诗派的创作方法倾向于革命现实主义。这一派诗人大多是和40年代的抗战文艺一同成长起来的青年,虽然经历和处境不同,但他们都置身在抗日战争、解放战争的洪流中。他们用诗歌揭露日本侵略者的罪行,抨击国统区的黑暗现实,表达热烈要求抗战的意志和决心,他们的诗具有强烈的战斗精神。在形式上,他们的诗多采用自由的格式,共同追求一种自然、真挚、朴素的诗风。

40年代后期,围绕在上海的《诗创造》和《中国新诗》杂志周围,逐渐形成了一个新的诗歌流派——"九叶"诗派,成员有辛笛、陈敬容、杜运燮、杭约赫、郑敏、唐祈、唐湜、袁可嘉、穆旦等。他们的诗从不同侧面暴露了国统区的黑暗统治。在我国新诗发展史上,"九叶"诗派的诗人不同程度地受到了中外现代派诗风的影响,他们既继承了我国新诗的现实主义传统，又从西方现代派诗歌中吸收一些表现手法，因此他们又被称为"新现代派"。

这个时期，解放区的诗歌发生了巨大的变化，除出现大批的优秀民歌外，叙事长诗的创作达到了一个新的高峰。李季的叙事长诗《王贵与李香香》是叙写陕北人民翻身闹革命的一首壮丽史诗。长诗通过王贵与李香香悲欢离合的爱情故事，歌颂了党领导下的土地革命斗争的胜利，表现了广大农民坚强不屈的反抗精神。在艺术上，长诗运用了民歌"信天游"的形式，大量采用比兴手法，以劳动人民形象化的口语叙写生活、刻画人物。阮章竞的《漳河水》是继《王贵与李香香》之后又一部优秀的长篇叙事诗。诗中主要写了荷荷、苓苓、紫金英三个妇女的悲苦命运和她们获得解放以后所迸发出来的青春活力，反映了漳河两岸农村劳动妇女在新旧社会中不同的命运，讴歌了妇女的翻身解放。诗人注意向多种民歌学习，对流传在漳河两岸的许多民间小曲进行加工改造，用以在长诗中表现不同人物的不同思想和情绪，富于变化。较著名的叙事长诗还有田间的《赶车传》、李冰的《赵巧儿》、张志民的《王九诉苦》《死不着》、阮章竞的《圈套》等。叙事长诗的大量出现标志着我国新诗在民族化、群众化的道路上迈出了可喜的一步。

第四节　散文创作

散文也和其他文学样式一样，服务于抗战的需要，出现了新的转向。当时被广泛运用的文学形式是杂文和包括文艺通讯、特写在内的报告文学。

不论是在"孤岛"上海，还是在延安，或在大后方，都出现了大量战斗性很强的杂文。在"孤岛"上海，杂文创作曾风行一时。当时一群青年杂文作者，如唐弢、徐懋庸、巴人、周木斋、孔另境等，追随鲁迅的风格，出版了杂文合集《边鼓集》《横眉集》等。他们在《边鼓集·弁言》中说："虽然有不同的风格、笔调——不同的边鼓的打法。但这声音却完全是一致的。反日、反汉奸、反法西（斯）甚至于反封建，那精神，一贯流淌在我们的字里行间。"这就是当时颇有影响的"鲁迅风"杂文。在延安，杂文创作比较普遍，除暴露性杂文外，还出现了歌颂性杂文，如谢觉哉用"焕南老"的笔名发表在延安《解放日报》上的《炉边闲话》和《一得书》等，最引人注目。

在大后方，1940年夏衍等在桂林创办杂文专刊《野草》，作者包括聂绀弩、宋云彬、孟超、秦似、林默涵等，出版过《野草丛刊》《野草文丛》等，这是继"鲁迅风"之后形成的又一个杂文群体。在重庆、昆明等地，郭沫若、茅盾、闻一多、朱自清、叶圣陶等抨击国民党反动派的罪行，呼吁抗战、自由、民主的杂文，引人瞩目。

本时期的散文创作，数报告文学成就最大。这类作品真实地反映了中国人民抗击日本帝国主义的可歌可泣的斗争生活，表现了中国人民坚强的战斗意志。抗战初期最有影响的报告文学作家是丘东平，他的《第七连》《我们在那里打了败仗》等，描写了抗日官兵的抗敌情绪和英勇献身的精神，富有浓厚的战斗气息。在"孤岛"上海，梅益等组织发起了纪念"八一三"抗战一周年的"上海一日"征文活动，1939年出版了一本百万字的特写、报告文学集，反映了"八一三"以来上海社会生活的真实面貌，是我国报告文学发展中的一个重要收获。解放区的报告文学，抗战初期影响较大的有周立波的《晋察冀边区印象记》、沙汀的《贺龙印象记》、丁玲的《彭德怀速写》等。抗战后期和解放战争时期，刘白羽的《红旗》报告了锦州战役的战事和英雄事迹；华山的《英雄的十月》及时地报告了辽沈战役的进程，实录了英雄的战绩；韩希梁的《飞兵在沂蒙山上》真实地报告了华东野战军一个重炮连歼灭大量敌人的真实经历；丁玲的《田保霖》写出了农村中的先进人物；周而复的《诺尔曼·白求恩断片》描绘了一个为国际共产主义运动而献身的白衣战士的高尚品格等。这些都是传诵一时的佳作。20世纪40年代在解放战争中繁荣起来的报告文学，标志着中国现代报告文学的最高成就。

第五节　戏剧创作

抗战初期的现代戏剧，为了适应迅速反映抗日斗争现实的需要，内容几乎都是直接或间接反映抗日、反汉奸的主题。在形式上则较多采用街头剧、活报剧等，便于广泛、灵活地向群众宣传。《放下你的鞭子》是抗战初期影响最为广泛的一个街头剧，它和《三江好》《最后一计》一起，被当时戏剧界合称为"好一记鞭子"，曾风靡全国。

抗战进入艰苦的相持阶段以后，在国统区，不论是以现实生活为题材的戏剧作品，还是以历史为题材的作品，都获得了丰收。其中，夏衍的《心防》《法西斯细菌》等代表了当时现实主义剧作的最高成就。《心防》生动地记叙了抗战初期坚持在上海"孤岛"继续进行斗争的进步文化工作者的生活。主人公刘浩如是进步文化界领导者之一，是一位具有强烈爱国主义精神的新闻记者，他为坚守上海这个城市"五百万中国人心里的防线"而进行了艰苦、英勇的斗争，最后为民族解放事业而壮烈牺牲。《法西斯细菌》通过一位留学日本的不问政治的细菌学家俞实夫的觉悟过程批评了超阶级、超政治的科学至上主义，指出了"法西斯与科学势不两立，扑灭了法西斯细菌才能进行科学研究"。此外，宋之的的《雾重庆》、曹禺的《北京人》、吴祖光的《风雪夜归人》、于伶的《夜上海》、夏衍的《上海屋檐下》、陈白尘的《升官图》等，都是这一阶段影响广泛的优秀剧作。在历史剧创作方面，郭沫若的《屈原》《虎符》等，是最具影响的作品，代表了当时历史剧的最高成就。于伶的《大明英烈传》、阳翰笙的《天国春秋》《草莽英雄》、欧阳予倩的《忠王李秀成》、阿英的《明末遗恨》（后更名为《碧血花》）和《海国英雄》等历史剧，都产生了前所未有的巨大政治影响。

解放区的戏剧表现在新歌剧的探索、旧戏的改革和话剧创作等几个方面。新歌剧是在新秧歌剧的基础上发展起来的。新秧歌剧《兄妹开荒》《夫妻识字》等表现了翻身农民劳动生产、学习的热情，短小精悍，深为农民所欢迎，但毕竟比较简单。为适应群众要求看到情节复杂、内容深刻的戏剧的需要，文艺工作者吸取了新秧歌剧的长处，借鉴了其他地方剧种和民间艺术的优点，创作出一批优秀的新歌剧，大型新歌剧《白毛女》就是其中的杰出代表。《白毛女》成功塑造了喜儿的形象，她从一个天真活泼的美丽少女成长为坚强勇敢的反抗者，有力地揭示了"旧社会把人变成鬼，新社会把鬼变成人"的主题。在形式上，《白毛女》是诗、歌、舞三者完美统一的民族新歌剧。《白毛女》为新歌剧的发展奠定了坚实的基础，成为我国新歌剧发展的里程碑。除《白毛女》外，优秀的新歌剧还有《刘胡兰》《赤叶河》等。旧戏的改革是在毛泽东"推陈出新"题词的鼓舞下积极进行的。最初的成果是延安平剧院先后改编上演的《逼上梁山》和《三打祝家庄》，它们都取得了较大的成功。后来，马健翔的《血泪仇》对秦腔进行了改革，也受到人民群众的欢迎。解放区的话剧创作起步较晚，规模也较小，但取得了可喜的成绩。胡丹佛执笔的《把眼光放远点》，姚仲明、陈波儿等集体创作的《同志，你走错了路》，胡可的《战斗里成长》等最能代表解放区话剧创作的成就。

思考与练习

1. 简要说明"文协"的主要贡献。
2. 《在延安文艺座谈会上的讲话》的中心内容和伟大意义是什么。
3. 解放区文学创作的新特点表现在哪些方面?

第六章 文体作品选读

第一节 小说

围城(故事梗概)

钱锺书

一艘法国邮船白拉日隆子爵号驶过红海,正在印度洋面上行驶。船上坐满了来自各国的乘客。每年夏天都有一批学成回国的中国留学生乘坐邮船回来。方鸿渐就是回国留学生之一。他是一个学问不大的人。他到欧洲以后,既不研究敦煌卷子、《永乐大典》,也不钻研太平天国文献,更不学蒙古文、西藏文或梵文。四年中他换过三所学校,更改过好几门专业。这些年来,他一事无成,游手好闲,生活作风懒散,结果连个学位都没有拿到。没有办法,他只好买了个假哲学博士文凭,谎称自己获得了克莱登大学哲学博士学位。方鸿渐在本县的火车站下车后,受到了父亲、兄弟姐妹和朋友的迎接。甚至有些小报的记者也纷至沓来,因为他在县里是赫赫有名的博士。方鸿渐回到家乡后,首先去岳父大人家拜访了一下。因为他的岳父母曾经资助过他不少钱,可惜他的未婚妻没有和他见过面就死了,但是他的身边却不乏一些给他提媒的人。

8月13日,淞沪战役爆发了。日本人的飞机每天都在狂轰滥炸,全国的形势不容乐观。就在这个时候,在岳父大人的帮助下,方鸿渐来到了上海,在岳父的银行里谋到了一个职位。一次,方鸿渐拜访了和他一同留学回国的女博士苏文纨。在她家里,他结识了苏的表妹唐晓芙。唐晓芙的长相很妩媚端庄,脸上长着一对浅酒窝。她的肤色粉里透红,眼睛灵活动人,身材窈窕适中。方鸿渐对唐晓芙可谓一见钟情。唐小姐是政治系的学生。他尽力地讨好唐小姐。苏文纨对方鸿渐也有好感,她不喜欢他对她的表妹这样殷勤。方鸿渐不十分喜欢苏文纨。

赵辛楣是苏文纨的朋友,他一直爱慕着苏文纨,但是苏小姐却从来不爱他。赵辛楣跟苏家是世交,他俩从小就在一起长大,可谓青梅竹马。他曾在美国留过学,本在外交公署当处长,可他因病未随机关内迁,如今在华美新闻社做政治编辑,他身材高大,气度不凡。这次苏小姐回国,赵辛楣打算把儿时的友谊重新温起,等到时机成熟的时候就向苏小姐求婚。可是,在苏小姐看来,她跟赵辛楣的长期认识并不会日积月累地成为恋爱,好比冬季每天的气候,你没法把今天的温度加在昨天的气温上面。苏文纨小姐这次回国后,她张口闭口都是方鸿渐,因而赵辛楣对方鸿渐多少有些醋意。他不断地攻击方鸿渐,可方鸿渐却不予以还击。

不久,苏文纨向方鸿渐表达了她的爱意,然而方拒绝了她的爱情,这使苏文纨非常伤心。于是,为了报复方鸿渐,她就把方鸿渐在船上和鲍小姐的风流韵事以及他已有妻室的事全盘告诉了唐晓芙。唐晓芙听后非常生气,大骂方鸿渐是个流氓,此后就离开了他。方鸿渐知道这是苏文纨搞的鬼,可他自己不知道怎样解释才好,他无须再解释了。

后来,苏文纨嫁给了诗人曹元朗。而赵辛楣和方鸿渐却不知什么原因成了朋友。

由于国内的局势不断动荡,再加上个人的心情不太好,方鸿渐决定和赵辛楣一起到三间大学去任教。三闾大学是新建的大学,校长叫高松年。赵辛楣被高松年聘为政治系的主任。这次和他们同行的还有两个人。一个叫李梅亭,他去三闾大学担任中文系主任,他是高松年的老同事,大约有四十多岁。他对赵和方两人格外殷勤。另外一个人是孙柔嘉女士。她是赵辛楣报馆同事前辈的女儿,刚大学毕业,青年有志,不愿留在上海,她父亲恳求赵辛楣为她谋得外国语文系助教之职。孙小姐长相一般,打扮得很素净,但是也不失有心计。

经过了长途跋涉以后,他们终于到达了三闾大学。到了学校后,他们没想到,就连大学这样纯洁的圣土也有尔虞我诈,钩心斗角。李梅亭中文系主任的位置让有政治背景的汪处厚抢走了。汪是一个很难对付的人。方鸿渐的教授头衔也给剥夺了,他只当上了一个副教授。更让方鸿渐感到不妙的是,三闾大学历史系有一位韩学愈主任,他竟然跟方鸿渐毕业于同一所大学——子虚乌有的克莱登大学。据说这个韩主任的哲学博士来历不明。方鸿渐听后吓得够呛,仿佛他的隐私马上就要暴露似的。但是,方鸿渐很快就处理好了这事,好在韩主任也十分沉着,当方鸿渐试探他,问起这所大学的来历时,他说,这是美国最有名的大学。反正,他们总算把真相掩盖了过去。

中文系主任汪处厚运气不错,他的原配凑趣地死了,让他冠冕堂皇地娶了个比他小 20 岁的第二房。这第二位汪太太终年娇弱得很,经常生病。她曾在大学里读过一年,后因贫血症而退学。每逢头不晕、身不痛的日子,就跟老师学学画、弹弹琴。汪处厚不懂音乐,对国画也是外行,所以觉得自己老婆挺有水平。于是,他不甚放心单身男同事常上自己家来,嫌他们太年轻。高松年暗恋着汪太太,知道她在家里无聊,就表示愿意请她到学校做事。汪太太是个聪明人,一口拒绝。一来她自知自己资历不够,至多做个小职员,有伤体面;二来她知道这是男人的世界,男人是上帝。

不久,赵辛楣开始坠入了情网。他很喜欢汪太太,因为她有容貌,善解人意,此地只有她一个女人跟他属于同一个社会。两个人谈得很投机。一天晚上,赵辛楣和汪太太在一起散步,恰巧被汪处厚和高松年遇到。汪处厚怒不可遏,大骂赵辛楣勾引有夫之妇,并逼着赵辛楣和汪太太承认他俩有染。没想到汪太太却非常冷静,竟然当着他们的面承认她和赵辛楣的爱。不过,赵辛楣却退却了,他窘迫得不知所措,不敢承认他喜欢汪太太。汪太太对赵辛楣的软弱非常气愤,她指责他说:"你的胆子只有芥菜子那么大,怎么会害怕到这个地步!"孙柔嘉对方鸿渐颇有好感,她知道方鸿渐会体贴人,所以就想方设法接近他。就这样,方鸿渐糊里糊涂地同孙柔嘉订了婚。在订婚以前,孙柔嘉经常来看方鸿渐,可订了婚以后,只有方鸿渐去看她,她不肯轻易来。他渐渐发现她不但很有主见,而且主见很深。他觉得虽然自己已经订了婚,但和她还是很陌生。过去订婚没有经验,这次又这么匆忙。现在他真是莫名其妙地就有了太太。

方鸿渐在学校里实在待不下去了,就去了香港。辛楣是在重庆得到方鸿渐订婚的消息,就寄了一封航空快信道贺。信的最后意思大概是这样的:方鸿渐现在新订了婚,和朋友之间的关系自然就疏远了一层。孙柔嘉知道后,她有点不高兴,认为赵辛楣背后讲她的坏话。于是,她就不高兴丈夫和赵辛楣来往。方鸿渐这才觉得自己不应该结婚。原来孙柔嘉是一个爱争风吃醋的女人,心眼太小,小肚鸡肠,动不动就爱发火,是一个爱使小性子的人。方鸿渐对她越来越感到失望。他们两个人的矛盾也越来越深,经常吵架。方鸿渐的心情越来越不好。他不愿回家,家对于他来说已不是温暖的港湾,至少现在他对自己的家感到很陌生。

回到上海后,方鸿渐在一家报社找到了一份工作,但是报酬却少得可怜。这时孙柔嘉请她很有权势的姑姑帮忙找到一份工资颇丰的工作。结果，方鸿渐却不领情，认为她这样做有损自己的人格。孙柔嘉气极了，两人大吵了一顿，孙柔嘉愤然离家而去。

方鸿渐失魂落魄地回到清冷的家，他的神经已经麻木了。他的情思弥漫乱飞，他不知道自己这些年都做了些什么。从毕业到现在，他到处颠沛流离，一事无成，而现在，爱情也正在他的内心里死去。他感到周身毫无力气，浑身疲惫不堪。他的心中一片空白。到了这时，他才觉得苏文纨的话是对的：恋爱就像一座城，外面的人想进去，里面的人想出来。生活何尝不是一座城呢？

【导读】

钱锺书（1910—1998），字默存，号槐聚，1910年生于江苏无锡一个书香门第家庭。十岁入东林小学，在苏州桃坞中学、无锡辅仁中学接受中学教育，十九岁被清华大学破格录取。1933年于清华大学外国语文系毕业后，在上海光华大学任教。1935年取得英国"庚子赔款留学资助"，赴牛津大学苦读两年。1941年他出版了随笔小品集《写在人生边上》，1946年出版短篇小说集《人·兽·鬼》。由于对中外文化的渊博精深把握较好，以及对世态人情的体察细致入微，他的作品在主题叙事和风格上独树一帜，获得了机智博学和讽刺作家的崇高荣誉。

《围城》是钱锺书唯一的一部长篇小说。可以说是现当代小说中的经典之作。1947年上海晨光出版社为它出版单行本，次年再版，1949年出第三版，累计印刷六次。抗战胜利后在上海纷乱的文坛中，《围城》这样受欢迎是一个奇迹。

《围城》主要描写了20世纪30年代末从英国和欧洲留学归来的青年学者方鸿渐在国内最初几年的经历，结构上采取欧洲"流浪汉体小说"的样式。这个表面充满戏剧性色彩、内里却颇为悲哀的失败者的荒唐故事，不仅广泛触及抗战期间上海沦陷区和内地各色人等与社会情状，也揭露了战时中国一大批知识分子的生存状态和心理素质。此书被认为是中国现代文学史上最有趣、含义最丰富的一部小说。

《围城》是一部以看似超然的调侃语调述说人生无奈的笑面悲剧。取自书中才女苏文纨的一句话："城中的人想出去，城外的人想冲进来。"婚姻也罢、事业也罢，整个生活都似在一个围城之中，人永远逃不出这围城所给予的束缚和磨砺。不断的追求和对所追求到的成功以及随之而来的不满足和厌烦，两者之间的矛盾不断转换，其间交织着希望与失望、欢乐与痛苦、执著与动摇——这一切构成人生万事。"围城"困境告诉我们，当我们在此岸遭受困苦时，我们开始幻想彼岸；当我们到达彼岸，发现还是一样的困苦。此时彼岸的幻想最终破灭，此岸和彼岸都被否定。作者的文字里透着深深的绝望，因为绝望，所以他非常清楚，要透过绝望表现出幽默。他有虚无，又在抗击着虚无。

作品以抗战时期为背景，以留学归国的男主角方鸿渐人生途中留学深造、谈情说爱、谋事求职和婚姻家庭几方面为主线，串联起众多的知识分子。这些知识分子不是以往的小知识分子，而主要是高级知识分子，几乎都是留过学的教授、专家，西装革履，满口外语。在近代中西文化交汇碰撞和抗战时期国难家仇的时代潮流之中，作者通过反讽描绘了现代儒林人物的群像。所以，有人称《围城》是新《儒林外史》。把《围城》看作对知识分子精神弱点的批判、嘲讽。

方鸿渐上大学期间，未曾谋面的周姓未婚妻突然夭折，对包办婚姻心存不满的方鸿渐，在顿感解脱中心生哀悯，一封情真意切的吊唁信使他意外获得了周家的资助，从而得以赴欧洲留学。四年学习，一无所成。迫于长辈的催促，只好买一纸假博士证书回国。在回国的法国邮船上，被浪荡的鲍小姐玩弄，在敷衍追求者苏文纨的过程中，真心爱上了苏文纨的表妹唐晓芙，但由于苏的离间而爱情未果。于是在爱情失意中受同病相怜的赵辛楣之邀，与知识界的投机人物李梅亭、顾尔谦和女大学毕业生孙柔嘉搭伴离开上海前往湖南三闾大学任教。内地交通的落后混乱、旅馆的肮脏、地方权贵的霸道势利、民不聊生的社会状况，以及李梅亭半是文学专题卡片半是准备高价倒卖的西药行李箱，构成了一幅幅鞭辟入里的讽刺场景。三闾大学充满了倾轧斗争，方鸿渐事事不如意，最后因拒绝做媒而导致被解职，外部柔顺内藏心机的孙柔嘉设下圈套，成功追求到方鸿渐，于是二人一同返回上海，途经香港而仓促成婚。在上海，方鸿渐的家庭危机四起，在报馆辞职后，最后家庭破裂。方鸿渐最后一无所有，从终点又回到了起点，只好开始准备他新一轮的旅程。

方鸿渐这个人，在钱锺书的笔下似乎是一个除了会点舞文弄墨外，是一个百般缺点、一无是处的人。他的文凭是买来的，志大才疏、胸无点墨、性格软弱又好强要面子。在和朋友的交往中，表现出假装清高、不通人情世故，有时还很虚伪。但是就是这样一个人，他做事小心、对爱情执着，有时候往往透着一些可爱。

在学业上，出国留学的他没有取得文凭，他居然花钱买张假的。既然作假，在国内又很难被查出，自己还是担惊受怕，怕被发现，好像一个偷吃了蜂蜜的孩子，怕被母亲发现。

在爱情上，方鸿渐同时和三个女性交往，既爱这个，又喜欢那个。后来结婚后，居然发出谈恋爱无用的感慨。事业上，方鸿渐是不得志的。他处处是别人的棋子，可是方鸿渐却无奈接受，工作换了一个又一个，却没有放弃。而他与苏文纨、唐晓芙、孙柔嘉的感情纠葛，每每因自己的怯懦不敢多言，言亦不由衷，甚至一步步陷入工于心计的孙柔嘉的婚姻陷阱之中，最后自食婚姻苦果。这座感情围城，曾经令方鸿渐向往，之后又无奈于城中的无聊。而三闾大学着实是一座事业的围城，这里面充斥着尔虞我诈、明争暗斗，时刻让人感到压抑，令本性善良却怯懦的方鸿渐不堪忍受。但他离开那里后，面对的却是一个集父母的封建思想、家庭的责任、事业的衰败、多层混杂的社会大围城之中，让他更加觉得无所适从，似乎所有的一切都被一只无情的大手掌控着。

《围城》是智者对人性的洞察与调剂。这睿智的发现使得作品富有趣意与哲理。幽默是这部小说显著的特色。钱锺书擅长用风趣诙谐、意味深长的比喻，对现实生活的荒谬、丑恶现象进行鞭辟入里的剖析和讽刺。读者在嬉笑后还能品味到丝丝苦意。

此外，围城把古今中外的许多文化典故、知识都写进小说，这在现代文学上是第一次。从古希腊神话到现代西方哲学，从殷商的伯夷、叔齐到现代的徐志摩，将上下几千年的知识融进小说。宏观的悲剧意识和微观的喜剧情趣，使《围城》既好读又耐看。

金锁记

张爱玲

三十年前的上海，一个有月亮的晚上……我们也许没赶上看见三十年前的月亮。年轻的人想着三十年前的月亮该是铜钱大的一个红黄的湿晕，像朵云轩信笺上落了一滴泪珠，陈旧而迷糊。老年人回忆中的三十年前的月亮是欢愉的，比眼前的月亮大，圆，白；然而隔着三十年的辛苦路往回看，再好的月色也不免带点凄凉。

月光照到姜公馆新娶的三奶奶的陪嫁丫鬟凤箫的枕边。凤箫睁眼看了一看，只见自己一只青白色的手搁在半旧高丽棉的被面上，心中便道："是月亮么？"凤箫打地铺睡在窗户底下。那两年正忙着换朝代，姜公馆避兵到上海来，屋子不够住的，因此这一间下房里横七竖八睡满了底下人。

凤箫恍惚听见大床背后有人，猜着有人起来解手，翻过身去，果见布帘子一掀，一个黑影趿着鞋出来了，约摸是伺候二奶奶的小双，便轻轻叫了一声"小双姐姐。"小双笑嘻嘻走来，踢了踢地上的褥子道："吵醒了你了。"她把两手抄在青莲色旧绸夹袄里。下面系着明油绿裤子。凤箫伸手捻了那裤脚，笑道："现在颜色衣服不大有人穿了，下江人时兴的都是素净的。"小双笑道："你不知道，我们家哪比得旁人家？我们老太太古板，连奶奶小姐们尚且做不得主呢，何况我们丫头？给什么，穿什么——一个个打扮得庄稼人似的！"她一蹲身坐在地铺上，拣起凤箫脚头一件小袄来，问道："这是你们小姐出阁，给你们新添的？"凤箫摇头道："三季衣裳，就只外场上看得见的两套是新制的，余下的还不是拿上头人穿剩下的贴补贴补！"小双道："这次办喜事，偏赶着革命党造反，可委屈了你们小姐！"凤箫叹道："别提了。就说省些罢，总得有个谱子！也不能太看不上眼了。我们那一位，嘴里不言语，心里岂有不气的？"小双道："也难怪三奶奶不乐意。你们那边的嫁妆，也还射付着，我们这边的排场，可太凄惨了。就连那一年娶咱们二奶奶，也还比这一趟强些！"凤箫愣了一愣道："怎么？你们二奶奶……"

小双脱下了鞋，赤脚从凤箫身上跨过去，走到窗户跟前，笑道："你也起来看看月亮。"凤箫一骨碌爬起身来，低声问道："我早就想问你了，你们二奶奶……"小双弯腰拾起那件小袄来替她披上了，道："仔细着了凉。"凤箫一面扣钮子，一面笑道："不行，你得告诉我！"小双笑道："是我说话不留神，闯了祸！"凤箫道："咱们这都是自家人了，干吗这么见外呀？"小双道："告诉你，你可别告诉你们小姐去！咱们二奶奶家里是开麻油店的。"凤箫哟了一声道："开麻油店！打哪儿想起的？像你们大奶奶，也是公侯人家的小姐，我们那一位虽比不上大奶奶，也还不是低三下四的人——"小双道："这里头自然有个缘故。咱们二爷你也见过了，是个残废。做官人家的女儿谁肯给他？老太太没奈何，打算替二爷置一房姨奶奶，做媒的给找了这曹家的，是七月里生的，就叫七巧。"凤箫道："哦，是姨奶奶。"小双道："原是做姨奶奶的，后来老太太想着，既然不打算替二爷另娶了，二房里没个当家的媳妇，也不是事，索性聘了来做正头奶奶，好教她死心塌地服侍二爷。"凤箫把手扶着窗台，沉吟道："怪道呢！我虽是初来，也瞧料了两三分。"小双道："龙生龙，凤生凤，这话是有的。你还没听见她的谈吐呢！当着姑娘们，一点忌讳也没有。亏得我们家一向内言不出，外言不入，姑娘们什么都不懂。饶是不懂，还臊得没处躲！"凤箫噗嗤一笑道："真的？她这些村话，又是从哪儿听来的？就连我们丫头——"小双抱着胳膊道："麻油店的活招牌，站惯了柜台，见多识广的，我们拿什么去比人家？"凤箫道："你是她陪嫁来的么？"小双冷笑说："她也配！我原是老太太跟前的人，二爷成天的吃药，行动都离不了人，屋里几个丫头不够使，把我拨了过去。怎么着？你冷哪？"凤箫摇摇头。小双道："瞧你缩着脖子这娇模样儿！"一语未完，凤箫打了个喷嚏，小双忙推她道："睡罢！睡罢！快焐一焐。"凤箫跪了下来脱袜子，笑道："又不是冬天，哪儿就至于冻着了？"小双道："你别瞧这窗户关着，窗户眼儿里吱溜溜的钻风。"两人各自睡下。凤箫悄悄地问道："过来了也有四五年了罢？"小双道："谁？"凤箫道："还有谁？"小双道："哦，她，可不是有五年了。"凤箫道："也生男育女的——倒没闹出什么话柄儿？"小双道："还说呢！话柄儿就多了！前年老太太领着合家上下到普陀山进香去，她坐月子没去，留着她看家。舅爷脚步儿走得勤了些，就丢了一票东西。"凤箫失惊道："也没查出个究竟来？"小双道："问得出什么好的来？大家面子上下不去！那些首饰左不过将来是归大爷二爷三爷的。大爷大奶奶碍着二爷，没好说什么。三爷自己在外头流水似的花钱。欠了公账上不少，也说不响嘴。"

她们俩隔着丈来远交谈。虽是极力地压低了喉咙，依旧有一句半句声音大了些，惊醒了大床上睡着的赵嬷嬷，赵嬷嬷唤道："小双。"小双不敢答应。赵嬷嬷道："小双，你再混说，让人家听见了，明儿仔细揭你的皮！"小双还是不做声。赵嬷嬷又道："你别以为还是从前住的深堂大院哪，由得你疯疯癫癫！这儿可是挤鼻子挤眼睛的，什么事瞒得了人？趁早别讨打！"屋里顿时鸦雀无声。赵嬷嬷害眼，枕头里塞着菊花叶子，据说是使人眼目清凉的。她欠起头来按了一按髻上横绾的银簪，略一转侧，菊叶便沙沙作响。赵嬷嬷翻了下身，吱吱格格牵动了全身的骨节，她唉了一声道："你们懂得什么！"小双与凤箫依旧不敢接嘴。久久没有人开口，也就一个个的朦胧睡去了。天就快亮了。那扁扁的下弦月，低一点，低一点，大一点，像赤金的脸盆，沉了下去。天是森冷的蟹壳青，天底下黑漆漆的只有些矮楼房，因此一望望得很远。地平线上的晓色，一层绿、一层黄、又一层红，如同切开的西瓜——是太阳要上来了。渐渐马路上有了小车与塌车辘辘推动，马车蹄声得得。卖豆腐花的挑着担子悠悠吆喝着，只听见那漫长的尾声："花……呕！花……呕！"再去远些，就只听见"哦……呕！哦……呕！"

屋子里丫头老妈子也起身了，乱着开房门、打脸水、叠铺盖、挂帐子、梳头。凤箫伺候三奶奶兰仙穿了衣裳，兰仙凑到镜子前面仔细望了一望，从腋下抽出一条水绿洒花湖纺手帕，擦了擦鼻翅上的粉，背对着床上的三爷道："我先去替老太太请安罢。等你，准得误了事。"正说着大奶奶玳珍来了，站在门槛上笑道："三妹妹，咱们一块儿去。"兰仙忙迎了出去道："我正担心着怕晚了，大嫂原来还没上去。二嫂呢？"玳珍笑道："她还有一会儿耽搁呢。"兰仙道："打发二哥吃药？"玳珍四顾无人，便笑道："吃药还在其次——"她把大拇指抵着嘴唇，中间的三个指头握着拳头，小指头翘着，轻轻的"嘘"了两声。兰仙诧异道："两人都抽这个？"玳珍点头道："你二哥是过了明路的，她这可是瞒着老太太的，叫我们夹在中间为难，处处还得替她遮盖遮盖，其实老太太有什么不知道？有意的装不晓得，照常的派她差使，零零碎碎给她罪受，无非是不肯让她抽个痛快罢了。其实也是的，年纪轻轻的妇道人家，有什么了不得的心事，要抽这个解闷儿？"

玳珍兰仙手挽手一同上楼，各人后面跟着贴身丫鬟，来到老太太卧室隔壁的一间小小的起坐间里。老太太的丫头榴喜迎了出来，低声道："还没醒呢。"玳珍抬头望了望挂钟，笑道："今儿老太太也晚了。"榴喜道："前两天说是马路上人声太杂，睡不稳。这现在想是惯了，今儿补足了一觉。"

紫榆百龄小圆桌上铺着红毡条，二小姐姜云泽一边坐着，正拿着小钳子磕核桃呢，因丢下了站起来相见。玳珍把手搭在云泽肩上，笑道："还是云妹妹孝心，老太太昨儿一时高兴，叫做糖核桃，你就记住了。"兰仙玳珍便围着桌子坐下了，帮着剥核桃衣子。云泽手酸了，放下了钳子，兰仙接了过来。玳珍道："当心你那水葱似的指甲，养得这么长了，断了怪可惜的！"云泽道："叫人去拿金指甲套子去。"兰仙笑道："有这些麻烦的，倒不如叫他们拿到厨房里去剥了!"

众人低声说笑着,榴喜打起帘子,报道:"二奶奶来了。"兰仙云泽起身让座,那曹七巧且不坐下,一只手撑着门,一只手撑了腰,窄窄的袖口里垂下一条雪青洋绉手帕,身上穿着银红衫子,葱白线香滚,雪青闪蓝如意小脚裤子,瘦骨脸儿,朱口细牙,三角眼,小山眉,四下里一看,笑道:"人都齐了。今儿想必我又晚了!怎怪我不迟到——摸着黑梳的头!谁教我的窗户冲着后院子呢?单单就派了那么间房给我,横竖我们那位眼看是活不长的,我们净等着做孤儿寡妇了——不欺负我们,欺负谁?"玳珍淡淡的并不接口,兰仙笑道:"二嫂住惯了北京的屋子,怪不得嫌这儿憋闷得慌。"云泽道:"大哥当初找房子的时候,原该找个宽敞些的,不过上海像这样的,只怕也算敞亮的了。"兰仙道:"可不是!家里人实在多,挤是挤了点——"七巧挽起袖口,把手帕子掖在翡翠镯子里,瞟了兰仙一眼,笑道:"三妹妹原来也嫌人太多了。连我们都嫌人多,像你们没满月的自然更嫌人多了!"兰仙听了这话,还没有怎么,玳珍先红了脸,道:"玩是玩,笑是笑,也得有个分寸,三妹妹新来乍到的,你让她想着咱们是什么样的人家?"七巧扯起手绢子的一角遮住了嘴唇道:"知道你们都是清门净户的小姐,你倒跟我换一换试试,只怕你一晚上也过不惯。"玳珍啐道:"不跟你说了,越说你越上头上脸的。"七巧索性上前拉住玳珍的袖子道:"我可以赌得咒——这三年里头我可以赌得咒!你敢赌么?"玳珍也撑不住噗嗤一笑,咕哝了一句道:"怎么你孩子也有了两个?"七巧道:"真的,连我也不知道这孩子是怎么生出来的!越想越不明白!"玳珍摇手道:"够了,够了,少说两句罢。就算你拿三妹妹当自己人,没什么避讳,现放着云妹妹在这儿呢,待会儿老太太跟着一告诉,管叫你吃不了兜着走!"

云泽早远远地走开了,背着手站在阳台上,撮尖了嘴逗芙蓉鸟。姜家住的虽然是早期的最新式洋房,堆花红砖大柱支着巍峨的拱门,楼上的阳台却是木板铺的地。黄杨木阑干里面,放着一溜大篾篓子,晾着笋干。敝旧的太阳弥漫在空气里像金的灰尘,微微呛人的金灰,揉进眼睛里去,昏昏的。街上小贩遥遥摇着拨浪鼓,那懵懂的"不楞登……不楞登"里面有着无数老去的孩子们的回忆。包皮车叮叮地跑过,偶尔也有一辆汽车叭叭叫两声。七巧自己也知道这屋子里的人都瞧不起她,因此和新来的人分外亲热些,倚在兰仙的椅背上问长问短,携着兰仙的手左看右看,夸赞了一回她的指甲,又道:"我去年小拇指上养的比这个足足还长半寸呢,掐花给弄断了。"兰仙早看穿了七巧的为人和她在姜家的地位,微笑尽管微笑着,也不大答理她。七巧自觉无趣,蹩到阳台上来,拎起云泽的辫梢来抖了一抖,搭讪着笑道:"哟!小姐的头发怎么这样稀朗朗的?去年还是乌油油的一头好头发,该掉了不少罢?"云泽闪过身去护着辫子,笑道:"我掉两根头发,也要你管!"七巧只顾端详她,叫道:"大嫂你来看看,云姐姐的确瘦多了,小姐莫不是有了心事了?"云泽啪的一声打掉了她的手,恨道:"你今儿个真的发了疯了!平日还不够讨人嫌的?"七巧把两手筒在袖子里,笑嘻嘻地道:"小姐脾气好大!"

玳珍探出头来道:"云妹妹,老太太起来了。"众人连忙扯扯衣襟,摸摸鬓脚,打帘子进隔壁房里去,请了安,伺候老太太吃早饭。婆子们端着托盘从起坐间里穿了过去,里面的丫头接过碗碟,婆子们依旧退到外间来守候着。里面静悄悄的,难得有人说句把话,祇听见银筷子头上的细银链条窸窣颤动。老太太信佛,饭后照例要做两个时辰的功课,众人退了出来,云泽背地里向玳珍道:"二嫂不忙着过瘾去,还挨在里面做什么?"玳珍道:"想是有两句私房话要说。"云泽不由得笑了起来道:"她的话,老太太哪里听得进?"玳珍冷笑道:"那倒也说不定。老年人心思总是活动的,成天在耳边聒絮着,十句里头相信一两句,也未可知。"

兰仙坐着磕核桃,玳珍和云泽便顺着脚走到阳台上来,虽不是存心偷听正房里的谈话,老太太上了年纪,有点聋,喉咙特别高些,有意无意之间不免有好些话吹到阳台上的人的耳朵里来。云泽把脸气得雪白,先是握紧了拳头,又把两只手使劲一撒,便向走廊的另一头跑去。跑了两步,又站住了,身子向前伛偻着,捧着脸呜呜哭了起来。玳珍赶上去扶着劝道:"妹妹快别这么着!快别这么着!不犯着跟她这样的人计较!谁拿她的话当桩事!"云泽甩开了她,一径往自己屋里奔去。玳珍回到起坐间里来,一拍手道:"这可闯出祸来了!"兰仙忙道:"怎么了?"玳珍道:"你二嫂去告诉了老太太,说女大不中留,让老太太写信给彭家,叫他们早早把云妹妹娶过去罢。你瞧,这算什么话!"兰仙也怔了一怔道:"女家说出这种话来,可不是自己打脸吗?"玳珍道:"姜家没面子,还是一时的事,云妹妹将来嫁了过去,叫人家怎么瞧得起她?她这一辈子还要做人呢!"兰仙道:"老太太是明白人,不见得跟那一位一样的见识。"玳珍道:"老太太起先自然是不爱听,说咱们家的孩子,决不会生这样的心。她就说:'哟!您不知道现在的女孩子跟您从前做女孩子时候的女孩子,哪儿能够打比呀?时世变了,人也变了,要不怎么天下大乱呢?'你知道,年岁大的人就爱听这一套,说得老太太也有点疑疑惑惑起来。"兰仙叹道:"好端端怎么想起来的,造这样的谣言!"玳珍两肘支在桌子上,伸着小指剔眉毛,沉吟了一会,嗤的一笑道:"她自己以为她是特别的体贴云妹妹呢!要她这样体贴我,我可受不了!"兰仙拉了她一把道:"你听——不能是云妹妹罢?"后房似乎有人在那里大放悲声,蹬得铜床柱子一片响。嘈嘈杂杂还有人在那里解劝,只是劝不住。玳珍站起身来道:"我去看看。别瞧这位小姐好性儿,逼急了她,也不是好惹的。"玳珍出去了,那姜三爷姜季泽却一路打着呵欠进来了。季泽是个结实小伙子,偏于胖的一方面,脑后拖一根三脱油松大辫,生得天圆地方,鲜红的腮颊,往下坠着一点,有湿眉毛,水汪汪的黑眼睛里永远透着三分不耐烦,穿一件竹根青窄袖长袍,酱紫芝麻地一字襟珠扣小坎肩,问兰仙道:"谁在里头喊喊喳喳跟老太太说话?"兰仙道:"二嫂。"季泽抿着嘴摇摇头。兰仙笑道:"你也怕了她?"季泽一声儿不言语,拖过一把椅子,将椅背抵着桌面,把袍子高高的一撩,骑着椅子坐了下来,下巴搁在椅背上,手里只管把核桃仁一个一个拈来吃。兰仙睇了他一眼道:"人家剥了这一晌午,是专诚孝敬你的么?"正说着,七巧掀着帘子出来了,一眼看见了季泽,身不由主的就走了过来,绕到兰仙椅子背后,两手兜在兰仙脖子上,把脸凑了下去,笑道:"这么一个人才出众的新娘子!三弟你还没谢谢我哪!要不是我催着他们早早替你办了这件事,这一耽搁,等打完了仗,指不定要十年八年呢!可不把你急坏了!"兰仙生平最大的憾事便是出阁的日子正赶着非常时期,潦草成了家,喜事却冷落,因此一听见这不入耳的话,她那小长瓜子脸便往下一沉。季泽望了兰仙一眼,微笑道:"二嫂,自古好心没有好报,谁都不承你的情!"七巧道:"不承情也罢!我也惯了。我进了你姜家的门,别的不说,单只守着你二哥这些年,衣不解带的服侍他,也就是个有功无过的人——谁见我的情来?谁有半点好处到我头上?"季泽笑道:"你一开口就是满肚子的牢骚!"七巧长长地吁了一口气,只管拨弄兰仙衣襟上扣着的金三事儿和钥匙。半晌,忽道:"总算你这一个来月没出去胡闹过。真亏了新娘子留住了你。旁人跪下地来求你也留你不住!"季泽笑道:"是吗?嫂子并没有留过我,怎见得留不住?"一面笑,一面向兰仙使了个眼色。七巧笑得直不起腰道:"三妹妹,你也不管管他!这么个猴儿崽子,我眼看他长大的,他倒占起我的便宜来了!"

她嘴里说笑着,心里发烦,一双手也不肯闲着,把兰仙揣着捏着,搂着打着。恨不得把她挤得走了样才好。兰仙纵然有涵养，也忍不住要恼了，一性急，磕核桃使差了劲，把那二寸多长的指甲齐根折断。七巧呦了一声道："快拿剪刀来修一修。我记得这屋里有一把小剪子的。"便唤："小双！榴喜！来人哪！"兰仙立起身来道："二嫂不用费事，我上我屋里铰去。"便抽身出去。七巧就在兰仙的椅子上坐下了，一手托着腮，抬高了眉毛，斜瞅着季泽道："她跟我生了气么？"季泽笑道："她干吗生你的气？"七巧道："我正要问呀——我难道说错了话不成？留你在家倒不好？她倒愿意你上外头逛去？"季泽笑道："这一家子从大哥大嫂起，齐了心管教我，无非是怕我花了公账上的钱罢了。"七巧道："阿弥陀佛，我保不定别人不安着这个心，我可不那么想。你就是闹了亏空，押了房子卖了田，我若皱一皱眉头，我也不是你二嫂了。谁叫咱们是骨肉至亲呢？我不过是要你当心你的身子。"季泽嗤的一笑道："我当心我的身子，要你操心？"七巧颤声道："一个人，身子第一要紧。你瞧你二哥弄的那样儿，还成个人吗？还能拿他当个人看？"季泽正色道："二哥比不得我，他一下地就是那样儿，并不是自己作践的。他是个可怜的人，一切全仗二嫂照护他了。"七巧直挺挺的站了起来，两手扶着桌子，垂着眼皮，脸庞的下半部抖得像嘴里含着滚烫的蜡烛油似的，用尖细的声音逼出两句话道："你去挨着你二哥坐坐！你去挨着你二哥坐坐！"她试着在季泽身边坐下，只搭着他的椅子的一角，她将手贴在他腿上，道："你碰过他的肉没有？是软的、重的，就像人的脚有时发了麻，摸上去那感觉……"季泽脸上也变了色，然而他仍旧轻佻地笑了一声，俯下腰，伸手去捏她的脚道："倒要瞧瞧你的脚现在麻不麻！"七巧道："天哪，你没挨着他的肉，你不知道没病的身子是多好的……多好的……"她顺着椅子溜下去，蹲在地上，脸枕着袖子，听不见她哭，只看见发髻上插的风凉针，针头上的一粒钻石的光，闪闪挚动着。发髻的心子里扎着一小截粉红丝线，反映在金刚钻微红的光焰里。她的背影一挫一挫，俯伏了下去。她不像在哭，简直像在翻肠搅胃地呕吐。

季泽先是愣住了，随后就立起来道："我走。我走就是了。你不怕人，我还怕人呢。也得给二哥留点面子！"七巧扶着椅子站了起来，呜咽道："我走。"她扯着衫袖里的手帕子铰人，哪禁得你挑眼儿？"七巧待要出去，又把背心贴在门上，低声道："我就不懂，我有什么地方不如人？我有什么地方不好……"季泽笑道："好嫂子，你有什么不好？"七巧笑了一声道："难不成我跟了个残废的人，就过上了残废的气，沾都沾不得？"她睁着眼直勾勾朝前望着，耳朵上的实心小金坠子像两只铜钉把她钉在门上——玻璃匣子里蝴蝶的标本，鲜艳而凄怆。

季泽看着她，心里也动了一动。可是那不行，玩尽管玩，他早抱定了宗旨不惹自己家里人，一时的兴致过去了，躲也躲不掉，踢也踢不开，成天在面前，是个累赘。何况七巧的嘴这样敞，脾气这样躁，如何瞒得了人？何况她的人缘这样坏，上上下下谁肯代她包皮涵一点？她也许是豁出去了，闹穿了也满不在乎。他可是年纪轻轻的，凭什么要冒这个险？他侃侃说道："二嫂，我虽年纪小，并不是一味胡来的人。"

仿佛有脚步声。季泽一撩袍子，钻到老太太屋子里去了，临走还抓了一大把核桃仁。七巧神志还不很清楚，直到有人推门，她方才醒了过来，只得将计就计，藏在门背后，见玳珍走了进来，她便夹脚跟出来，在玳珍背上打了一下。玳珍勉强一笑道："你的兴致越发好了！"又望了望桌上道："咦？那么些个核桃，吃得差不多了。再也没有别人，准是三弟。"七巧倚着桌子，面向阳台立着，只是不言语。玳珍坐了下来，嘟哝道："害人家剥了一早上，便宜他享现成的！"七巧捏着一片锋利的胡桃壳，在红毡条上狠命刮着，左一刮，右一刮，看看那毡子起了毛，就要破了。她咬着牙道："钱上头何尝不是一样？一味的叫咱们省，省下来让人家拿出去大把的花！我就不服这口气！"玳珍看了她一眼，冷冷地道："那可没有办法。人多了，明里不去，暗里也不见得不去。管得了这个，管不了那个。"七巧觉得她话中有刺，正待反唇相讥，小双进来了，鬼鬼祟祟走到七巧跟前，嗫嚅道："奶奶，舅爷来了。"七巧骂道："舅爷来了，又不是背人的事，你嗓子眼里长了疔是怎么着？蚊子哼哼似的！"小双倒退了一步，不敢言语。玳珍道："你们舅爷原来也到上海来了。咱们这儿亲戚倒都全了。"七巧移步出房道："不许他到上海来？内地兵荒马乱的，穷人也一样的要命呀！"她在门槛上站住了，问小双道："回过老太太没有？"小双道："还没呢。"七巧想了一想，毕竟不敢进去告诉一声，只得悄悄下楼去了。

玳珍问小双道："舅爷一个人来的？"小双道："还有舅奶奶，拎着四只提篮盒。"玳珍格的一笑道："倒破费了他们。"小双道："大奶奶不用替他们心疼。装得满满的进来，一样装得满满的出去。别说金的银的圆的扁的，就连零头鞋面儿裤腰都是好的！"玳珍笑道："别那么缺德了！你下去罢。她娘家人难得上门，伺候不周到，又该大闹了。"

小双赶了出去，七巧正在楼梯口盘问榴喜老太太可知道这件事。榴喜道："老太太念佛呢，三爷趴在窗口看野景，就大门口来了客。老太太问是谁，三爷仔细看了看，说不知是不是曹家舅爷，老太太就没追问下去。"七巧听了，心头火起，跺了跺脚，喃喃呐呐骂道："敢情你装不知道就算了！皇帝还有草鞋亲呢！这会子有这么势利的，当初何必三媒六聘的把我抬过来？快刀斩不断的亲戚，别说你今儿是装死，就是你真死了，他也不能不到你灵前磕三个头，你也不能不受着他的！"一面说，一面下去了。

她那间房，一进门便有一堆金漆箱笼迎面拦住，只隔开几步方的空地。她一掀帘子，只见她嫂子蹲下身去将提篮盒上面的一屉酥盒子卸了下来，检视下面一屉里的菜可曾泼出来。她哥哥曹大年背着手弯着腰看着。七巧止不住一阵心酸，倚着箱笼，把脸偎在那沙蓝棉套子上，纷纷落下泪来。她嫂子慌忙站直了身子，抢步上前，两只手捧住她一只手，连连叫着姑娘。曹大年也不免抬起袖子来擦眼睛。七巧把那只空着的手去解箱套子上的纽扣，解了又扣上，只是开不得口。

她嫂子回过头去睃了她哥哥一眼道："你也说句话呀！成日家念叨着，见了妹妹的面，又像锯了嘴的葫芦似的！"七巧颤声道："也不怪他没有话——他哪儿有脸来见我！"又向她哥哥道："我只道你这一辈子不打算上门了！你害得我好！你扔崩一走，我可走不了。你也不顾我的死活！"曹大年道："这是什么话？旁人这么说还罢了，你也这么说！你不替我遮盖遮盖，你自己脸上也不见得光鲜。"七巧道："我不说，我可禁不住人家不说。就为你，我气出了一身病在这里。今日之下，亏你还挣这脸来堵我！"她嫂子忙道："是他的不是，是他的不是！姑娘受了委屈了。姑娘受的委屈也不止这一件，好歹忍着罢，总有个出头之日。"她嫂子那句"姑娘受的委屈也不止这一件"的话却深深打进她心坎儿里去。七巧哀哀哭了起来，急得她嫂子直摇手道："看吵醒了姑爷。"房那边暗昏昏的紫楠大床上，寂寂吊着珠罗纱帐子。七巧的嫂子又道："姑爷睡着了罢？惊动了他，该生气了。"七巧高声叫道："他要有点人气，倒又好了！"她嫂子吓得掩住她的嘴道："姑奶奶别！病人听见了，心里不好受！"七巧道："他心里不好受，我心里好受吗？"她嫂子道："姑爷还是那软骨症？"七巧道："就这一件还不够受了，还禁得起添什么？这儿一家子都忌讳痨病这两个字，其实还不就是骨痨！"她嫂子道："整天躺着，有时候也坐起来一会儿么？"七巧哧哧的笑了起来道："坐起来，脊梁骨直溜下去，看上去还没有我那三岁的孩子高哪！"她嫂子一时想不出劝慰的话，三个人都愣住了。七巧猛地顿脚道:"走罢,走罢,你们!你们来一趟,就害得我把前因后果重新在心里过一过。我禁不起这么掀腾!你快给我走!"

曹大年道:"妹妹你听我一句话。别说你现在心里不舒坦,有个娘家走动着,多少好些,就是你有了出头之日了,姜家是个大族,长辈动不动就拿大帽子压人,平辈小辈一个个如狼似虎的,哪一个是好惹的?替你打算,也得要个帮手。将来你用得着你哥哥你侄儿的时候多着呢。"七巧啐了一声道:"我靠你帮忙,我也倒了霉了!我早把你看得透里透——斗得过他们,你到我跟前来邀功要钱,斗不过他们,你往那边一倒。本来见了做官的就魂都没有了,头一缩,死活随我去。"大年涨红了脸,冷笑道:"等钱到了你手里,你再防着你哥哥分你的,也还不迟。"七巧道:"你既然知道钱还没到我手里,你来缠我做什么?"大年道:"远迢迢赶来看你,倒是我们的不是了!走!我们这就走!凭良心说,我就用你两个钱,也是该的。当初我若贪图财礼,问姜家多要几百两银子,把你卖给他们做姨太太,也就卖了。"七巧道:"奶奶不胜似姨奶奶吗?长线放远鹞,指望大着呢!"大年待要回嘴,他媳妇拦住他道:"你就少说一句罢!以后还有见面的日子呢。将来姑奶奶想到你的时候,才知道她就只这一个亲哥哥了!"大年督促他媳妇整理了提篮盒,拎起就待走。七巧道:"我稀罕你?等我有了钱了,我不愁你不来,只愁打发你不开!"嘴里虽然硬着,熬不住那呜咽的声音,一声响似一声,憋了一上午的满腔幽恨,借着这因由尽情发泄了出来。她嫂子见她分明有些留恋之意,便做好做歹劝住了她哥哥,一面半挽半拥把她引到花梨炕上坐下了,百般譬解,七巧渐渐收了泪。兄妹姑嫂叙了些家常。北方情形还算平靖,曹家的麻油铺还照常营业着。大年夫妇此番到上海来,却是因为他家没过门的女婿在人家当账房,光复的时候恰巧在湖北,后来辗转跟主人到上海来了,因此大年亲自送了女儿来完婚,顺便探望妹子。大年问候了姜家阖宅上下,又要参见老太太,七巧道:"不见也罢了,我正跟她怄气呢。"大年夫妇都吃了一惊,七巧道:"怎么不淘气呢?一家子都往我头上踩,我要是好欺负的,早给作践死了,饶是这么着,还气得我七病八痛的!"她嫂子道:"姑娘近来还抽烟不抽?倒是鸦片烟,平肝导气,比什么药都强,姑娘自己千万保重,我们又不在跟前,谁是个知疼着热的人?"

七巧翻箱子取出几件新款尺头送与她嫂子,又是一副四两重的金镯子,一对披霞莲蓬簪,一床丝棉被胎,侄女们每人一只金挖耳,侄儿们或是一只金锞子,或是一顶貂皮暖帽,另送了她哥哥一只珐琅金蝉打簧表,她哥嫂道谢不迭。七巧道:"你们来得不巧,若是在北京,我们正要上路的时候,带不了的东西,分了几箱给丫头老妈子,白便宜了他们。"说得她哥嫂讪讪的。临行的时候,她嫂子道:"忙完了闺女,再来瞧姑奶奶。"七巧笑道:"不来也罢了,我应酬不起!"

大年夫妇出了姜家的门,她嫂子便道:"我们这位姑奶奶怎么换了个人?没出嫁的时候不过要强些,嘴头子上琐碎些,就连后来我们去瞧她,虽是比前暴躁些,也还有个分寸,不似如今疯疯傻傻,说话有一句没一句,就没一点儿得人心的地方。"七巧立在房里,抱着胳膊看小双祥云两个丫头把箱子抬回原处,一只一只叠了上去。从前的事又回来了:临着碎石子街的馨香的麻油店,黑腻的柜台,芝麻酱桶里竖着木匙子,油缸上吊着大大小小的铁匙子。漏斗插在打油的人的瓶里,一大匙再加上两小匙正好装满一瓶——一斤半。熟人呢,算一斤四两。有时她也上街买菜,蓝夏布衫裤,镜面乌绫镶滚。隔着密密层层的一排吊着猪肉的铜钩,她看见肉铺里的朝禄。朝禄赶着她叫曹大姑娘。难得叫声巧姐儿,她就一巴掌打在钩子背上,无数的空钩子荡过去锥他的眼睛,朝禄从钩子上摘下尺来宽的一片生猪油,重重的向肉案一

94

抛，一阵温风直扑到她脸上，腻滞的死去的肉体的气味……她皱紧了眉毛。床上睡着的她的丈夫，那没有生命的肉体……

风从窗子里进来，对面挂着的回文雕漆长镜被吹得摇摇晃晃，磕托磕托敲着墙。七巧双手按住了镜子。镜子里反映着的翠竹帘子和一副金绿山水屏条依旧在风中来回荡漾着，望久了，便有一种晕船的感觉。再定睛看时，翠竹帘子已经褪了色，金绿山水换了一张她丈夫的遗像，镜子里的人也老了十年。去年她戴了丈夫的孝，今年婆婆又过世了。现在正式挽了叔公九老太爷出来为他们分家。今天是她嫁到姜家来之后一切幻想的集中点。这些年了，她戴着黄金的枷锁，可是连金子的边都啃不到，这以后就不同了。七巧穿着白香云纱衫，黑裙子，然而她脸上像抹了胭脂似的，从那揉红了的眼圈儿到烧热的颧骨。她抬起手来揾了揾脸，脸上烫，身子却冷得打颤。她叫祥云倒了杯茶来。（小双早已嫁了，祥云也配了个小厮。）茶给喝了下去，沉重地往腔子里流，一颗心便在热茶里扑通扑通跳。她背向着镜子坐下了，问祥云道："九老太爷来了这一下午，就在堂屋里跟马师爷查账？"祥云应了一声是。七巧又道："大爷大奶奶三爷三奶奶都不在跟前？"祥云又应了一声是。七巧道："还到谁的屋里去过？"祥云道："就到哥儿们的书房里兜了一兜。"七巧道："好在咱们白哥儿的书倒不怕他查考……今年这孩子就吃亏在他爸爸他奶奶接连着出了事，他若还有心念书，他也不是人养的！"她把茶吃完了，吩咐祥云下去看看堂屋里大房三房的人可都齐了，免得自己去早了，显得性急，被人耻笑。恰巧大房里也差了一个丫头出来探看，和祥云打了个照面。

七巧终于款款下楼来了。当屋里临时布置了一张镜面乌木大餐台，九老太爷独当一面坐了，面前乱堆着青布面，梅红签的账簿，又搁着一只瓜棱茶碗。四周除了马师爷之外，又有特地邀请的"公亲"，近于陪审员的性质。各房只派了一个男子作代表，大房是大爷，二房二爷没了，是二奶奶，三房是三爷。季泽很知道这总清算的日子于他没有什么好处，因此他到得最迟。然而来既来了，他决不愿意露出焦灼懊丧的神气，腮帮子上依旧是他那点丰肥的，红色的笑。眼睛里依旧是他那点潇洒的不耐烦。

九老太爷咳嗽了一声，把姜家的经济状况约略报告了一遍，又翻着账簿子读出重要的田地房产的所在与按年的收入。七巧两手紧紧扣在肚子上，身子向前倾着，努力向她自己解释他的每一句话，与她往日调查所得一一印证。青岛的房子，天津的房子，原籍的地，北京城外的地，上海的房子……三爷在公账上拖欠过钜，他的一部分遗产被抵消了之后，还净欠六万，然而大房二房也只得就此算了，因为他是一无所有的人。他所仅有的那一幢花园洋房，他为一个姨太太买的，也已经抵押了出去。其余只有老太太陪嫁过来的首饰，由兄弟三人均分，季泽的那一份也不便充公，因为是母亲留下的一点纪念。七巧突然叫了起来道："九老太爷，那我们太吃亏了！"

堂屋里本就肃静无声，现在这肃静却是沙沙有声，直锯进耳朵里去，像电影配音机器损坏之后的锈轧。九老太爷睁了眼望着她道："怎么？你连他娘丢下的几件首饰也舍不得给他？"七巧道："亲兄弟，明算账，大哥大嫂不言语，我可不能不老着脸开口说句话。我须比不得大哥大嫂——我们死掉的那个若是有能耐出去做两任官，手头活便些，我也乐得放大方些，哪怕把从前的旧账一笔勾销呢？可怜我们那一个病病哼哼一辈子，何尝有过一文半文进账，丢下我们孤儿寡妇，就指着这两个死钱过活。我是个没脚蟹，长白还不满十四岁，往后苦日子有得过呢！"说着，流下泪来。九老太爷道："依你便怎样？"七巧呜咽道："哪儿由得我出主意呢？只求九老太爷替我们做主！"季泽冷着脸只不做声，满屋子的人都觉不便开口。九老太爷按捺不住一肚子的火,哼了一声道:"我倒想替你出主意呢,只怕你不爱听!二房里有田地没人照管,三房里有人没有地,我待要叫三爷替你照管,你多少贴他些,又怕你不要他!"七巧冷笑道:"我倒想依你呢,只怕死掉的那个不依!来人哪!祥云你把白哥儿给我找来!长白,你爹好苦呀!一下地就是一身的病,为人一场,一天舒坦日子也没过着,临了丢下你这点骨血,人家还看不得你,千方百计图谋你的东西!长白谁叫你爹拖着一身病,活着人家欺负他,死了人家欺负他的孤儿寡妇!我还不打紧,我还能活个几十年么?至多我到老太太灵前把话说明白了,把这条命跟人拼了。长白你可是年纪小着呢,就是喝西北风你也得活下去呀!"九老太爷气得把桌子一拍道:"我不管了!是你们求爹爹拜奶奶邀了我来的,你道我喜欢自找麻烦么?"站起来一脚踢翻了椅子,也不等人搀扶,一阵风走得无影无踪。众人面面相觑,一个个悄没声儿溜走了。惟有那马师爷忙着拾掇账簿子,落后了一步,看看屋里人全走光了,单剩下二奶奶一个人坐在那里捶着胸脯嚎啕大哭,自己若无其事地走了,似乎不好意思,只得走上前去,打躬作揖叫道:"二太太!二太太!……二太太!"七巧只顾把袖子遮住脸,马师爷又不便把她的手拿开,急得把瓜皮帽摘下来扇着汗。

维持了几天的僵局,到底还是无声无臭照原定计划分了家。孤儿寡妇还是被欺负了。

七巧带着儿子长白,女儿长安另租了一幢屋子住下了,和姜家各房很少来往。隔了几个月,姜季泽忽然上门来了。老妈子通报上来,七巧怀着鬼胎,想着分家的那一天得罪了他,不知他有什么手段对付。可是兵来将挡,她凭什么要怕他?她家常穿着佛青实地纱袄子,特地系上一条玄色铁线纱裙,走下楼来。季泽却是满面春风的站起来问二嫂好,又问白哥儿可是在书房里,安姐儿的湿气可大好了,七巧心里便疑惑他是来借钱的,加意防备着,坐下笑道:"三弟你近来又发福了。"季泽笑道:"看我像一点心事都没有的人。"七巧笑道:"有福之人不忙吗!你一向就是无牵无挂的。"季泽笑道:"等我把房子卖了,我还要无牵无挂呢!"七巧道:"就是你做了押款的那房子,你还要卖?"季泽道,"当初造它的时候,很费了点心思,有许多装置都是自己心爱的,当然不愿意脱手。后来你是知道的,那边地皮值钱了,前年把它翻造了。"

虽然他不向她哭穷,但凡谈到银钱交易,她总觉得有点危险,便岔了开去道:"三妹妹好么?腰子病近来发过没有?"季泽笑道:"我也有许久没见过她的面了。"七巧道:"这是什么话?你们吵了嘴么?"季泽笑道:"这些时我们倒也没吵过嘴。不得已在一起说两句话,也是难得的,也没那闲情逸致吵嘴。"七巧道:"何至于这样?我就不相信!"季泽两肘撑在藤椅的扶手上,交叉着十指,手搭凉棚,影子落在眼睛上,深深地咳了一声。七巧笑道:"没有别的,要不就是你在外头玩得太厉害了。自己做错了事,还唉声叹气的仿佛谁害了你似的。你们姜家就没有一个好人!"说着,举起白团扇,作势要打。季泽把那交叉看的十指往下移了一移,两只大拇指按在嘴唇上,两只食指缓缓抚摸着鼻梁,露出一双水汪汪的眼睛来。那眼珠却是水仙花缸底的黑石子,上面汪着水,下面冷冷的没有表情。看不出他在想什么。七巧道:"我非打你不可!"季泽的眼睛里突然冒出一点笑泡儿,道:"你打,你打!"七巧待要打,又掣回手去,重新一鼓作气道:"我真打!"抬高了手,一扇子劈下来,又在半空中停住了,吃吃笑将起来。季泽带笑将肩膀耸了一耸,凑了上去道:"你倒是打我一下罢!害得我浑身骨头痒痒着,不得劲儿!"七巧把扇子向背后一藏,越发笑得格格的。季泽把椅子换了个方向,面朝墙坐着,人向椅背上一靠,双手蒙住了眼睛,又是长长地叹了口气。七巧啃着扇子柄,斜睨着他道:"你今儿是怎么了?受了暑吗?"季泽道:"你哪里知道?"半晌,他低低的一个字一个字说道:"你知道我为什么跟家里的那个不好,为什么我拼命的在外头玩,把产业都败光了?你知道这都是为了谁?"七巧不知不觉有些胆寒,走得远远的,倚在炉台上,脸色慢慢地变了。季泽跟了过来。七巧垂着头,肘弯撑在炉台上,手里擎着团扇,扇子上的杏黄穗子顺着她的额角拖下来。季泽在她对面站住了,小声道:"二嫂!……七巧!"七巧背过脸去淡淡笑道:"我要相信你才怪呢!"季泽便也走开了,道:"不错。你怎么能够相信我?自从你到我家来,我在家一刻也待不住,只想出去。你没来的时候我并没有那么荒唐过,后来那都是为了躲你。娶了兰仙来,我更玩得凶了,为了躲你之外又要躲她,见了你,说不了两句话我就要发脾气——你哪儿知道我心里的苦楚?你对我好,我心里更难受——我得管着我自己——我不得平白的坑坏了你!家里人多眼杂,让人知道了,我是个男子汉,还不打紧,你可了不得!"七巧的手直打颤,扇柄上的杏黄须子在她额上苏苏摩擦着。季泽道:"你信也罢,不信也罢!信了又怎样?横竖我们半辈子已经过去了,说也是白说。我只求你原谅我这一片心。我为你吃了这些苦,也就不算冤枉了。"

七巧低着头,沐浴在光辉里,细细的音乐,细细的喜悦……这些年了,她跟他捉迷藏似的,只是近不得身,原来还有今天!可不是,这半辈子已经完了——花一般的年纪已经过去了。人生就是这样的错综复杂,不讲理。当初她为什么嫁到姜家来?为了钱么?不是的,为了要遇见季泽,为了命中注定她要和季泽相爱。她微微抬起脸来,季泽立在她跟前,两手合在她扇子上,面颊贴在她扇子上。他也老了十年了,然而人究竟还是那个人呵!他难道是哄她么?他想她的钱——

她卖掉她的一生换来的几个钱?仅仅这一转念便使她暴怒起来。就算她错怪了他,他为她吃的苦抵得过她为他吃的苦么?好容易她死了心了,他又来撩拨她。她恨他。他还在看着她。他的眼睛——虽然隔了十年,人还是那个人呵!就算他是骗她的,迟一点儿发现不好么?即使明知是骗人的,他太会演戏了,也跟真的差不多罢?

不行!她不能有把柄落在这厮手里。姜家的人是厉害的,她的钱只怕保不住。她得先证明他是真心不是。七巧定了一定神,向门外瞧了一瞧,轻轻惊叫道:"有人!"便三脚两步赶出门去,到下房里吩咐潘妈替三爷弄点心去,快些端了来,顺便带把芭蕉扇进来替三爷打扇。七巧回到屋里来,故意皱着眉道:"真可恶,老妈子在门口探头探脑的,见了我抹过头去就跑,被我赶上去喝住了。若是关上了门说两句话,指不定造出什么谣言来呢!饶是独门独户住了,还没个清净。"潘妈送了点心与酸梅汤进来,七巧亲自拿筷子替季泽拣掉了蜜层糕上的玫瑰与青梅,道:"我记得你是不爱吃红绿丝的。"有人在跟前,季泽不便说什么,只是微笑。七巧似乎没话找话说似的,问道:"你卖房子,接洽得怎样了?"季泽一面吃,一面答道:"有人出八万五,我还没打定主意呢。"七巧沉吟道:"地段倒是好的。"季泽道:"谁都不赞成我脱手,说还要涨呢。"七巧又问了些详细情形,便道:"可惜我手头没有这一笔现款,不然我倒想买。"季泽道:"其实呢,我这房子倒不急,倒是咱们乡下你那些田,早早脱手的好。自从改了民国,接二连三的打伏,何尝有一年闲过?把地面上糟蹋得不成样子,中间还被收租的师爷,地头蛇一层一层勒着,莫说这两年不是水就是旱,就遇着了丰年,也没有多少进账轮到我们头上。"七巧寻思着,道:"我也盘算过来,一直挨着没有办。先晓得把它卖了,这会子想买房子,也不至于钱不凑手了。"季泽道:"你那田要卖趁现在就得卖,听说直鲁又要开仗了。"七巧道:"急切间你叫我卖给谁去?"季泽顿了一顿道:"我去替你打听打听,也成。"七巧耸了耸眉毛笑道:"得了,你那些狐群狗党里头,又有谁是靠得住的?"季泽把咬开的饺子在小碟子里蘸了点醋，闲闲说出两个靠得住的人名，七巧便认真仔细盘问他起来，他果然回答得有条不紊，显然他是筹之已熟的。七巧虽是笑吟吟的，嘴里发干，上嘴唇黏在牙仁上，放不下来。她端起盖碗来吸了一口茶，舐了舐嘴唇，突然把脸一沉，跳起身来，将手里的扇子向季泽头上滴溜溜掷过去，季泽向左偏了一偏，那团扇敲在他肩膀上，打翻了玻璃杯，酸梅汤淋淋漓漓溅了他一身，七巧骂道："你要我卖了田去买你的房子？你要我卖田？钱一经你的手，还有得说么？你哄我——你拿那样的话来哄我——你拿我当傻子——"她隔着一张桌子探身过去打他，然而她被潘妈下死劲抱住了。潘妈叫唤起来，祥云等人都奔了来，七手八脚按住了她，七嘴八舌求告着。七巧一头挣扎，一头叱喝着，然而她的一颗心直往下坠——她很明白她这举动太蠢——太蠢——她在这儿丢人出丑。季泽脱下了他那湿漉漉的白香云纱长衫，潘妈绞了手巾来代他揩擦，他理也不理，把衣服夹在手臂上，竟自扬长出门去了，临行的时候向祥云道："等白哥儿下了学，叫他替他母亲请个医生来看看。"祥云吓糊涂了，连声答应着，被七巧兜脸给了她一个耳刮子。季泽走了。丫头老妈子也都给七巧骂跑了。酸梅汤沿着桌子一滴一滴朝下滴，像迟迟的夜漏———滴，一滴……一更，二更……一年，一百年。真长，这寂寂的一刹那。七巧扶着头站着，倏地掉转身来上楼去，提着裙子，性急慌忙，跌跌绊绊，不住地撞那阴暗的绿粉墙上，佛青袄子上沾了大块的淡色的灰。她要在楼上的窗户里再看他一眼。无论如何，她从前爱过他。她的爱给了她无穷的痛苦。单只这一点，就使他值得留恋。多少回了，为了要按捺她自己，她得全身的筋骨与牙根都酸楚了。今天完全是她的错。他不是个好人，她又不是不知道。她要他，就得装糊涂，就得容忍他的坏。她为什么要戳穿他？人生在世，还不就是那么一回事？归根究底，什么是真的，什么是假的？

她到了窗前，揭开了那边上缀有小绒球的墨绿洋式窗帘，季泽正在弄堂里往外走，长衫搭在臂上，晴天的风像一群白鸽子钻进他的纺绸裤褂里去，哪儿都钻到了，飘飘拍着翅子。

七巧眼前仿佛挂了冰冷的珍珠帘，一阵热风来了，把那帘子紧紧贴在她脸上，风去了，又把帘子吸了回去，气还没透过来，风又来了，没头没脸包皮住她——一阵凉，一阵热，她只是淌着眼泪。玻璃窗的上角隐隐约约反映出弄堂里一个巡警的缩小的影子，晃着膀子踱过去，一辆黄包皮车静静在巡警身上碾过。小孩把袍子掖在裤腰里，一路踢着球，奔出玻璃的边缘。绿色的邮差骑着自行车，复印在巡警身上，一溜烟掠过。都是些鬼，多年前的鬼，多年后的没投胎的鬼……什么是真的，什么是假的？过了秋天又是冬天，七巧与现实失去了接触。虽然一样的使性子，打丫头，换厨子，总有些失魂落魄的。她哥哥嫂子到上海来探望了她两次，住不上十来天，末了永远是给她絮叨得站不住脚，然而临走的时候她也没有少给他们东西。她侄子曹春熹上城来找事，耽搁在她家里。那春熹虽是个浑头浑脑的年轻人，却也本本分分的。七巧的儿子长白，女儿长安，年纪到了十三四岁，只因身材瘦小，看上去才只七八岁的光景。在年下，一个穿着品蓝摹本缎棉袍，一个穿着葱绿遍地锦棉袍，衣服太厚了，直挺挺撑开了两臂，一般都是薄薄的两张白脸，并排站着，纸糊的人儿似的。这一天午饭后，七巧还没起身，那曹春熹陪着他兄妹俩掷骰子，长安把压岁钱输光了，还不肯歇手。长白把桌上的铜板一搂，笑道："不跟你来了。"长安道："我们用糖莲子来赌。"春熹道："糖莲子揣在口袋里，看脏了衣服。"长安道："用瓜子也好，柜顶上就有一罐。"便搬过一张茶几来，踩了椅子爬上去拿。慌得春熹叫道："安姐儿你可别摔跤，回头我担不了这干系！"正说着，只见长安猛可里向后一仰，若不是春熹扶住了，早是一个倒栽葱。长白在旁拍手大笑，春熹嘟嘟哝哝骂着，也撑不住要笑，三人笑成一片。春熹将她抱下地来，忽然从那红木大橱的穿衣镜里瞥见七巧蓬着头叉着腰站在门口，不觉一怔，连忙放下了长安，回身道："姑妈起来了。"七巧汹汹奔了过来，将长安向自己身后一推，长安立脚不稳，跌了一跤。七巧只顾将身子挡住了她，向春熹厉声道："我把你这狼心狗肺的东西！我三茶六饭款待你这狼心狗肺的东西，什么地方亏待了你，你欺负我女儿？你那狼心狗肺，你道我揣摩不出么？你别以为你教坏了我女儿，我就不能不捏着鼻子把她许配给你，你好霸占我们的家产！我看你这混蛋，也还想不出这等主意来，敢情是你爹娘把着手儿教的！我把那两个狼心狗肺忘恩负义的老浑蛋！齐了心想我的钱，一计不成，又生一计！"春熹气得白瞪眼，欲待分辩，七巧道："你还有脸顶撞我！你还不给我快滚，别等我乱棒打出去！"说着，把儿女们推推搡搡送了出去，自己也喘吁吁扶着个丫头走了。春熹究竟年纪轻火性大，赌气卷了铺盖，顿时离了姜家的门。

　　七巧回到起坐间里，在烟榻上躺下了。屋里暗昏昏的，拉上了丝绒窗帘。时而窗户缝里漏了风进来，帘子动了，方才在那墨绿小绒球底下毛茸茸地看见一点天色。只有烟灯和烧红的火炉的微光。长安吃了吓，呆呆坐在火炉边一张小凳上。七巧道："你过来。"长安只道是要打，只是挨延着，搭讪把火炉边的洋铁围屏上晾着的小红格子法布衬衫翻了一翻，道："快烤糊了。"衬衫发出热烘烘的毛气。

　　七巧却不像要责打她的光景，只数落了一番，道："你今年过了年也有十三岁了，也该放明白些。表哥虽不是外人，天下的男子都是一样混账。你自己要晓得当心，谁不想你的钱？"一阵风过，窗帘上的绒球与绒球之间露出白色的寒天，屋子里暖热的黑暗给打上了一排小洞。烟灯的火焰往下一挫，七巧脸上的影子仿佛更深了一层。她突然坐起身来，低声道："男人……碰都碰不得！谁不想你的钱？你娘这几个钱不是容易得来的，也不是容易守得住。轮到你们手里，我可不能眼睁睁看着你们上人的当——叫你以后提防着些，你听见了没有？"长安垂着头道："听见了。"

　　七巧的一只脚有点麻，她探身去捏一捏她的脚。仅仅是一刹那，她眼睛里蠢动着一点温柔的回忆。她记起了想她的钱的一个男人。她的脚是缠过的，尖尖的缎鞋里塞了棉花，装成半大的文明脚。她瞧着那双脚，心里一动，冷笑一声道："你嘴里尽管答应着，我怎么知道你心里是明白还是糊涂？你人也有这么大了，又是一双大脚，哪里去不得？我就是管得住你，也没那个精神成天看着你。按说你今年十三了，裹脚已经嫌晚了，原怪我耽误了你。马上这就替你裹起来，也还来得及。"长安一时答不出话来，倒是旁边的老妈子们笑道："如今小脚不时兴了，只怕将来给姐儿定亲的时候麻烦。"七巧道："没的扯淡！我不愁我的女儿没人要，不劳你们替我担心！真没人要，养活她一辈子，我也还养得起！"当真替长安裹起脚来，痛得长安鬼哭神号的。这时连姜家这样守旧的人家，缠过脚的也都已经放了脚了，别说是没缠过的，因此都拿长安的脚传作笑话奇谈。裹了一年多，七巧一时的兴致过去了，又经亲戚们劝着，也就渐渐放松了，然而长安的脚可不能完全恢复原状了。姜家大房三房里的儿女都进了洋学堂读书，七巧处处存心跟他们比赛着，便也要送长白去投考。长白除了打小牌之外，只喜欢跑跑票房，正在那里朝夕用功吊嗓子，只怕进学校要耽搁了他的功课，便不肯去。七巧无奈，只得把长安送到沪范女中，托人说了情，插班进去。长安换上了蓝爱国布的校服，不上半年，脸色也红润了，胳膊腿腕也粗了一圈。住读的学生洗换衣服，照例是送学校里包皮着的洗衣房里去的。长安记不清自己的号码，往往失落了枕套手帕种种零件。七巧便闹着说要去找校长说话。这一天放假回家，检点了一下，又发现有一条褥单是丢了。七巧暴跳如雷，准备明天亲自上学校去大兴问罪之师。长安着了急，拦阻了一声，七巧便骂道："天生的败家精,拿你娘的钱不当钱。你娘的钱是容易得来的?——将来你出嫁,你看我有什么陪送给你!——给也是白给!"长安不敢做声,却哭了一晚上。她不能在她的同学跟前丢这个脸。对于十四岁的人,那似乎有天大的重要。她母亲去闹这一场,她以后拿什么脸去见人?她宁死也不到学校里去了。她的朋友们,她所喜欢的音乐教员,不久就会忘记了有这么一个女孩子,来了半年,又无缘无故悄悄地走了。走得干净,她觉得她这牺牲是一个美丽的,苍凉的手势。

半夜里她爬下床来,伸手到窗外去试试,漆黑的,是下了雨么?没有雨点。她从枕头边摸出一只口琴,半蹲半坐在地上,偷偷吹了起来。犹疑地,"Long, Long, Ago"的细小的调子在庞大的夜里袅袅漾开。不能让人听见了。为了竭力按捺着,那呜呜的口琴忽断忽续,如同婴儿的哭泣。她接不上气来,歇了半晌,窗格子里,月亮从云里出来了。墨灰的天,几点疏星,模糊的缺月,像石印的图画,下面白云蒸腾,树顶上透出街灯淡淡的圆光。长安又吹起口琴来。"告诉我那故事,往日我最心爱的那故事,许久以前,许久以前……"

第二天她大着胆子告诉她母亲:"娘,我不想念下去了。"七巧睁着眼道:"为什么?"长安道:"功课跟不上,吃的也太苦了,我过不惯。"七巧脱下一只鞋来,顺手将鞋底抽了她一下,恨道:"你爹不如人,你也不如人?养下你来又不是个十不全,就不肯替我争口气!"长安反剪着一双手,垂着眼睛,只是不言语。旁边老妈子们便劝道:"姐儿也大了,学堂里人杂,的确有些不方便。其实不去也罢了。"七巧沉吟道:"学费总得想法子拿回来。白便宜了他们不成?"便要领了长安一同去索讨,长安抵死不肯去,七巧带着两个老妈子去了一趟回来了,据她自己铺叙,钱虽然没收回来,却也着实羞辱了那校长一场。长安以后在街上遇着了同学,脸上红一阵白一阵,无地自容,只得装做不看见,急急走了过去。朋友寄了信来,她拆也不敢拆,原封退了回去。她的学校生活就此告一结束。有时她也觉得牺牲得有点不值得,暗自懊悔着,然而也来不及挽回了。她渐渐放弃了一切上进的思想,安分守己起来。她学会了挑是非,使小坏,干涉家里的行政。她不时地跟母亲怄气,可是她的言谈举止越来越像她母亲了。每逢她单叉着裤子,揸开了两腿坐着,两只手按在胯间露出的凳子上,歪着头,下巴搁在心口上凄凄惨惨瞅住了对面的人说道:"一家有一家的苦处呀,表嫂——一家有一家的苦处!"——谁都说她是活脱的一个七巧。她打了一根辫子,眉眼的紧俏有似当年的七巧,可是她的小小的嘴过于瘪进去,仿佛显老一点。她再年轻些也不过是一棵较嫩的雪里红——盐腌过的。

也有人来替她做媒。若是家境推板一点的,七巧总疑心人家是贪她们的钱。若是那有财有势的,对方却又不十分热心,长安不过是中等姿色,她母亲出身既低,又有个不贤惠的名声,想必没有什么家教。因此高不成,低不就,一年一年耽搁了下去。那长白的婚事却不容耽搁。长白在外面赌钱,捧女戏子,七巧还没甚话说,后来渐渐跟着他三叔姜季泽逛起窑子来,七巧方才着了慌,手忙脚乱替他定亲,娶了一个袁家的小姐,小名芝寿。行的是半新式的婚礼,红色盖头是蠲免了,新娘戴着蓝眼镜,粉红喜纱,穿着粉红彩绣裙袄。进了洞房,除了眼镜,低着头坐在湖色帐幔里。闹新房的人围着打趣,七巧只看了一看便出来了。长安在门口赶上了她,悄悄笑道:"皮色倒白净,就是嘴唇太厚了些。"七巧把手撑着门,拔下一只金挖耳来搔搔头,冷笑道:"还说呢!你新嫂子这两片嘴唇,切切倒有一大碟子!"旁边一个太太便道:"说是嘴唇厚的人天性厚哇!"七巧哼了一声,将金挖耳指住了那太太,倒剔起一只眉毛,歪着嘴微微一笑道:"天性厚,并不是什么好话。当着姑娘们,我也不便多说——但愿咱们白哥儿这条命别送在她手里!"七巧天生着一副高爽的喉咙,现在因为苍老了些,不那么尖了,可是扁扁的依旧四面刮得人疼痛,像剃刀片。这两句话,说响不响,说轻也不轻。

人丛里的新娘子的平板的脸与胸震了一震——多半是龙凤烛的火光的跳动。

三朝过后,七巧嫌新娘子笨,诸事不如意,每每向亲戚们诉说着。便有人劝道:"少奶奶年纪轻,二嫂少不得要费点心教导教导她。谁叫这孩子没心眼儿呢!"七巧啐道:"你别瞧咱们新少奶奶老实呀——一见了白哥儿,她就得去上马桶!真的!你信不信?"这话传到芝寿耳朵里,急得芝寿只待寻死。然而这还是没满月的时候,七巧还顾些脸面,后来索性这一类的话当着芝寿的面也说了起来,芝寿哭也不是,笑也不是,若是木着脸装不听见,七巧便一拍桌子嗟叹起来道:"在儿子媳妇手里吃口饭,可真不容易!动不动就给人脸子看!"

这天晚上,七巧躺着抽烟,长白盘踞在烟铺跟前的一张沙发椅上嗑瓜子,无线电里正唱着一出冷戏,他捧着戏考,一个字一个字跟着哼,哼上了劲,甩过一条腿去骑在椅背上,来回摇着打拍子。七巧伸过脚去踢了他一下道:"白哥儿你来替我装两筒。"长白道:"现放着烧烟的,偏要支使我!我手上有蜜是怎么着?"说着,伸了个懒腰,慢腾腾移身坐到烟灯前的小凳上,卷起了袖子。七巧笑道:"我把你这不孝的奴才!支使你,是抬举你!"她眯缝着眼望着他,这些年来她的生命里只有一个男人,只有他,她不怕他想她的钱——横竖钱都是他的。可是,因为他是她的儿子,他这一个人还抵不了半个……现在,就连这半个人她也保留不住——他娶了亲。他是个瘦小白皙的年轻人,背有点驼,戴着金丝眼镜,有着工细的五官,时常茫然地微笑着,张着嘴,嘴里闪闪发着光的不知道是太多的唾沫水还是他的金牙。他敞着衣领,露出里面的珠羔里子和白小褂。七巧把一只脚搁在他肩膀上,不住的轻轻踢着他的脖子,低声道:"我把你这不孝的奴才!打几时起变得这么不孝了?"长安在旁笑道:"娶了媳妇忘了娘吗!"七巧道:"少胡说!我们白哥儿倒不是那们样的人!我也养不出那们样的儿子!"长白只是笑。七巧斜着眼看定了他,笑道:"你若还是我从前的白哥儿,你今儿替我烧一夜的烟!"长白笑道:"那可难不倒我!"七巧道:"盹着了,看我捶你!"

起坐间的帘子撤下送去洗濯了。隔着玻璃窗望出去,影影绰绰乌云里有个月亮,一搭黑,一搭白,像个戏剧化的狰狞的脸谱。一点,一点,月亮缓缓的从云里出来了,黑云底下透出一线炯炯的光,是面具底下的眼睛。天是无底洞的深青色。久已过了午夜了。长安早去睡了,长白打着烟泡,也前仰后合起来。七巧斟了杯浓茶给他,两人吃着蜜饯糖果,讨论着东邻西舍的隐私。七巧忽然含笑问道:"白哥儿你说,你媳妇儿好不好?"长白笑道:"这有什么可说的?"七巧道:"没有可批评的,想必是好的了?"长白笑着不做声。七巧道:"好,也有个怎么个好呀!"长白道"谁说她好来着?"七巧道:"她不好?哪一点不好?说给娘听。"长白起初只是含糊对答,禁不起七巧再三盘问,只得吐露一二。旁边递茶递水的老妈子们都背过脸去笑得格格的,丫头们都掩着嘴忍着笑回避出去了。七巧又是咬牙,又是笑,又是喃喃咒骂,卸下烟斗来狠命磕里面的灰,敲得托托一片响。长白说溜了嘴,止不住要说下去,足足说了一夜。

次日清晨,七巧吩咐老妈子取过两床毯子来打发哥儿在烟榻上睡觉。这时芝寿也已经起了身,过来请安。七巧一夜没合眼,却是精神百倍,邀了几家女眷来打牌,亲家母也在内。在麻将桌上一五一十将她儿子亲口招供的她媳妇的秘密宣布了出来,略加渲染,越发有声有色。众人竭力地打岔,然而说不上两句闲话,七巧笑嘻嘻地转了个弯,又回到她媳妇身上来了。逼得芝寿的母亲脸皮紫涨,也无颜再见女儿,放下牌,乘了包皮车回去了。七巧接连着教长白为她烧了两晚上的烟。芝寿直挺挺躺在床上,搁在肋骨上的两只手蜷曲着像死去的鸡的脚爪。她知道她婆婆又在那里盘问她丈夫,她知道她丈夫又在那里叙说一些什么事,可是

101

天知道他还有什么新鲜的可说！明天他又该涎着脸到她跟前来了。也许他早料到她会把满腔的怨毒都结在他身上，就算她没本领跟他拼命，至不济也得质问他几句，闹上一场。多半他准备先声夺人，借酒盖住了脸，找点碴子，摔上两件东西。她知道他的脾气。末后他会坐到床沿上来，耸起肩膀，伸手到白绸小褂里面去抓痒，出人意料之外地一笑。他的金丝眼镜上抖动着一点光，他嘴里抖动着一点光，不知道是唾沫还是金牙。他摘去了他的眼镜。……芝寿猛然坐起身来，哗啦揭开了帐子，这是个疯狂的世界。丈夫不像个丈夫，婆婆也不像个婆婆。不是他们疯了，就是她疯了。今天晚上的月亮比哪一天都好，高高的一轮满月，万里无云，像是漆黑的天上一个白太阳。遍地的蓝影子，帐顶上也是蓝影子，她的一双脚也在那死寂的蓝影子里。

芝寿待要挂起帐子来，伸手去摸索帐钩，一只手臂吊在那铜钩上，脸偎住了肩膀，不由得就抽噎起来。帐子自动地放了下来。昏暗的帐子里除了她之外没有别人，然而她还是吃了一惊，仓皇地再度挂起了帐子。窗外还是那使人汗毛凛凛的反常的明月——漆黑的天上一个灼灼的小而白的太阳。屋里看得分明那玫瑰紫绣花椅披桌布，大红平金五凤齐飞的围屏，水红软缎对联，绣着盘花篆字。梳妆台上红绿丝网络着银粉缸，银漱盂，银花瓶，里面满满盛着喜果。帐檐上季下五彩攒金绕绒花球，花盆，如意粽子，下面滴溜溜坠着指头大的琉璃珠和尺来长的桃红穗子。偌大一间房里充塞着箱笼，被褥，铺陈，不见得她就找不出一条汗巾子来上吊。她又倒到床上去。月光里，她的脚没有一点血色——青，绿，紫，冷去的尸身的颜色。她想死，她想死。她怕这月亮光，又不敢开灯。明天她婆婆说："白哥儿给我多烧了两口烟，害得我们少奶奶一宿没睡觉，半夜三更点着灯等他回来——少不了他吗！"芝寿的眼泪顺着枕头不停地流，她不用手帕去擦眼睛，擦肿了，她婆婆又该说了："白哥儿一晚上没回房去睡，少奶奶就把眼睛哭得桃儿似的！"

七巧虽然把儿子媳妇描摹成这样热情的一对，长白对于芝寿却不甚中意，芝寿也把长白恨得牙痒痒的。夫妻不和，长白渐渐又往花街柳巷里走动。七巧把一个丫头绢儿给了他做小，还是牢笼不住他。七巧又变着方儿哄他吃烟。长白一向就喜欢玩两口，只是没上瘾，现在吸得多了，也就收了心不大往外跑，只在家守着母亲与新姨太太。

他妹子长安二十四岁那年生了痢疾，七巧不替她延医服药，只劝她抽两筒鸦片，果然减轻了不少痛苦，病愈之后，也就上了瘾。那长安更与长白不同，未出阁的小姐，没有其他的消遣，一心一意的抽烟，抽的倒比长白还多。也有人劝阻，七巧道："怕什么！莫说我们姜家还吃得起，就是我今天卖了两顷地给他们姐儿俩抽烟，又有谁敢放半个屁？姑娘赶明儿聘了人家，少不得有她这一份嫁妆。她吃自己的，喝自己的，姑爷就是舍不得，也只好干望着她罢了！"

话虽如此说，长安的婚事毕竟受了点影响。来做媒的本就不十分踊跃，如今竟绝迹了。长安到了近三十的时候，七巧见女儿注定了是要做老姑娘的了，便又换了一种论调，道："自己长得不好，嫁不掉，还怨我做娘的耽搁了她！成天挂搭着个脸，倒像我该她二百钱似的。我留她在家里吃一碗闲茶闲饭，可没打算留她在家里给我气受！"

姜季泽的女儿长馨过二十岁生日，长安去给她堂房妹子拜寿。那姜季泽虽然穷了，幸喜他交游广阔，手里还算兜得转。长馨背地里向她母亲道："妈想法子给安姐姐介绍个朋友罢，瞧她怪可怜的。还没提起家里的情形，眼圈儿就红了。"兰仙慌忙摇手道："罢！罢！这个媒我不敢做！你二妈那脾气是好惹的？"长馨年少好事，哪里理会得？歇了些时，偶然与同学们说起这件事，恰巧那同学有个表叔新从德国留学回来，也是北方人，仔细攀认起来，与姜家还沾着点老亲。那人名唤童世舫，叙起来比长安略大几岁。长馨竟自作主张，安排了一切，由那同学的母亲出面请客。长安这边瞒得家里铁桶相似。七巧身子一向硬朗，只因他媳妇芝寿得了肺痨，七巧嫌她乔张做致，吃这个，吃那个，累又累不得，比寻常似乎多享了一些福，自己一赌气便也病了。起初不过是气虚血亏，却也将合家支使得团团转，哪儿还能够兼顾到芝寿？后来七巧认真得了病，卧床不起，越发鸡犬不宁。长安乘乱里便走开了，把裁缝唤到她三叔家里，由长馨出主意替她制了新装。赴宴的那天晚上，长馨先陪她到理发店去用钳子烫了头发，从天庭到鬓角一路密密贴着细小的发圈。耳朵上戴了二寸来长的玻璃翠宝塔坠子，又换上了苹果绿乔琪纱旗袍，高领圈，荷叶边袖子，腰以下是半西式的百褶裙。一个小大姐蹲在地上为她扣搛钮，长安在穿衣镜里端详着自己，忍不住将两臂虚虚地一伸，裙子一踢，摆了个葡萄仙子的姿势，一扭头笑了起来道："把我打扮得天女散花似的！"长馨在镜子里向那小大姐做了个媚眼，两人不约而同也都笑了起来。长安妆罢，便向高椅上端端正正坐下了。长馨道："我去打电话叫车。"长安道："还早呢！"长馨看了看表道："约的是八点，已经八点过五分了。"长安道："晚个半个钟头，想必也不碍事。"长馨猜她是存心要搭点架子，心中又好气又好笑，打开银丝手提包皮来检点了一下，借口说忘了带粉镜子，径自走到她母亲屋里来，如此这般告诉了一遍，又道："今儿又不是姓童的请客，她这架子是冲着谁搭的？我也懒得去劝她，由她挨到明儿早上去，也不干我事。"兰仙道："瞧你这糊涂！人是你约的，媒是你做的，你怎么卸得了这干系？我埋怨过你多少回了——

你早该知道了，安姐儿就跟她娘一样的小家子气，不上台盘。待会儿出乖露丑，说起来是你姐姐，你丢人也是活该，谁叫你把这些是是非非，揽上身来，敢是闲疯了？"长馨咕嘟着嘴在她母亲屋里坐了半晌，兰仙笑道："看这情形，你姐姐是等着人催请呢。"长馨道："我才不去催她呢！"兰仙道："傻丫头，要你催，中什么用？她等着那边来电话哪！"长馨失声笑道："又不是新娘子，要三请四催，逼着上轿！"兰仙道："好歹你打个电话到饭店里去，叫他们打个电话来，不就结了？快九点了，再挨下去，事情可真要崩了！"长馨只得依言做去，这边方才动了身。长安在汽车里还是兴兴头头，谈笑风生的，到菜馆子里，突然矜持起来，跟在长馨后面，悄悄掩进了房间，怯怯地褪去了苹果绿鸵鸟毛斗篷，低头端坐，拈了一只杏仁，每隔两分钟轻轻啃去了十分之一，缓缓咀嚼着。她是为了被看而来的。她觉得她浑身的装束，无懈可击，任凭人家多看两眼也不妨事，可是她的身体完全是多余的，缩也没处缩。她始终缄默着，吃完了一顿饭。等着上甜菜的时候，长馨把她拉到窗子跟前去观看街景，又托故走开了，那童世舫便踱到窗前，问道："姜小姐这儿来过么？"长安细声道："没有。"童世舫道："我也是第一次。菜倒是不坏，可是我还是吃不大惯。"长安道："吃不惯？"世舫道："可不是！外国菜比较清淡些，中国菜要油腻得多。刚回来，连着几天亲戚朋友们接风，很容易的就吃坏了肚子。"长安反复地看她的手指，仿佛一心一意要数数一共有几个指纹是螺形的，几个是畚箕……

玻璃窗上面，没来由开了小小的一朵霓虹灯的花——对过一家店面里反映过来的，绿心红瓣，是尼罗河祀神的莲花，又是法国王室的百合徽章……

世舫多年没见过故国的姑娘，觉得长安很有点楚楚可怜的韵致，倒有几分喜欢。他留学以前早就定了亲，只因他爱上了一个女同学，抵死反对家里的亲事，路远迢迢，打了无数的笔墨官司，几乎闹翻了脸，他父母曾经一度断绝了他的接济，使他吃了不少的苦，方才依了他，解了约。不幸他的女同学别有所恋，抛下了他，他失意之余，倒埋头读了七八年的书。他深信妻子还是旧式的好，也是由于反应作用。

和长安见了这一面之后，两下里都有了意。长馨想着送佛送到西天，自己再热心些，也没有资格出来向长安的母亲说话，只得央及兰仙。兰仙执意不肯道："你又不是不知道，你爹跟你二妈仇人似的，向来是不见面的。我虽然没跟她红过脸，再好些也有限。何苦去自讨没趣？"长安见了兰仙，只是垂泪，兰仙却不过情面，只得答应去走一遭。妯娌相见，问候了一番，兰仙便说明了来意。七巧初听见了，倒也欣然，因道："那就拜托了三妹妹罢！我病病哼哼的，也管不得了，偏劳了三妹妹。这丫头就是我的一块心病。我做娘的也不能说是对不起她了，行的是老法规矩，我替她裹脚，行的是新派规矩，我送她上学堂——还要怎么着？照我这样扒心扒肝调理出来的人，只要她不疤不麻不瞎，还会没人要吗？怎奈这丫头天生的是扶不起的阿斗，恨得我只嚷嚷：多咱我一闭眼去了，男婚女嫁，听天由命罢！"

当下议妥了，由兰仙请客，两方面相亲。长安与童世舫只做没见过面模样，又会晤了一次。七巧病在床上，没有出场，因此长安便风平浪静的订了婚。在筵席上，兰仙与长馨强行拉着长安的手，递到童世舫手里，世舫当众替她套上了戒指。女家也回了礼，文房四宝虽然免了，却用新式的丝绒文具盒来代替，又添上了一只手表。

订婚之后，长安遮遮掩掩竟和世舫单独出去了几次。晒着秋天的太阳，两人并排在公园里走着，很少说话，眼角里带着一点对方的衣服与移动着的脚，女子的粉香，男子的淡巴菰气，这单纯而可爱的印象便是他们身边的栏杆，栏杆把他们与众人隔开了。空旷的绿草地上，许多人跑着，笑着，谈着，可是他们走的是寂寂的绮丽的回廊——走不完的寂寂的回廊。不说话，长安并不感到任何缺陷。她以为新式的男女间的交际也就"尽于此矣"。童世舫呢，因为过去的痛苦的经验，对于思想的交换根本抱着怀疑的态度。有个人在身边，他也就满足了。从前，他顶讨厌小说上的男人，向女人要求同居的时候，只说："请给我一点安慰。"安慰是纯粹精神上的，这里却做了肉欲的代名词。但是他现在知道精神与物质的界限不能分得这么清。言语究竟没有用。久久的握着手，就是较妥帖的安慰，因为会说话的人很少，真正有话说的人还要少。有时在公园里遇着了雨，长安撑起了伞，世舫为她擎着。隔着半透明的蓝绸伞，千万粒雨珠闪着光，像一天的星。一天的星到处跟着他们，在水珠银烂的车窗上，汽车驰过了红灯，绿灯，窗子外营营飞着一窠红的星，又是一窠绿的星。

长安带了点星光下的乱梦回家来，人变得异常沉默了，时时微笑着。七巧见了，不由得有气，便冷言冷语道："这些年来，多多怠慢了姑娘，不怪姑娘难得开个笑脸。这下子跳出了姜家的门，趁了心愿了，再快活些，可也别这么摆在脸上呀——叫人寒心！"依着长安素日的性子，就要回嘴，无如长安近来像换了个人似的，听了也不计较，自顾自努力去戒烟。七巧也奈何她不得。长安订婚那天，大奶奶玳珍没去，隔了些天来补道喜。七巧悄悄唤了声大嫂，道："我看咱们还得在外头打听打听哩，这事可冒失不得！前天我耳朵里仿佛刮到一点，说是乡下有太太，外洋还有一个。"玳珍道："乡下的那个没过门就退了亲。外洋那个也是这样，说是做了几年的朋友了，不知怎么又没成功。"七巧道："那还有个为什么？男人的心，说声变，就变了。他连三媒六聘的还不认账，何况那不三不四的歪辣货？知道他在外洋还有旁人没有？我就只这一个女儿，可不能糊里糊涂断送了她的终身，我自己是吃过媒人的苦的！"

长安坐在一旁用指甲去掐手掌心，手掌心掐红了，指甲却挣得雪白。七巧一抬眼望见了她，便骂道："死不要脸的丫头，竖着耳朵听呢！这话是你听得的么？我们做姑娘的时候，一声提起婆婆家,来不迭地躲开了。你姜家柜为世代书香,只怕你还要到你开麻油店的外婆家去学点规矩哩!"长安一头哭一头奔了出去。七巧拍着枕头了一声道:"姑娘急着要嫁,叫我也没法子。腥的臭的往家里拉。名为是她三婶给找的人,其实不过是拿她三婶做个幌子。多半是生米煮成了熟饭了,这才挽了三婶出来做媒。大家齐打伙儿糊弄我一个人……糊弄着也好!说穿了,叫做娘的做哥哥的脸往哪儿去放?"

又一天,长安托辞溜了出去,回来的时候,不等七巧查问,待要报告自己的行踪,七巧叱道:"得了,得了,少说两句罢!在我面前糊什么鬼?有朝一日你让我抓着了真凭实据——哼!别以为你大了,订了亲了,我打不得你了!"长安急了道:"我给馨妹妹送鞋样子去,犯了什么法了,娘不信,娘问三婶去!"七巧道:"你三婶替你寻了汉子来,就是你的重生父母,再养爹娘!也没见你这样的轻骨头!……一转眼就不见你的人了。你家里供养了你这些年,就只差买个小厮来伺候你,哪一处对你不住,你在家里一刻也坐不稳?"长安红了脸,眼泪直掉下来。七巧缓过一口气来,又道:"当初多少好的都不要,这会子去嫁个不成器的,人家拣剩下来的,岂不是自己打嘴?他若是个人,怎么活到三十来岁,漂洋过海的,跑上十万里地,一房老婆还没弄到手?"

然而长安一味的执迷不悟。因为双方的年纪都不小了,订了婚不上几个月,男方便托了兰仙来议定婚期。七巧指着长安道:"早不嫁,迟不嫁,偏赶着这两年钱不凑手!明年若是田上收成好些,嫁妆也还整齐些。"兰仙道:"如今新式结婚,倒也不讲究这些了。就照新派办法,省着点也好。"七巧道:"什么新派旧派?旧派无非排场大些,新派实惠些,一样还是娘家的晦气!"兰仙道:"二嫂看着办就是了,难道安姐儿还会争多论少不成?"一屋子的人全笑了,长安也不觉微微一笑。七巧破口骂道:"不害臊!你是肚子里有了搁不住的东西是怎么着?火烧眉毛,等不及的要过门!嫁妆也不要了——你情愿,人家倒许不情愿呢!你就拿准了他是图你的人?你好不自量,你有哪一点叫人看得上眼?趁早别自骗自了!姓童的还不是看上了姜家的门第!别瞧你们家轰轰烈烈,公侯将相的,其实全不是那么回事!早就是外强中干,这两年连空架子也撑不起了。人呢,一代坏似一代,眼里哪儿还有天地君亲?少爷们是什么都不懂,小姐们就知道霸钱要男人——猪狗都不如!我娘家当初千不该万不该跟姜家结了亲,坑了我一世,我待要告诉那姓童的趁早别像我似的上了当!"

自从吵闹过这一番,兰仙对于这头亲事便洗手不管了。七巧的病渐渐痊愈,略略下床走动,便逐日骑着门坐着,遥遥的向长安屋里叫喊道:"你要野男人你尽管去找,只别把他带上门来认我做丈母娘,活活的气死了我!我只图个眼不见,心不烦。能够容我多活两年,便是姑娘的恩典了!"颠来倒去几句话,嚷得一条街上都听得见。亲戚丛中自然更将这事沸沸扬扬传了开去。七巧又把长安唤到跟前,忽然滴下泪来道:"我的儿,你知道外头人把你怎么长怎么短糟蹋得一个钱也不值!你娘自从嫁到姜家来,上上下下谁不是势利的,狗眼看人低,明里暗里我不知受了他们多少气。就连你爹,他有什么好处到我身上,我要替他守寡?我千辛万苦守了这二十年,无非是指望你姐儿俩长大成人,替我争回一点面子来,不承望今日之下,只落得这等的收场!"说着,呜咽起来。

长安听了这话,如同轰雷掣顶一般。她娘尽管把她说得不成人,外头人尽管把她说得不成人。她管不了这许多。唯有童世舫——他——他该怎么想?他还要她么?上次见面的时候,他的态度有点改变么?很难说……她太快乐了,小小的不同的地方她不会注意到……被戒烟期间身体上的痛苦与这种种刺激两面夹攻,长安早就有点受不了,可是硬撑着也就撑了过去，现在她突然觉得浑身的骨骼都脱了节。向他解释么？他不比她的哥哥，他不是她母亲的儿女，他决不能彻底明白她母亲的为人。他果真一辈子见不到她母亲，倒也罢了，可是他迟早要认识七巧。这是天长地久的事，只有千年做贼的，没有千年防贼的——她知道她母亲会放出什么手段来？迟早要出乱子，迟早要决裂。这是她的生命里顶完美的一段，与其让别人给它加上一个不堪的尾巴，不如她自己早早结束了它。一个美丽而苍凉的手势……她知道她会懊悔的，她知道她会懊悔的，然而她抬了抬眉毛，做出不介意的样子，说道："既然娘不愿意结这头亲，我去回掉他们就是了。"七巧正哭着，忽然住了声，停了一停，又抽搭抽搭哭了起来。

　　长安定了一定神，就去打了个电话给童世舫，世舫当天没有空，约了明天下午。长安所最怕的就是中间隔的这一晚，一分钟，一刻，一刻，啮进她心里去。次日，在公园里的老地方，世舫微笑着迎上前来，没跟她打招呼——这在他是一种亲昵的表示。他今天仿佛是特别的注意她，并肩走着的时候，屡屡地望着她的脸。太阳煌煌的照着，长安越发觉得眼皮肿得抬不起来了，趁他不在看她的时候把话说了罢。她用哭哑的喉咙轻轻唤了一声"童先生"。世舫没听见。那么，趁他看她的时候把话说了罢。她诧异她脸上还带着点笑，小声道："童先生，我想——我们的事也许还是——还是再说罢。对不起得很。"她褪下戒指来塞在他手里，冷涩的戒指，冷湿的手。她放快了步子走去，他愣了一会，便追上来，回道："为什么呢？对于我有不满意的地方么？"长安笔直向前望着，摇了摇头。世舫道："那么，为什么呢？。长安道："我母亲……"世舫道："你母亲并没有看见过我。"长安道："我告诉过你了，不是因为你。与你完全没有关系。我母亲……"世舫站定了脚。这在中国是很充分的理由了罢？他这么略一踌躇，她已经走远了。园子在深秋的日头里晒了一上午又一下午，像烂熟的水果一般，往下坠着，坠着，发出香味来。长安悠悠忽忽听见了口琴的声音，迟钝地吹出了"Long, Long, ago"——"告诉我那故事，往日我最心爱的那故事。许久以前，许久以前……"这是现在，一转眼也就变了许久以前了，什么都完了。长安着了魔似的，去找那吹口琴的人——去找她自己。迎着阳光走着，走到树底下，一个穿着黄短裤的男孩骑在树桠枝上颠颠着，吹着口琴，可是他吹的是另一个调子，她从来没听见过的。不大的一棵树，稀稀朗朗的梧桐叶在太阳里摇着像金的铃铛。长安仰面看着，眼前一阵黑，像骤雨似的，泪珠一串串的披了一脸。世舫找到了她，在她身边悄悄站了半晌，方道："我尊重你的意见。"长安举起了她的皮包来遮住了脸上的阳光。

　　他们继续来往了一些时。世舫要表示新人物交女朋友的目的不仅限于择偶，因此虽然与长安解除了婚约，依旧常常的邀她出去。至于长安呢，她是抱着什么样的矛盾的希望跟着他出去，她自己也不知道——知道了也不肯承认。订着婚的时候，光明正大的一同出去，尚且要瞒了家里，如今更成了幽期密约了。世舫的态度始终是坦然的。固然，她略略伤害了他的自尊心，同时他对于她多少也有点惋惜，然而"大丈夫何患无妻？"男子对于女子最隆重的赞美是求婚。他割舍了他的自由，送了她这一份厚礼，虽然她是"心领璧还"了，他可是尽了他的心。这是惠而不费的事。

　　无论两人之间的关系是怎样的微妙而尴尬，他们认真的做起朋友来了。他们甚至于谈起话来。长安的没见过世面的话每每使世舫笑起来，说："你这人真有意思！"长安渐渐的也发现了她自己原来是个"很有意思"的人。这样下去，事情会发展到什么地步，连世舫自己也会惊奇。

　　然而风声吹到了七巧耳朵里。七巧背着长安吩咐长白下帖子请童世舫吃便饭。世舫猜着姜家是要警告他一声，不准他和他们小姐藕断丝连，可是他同长白在那阴森高敞的餐室里吃了两盅酒，说了一回话，天气，时局，风土人情，并没有一个字沾到长安身上，冷盘撤了下去，长白突然手按着桌子站了起来。世舫回过头去，只见门口背着光立着一个小身材的老太太，脸看不清楚，穿一件青灰团龙宫织缎袍，双手捧着大红热水袋，身旁夹峙着两个高大的女仆。门外日色昏黄，楼梯上铺着湖绿花格子漆布地衣，一级一级上去，通入没有光的所在。世舫直觉地感到那是个疯人——无缘无故的，他只是毛骨悚然。长白介绍道："这就是家母。"

　　世舫挪开椅子站起来，鞠了一躬。七巧将手搭在一个佣妇的胳膊上，款款走了进来，客套了几句，坐下来便敬酒让菜。长白道："妹妹呢？来了客，也不帮着张罗张罗。"七巧道："她再抽两筒就下来了。"世舫吃了一惊，睁眼望着她。七巧忙解释道："这孩子就苦在先天不足，下地就得给她喷烟。后来也是为了病，抽上了这东西。小姐家，够多不方便哪！也不是没戒过，身子又娇，又是由着性儿惯了的，说丢，哪儿就丢得掉呀？戒戒抽抽，这也有十年了。"世舫不由得变了色。七巧有一个疯子的审慎与机智。她知道，一不留心，人们就会用嘲笑的，不信任的眼光截断了她的话锋，她已经习惯了那种痛苦。她怕话说多了要被人看穿了。因此及早止住了自己，忙着添酒布菜。隔了些时，再提起长安的时候，她还是轻描淡写的把那几句话重复了一遍。她那平扁而尖利的喉咙四面割着人像剃刀片。长安悄悄地走下楼来，玄色花绣鞋与白丝袜停留在日色昏黄的楼梯上。停了一会，又上去了。一级一级，走进没有光的所在。七巧道："长白你陪童先生多喝两杯，我先上去了。"佣人端上一品锅来，又换上了新烫的竹叶青。一个丫头慌里慌张站在门口将席上伺候的小厮唤了出去，嘀咕了一会，那小厮又进来向长白附耳说了几句，长白仓皇起身，向世舫连连道歉，说："暂且失陪，我去去就来。"三脚两步也上楼去了，只剩下世舫一人独酌。那小厮也觉过意不去，低低地告诉了他："我们绢姑娘要生了。"世舫道："绢姑娘是谁？"小厮道："是少爷的姨奶奶。"世舫拿上饭来胡乱吃了两口，不便放下碗来就走，只得坐在花梨炕上等着，酒酣耳热。忽然觉得异常的委顿，便躺了下来。卷着云头的花梨炕，冰凉的黄藤心子，柚子的寒香……姨奶奶添了孩子了。这就是他所怀念着的古中国……他的幽娴贞静的中国闺秀是抽鸦片的！他坐了起来，双手托着头，感到了难堪的落寞。他取了帽子出门，向那小厮道："待会儿请你对上头说一声，改天我再面谢罢！"他穿过砖砌的天井，院子正中生着树，一树的枯枝高高印在淡青的天上，像瓷上的冰纹。长安静静的跟在他后面送了出来。她的藏青长袖旗袍上有着浅黄的雏菊。她两手交握着，脸上现出稀有的柔和。世舫回过身来道："姜小姐……'她隔得远远的站定了，只是垂着头。世舫微微鞠了一躬，转身就走了。长安觉得她是隔了相当的距离看这太阳里的庭院，从高楼上望下来，明晰，亲切，然而没有能力干涉，天井，树，曳着萧条的影子的两个人，没有话——不多的一点回忆，将来是要装在水晶瓶里双手捧着看的——她的最初也是最后的爱。芝寿直挺挺躺在床上，搁在肋骨上的两只手蜷曲着像宰了的鸡的脚爪。帐子吊起了一半。不分昼夜她不让他们给她放下帐子来。她怕。外面传进来说绢姑娘生了个小少爷。丫头丢下了热气腾腾的药罐子跑出去凑热闹了，敞着房门，一阵风吹了进来，帐钩豁朗朗乱摇，帐子自动地放了下来，然而芝寿不再抗议了。她的头向右一歪，滚到枕头外面去。她并没有死——又挨了半个月光景才死的。绢姑娘扶了正，做了芝寿的替身。扶了正不上一年就吞了生鸦片自杀了。长白不敢再娶了，只在妓院里走走。长安更是早就断了结婚的念头。

　　七巧似睡非睡横在烟铺上。三十年来她戴着黄金的枷。她用那沉重的枷角劈杀了几个人，没死的也送了半条命。她知道她儿子女儿恨毒了她，她婆家的人恨她，她娘家的人恨她。她摸索着腕上的翠玉镯子,徐徐将那镯子顺着骨瘦如柴的手臂往上推,一直推到腋下。她自己也不能相信她年轻的时候有过滚圆的胳膊。就连出了嫁之后几年,镯子里也只塞得进一条洋绉手帕。十八九岁做姑娘的时候,高高挽起了大镶大滚的蓝夏布衫袖,露出一双雪白的手腕,上街买菜去。喜欢她的有肉店里的朝禄,她哥哥的结拜弟兄丁玉根,张少泉,还有沈裁缝的儿子。喜欢她,也许只是喜欢跟她开开玩笑,然而如果她挑中了他们之中的一个,往后日子久了,生了孩子,男人多少对她有点真心。七巧挪了挪头底下的荷叶边小洋枕,凑上脸去揉擦了一下,那一面的一滴眼泪她就懒怠去揩拭,由它挂在腮上,渐渐自己干了。七巧过世以后,长安和长白分了家搬出来住。七巧的女儿是不难解决她自己的问题的。谣言说她和一个男子在街上一同走,停在摊子跟前,他为她买了一双吊袜带。也许她用的是她自己的钱,可是无论如何是由男子的袋里掏出来的。……当然这不过是谣言。三十年前的月亮早已沉了下去,三十年前的人也死了,然而三十年前的故事还没完——完不了。

【导读】

张爱玲(1920—1957),原名张煐,1920年9月30日出生于上海一个贵族没落家庭。祖父张佩纶是清朝著名大臣李鸿章的女婿,张佩纶自己也是清朝的重臣,指挥过著名的"马尾战役"。"马尾战役"失败以后被革职,成为李鸿章的幕僚。张爱玲的父亲则是一个蓄妓吸毒的纨绔子弟,其母是一个十分西洋化的贵族小姐。正因为如此,父母感情不和,并在张爱玲三岁时离异。张爱玲虽然出身名门望族,但过着孤独而凄凉的生活。但是,这种传奇身世所造就她的独特人生体验和生活视角,对张爱玲日后成为作家也有重要的影响。而她敏感、敌意、怀疑与否定的性格,使她对生与死、自我与世界、男人与女人有独特的体验,影响到她小说的创作视角,形成了张爱玲以"人世挑剔者"的眼光通过日常社会生活对人性恶的感受和深刻挖掘。

张爱玲往往把人置于两性关系和婚姻关系中去表现人性的贫弱和病态。用华美绚丽的文辞表现上海、香港两地男女间百孔千疮的情感和生活经历。她的小说是关于人性的哀歌,表现衰落中的文化和时代不断冲击下不断委顿的中国封建文化。"时代是仓促的,已经在破坏中,还有更大的破坏要来。"(《传奇》再版序)

其父虽然暴躁乖戾,遗老习性很浓,但也吟风弄月,有很深的古典文学功底,自小教张爱玲背诵古诗、读《红楼梦》等。其母的西洋文化背景,也使张爱玲受到西方文化的熏陶。张爱玲七岁就开始学写小说,14岁时模仿鸳鸯蝴蝶派的笔法写成了章回体小说《摩登红楼梦》,1939年考入香港大学。1942年,香港沦陷后返回上海,开始写作生涯。1943年是张爱玲奇迹般崛起于上海文坛的一年,创作了后来结集为《传奇》的一系列小说,这些小说包括《沉香屑》《茉莉花片》《心经》《倾城之恋》《金锁记》《封锁》《琉璃瓦》等,张爱玲也从此一举成名。成为上海沦陷区新起作家中最耀眼的一位,成为中国现代文坛最具影响力的作家之一。除《传奇》外,张爱玲重要的作品还有:《红玫瑰与白玫瑰》《连环套》《华丽缘》《十八春》(后改名《半生缘》)等作品。

张爱玲最擅长的是叙述"家族史"的故事。《金锁记》是张爱玲最出色的中篇小说,远比她更有名气的《倾城之恋》成熟、深刻。傅雷曾称它为"张女士截至目前最完满之作,颇有《猎人日记》中某些故事的风味,至少也该列为我们文坛最美的收获之一";三十几年后,美国学者夏志清则推之为"中国从古以来最伟大的中篇小说"。作品为中国现代文学创造了曹七巧这样一个性格极端的人物。

《金锁记》写于1943年，七巧本是麻油店老板的女儿，泼辣而富风情，却不幸被贪钱的兄嫂嫁到大户家，因出身低微，备受歧视和打击。在姜公馆，上上下下都因为七巧的出身低微而瞧不起她，而丈夫又自小瘫痪长期卧病在床，这使她的爱情生活受到了痛苦的压抑，出于一种填补空虚感情的需要，她曾暗暗爱着她的小叔子季泽，但是又碍于传统的人伦观念、森严的家规与黄金的枷锁，她不敢去追求这份感情。在长期的煎熬中，心理不断走向变态。这时候她意识到只有钱——只有金钱不会鄙视她，而她也只能靠掌握金钱来拥有立身之本。有了钱，姜家可以买她；为了钱，她的亲哥哥将她卖给了一个残废；想要钱，兄嫂一次次登门看她。为金钱所点燃的欲望驱动着，她开始疯狂地忘我地积聚财富；而欲望之火也烤干了她人性中逐渐泯灭的脉脉温情，直至耗尽她所有的精力和生命。七巧苦苦地熬着，熬到分家的那一天，熬到她可以凭借手中的钱对别人指手画脚的那一天。她的所有希望都寄托在这个金色的梦里。在这个金光灿烂的梦中等待未来，而她原本善良的一面也就慢慢地被金子磨灭了，磨得无影无踪，剩下的只是一个疯狂的守财寡妇。当挥霍无度已破产的三爷姜季泽主动找上门来向七巧倾诉他的"爱情"的时候，七巧再一次展现出了在情欲面前也不动心的冷酷心理。当得知姜季泽不过是要算计她的钱时，她终于大怒了，并疯狂地厮打季泽。曹七巧的人性恶在这里得到了又一次的体现。及至当七巧的亲侄子曹春熹上城找事，耽搁在她家的时候，她也总疑心侄子是爹娘设计来图谋她的钱财的，于是叫女儿长安来训话："天下的男子都是一样混账，你自己要晓得当心，谁不想你的钱？"七巧如此偏激猜疑，正是她人性恶的又一表现。

更为变态、更为疯狂、更为阴狠毒辣的故事还在后头。七巧的命运本是不幸的，但她并不从自身的不幸中滋生出可贵的同情心，而是以制造别人（确切地说是她亲身儿女）的更大的不幸来获得快感。曹七巧人性恶的最深刻之处就展现在她与儿女媳妇的冲突中。他的儿子长白跟季泽学会了堕落，使她又一次感到了恐慌。她以给长白娶媳妇的方式管住他，但又不让儿子与一个女人有正常的生活和快乐。她处处亲近长白，要长白给她烧烟泡，陪她通宵聊天，要长白讲小夫妻的性生活以取乐。曹七巧不能让这最后一个男人从她身边溜走，也不能让任何别的女人快乐。媳妇终被残酷的精神折磨致死，姨太太做了"替身"。不到半年，也吞鸦片烟自杀了。七巧自然也不会放过女儿长安。这个瘦弱的忧郁的女子，三十岁时与留洋归国的童世舫恋爱，这是她生命中唯一的火花。但这一火花在她狡诈阴鸷的母亲恶毒的讥讽、挖苦以及虚设圈套的谎言下，很快就熄灭。作为母亲，对自己的亲身女儿应有一种天然的情爱，然而人类最崇高神圣的母爱，在曹七巧身上已泯灭殆尽。长期以来的种种压抑煎熬与旧式大家庭气息的熏染已使七巧人性扭曲，她被黄金枷锁紧紧套住，只一味敛财，了无情亲，不断寻求病态的发泄与报复，变得极其自私、乖戾、刻毒、残忍。作品有层次地展现了七巧的人性被践踏、受残害，最终灭绝的过程。

"金锁"，傅雷曾经认为指的是"黄金欲"。他认为这部小说的主题就是写一个女人怎样在黄金欲的枷锁下彻底萎缩、干枯，显示出作者对传统的封建婚姻、封建伦理和金钱世界的痛恨和批判。

"这是个疯狂的世界！"所有的人都被一种无形的魔力所控制，人的命是天定的，是不能自己左右的。这就是张爱玲所要表现的"传奇"故事，所要表现的世界的无情和人生的苍凉。张爱玲写曹七巧的人性恶，突出的是恶的现象背后的深层意识的传统沉积，这种传统意识直接导致七巧始终拜倒在金钱的脚下，整日陪伴着害骨痨的"废物"，忍受着内心的煎熬，七巧内心的"原罪意识"被作者展示得淋漓尽致。张爱玲掀开了曹七巧心狱充满疮痍的一页，描述了曹七巧苍凉的一生，冷静而深刻地展示了她的人性泯灭的过程。

曹七巧人性的扭曲也从一个侧面写出了中国传统女性的不幸，强烈地揭露了冷酷的封建性所造成的人性泯灭的巨大阴影以及人们生活状态的荒诞混乱。

正因为如此，曹七巧一直被人们看作张爱玲笔下最完整的女性形象，也是她塑造得最厚实的小市民形象，甚至可以说是张爱玲为现代文学史贡献的一个独一无二的具有经典意义的艺术形象。

张爱玲作为现代文学史上最有才气的女作家之一，善绘画、又好音乐，新旧文学的糅合、新旧意境的交错也成为她特殊的创作风格。她的《金锁记》是以传统章回体小说为总体格局，吸收西方现代手法，熔古今于一炉，将纯文学与通俗文学的优点汇于一身，将小说推向大雅大俗的境界；运用西方现代派技巧刻画人物心理，具有繁复、丰富的意象，而且意象具有鲜明的都市特征。

张爱玲从市民读者群出发，从题材、主题和表现形式上都尽可能与之接近。她的小说与她所处的时代保持相当的距离，她的作品没有启蒙与革命、民族与国家等宏大的主题，多是乱世中普通男女的小恩小怨、旧式家庭的纠葛纷争、小市民琐碎平凡的日常生活。她的眼光始终投向世俗生活的方方面面，不厌其烦地描述人们的衣食住行等平常生活与人们平凡的情感世界。题材比较狭窄，流露出冷漠和琐屑人生的态度，同时为都市小说现代化提供了有益的借鉴。

啼笑姻缘（故事梗概）

张恨水

北京青年樊家树，家住杭州，出生在做过大官、现开银行的家庭里。樊家树去北京报考大学，唱大鼓书的姑娘沈凤喜，百万富翁的女儿何丽娜，武侠的女儿关秀姑，三个女郎先后都对樊家树萌动了爱情，樊却钟情于贫贱的沈凤喜，坦然表白："我们的爱情决不是建筑在金钱上"，打算送沈凤喜上学，摆脱卖唱的生活，把她从贫困和卑贱中解救出来。有一天，樊家树在天坛偶遇穷武侠关寿峰，尊关寿峰为"大叔"，关认为樊家树爽快，与别的富家少爷不同，值得一交。事后，樊又登门拜访，就与关秀姑相识。不久，关寿峰重病卧床不起，生命垂危。樊得知后，常去探望，大力相助，分金续命。关寿峰感慨万千，"和我交朋友还救了我一条老命。"这时的关秀姑也暗恋上了樊家树，后来知道樊沈相好极深，只得"俯首读经"，排除单相思之苦。樊家树与沈凤喜正准备结婚时，樊母重病，樊家树只好回杭州。谁知，"天上掉下来一场飞祸"，军阀刘国柱将军看中沈凤喜，略施小计，霸占沈凤喜。财政总长的女儿何丽娜，仅与樊的表哥陶伯和熟悉，起初樊对何并无好感，觉得她花枝招展，挥金如土，"一年的插花，要用一千多元"。相比之下，远不及沈凤喜，但模样酷似沈凤喜。天下事无奇不有，樊的表兄嫂陶太太，偶见沈凤喜的照片，误认为是何丽娜，何丽娜也不否认，表兄嫂就大喜。樊家树十分同情和理解沈的不幸遭遇，依然如旧，与她相会。但被军阀刘国柱发现，毒打成疯，关进精神病院。有侠义心肠的关寿峰父女，受樊之托，秀姑化名进刘府做工。刘国柱淫心大发，又想得到秀姑。关寿峰将计就计，诱刘到西山上，杀之，为民除了一大害。事后，关寿峰父女也远走东北，参加了义勇军，直到为国捐躯。樊家树与何丽娜喜结良缘，终成眷属。

【导读】

张恨水（1895—1967），原名张心远，出生在江西广信一个小官吏家庭，是中国现代文学史上最多产的著名作家之一。1914 年在汉口为小报写补白，开始用"恨水"的笔名，语源于南唐李后主的《乌夜啼二》"自是人生长恨水长东"。1924 年发表第一部有影响的长篇小说《春明外史》，开始真正踏上通俗文学的创作之路。随后一发不可收，一生创作了一百多部中长篇通俗小说，发表的文字超过两千万。以抗战为界，他的创作分为前后两个时期，前期他更多的是把文学当作"高兴时的游戏或失意时的消遣"，代表作有《春明外史》《金粉世家》《啼笑姻缘》等；抗战爆发后民族意识空前统一的文化局面，使张恨水通俗小说飞跃到了一个新的阶段，创作呈现出了新的风貌，其后期代表作有《八十一梦》《魍魉世界》《五子登科》等讽刺小说和《水浒新传》《秦淮世家》《丹凤街》等历史、言情小说，其中讽刺小说获得了较大的成功，并且得到了新文学界的高度首肯。

张恨水在 20 世纪 30 年代发展成为社会言情小说的集大成者。一方面，他的文学观念中始终不放弃章回小说的形式和通俗文学的娱乐性；另一方面，经过自觉的改革，他创立了现代性的章回小说体式，让章回小说能容纳不同时代的题材内容，从而把章回体调适为一种富有弹性的新旧皆宜的文体，并不仅仅能用来写鸳鸯蝴蝶式的故事。他也成为现代通俗文学的大家。

《啼笑姻缘》这部小说在 1930 年的上海《新闻报》上一气呵成地连载完毕，在南方引起了轰动，很快风靡全国，妇孺皆知。严独鹤为单行本作序时说："一时文坛竟有啼笑姻缘迷的口号。一部小说，能使阅读者对于它发生迷恋，这在近人著作中，实在可以说创了小说界的新纪录。"

小说以樊家树和在天桥唱大鼓书的少女沈凤喜的爱情悲剧为主要的情节线索，基本框架是以富家子弟樊家树为中心的多角恋爱故事。其中军阀刘国柱战时霸占民女的情节，以及关秀姑妇女锄强扶弱的武侠传奇，使故事平添了都市的富丽场景和乡间的传奇色彩，是不同于当时上海其他两种通俗小说路子（或肉感的，或武侠而神怪的）的社会言情武侠小说。

张恨水的《啼笑姻缘》之所以会红极一时，是具有多种原因的。首先张恨水非常擅长编故事。小说《啼笑姻缘》在大鼓词线索的贯穿下，使故事情节一波三折、情味横生。故事的情节结构主要分为两大部分，前半部先后述说了沈凤喜、关秀姑和何丽娜三位姑娘对樊家树的朦胧爱情，经过一段时间舒缓而又紧张的发展，沈凤喜和樊家树的爱情发展渐趋成熟。但是，天有不测风云。当沈、樊二人的爱情故事到了几乎接近圆满之时，沈凤喜却被军阀刘国柱霸占。小说的后半部分，情节又出现了柳暗花明的景象：既有沈凤喜和樊家树的秘密约会，又有刘国柱对沈凤喜的软硬兼施；既有沈凤喜被逼致疯，又有关家父女的仗义相救……向读者展现了樊家树、关家父女、刘国柱等人物先后"遇凤、访凤、等凤、别凤、逼凤、约凤、斥凤、鞭凤、救凤、得凤"等妙趣横生的小说情节，真可谓张弛有度、扣人心弦。

其次，张恨水以文学形象投合读者的文化观念，表现出了另一种文化态势。他突出了人道主义平等观念和揭露社会黑暗的中心主题。比如，对封建军阀飞扬跋扈、为富不仁，穷奢极欲丑恶面目的揭露，对反霸道、反强权的市民精神的喝彩，对有情人终成眷属传统美学观的拥护，以及樊家树与沈凤喜相爱过程中，不受"门阀""节烈"等封建观念所左右等，歌颂了樊家树轻视门第、忠于爱情的平民化思想。这些都很容易引起受压迫的市民阶层的喝彩。

再次，塑造了一组性格鲜明、具有一定典型意义的人物形象。最成功的是塑造了三个栩栩如生的女性形象。她们三人都是以樊家树为主轴的恋爱者。虽然这三个女性的家庭背景、生活环境以及性格特征各不相同，人物表现和言语行为也大相径庭，并且各有不同的不幸遭遇，但相比之下，沈凤喜这个人物的悲剧性更为突出。

沈凤喜是《啼笑姻缘》中一位贫穷纯朴、聪明伶俐、惹人爱怜的传统女性形象。身为封建时代的下层女子，如果没有樊家树的出现，她一生的命运或许是暗淡无光的，甚至是凄凉的。从沈凤喜一开始的生存环境可以看出，她与母亲、二叔依靠唱大鼓书艰难度日。只是遇到了樊家树，生活才有所改观。但是也正缘于此，她成为二叔和母亲的摇钱树，这就决定了其传统女性悲剧的一生。

作为其中唯一一个被樊家树深爱的女性，虽然拥有过樊家树的真爱，但由于自身贪钱爱利、爱慕虚荣的性格特征，以及为了进一步满足自己对金钱的渴望和对权势的倾慕，放弃了爱情，选择了做更加有钱有势的军阀的姨太太，从而使自己的命运更加悲剧。小说中刘将军抢夺沈凤喜和沈凤喜禁不住引诱而背叛樊家树的描写，是最重要的一笔。对沈凤喜柔弱而虚荣的性格、天真而薄弱的意志的刻画，反反复复的心理叙述，突破了旧小说的容量，突出了张恨水小说中中国现代都市生活和传统道德心理相互冲突的主题。在对官、商两类加在平民身上的都市邪恶势力的表达时，作者总是偏于官的方面，如军阀势力对于沈凤喜，作者的同情心当然是在弱女子沈凤喜的方面，而沈凤喜受到樊家树的喜爱，而胜过了充满洋化气息的何丽娜，以及何丽娜一旦抛弃了繁华尘世、归隐学佛之后，反倒有了和樊家树结合的可能，这都蕴含作者对传统文化在现代失落的一种惋惜和回顾的复杂心情。沈凤喜的沉沦，和城市环境对她的戕害有关，她的出身、职业、教养造成了她的可悲性格，这又是市井文化的阴暗面，作者能看到这一点，也保持了对传统的清醒态度。

最后，作者将缠绵悱恻的言情小说和惊险紧张的武侠传奇熔为一炉，又将传统章回小说和西洋小说新技巧结合起来，故事情节极其巧妙。为了不在多角恋爱中将樊家树贬值成一个纨绔子弟，张恨水在巧字上大做文章，设计沈凤喜和何丽娜面容酷似，通过一张照片，运用误会法为其解脱，并由此增加了作品的情趣，也大大吸引了读者。

因此，这部只有20多万字的小说胜过许多百万言的作品，成为通俗小说的一流精品。

华威先生（故事梗概）

张天翼

华威先生是国民党在文化界的卑鄙、腐朽、骄横的反动人物，担任难民救济会、通俗文艺研究会、全省文化界抗敌总会等十来个委员的空衔。华威先生首先"顺应时代的潮流"，把自己打扮成一个积极抗战的爱国者、领导者。他一边声明自己"不怕吃苦"："在抗战时期大家都应当苦一点。"一边不停地叫喊着"忙""时间不够支配"。他甚至宣称："我恨不得取消晚上睡觉的制度。我还希望一天不止二十四小时。"因为"抗战工作实在太多了"，而他必须去"领导起来才行"。一个战时保婴会没有找他,他大吃一惊,他用恫吓威胁的手段,终于达到目的,又做了战时保婴会的委员。

实际上,这位"抗战要人"什么具体的抗战工作都不干。非但不干,还要千方百计地阻碍别人干。他的"忙",只是为了尽可能地控制各种各样的抗日团体和他们的抗日活动。他坐着跑得像"闪电一样快"的包车,每日里赶来赶去,蜻蜓点水式地参加每一个抗日团体的会议,发几句空洞干瘪的指示。余下的时间,则全部忙于"不是别人请他吃饭,就是他请人吃饭"了,进行着卑鄙无耻的反动活动。他去参加开会,总是迟到、早退。在开会时,他借口还要去参加另外的会,随时打断主席的报告,自己站起来就讲话:"我现在还要赴别的会,让我先发表一点意见。"他说话的内容贫乏,重复啰唆,都是叫人厌烦的空洞说教。他每发言必反复强调:"要是上面没有一个领导中心,往往要弄得不可收拾",事情就会变得"很危险,很危险"。实质上,他就是不遗余力地鼓吹"一切服从国民党蒋介石的领导"。显然,这是针对在中国共产党的领导下,抗日力量蓬勃发展的形势而发的反动谬论。华威先生到处推销这种黑货,充分暴露了他本人就是那个反动的"领导中心"所派遣的一名鹰犬。

正因为这样,当革命群众识破了华威先生的阴谋,看透了他的本质,终于摆脱了他的监视,自行成立了救亡组织,并且开展了活动的时候,华威先生就凶相毕露,伸出魔爪来镇压了。他为自己没有"包"下这些不容他插手的抗日组织而暴跳如雷。又是打听,又是调查,食指直指对方胸脯地追查背景,威胁其领导:"你能不能够对我担保你们会内没有汉奸,没有不良分子?"还咬牙切齿地大骂其是搞"秘密行动",成立"非法团体"的"浑蛋",非要无耻地挤进这些抗日团体,占据一席领导地位不可。

【导读】

张天翼(1906—1985),原名张元定,湖南湘乡人。主要作品有《张天翼小说选集》、中篇《清明时节》等。张天翼是"左联"时期涌现出来的现实主义讽刺作家。他善于用轻松明快的笔调,暴露和讽刺生活中的庸俗、可笑和丑恶。1938年发表的《华威先生》就是他出色的代表作。

作品通过对华威先生匆匆忙忙以相同的方式、相同的发言出席各种各样的会议,对各种组织进行所谓"领导"的描写,讽刺了只对限制和控制抗日工作的"领导"感兴趣,而对加强和促进抗日的实际工作不感兴趣的国民党政客。与此相应,小说也以满腔热情写出了与这种"领导"相对立的人民群众的抗日要求与力量。小说像一幅漫画式的人物速写,以漫画家的夸张手法,粗线条地勾勒出几幅富有讽刺意味的典型的人物活动剪影,凸显人物的本质。作者注意选择富有特征意义的细节,让人物在对比强烈、自相矛盾的言行中自我暴露,收到了强烈的讽刺效果。

呼兰河传(故事梗概)

萧红

那是一个既僻远又热闹的小城,在城中的交通要道上坐落着一个"大泥坑",它常常淹死一些动物和小孩，可居民都在看热闹，没有人出来加以整治。有的说应该拆墙，有的说应该种树，但没有一个人说要填平的，尽管填坑并不难，可却没一个愿意。

又到了小城举行盛举的日子，人们有跳大神的、唱秧歌的、放河灯的、看野台子戏的、看庙会的，异常热闹。

我的祖父已年近七十，他是一个慈祥、温和的老人，家里面只有祖父最关心我，所以，一天到晚，门里门外，我寸步不离他，他常教我读诗，带我到后花园游玩，我走不动的时候，祖父就抱着我，我走得动了，祖父就拉着我，祖孙俩相依相伴，有着无穷的快乐。

我们有几家邻居，西边的一间破草房租给一家喂猪的；还有一间草房租给一家开粉坊的，他们常常一边晒粉、一边唱歌，过着很快乐的生活；厢房里还住着个拉磨的；粉坊旁的小偏房里还住着个赶大车的胡家。胡家养了个小童养媳——小团圆媳妇。她是个十二岁的小姑娘，成天乐呵呵的，可胡家想给她个下马威，总是无端打她，左邻右舍也支持胡家的行为，都说应该打。胡家就越打越凶，时间也越打越长，小团圆媳妇被折磨得生了病。老胡家听了跳大神的人的话，决定给小团圆媳妇用开水洗澡。洗澡时，很多人来看热闹，只见她被滚烫的水烫了三次，几天后终于死去了。

人们都管拉磨的那个邻居叫"冯歪嘴子"，他不但会拉磨，还会做年糕。有一次，我去磨坊买年糕，看到里面炕上躺着一个女人和一个小孩，原来冯歪嘴子成家了，那女人就是同院老王家的大姑娘王大姐。然而，冯歪嘴子的幸福生活遭到了邻人们的羡慕和嫉妒，大家都说王大姐坏，谣言层出不穷，冯歪嘴子受尽了人们的冷嘲热讽。过了两三年，王大姐在生下第二个孩子后因难产死去，冯歪嘴子常常含着眼泪，但他看到大儿子已会拉驴饮水，小儿子也会拍手笑了，他就不再绝望。在儿子身上，他看到了活着的希望。

【导读】

萧红（1911—1942），原名张乃莹，黑龙江呼兰市人。主要作品有中篇小说《生死场》、长篇《呼兰河传》、短篇集《牛车上》等。

《呼兰河传》是一部自传体小说。呼兰河是"我"生活过的地方，是"我"的故乡，"我"的叙述和回忆是贯穿全书的一条线索。全书共七章，分成三个部分。第一、二章写呼兰河城的地貌人情、风俗习惯；第三、四章记叙"我"的童年；第五、六、七章是作品的重点，描述作品主人公所看到的生活于城市底层的人们，他们的欢乐与悲哀，他们的命运。城市生活停滞、愚昧而落后，"我"的童年是寂寞的，而底层人物则在深重的苦难中挣扎着。作者通过真实的描写告诉人们：这就是呼兰河，这就是旧中国的一个缩影。

《呼兰河传》有很高的艺术成就，它是一种小说的别体。前面的部分像优美的散文，后边的部分则像三个独立的短篇，但它又是一个整体。茅盾说它是"一篇叙事诗，一幅多彩的风土画，一串凄婉的歌谣"。作品的语言生动，叙述亲切自然。它对城市的描写，在嘲讽中不乏幽默感，使人深思，引人哀愁。对童年的描述，如优美的散文诗。三个人物的三种命运，颇为典型地反映了造成苦难的经济、文化、传统根源。全书风格朴实，反映生活，既无掩饰也不夸大，很真实。

在其香居茶馆里（故事梗概）

沙汀

方治国是回龙镇的联保主任，他坐在回龙镇其香居茶馆里时，看见邢幺吵吵从东头走来，便"冷了半截，觉得身子快要坐不稳了"。因大哥是"全县极有威望的耆宿，他的舅子是财务委员，县政上的活动分子，很不好沾惹的"，邢幺吵吵的二儿子缓役了四次，却连半文壮丁费也没有花过。

方治国知道镇上有闲话，正巧新县长上任后宣布要整顿"役政"，于是，便送上一封密告信。随后，邢幺吵吵的二儿子便被捉进城去。邢幺吵吵从大哥那里得知二儿子被捉的真相后，便来找方治国算账。邢幺吵吵在茶馆坐定后，便不指名地辱骂方治国，称他是"狗"。

邢幺吵吵派人进城探知风声不妙，便异常愤怒地揭露了方治国买卖壮丁、从中渔利的恶政。方治国是有名的软硬人，对邢幺吵吵的攻击软软地抵挡，故意说出自己过去曾减征他救国公债的事，死活不承认这次是自己告的密。方治国的助手毛牛肉主张硬顶，但另一个助手张三监爷怕邢幺吵吵家鼓动全镇的人大规模来控告，因而认为还应联络邢幺吵吵。

这时本镇曾当过十年团总、十年哥老会头目的陈新老爷出面调解。邢幺吵吵告诉他又派了蒋门神进城打探消息，但对新县长的脾气仍摸不准，只怕二儿子要送到省里去。陈新老爷出主意让方治国再额外买壮丁去替换，方治国因前任县长是因为壮丁问题撤办的而不想冒险。于是面对邢幺吵吵的胡搅蛮缠，他也突然强硬起来，对陈新老爷所安排的费用由邢幺吵吵出、人由方治国进城去办的方案置之不理。这使得邢幺吵吵大为恼火，扭住方治国的领口拖到街面乱打。方治国淌着鼻血，左眼青肿；邢幺吵吵吐着牙血，继续谩骂。这引得两边的眷属纷纷出动，妇女们上街，方治国的母亲叫嚷，邢幺吵吵的太太则在邢幺吵吵的耳旁报告对方的伤情。

整个场镇老百姓从来没见过这么有身份的两家人动手打架，纷纷前来看热闹。方治国准备带着伤进县城去控告。这时，蒋门神，一个左腿微跛、满脸胡须的矮子突然从人丛中挤进来。肥胖的邢幺吵吵的太太九娘子最先抓住他询问打探的结果。蒋反问："打听的事情？"然后显得有点奇怪地答道："人已经出来啦。"原来邢幺吵吵的大哥已经买通了新县长，让队长在新壮丁点名报数时，故意让邢二少爷报错；之后，便说他没有资格打国仗，打一百军棍就开革了！正当人们惊奇于这个结局时，蒋门神忽然发现邢幺吵吵和方治国的异样，他惜惜懂懂地发出惊叫："你们是怎样搞的？你牙齿痛吗？你的眼睛怎么肿啦？……

【导读】

沙汀（1904—1992），原名杨朝熙，生于四川安县一个破落的封建家庭。幼年丧父，饱尝家族众人的欺凌，深谙世态炎凉。舅父是四川一个袍哥组织的首领，少年跟随舅父经常出入于四川乡镇之间，对地方军阀、地主豪绅及其他各种社会势力的腐败情形非常熟悉。中学时代受五四新思想的影响，开始爱好新文艺。1932年出版第一个短篇小说集《法律外的航线》。同年加入"左联"并继续创作。以《兽道》《代理县长》等一批反映川西北乡镇生活的别具一格的沉实之作著称于左翼文坛，他著名的长篇"三记"(《淘金记》《困兽记》《还乡记》)是其中最优秀的代表，矛头直指国民党政府的各种积弊，比以往更尖锐，更富于艺术概括力。沙汀具有与鲁迅相似的沉郁厚重的讽刺美学品格，是抗战后最杰出的讽刺小说家之一。

《在其香居茶馆里》是沙汀小说走向成熟的一个重要标志。它反映的是川北回龙镇围绕着兵役问题而展开的一场闹剧，联保主任方治国因新县长上任扬言要整顿役政，出于自保而将土豪邢幺吵吵已经缓役四次的二儿子告密到县里，并将其抓了壮丁。而邢幺吵吵是镇上有头有脸的人物，一见儿子被抓，与方治国在茶馆里当众大吵大闹，打得鼻青脸肿，不可开交。此时，却传来县里的邢大老爷已与新县长达成交易，幺吵吵的二儿子已经被开革出来了。小说紧张的冲突就在这滑稽的结局中了结。沙汀凭借着对四川地方风情和现实状况的熟悉，极其生动地表现了当时社会的黑暗和荒唐。

和他的其他很多作品一样，《在其香居茶馆里》主要以四川乡镇为故事背景，采用冷峻、客观、讽刺手法和含蓄深沉的艺术气质描写现实社会。在场面上突现人物，集中时地人事，充分调度，在曲折变化中紧紧抓住人物的性格表现，使情节成为性格的发展史，而性格又进一步推动了情节的演进，使小说情节波澜横生。

小说开门见山地介绍了主要人物和中心事件——由于方治国的告密，邢幺吵吵的二儿子被抓进城当壮丁去了。一上场，邢气势汹汹，咄咄逼人，向方治国要人；而方治国却以守为攻，软推硬磨，不予正面交锋。邢以为方软弱可欺，于是揭隐私，骂山门，得寸进尺；方不动声色，绵里藏针，软中有硬。于是双方剑拔弩张，终于大打出手。

作者把矛盾集中于其香居茶馆中展开，整个剧作类似一出独幕剧。斗争激烈，忽而又急转直下，收到了大起大落而不限生硬的艺术效果。作品围绕一个中心，安排明暗两条平行发展的线索来展开情节。围绕兵役问题，邢方二人之间从争吵到打斗是作品的明线；邢幺吵吵的大哥和新任县长幕后交易，暗中勾结是暗线。两条线索明暗相间，别开生面。

小说结尾正当二人打得鼻青脸肿、不可开交时，蒋门神带来了"人已经出来"的消息。双方目瞪口呆，不知所措，小说戛然而止，造成了极强的讽刺效果。戏剧性的结尾是意味深长的，既在意料之外，又在情理之中。这是画龙点睛之笔，不仅暴露了新县长的嘴脸，而且有力地揭示了社会本质。

其次，作者运用一些极富个性色彩的独特言行来刻画人物性格，人物的对话浓烈火爆，川味十足。邢幺吵吵和方治国是小说中塑造的两个主要人物，他们有共同的丑恶本质，既有贪婪狠毒、自私的共性，又各具个性。小说在写他们两人的语言时就极其注重其性格特征。

邢说："老子这张嘴么，就这样：说是要说的，吃也是要吃的；说够了回去两杯甜酒一喝，倒下去就睡！"活画出这个飞扬跋扈的无赖相。而方却说："我姓方的是吃饭长大的呀！并且我一定要抓做什么呢？难道委员长赏我个状元当么？""软硬人"的特点昭然若揭。

最后，沙汀的小说具有极强的幽默感和浓烈的地方色彩。他无论是对反动统治的揭露、对被压迫人民的同情，还是对新生事物的歌颂，都善于从日常生活和社会风气中选取富有特征意义的事物，并且将对平凡事物的描绘与迫切社会问题的揭示结合起来，蕴讽刺于幽默。在美学风格上，不是田园牧歌的抒发，也不是原始遗风的追寻，而是从现实黑暗和人民苦难生活中浓缩成尖锐的畸形画面，透露出阴郁的苦涩格调，具有一种大巧之朴、浓后之淡的醇厚、质朴、老辣、精微的美。

小二黑结婚

赵树理

一、神仙的忌讳

  刘家峧有两个神仙，邻近各村无人不晓：一个是前庄上的二诸葛，一个是后庄上的三仙姑。二诸葛原来叫刘修德，当年做过生意，抬脚动手都要论一论阴阳八卦，看一看黄道黑道。三仙姑是后庄于福的老婆，每月初一十五都要顶着红布摇摆摇摆装扮天神。

  二诸葛忌讳"不宜栽种"，三仙姑忌讳"米烂了"。这里边有两个小故事：有一年春天大旱，直到阴历五月初三才下了四指雨。初四那天大家都抢着种地，二诸葛看了看历书，又掐指算了一下说："今日不宜栽种。"初五日是端午，他历年就不在端午这天做什么，又不曾种；初六倒是个黄道吉日，可惜地干了，虽然勉强把他的四亩谷子种上了，却没有出够一半。后来直到十五方又下雨。别人家都在地里锄苗，二诸葛却领着两个孩子在地里补空子。邻家有个后生，吃饭时候在街上碰上二诸葛便问道："老汉！今天宜栽种不宜？"二诸葛翻了他一眼，扭转头返回去了，大家就嘻嘻哈哈传为笑谈。

  三仙姑有个女孩叫小芹。一天，金旺他爹到三仙姑那里问病，三仙姑坐在香案后唱，金旺他爹跪在香案前听。小芹那年才九岁，晌午做捞饭，把米下进锅里了，听见她娘哼哼得中听，站在桌前听了一会，把做饭也忘了。一会，金旺他爹出去小便，三仙姑趁空子向小芹说："快去捞饭！米烂了！"这句话却不料就叫金旺他爹听见，回去就传开了。后来有些好玩笑的人，见了三仙姑就故意问别人"米烂了没有？"

二、三仙姑的来历

  三仙姑下神，足足有三十年了。那时三仙姑才十五岁，刚刚嫁给于福，是前后庄上第一个俊俏媳妇。于福是个老实后生，不多说一句话，只会在地里死受。于福的娘早死了，只有个爹，父子两个一上了地，家里就只留下新媳妇一个人。村里的年轻人们觉着新媳妇太孤单，就慢慢自动的来跟新媳妇作伴，不几天就集合了一大群，每天嘻嘻哈哈，十分哄伙。于福他爹看见不像个样子，有一天发了脾气，大骂一顿，虽然把外人挡住了，新媳妇却跟他闹起来。新媳妇哭了一天一夜，头也不梳，脸也不洗，饭也不吃，躺在炕上，谁也叫不起来，父子两个没了办法。邻家有个老婆替她请了一个神婆子，在她家下了一回神，说是三仙姑跟上她了，她也哼哼唧唧自称吾神长吾神短，从此以后每月初一十五就下起神来，别人也给她烧起香来求财问病，三仙姑的香案便从此设起来了。

  青年们到三仙姑那里去，要说是去问神，还不如说是去看圣像。三仙姑也暗暗猜透大家的心事，衣服穿得更新鲜，头发梳得更光滑，首饰擦得更明，官粉搽得更匀，不由青年们不跟着她转来转去。

  这是三十来年前的事。当时的青年，如今都已留下胡子，家里大半又都是子媳成群，所以除了几个老光棍，差不多都没有那些闲情到三仙姑那里会了。三仙姑却和大家不同，虽然已经四十五岁，却偏爱当个老来俏，小鞋上仍要绣花，裤腿上仍要镶边，顶门上的头发脱光了，用黑手帕盖起来，只可惜官粉涂不平脸上的皱纹，看起来好像驴粪蛋上下上了霜。

老相好都不来了，几个老光棍不能叫三仙姑满意，三仙姑又团结了一伙孩子们，比当年的老相好更多，更俏皮。

三仙姑有什么本领能团结这伙青年呢？这秘密在她女儿小芹身上。

三、小芹

三仙姑前后共生过六个孩子，就有五个没有成人，只落了一个女儿，名叫小芹。小芹当两三岁时候，就非常伶俐乖巧，三仙姑的老相好们，这个抱过来说是"我的"，那个抱起来说是"我的"，后来小芹长到五六岁，知道这不是好话，三仙姑教她说："谁再这么说，你就说'是你的姑姑'。"说了几回，果然没有人再提了。

小芹今年十八了，村里的轻薄人说，比她娘年轻时候好得多。青年小伙子们，有事没事，总想跟小芹说句话。小芹去洗衣服，马上青年们也都去洗；小芹上树采野菜，马上青年们也都去采。

吃饭时候，邻居们端上碗爱到三仙姑那里坐一会，前庄上的人来回一里路，也并不觉得远。这已经是三十年来的老规矩，不过小青年们也这样热心，却是近二三年来才有的事。三仙姑起先还以为自己仍有勾引青年的本领，日子长了，青年们并不真正跟她接近，她才慢慢看出门道来，才知道人家来了为的是小芹。

不过小芹却不跟三仙姑一样，表面上虽然也跟大家说说笑笑，实际上却不跟人乱来，近二三年，只是跟小二黑好一点。前年夏天，有一天前晌，于福去地，三仙姑去串门，家里只留下小芹一个人，金旺来了，嬉皮笑脸问小芹说："这会可算是个空子吧？"小芹板起脸来说："金旺哥！咱们以后说话要规矩些！你也是娶媳妇大汉了！"金旺撇撇嘴说："咦！装什么假正经？小二黑一来管保你就软了！有便宜大家讨开点，没事；要正经除非自己锅底没有黑！"说着就拉住小芹的胳膊悄悄说："不用装模作样了！"不料小芹大声喊道："金旺！"金旺赶紧放手跑出来。一边还叨念道："等得住你！"说着就悄悄溜走了。

四、金旺兄弟

提起金旺来，刘家峧没有人不恨他，只有他一个本家兄弟名叫兴旺跟他对劲。

金旺他爹虽是个庄稼人，却是刘家峧一只虎，当过几十年老社首，捆人打人是他的拿手好戏。金旺长到十七八岁，就成了他爹的好帮手；兴旺也学会了帮虎吃食，从此金旺他爹想要捆谁，就不用亲自动手，只要下个命令，自有金旺兴旺代办。

抗战初年，汉奸敌探溃兵土匪到处横行，那时金旺他爹已经死了，金旺、兴旺弟兄两个，给一支溃兵作了内线工作，引路绑票，讲价赎人，又做巫婆又做鬼，两头出面装好人。后来八路军来，打垮溃兵土匪，他两人才又回到刘家峧。

山里人本来就胆子小，经过几个月大混乱，死了许多人，弄得大家更不敢出头了。别的大村子都成立了村公所、妇救会、武委会，刘家峧却除了县府派来一个村长以外，谁也不愿意当干部。不久，县里派人来刘家峧工作，要选举村干部，金旺跟兴旺两个人看出这又是掌权的机会，大家也巴不得有人愿干，就把兴旺选为武委会主任，把金旺选为村政委员，连金旺老婆也被选为妇救会主席，其他各干部，硬提了几个老头子出来充数。只有青抗先队长，老头子充不得。兴旺看见小二黑这个小孩子漂亮好玩,随便提了一下名就通过了,他爹二诸葛虽然不愿,可是惹不起金旺,也没有敢说什么。

村长是外来的,对村里情形不十分了解,从此金旺兴旺比前更厉害了,只要瞒住村长一个人,村里人不论哪个都得由他两个调遣。这几年来,村里别的干部虽然调换了几个,而他两个却好像铁桶江山。大家对他两个虽是恨之入骨,可是谁也不敢说半句话,都恐怕扳不倒他们,自己吃亏。

五、小二黑

小二黑,是二诸葛的二小子,有一次反"扫荡"打死过两个敌人,曾得到特等射手的奖励。说到他的漂亮,那不只在刘家峧有名,每年正月扮故事,不论去到哪一村,妇女们的眼睛都跟着他转。

小二黑没有上过学,只是跟着他爹识了几个字。当他六岁时候,他爹就教他识字。识字课本既不是五经四书,也不是常识国语,而是从天干、地支、五行、八卦、六十四卦名等学起,进一步便学些《百中经》《玉匣记》《增删卜易》《麻衣神相》《奇门遁甲》《阴阳宅》等书。小二黑从小就聪明,像那些算属相、卜六壬课、念大小流年或"甲子乙丑海中金"等口诀,不几天就都弄熟了,二诸葛也常把他引在人前卖弄。因为他长得伶俐可爱,大人们也都爱跟他玩,这个说:"二黑,算一算十岁属什么?"那个说:"二黑,给我卜一课!"后来二诸葛因为说"不宜栽种"误了种地,老婆也埋怨,大黑也埋怨,庄上人也都传为笑谈,小二黑也跟着这事受了许多奚落。那时候小二黑十三岁,已经懂得好歹了,可是大人们仍把他当成小孩来玩弄,好跟二诸葛开玩笑的,一到了家,常好对着二诸葛问小二黑道:"二黑!算算今天宜不宜栽种?"和小二黑年纪相仿的孩子们,一跟小二黑生了气,就连声喊道:"不宜栽种不宜栽种……"小二黑因为这事,好几个月见了人躲着走,从此就和他娘商量成一气,再不信他爹的鬼八卦。

小二黑跟小芹相好已经二三年了。那时候他才十六七,原不过在冬天夜长时候,跟着些闲人到三仙姑那里凑热闹,后来跟小芹混熟了,好像是一天不见面也不能行。后庄上也有人愿意给小二黑跟小芹做媒人,二诸葛不愿意,不愿意的理由有三:第一小二黑是金命,小芹是火命,恐怕火克金;第二小芹生在十月,是个犯月;第三是三仙姑的声名不好。恰巧在这时候,彰德府来了一伙难民,其中有个老李带来个八九岁的小姑娘,因为没有吃的,愿意把姑娘送给人家逃个活命。二诸葛说是个便宜,先问了一下生辰八字,掐算了半天无说:"千里姻缘一线牵",就替小二黑收作童养媳。

虽然二诸葛说是千合适万合适,小二黑却不认账。父子俩吵了几天,二诸葛非养不行,小二黑说:"你愿意养你就养着,反正我不要!"结果虽把小姑娘留下了,却到底没有说清楚算什么关系。

六、斗争会

金旺自从碰了小芹的钉子以后,每日怀恨,总想设法报一报仇。有一次武委会训练村干部,恰巧小二黑发疟疾没有去。训练完毕之后,金旺就向兴旺说:"小二黑是装病,其实是被小芹勾引住了,可以斗争他一顿。"兴旺就是武委会主任,从前也碰过小芹一回钉子,自然十分赞成金旺的意见,并且又叫金旺回去和自己的老婆说一下,发动妇救会也斗争小芹一番。金旺老婆现任妇救会主席,因为金旺好到小芹那里去,早就恨得小芹了不得。现在金旺回去跟她说要斗争小芹,这才是巴不得的机会,丢下活计,马上就去布置。第二天,村里开了两个斗争会,一个是武委会斗争小二黑,一个是妇救会斗争小芹。

　　小二黑自己没有错,当然不承认,嘴硬到底,兴旺就下命令,把他捆起来送交政权机关处理。幸而村长脑筋清楚,劝兴旺说:"小二黑发疟是真的,不是装病,至于跟别人恋爱,不是犯法的事,不能捆人家。"兴旺说:"他已是有了女人的。"村长说:"村里谁不知道小二黑不承认他的童养媳。人家不承认是对的;男不过十六,女不过十五,不到订婚年龄。十来岁小姑娘,长大也不会来认这笔账。小二黑满有资格跟别人恋爱,谁也不能干涉。"兴旺没话说了,小二黑反要问他:"无故捆人犯法不犯?"经村长双方劝解,才算放了完事。

　　兴旺还没有离村公所,小芹拉着妇救会主席也来找村长,她一进门就说:"村长!捉贼要赃,捉奸要双,当了妇救会主席就不说理了?"兴旺见拉着金旺的老婆,生怕说出这事与自己有关,赶紧溜走。后来村长问了问情由,费了好大一会唇舌,才给她们调解开。

七、三仙姑许亲

　　两个斗争会开过以后,事情包也包不住了,小二黑也知道这事是合理合法的了,索性就跟小芹公开商量起来。

　　三仙姑却着了急。她跟小芹虽是母女,近几年来却不对劲。三仙姑爱的是青年们,青年们爱的是小芹。小二黑这个孩子,在三仙姑看来好像鲜果,可惜多一个小芹,就没了自己的份儿。她本想早给小芹找个婆家推出门去,可是因为自己声名不正,差不多都不愿意跟她结亲。开罢斗争会以后,风言风语都说小二黑要跟小芹自由结婚,她想要真是那样的话,以后想跟小二黑说句笑话都不能了,那是多么可惜的事,因此托东家求西家要给小芹找婆家。

　　"插起招军旗,就有吃粮人。"有个吴先生是在阎锡山部下当过旅长的退职军官,家里很富,才死了老婆。他在奶奶庙大会上见过小芹一面,愿意续她,媒人向三仙姑一说,三仙姑当然愿意。不几天过了礼帖,就算定了,三仙姑以为了却一宗心事。

　　小芹已经和小二黑商量得差不多了,如何肯听她娘的话?过礼那一天,小芹跟她娘闹起来,把吴先生送来的首饰绸缎扔下一地。媒人走后,小芹跟她娘说:"我不管!谁收了人家的东西谁跟人家去!"

　　三仙姑愁住了,睡了半天,晚饭以后,说是神上了身,打了两个呵欠就唱起来。她起先责备于福管不了家,后来说小芹跟吴先生是前世姻缘,还唱些什么"前世姻缘由天定,不顺天意活不成……"于福跪在地下哀求,神非教他马上打小芹一顿不可。小芹听了这话,知道跟这个装神弄鬼的娘说不出什么道理来,干脆躲了出去,让她娘一个人胡说。

　　小芹一个人悄悄跑到前庄上去找小二黑,恰在路上碰上小二黑去找她,两个就悄悄拉着手到一个大窑里去商量对付三仙姑的法子。

八、拿双

　　小芹把她娘怎样主婚怎样装神,唱些什么,从头至尾细细向小二黑说了一遍,小二黑说:"不用理她!我打听过区上的同志,人家说只要男女本人愿意,就能到区上登记,别人谁也作不了主……"说到这里，听见外边有脚步声，小二黑伸出头来一看，黑影里站着四五个人，有一个说："拿双拿双！"他两人都听出是金旺的声音，小二黑起了火，大叫道："拿？没有犯了法！"兴旺也来了，下命令道："捉住捉住！我就看你犯法不犯法，给你操了好几天心了！"小二黑：："你说去哪里咱就去哪里，到边区政府你也不能把谁怎么样！走！"兴旺说："走？便宜了你！把他捆起来！"小二黑挣扎了一会，无奈没有他们人多，终于被他们七手八脚打了一顿捆起来了。兴旺说："里边还有个女的，也捆起来！捉奸要双，这是她自己说的！"说着就把小芹也捆起来了。

前庄上的人都还没有睡，听见有人吵架，有些人就跑出来看，麻秆火把下看见捆着的两个人，大家不问就都知道了八九分。二诸葛也出来了，见小二黑被人家捆起来，就跪在兴旺面前哀求道："兴旺！咱两家没有什么仇！看在我老汉面上，请你们诸位高高手……"兴旺说："这事情，我们管不了，送给上级再说吧！"小二黑说："爹！你不用管！送到哪里也不犯法！我不怕他！"兴旺说："好小子！要硬你就硬到底！"又逼住三个民兵说："带他们走！"一个民兵问："带到村公所？"兴旺说："还到村公所干什么？上一回不是村长放了的？送给区武委会主任按军法处理！"说着就把他两个人拥上走了。

九、二诸葛的神课

邻居们见是兴旺弟兄们捆人，也没有人敢给小二黑讲情，直等到他们走后，才把二诸葛招呼回家。

二诸葛连连摇头说："唉：我知道这几天要出事啦！前天早上我上地去，才上到岭上，碰上个骑驴媳妇，穿了一身素，我就知道坏了。我今年是罗睺星照运，要谨防带孝的冲了运气，因此哪里也不敢去，谁知躲也躲不过？昨天晚上二黑他娘梦见庙里唱戏。今天早上一个老鸦落在东房上叫了十几声……唉！反正是时运，躲也躲不过。"他罗哩罗嗦念了一大堆，邻居们听了有些厌烦，又给他说了一会宽心话，就都散了。

有事人哪里睡得着？人散了之后，二诸葛家里除了童养媳之外，三个人谁也没有睡。二诸葛摸了摸脸，取出三个制钱占了一卦，占出之后吓得他面色如土。他说："了不得呀了不得！丑土的父母动出午火的官鬼，火旺于夏，恐怕有些危险了。唉！人家把他选成青年队长，我就说过不叫他当，小杂种硬要充人物头！人家说要按军法处理，要不当队长哪里犯得了军法？"老婆也拍手跺脚道："小爹呀！谁知道你要闯这么大的事啦？"大黑劝道："不怕！事已经出下了，由他去吧！我想这又不是人命事，也犯不了什么大罪！既然他们送到区上了，我先到区上打听打听，你们都睡吧！"说着点了小灯笼就走了。

二诸葛打发大黑去后，仍然低头细细研究方才占的那一卦。停了一会，远远听着有个女人哭，越哭越近，不大一会就来到窗下，一推门就进来了。二诸葛还没有看清是谁，这女人就一把把他拉住，带哭带闹说："刘修德！还我闺女！你的孩子把我的闺女勾引到哪里了？还我……"二诸葛老婆正气得死去活来，一看见来的是三仙姑，正赶上出气，从炕上跳下来拉住她道："你来了好！省得我去找你！你母女两个好生生把我个孩子勾引坏，你倒有脸来找我！咱两人就也到区上说说理！"两个女人滚成一团，二诸葛一个人拉也拉不开，也再顾不上研究他的卦。三仙姑见二诸葛老婆已经不顾命了，自己先胆怯了几分，不敢恋战，吵闹了一会挣脱出来就走了。二诸葛老婆追出门来，被二诸葛拦回去，还骂个不休。

十、恩典恩典

二诸葛一夜没有睡,一遍一遍念:"大黑怎么还不回来,大黑怎么还不回来。"第二天天不明就起程往区上走,走到半路,远远看见大黑、三个民兵已都回来了,还来了区上一个助理员,一个交通员。他远远就喊叫道:"大黑!怎么样?要紧不要紧?"大黑说:"没有事!不怕!"说着就走到跟前,助理员跟三个民兵先走了。大黑告交通员说:"这就是我爹!"又向二诸葛说:"区上添传你跟于福老婆。你去吧,没有事!二黑跟小芹两个人,一到区上就放开了。区上早就说兴旺跟金旺两个人不是东西,已经把他两个人押起来了,还派助理员到咱村开大会调查他们横行霸道的证据。我赶到那里人家就问罢了,听说区上还许咱二黑跟小芹结婚。"二诸葛说:"不犯罪就好,结婚可不行,命相不对!你没有听说添传我做什么?"大黑说:"不知道,大约也没有什么大事。你去吧,我先回去告我娘说。"交通员说:"老汉这就算见了你了!你去吧,我再传那一个去!"说了就跟大黑相跟着走了。

二诸葛到了区上,看见小二黑跟小芹坐在一条板凳上,他就指着小二黑骂道:"闯祸东西!放了你你还不快回去?你把老子吓死了!不要脸!"区长道:"干什么?区公所是骂人的地方?"二诸葛不说话了。区长问:"你就是刘修德?"二诸葛答:"是。"问:"你给刘二黑收了个童养媳?"答:"是!"问:"今年几岁了?"答:"属猪的,十二岁了。"区长说:"女不过十五岁不能订婚,把人家退回娘家去,刘二黑已经跟于小芹订婚了!"二诸葛说:"她只有个爹,也不知逃难逃到哪里去了,退也没处退。女不过十五不能订婚,那不过是官家规定,其实乡间七八岁订婚的多着哩。请区长恩典恩典就过去了……"区长说:"凡是不合法的订婚,只要有一方面不愿意都得退!"二诸葛说:"我这是两家情愿!"区长问小二黑道:"刘二黑!你愿意不愿意?"小二黑说:"不愿意!"二诸葛的脾气又上来了,瞪了小二黑一眼道:"由你啦?"区长道:"给他订婚不由他,难道由你啦?老汉!如今是婚姻自主,由不得你了,你家养的那个小姑娘,要真是没有娘家,就算成你的闺女好了。"二诸葛道:"那也可以,不过还得请区长恩典恩典,不能叫他跟于福这闺女订婚!"区长说:"这你就管不着了!"二诸葛发急道:"千万请区长恩典恩典,命相不对,这是一辈子的事!"又向小二黑道:"二黑!你不要糊涂了!这是你一辈子的事!"区长道:"老汉!你不要糊涂了,强逼着你十九岁的孩子娶上个十二岁的小姑娘,恐怕要生一辈子的气!我不过是劝一劝你,其实只要人家两个人愿意,你愿意不愿意都不相干。回去吧!童养媳没处退算成你的闺女!"二诸葛还要请区长"恩典恩典",一个交通员把他推出来了。

十一、看看仙姑

三仙姑去寻二诸葛,一来为的是逞逞闹气的本领,二来为的是遮遮外人的耳目,其实让小芹吃一吃亏她很高兴,所以跟二诸葛老婆闹了一阵之后,回去就睡了。第二天早上,她起得很迟,于福虽比她着急,可是自己既没有主意,又不敢叫醒她,只好自己先去做饭。饭快成的时候,三仙姑慢慢起来梳妆。于福问她道:"不去打听打听小芹?"她说:"打听她做甚啦?她的本领多大啦?"于福也再没有敢说什么,把饭菜做成了放炉边等,直等到她梳妆罢了才开饭。

饭还没有吃罢,区上的交通员来传她。她好像很得意,嗓子拉得长长地说:"闺女大了咱管不了,就去请区长替咱管教管教!"她吃完了饭,换上新衣服、新手帕、绣花鞋、镶边裤,又擦了一次粉，加了几件首饰，然后叫于福给她备上驴，她骑上，于福给她赶上，往区上去。

到了区上。交通员把她引到区长房子里，她趴下就磕头，连声叫道："区长老爷，你可要给我作主！"区长正伏在桌上写字，见她低着头跪在地下，头上戴了满头银首饰，还以为是前两天跟婆婆生了气的那个年轻媳妇，便说道："你婆婆不是有保人吗？为什么不找保人？"三仙姑莫名其妙，抬头看了看区长的脸。区长见是个擦着粉的老太婆，才知道是认错人了。交通员道："认错人了！这就是于小芹的娘！"区长打量了她一眼道："你就是小芹的娘呀？起来！不要装神做鬼！我什么都清楚！起来！"三仙姑站起来了。区长问："你今年多大岁数？"三仙姑说："四十五。"区长说："你自己看看你打扮得像个人不像？"门边站着老乡一个十来岁的小闺女嘻嘻嘻笑了。交通员说："到外边耍！"小闺女跑了。区长问："你会下神是不是？"三仙姑不敢答话。区长问："你给你闺女找了个婆家？"三仙姑答："找下了！"问："使了多少钱？"答："三千五！"问："还有些什么？"答："有些首饰布匹！"问："跟你闺女商量过没有？"答："没有！"问："你闺女愿意不愿意？"答："不知道！"区长道："我给你叫来你亲自问问她！"又向交通员道："去叫于小芹！"

刚才跑出去那个小闺女，跑到外边一宣传，说有个打官司的老婆，四十五了，擦着粉，穿着花鞋。邻近的女人们都跑来看，挤了半院，唧唧哝哝说："看看！四十五了！""看那裤腿！""看那鞋！"三仙姑半辈没有脸红过，偏这会撑不住气了，一道道热汗在脸上流。交通员领着小芹来了，故意说："看什么？人家也是个人吧，没有见过？闪开路！"一伙女人们哈哈大笑。

把小芹叫来，区长说："你问问你闺女愿意不愿意！"三仙姑只听见院里人说："四十五""穿花鞋"，羞得只顾擦汗，再也开不得口。院里的人们忽然又转了话头，都说"那是人家的闺女""闺女不如娘会打扮"，也有人说"听说还会下神"，偏又有个知道底细的断断续续讲"米烂了"的故事，这时三仙姑恨不得一头碰死。

区长说："你不问我替你问！于小芹，你娘给你找的婆家你愿意跟人家结婚不愿意？"，小芹说："不愿意！我知道人家是谁？"区长问三仙姑道："你听见了吧？"又给她讲了一会婚姻自主的法令，说小芹跟小二黑订婚完全合法，还吩咐她把吴家送来的钱和东西原封退了，让小芹跟小二黑结婚。她羞愧之下，——答应了下来。

十二、怎么到底

三个民兵回到刘家峧，一说区上把兴旺金旺二人押起来，又派助理员来调查他们的罪恶，真是人人拍手称快。午饭后，庙里开一个群众大会，村长报告了开会宗旨，就请大家举他两个人的作恶事实。起先人家还怕扳不倒人家，人家再返回来报仇，老大一会没有人说话；有几个胆子太小的人，还悄悄劝大家说："忍事者安然。"有个被他两人作践垮了的年轻人说："我从前没有忍过？越忍越不得安然！你们不说我说！"他先从金旺领着土匪到他家绑票说起，一连说了四五款才说道："我歇歇再说，先让别人也说几款！"他一说开了头，许多受过害的人也都抢着说起来：有给他们花过钱的，有被他们逼着上过吊的，也有产业被他们霸了的，老婆被他们奸淫过的；他两人还派上民兵给他们自己割柴，拨上民夫给他们自己锄地；浮收粮，私派款，强迫民兵捆人，……你一宗他一宗，从晌午说到太阳落，一共说了五六十款。

区上根据这些罪状把他两人送到县里，县里把罪状一一证实之后，除叫他们赔偿大家损失外，又判了十五年徒刑。

经过这次大会之后，村里人也都敢出头了。不久，村干部又都经过大改选，村里人再也不敢乱投坏人的票了。这其间，金旺老婆自然也落了选。偏她还变了口吻，说："以后我也要进步了。"

两个神仙也有了变化：

三仙姑那天在区上被一伙妇女围住看了半天，实在觉着不好意思，回去对着镜子研究了一下，真有点打扮得不像话；又想到自己的女儿快要跟人结婚，自己还卖什么老俏？这才下了个决心，把自己的打扮从顶到底换了一遍，弄得像个当长辈人的样子，把三十年来装神弄鬼的那张香案也悄悄拆去。

二诸葛那天从区上回去，又向老婆提起二黑跟小芹的命相不对，他老婆道："把你的鬼八卦收起吧！你不是说二黑这回了不得吗？你一辈子放个屁也要卜一课，究竟抵了些什么事？我看小芹满不错，能跟咱二黑过就很好！什么命相对不对？你就不记得'不宜栽种'？"二诸葛见老婆都不信自己的阴阳，也就不好意思再到别人跟前卖弄他那一套了。

小芹和小二黑各回各家，见老人们的脾气都有些改变，托邻居们趁势和说和说，两位神仙也就顺水推舟同意他们结婚。后来两家都准备了一下，就过门。过门之后，小两口都十分得意，邻居们都说是村里第一对好夫妻。

夫妻们在自己卧房里有时候免不了说玩话：小二黑好学三仙姑下神时候唱"前世姻缘由天定"，小芹好学二诸葛说"区长恩典，命相不对"。淘气的孩子们去听窗，学会了这两句话，就给两位神仙加了新外号：三仙姑叫"前世姻缘"，二诸葛叫"命相不对"。

【导读】

赵树理（1906—1970），原名赵树礼，山西沁水人。出生于一个祖上曾很显赫但后已中落的农民家庭。1912年时开始随祖父读"三圣教道会经"以及《麻衣神相》《奇门遁甲》等，过目不忘，一念就会，被乡里称为"神童"。随父亲学会了两门手艺："农民的技术"和"农民的艺术"，最喜爱"上党绑子"、打鼓板等民间曲艺、戏剧和民间乐器，接受了民间艺术和农民语言的熏陶。赵树理的许多邻居都是民间艺术组织"八音会"的成员，没事就凑到一起吹拉弹唱，这使赵树理从小就沉浸在民间文化的氛围中，并醉心于此。他喜欢民歌、民谣、鼓词、评书、戏曲等民间艺术形式，这为其后来从事文学创作积累了大量的生活经验和民间艺术营养，使其逐渐形成了独特的艺术个性。

1925年考入长治县山西省立第四师范学校初级班，并开始接触新诗和小说等"新文学作品"，特别是五四新文学。他把自己喜爱的新文学书刊推荐给农民朋友，但他们根本不感兴趣，这使他觉察到了现代文学所存在的脱离民众的根本弱点。因此，当他开始文学创作时，首先想到的就是让农民们听得懂，立志做一个"文摊文学家"，一步步去夺取封建小唱本的阵地，开始独自进行文学大众化、通俗化的探索。

赵树理作为解放区土生土长的人民艺术家，其作品是现代文学转型的一个标志，代表了40年代解放区文学创作的最高成就。他所持有的"文艺大众化"的主张和40年代的主流政治不谋而合，被解释为一种新型文学方向的代表，是最能体现毛泽东在《讲话》中所提出的文艺路线。其流风余韵直接影响了整个五六十年代的文学创作，并以其为首开创了"山药蛋"一派，为中国现代文学的民族化和大众化作出了重要贡献。其中最具有代表性的作品就是他的短篇小说《小二黑结婚》。

《小二黑结婚》是赵树理确立自己创作风格的代表作，完成于1943年5月。发表后引起了解放区和国统区广大读者的浓厚兴趣，仅太行一地就行销三四万册。作品描写的是抗日根据地太行山区一个名叫刘家峧的村庄，一对青年男女——小二黑和小芹的自由恋爱遭到各种阻挠，并最终在民主政权的支持下取得婚姻胜利的故事。小说六个人物分成了三组，形成了两组相互对立的矛盾冲突。小二黑和小芹代表的是根据地的新生民主力量，他们敢于斗争，主要表现为掌握自己的命运、坚决反对封建包办婚姻、大胆地自由恋爱。当二诸葛为儿子收留了一个八九岁的女孩做童养媳时，小二黑含糊地说："您愿意养，你就养着，反正我不要。"当三仙姑要将小芹嫁给个旧军官做续房时，小芹坚决反对，并明确表示说："我不管，谁收了人家的东西，谁跟人去。"并且两人在斗争中，自由恋爱结婚。他们反对封建迷信。小二黑原先也跟他爹二诸葛学些算卦之类的事，后来在事实面前逐渐清醒，开始厌恶，反对父亲的迷信行为。小芹也对她母亲的弄神行为不予理睬。他们反对恶势力。当恶势力金旺、兴旺利用被窃取的职权设下圈套，斗争小二黑和小芹时，他们毫不示弱，敢于面对面地以理抗争，并在党和民主政府的支持下，摒弃了自身的旧思想和旧道德，树立了新的思想道德、新的思想愿望，最后取得了斗争的胜利。他们的性格突出表现了新时代农民的诸多特征。

二诸葛和三仙姑是当时农村封建意识的体现者，诸葛胆小怕事，落后迷信，极力想维护家长制的权威，顽固地反对儿子小二黑与小芹自由恋爱结婚。三仙姑本是一个好逸恶劳、作风不正的妇女，不仅妒忌女儿小芹的幸福婚姻，而且因还贪财而出卖女儿。赵树理通过这两个人物形象的塑造，深刻地揭示了农村小生产者精神的落后、陈腐。

金旺和兴旺兄弟俩是当时混进乡村政权里的坏分子。他们为非作歹，兴风作浪，调戏小芹，非法斗争和捆绑小二黑和小芹，把持乡村政权，但他们最终还是逃不出人民政权的惩罚。

小说写的并不是小二黑的"结婚"，而是对"结婚"的几种不同的观点和行为，二诸葛和三仙姑反对小二黑的婚事，是出于封建迷信和某种压抑至深的心理原因，其中三仙姑把小芹许配给一个退职旅长当填房，也是出于对财礼的羡慕和对权力的向往，金旺弟兄则纯粹是出于私心，以权压人。小二黑、小芹和二诸葛、三仙姑的冲突，是民主意识和封建意识的冲突；和金旺、兴旺的冲突，是民主力量和乡村恶势力的冲突。对这种种冲突的揭示，反映了40年代抗日根据地农村中阶级斗争的新动向。而小二黑、小芹在民主政权的支持下喜结良缘，地痞流氓金旺兴旺在斗争大会上受到了应有的惩罚，糊涂落后的家长备受嘲弄后也相继认输，被迫进行自我改造，二诸葛收起了自己的那一套阴阳八卦，三仙姑则把30年来装神弄鬼的香案也悄悄地撤去了。小说与其说是歌颂新自由恋爱的胜利，歌颂新一代农民的成长，不如说是借自由恋爱讴歌新社会的胜利。这说明了作者对历史进步倾向的准确把握。

小说的成功是多方面的。

第一，主题挖掘得比较深。作者把小说放在抗日民主政权建立后不久，干部队伍不纯，某些基层政权为坏人把持，而一些群众仍存在落后意识的大背景下，以小二黑和小芹为年轻进步力量的代表，他们争取婚姻的斗争，展示了新生事物一定要战胜旧事物的历史大趋势，从而赋予男女恋爱这一传统题材以崭新的意义。

第二，作品在塑造人物形象时，继承了中国古代文学"略形貌而取神骨"的传统手法，善于准确地获取人物某种内在的气质特征，以达到形神皆备的创作理想境界。比如，二诸葛开笔落下的第一段，直截了当地介绍了小二黑他爸为人忠厚善良，但满脑子都是封建迷信，修炼了一身江湖文理之道，上知天文，下知地理。尤其对天干、地支、五行、八卦之类的相数精益求精。每逢村里哪家有大小红白盛事，刘修德家的门槛总少不了讨教阴阳八卦的乡民，久而久之刘修德在当地人的心目中已达到了业兴名盛的"诸葛二世"，正名"二诸葛"。作者就捕捉他的精神世界的这一特征，通过各种场面，不同角度来展现他的性格，抬手动脚都要论一论阴阳八卦，即使闹出了"不宜栽种"的笑话也执迷不悟。当他听说小二黑被捆走了，非常着急，但他不是赶紧想办法，而是做起了"事后诸葛亮"，用迷信的说法解释这一切，多年愚昧落后的生活使他凡事都把希望寄托在神卦上。这充分表现了他的落后、迷信。第十节"恩典恩典"是二诸葛在区政府一段更为精彩的表演，把他落后迷信的特点表现得更加淋漓尽致："恩典恩典"是旧时代平民向官吏们求情常说的话，这里二诸葛仍用旧的眼光来看边区政府的区长，简单的一个词，却凸现了他是一个长期生活在旧社会中、思想落后又秉性忠厚的老农民形象。

二诸葛、三仙姑虽然是作为主人公的陪衬者出现的，但相比起来，性格塑造得却更加丰满。他们虽然都是封建意识的代表人物，但都并不是坏人，作者突出刻画的是他们性格中的愚昧迷信、自私荒唐等旧意识、旧思想、旧观念，对其进行善意的批评，让他们出乖露丑，揭示他们的心态和行为的不合时宜。这种包含善良的调侃、嘲弄，使作品具有一种难得的乡村幽默风味，从而丰富了现代文学的人物画廊。

第三，创造具有民族特色的结构形式。赵树理的小说通常都具有单纯、明了的结构。小说多是单线结构，即用某一事件作为情节发展线索，贯穿始终。注重故事的情节连贯、环环相扣，保留关节，制造悬念，而且往往是大团圆的结尾。《小二黑结婚》采用了大故事套小故事的模式，一个大故事里穿插了"不宜栽种""米烂了"等小故事，这些也正是中国古典小说的结构特点。

第四，小说语言追求大众化、口语化。其人物语言和叙述描写语言力求做到民族化、大众化、口语化。赵树理运用群众口语不是原原本本引用，而是经过精心提炼，力求土而不僻、通而不俗，纯朴中见文采，庄重中见诙谐。比如，小说在描写三仙姑的老来俏时有这样一段文字："三仙姑却和大家不同，虽然已经四十五岁，却偏爱当个老来俏，小鞋上仍要绣花，裤腿上仍要镶边，顶门上的头发脱光了，用黑手帕盖起来，只可惜官粉涂不平脸上的皱纹，看起来好像驴粪蛋上下了霜。"简单的几句话，形象生动地刻画了一个作风轻浮、贪图享乐的三仙姑。"驴粪蛋上下了霜"这个俗语，令人忍俊不禁，用在三仙姑身上更是合适不过了。

《小二黑结婚》是解放区具有新的形态的文学作品，它的民族化、群众化的特色也是赵树理所有小说的主要创作特色。

太阳照在桑干河上（故事梗概）

丁玲

1946年，暖水屯老汉顾涌从八里桥接女儿回到暖水屯，并赶回来一辆胶皮大车。胶皮大车引起了村上人们的注意。顾老汉二姑娘的公公、专摇羽毛扇的钱文贵不信人们的解说之词，立即打发侄女黑妮到顾涌家打听消息。黑妮同嫂子来到顾家，听顾大姑娘讲了许多平安镇"共产"的事情，黑妮不感兴趣，什么也没问就回去了。

听了女儿的话，顾老汉感到惶惶不安。

黑妮自幼亡父，母亲改嫁，在钱文贵家被当作丫头使唤。17岁时同村的程仁上钱家当长工时二人相爱了。八路军解放村子之后，村上选举，程仁被选为农会主席。但之后程仁却对她冷冷的；黑妮慢慢也发现了前途的危险，她越想抓住，就越觉得没有把握，因此这个单纯的姑娘心上涂了一层不调和的忧郁。黑妮回到家，听到二伯父房里有人说话，见是小学校的教员任国忠与伯父、人称赛诸葛的钱文贵商量着事情。钱文贵在暖水屯是个比较体面的人物，他与以前的保长，县上的人称兄道弟。日本人来了，又与上层打得火热。八路军来了，钱文贵即将儿子送进八路军，成了"抗属"；又将女儿嫁给村治安委员张正典。如今土改了，又与两个儿子"分家"，只给老两口留下十来亩地，使自己下降到贫下中农的地位。

顾涌回来引起的风波长时间没消失，加上从别的方面得到的更丰富更确实的消息，村庄上人们互相传播，又加了一些自己的企望，事情便成了各种各样，但有一点却是确切的，说"共产党又来帮穷人闹翻身，该有钱的人倒霉了"。对于这些，村上各人各有自己的想法，他们村子上曾有过两次清算，有些人复了仇，分得了果实，但有些人并不满意，他们有意见，没有说出来，他们有仇恨却埋在心底里。

张裕民和程仁都到区上去过，回来后也没有什么动静。张裕民是暖水屯第一个共产党员，后又发展了李昌和张正国。在抗日战争中，他们秘密的搞起了民兵。张裕民和程仁从区上回来，带回来一本小册子，这就是最近的一本"土地改革问答"。党员们学习了"问答"；又组织暖水屯的全体干部，还有一些群众参加了孟家沟斗争恶霸地主陈武的大会。暖水屯的人都看痴了，也跟着吼叫，他们的心灼热起来，盼望着暖水屯也能很快卷入这场斗争，同时又担心村子里闹不好，要张裕民到区上催促。不几天，区上派来了以文采同志为首的土改工作组。

组长文采同志是个文字彬彬的干部，工作积极性也很高，当晚即决定第二天晚上开群众大会，他的意见是至少在一个星期，最多十天要结束这个工作。散会时，张裕民对文采似乎还有话说，但没有说出来，他走了之后，文采给了他一个结论："这人胆子小，还有一些哥老会的作风。"

群众斗争即将开始，但在斗争对象上，工作组和村干部内部之间意见不一。在合作社里，人们议论着今年该斗争谁的这个大问题。张正典明白有人不赞成他的婚姻，都说他给钱文贵套走了。他觉得这些人真不讲道理，"钱文贵不是反动派，也算不了什么地主，八路军连他儿子也要去当兵，为什么咱就不能要他的闺女？过两年钱义要混得一官半职，还不是八路军里面叫得响的干部，看你们还有啥好说的？"李昌追着问："咱们这次该斗争谁？

这个问题把大家都难住了，他们脑子里一个一个的去想，有的觉得对象太多，有时又觉得不够条件，或者他们想到过谁，却有顾忌，他们不好说什么。

张正典主张斗争李子俊，李昌不同意；二人发生争吵，赵全功则补充说："谁有心病，谁自己知道。"

因为还没有与工作组的几个同志取得一致意见，张裕民在这个问题上也一时很难发表意见。于是，工作组决定先了解一些情况；文采让工作组杨亮参加村妇联会，并准备开群众大会。与此同时，村子里各种说法和谣言也就出来了。

次日晚上的大会，开了六个钟头。群众对文采所作的动员报告，感到难于理解；农民对工作组有了一种失望。但会后也冲击了所有的人，人们回忆着村上斗争地主侯殿魁的情形，各有各的心态。顾涌老汉同两儿子也在商量着献地的事情。

工作组和村干部的成员尽量做到一致，但村民们对村干部也有着许多说法。杨亮在同张裕民和村民们接触中也了解到意见最大的两个人是程仁和张正典。张裕民向他诉苦："咱也不说全不行，这里面要是有了一半不说话，你说别人要不要看眼色呢？有些话也只有咱们自己人说说，咱们别人不讲，单讲程仁，他过去是他的长工，后来又成了佃户，如今又当了农会主任，该积极了；嘿，这人啥事也能走在头里，就是这桩事装糊涂。你别看他老实，算一个好干部，唉，人心都是肉长的，他总忘不了别人侄女给他的那个情分！老杨，你要还在咱们村上再住上几日，你就全懂了。老百姓的眼睛在看着干部，干部却不肯带头，你说这是怎么办好嘛。"

小学教员任国忠也在积极地活动中，甚至去见了躲藏在果园的地主李子俊。并同钱文贵商量了一些事情，尔后又谈论起黑妮。"咱那个侄女，年岁大了，又没有婆家，本村上又找不到一个如意的，老留在家里就不能安静了。我老早说，只要人有人才，没有家当也成。如今说不上耽搁，可也不小了。你是自己人，我才告诉你，有人来提农会主任，这怎么成呢？咱自己大闺女嫁了个治安员，咱已经不如意，这是终身大事么！别看人家跟前是村干部，也得想想过去，从前这都是批什么东西；也得谋虑谋虑日后，有天'中央军'一来，这伙人还不知道落个什么下场呢。到那时又该哭着回来了，叫作上辈的这颗心，也是过不去。你要是看着有什么年龄相当，有些程度，人老实，就告诉咱，也好把这件心事了啦。"说了还故意的叹息，却又眯着眼睛，在黑影里有意无意地望着那个局促不安的小学教员。

另一方面，想让侄女"高嫁"的钱文贵，忙着叫自己女人和女儿动员黑妮去找程仁。黑妮因对程仁有气，死活不从，经过一天一夜的争吵和啼哭，黑妮最后才采用了一个缓兵之计，拖到第二天再决定，她好去找大伯父出点主意。钱文富也明白黑妮的一些心思，觉得这个孩子太痴心，可是只要他刚一触到这个问题，黑妮就会忍不住的伤心地哭了起来。这个老伯父也感到很为难，不知道怎么办才好。虽然作为钱文贵的哥哥，钱文富也与他从不来往。

此时，村子里不合时宜地出现了"炸弹"：有人在黑板报上"揭发"李子俊收买佃户、村干部耍私情。但是人们很快就明白事情是谁干的。

斗争最终开始了，首当其冲的是李子俊。李听到风声，逃跑在外，家里只剩下老婆和孩子。任国忠执行钱文贵的主张，利用黑板报去告李子俊的企图失败了，但李子俊的突然出走，却扇起了人们的议论纷纷。合作社门口，有人说："地主都跑了，还改革什么？"也有人说："天天开会干响雷，不下雨，造反还有个不动刀枪的？"更有人嘲笑张正国："张大哥，你们民兵爬灰去了？"

农会对这事也慌了起来，马上就派佃户去拿红契；一行人便拥到李子俊大门口。李子俊老婆装出一副可怜巴巴的样子，使一伙穷苦农民软了下来。斗争刚开始，就败下阵来。那群雄赳赳走来的佃户，反而同情她的可怜，忘记了他们来这里的目的，完全被女人所演的戏麻醉了。

村支书张裕民对刚发生的一切却比较沉静。

工作组杨亮继续在村里调查，并了解到村民刘满春上发生的冤情。刘满父亲开磨坊被钱文贵害了，被活活气死，大哥被人暗中算计，抓了壮丁，生死不明；二哥又在日军占领时期，被钱文贵推为甲长,后被逼疯。刘满今年春上与钱文贵一场官司,村上干部又怕的有些马虎;连刘满的党员资格也不知啥时给停了,连区上也不清楚。刘满在杨亮面前对干部中某些人徇私情提出了尖锐的批评。而热衷于开会的工作组组长文采,此时还在忙乎布置大会会场,认为刘满完全像个有神经病的。

工作组在分析斗争主要对象时出现了更深的分歧,文采仍不同意斗争钱文贵,杨亮内心为此非常痛苦。但他想:"这恐怕是给我的一个最好的锻炼","何必在形式上争上下呢?先做一两件事,从事实上来说明我们的看法,让实际来决定行动吧。"于是他提议,根据上次失败的教训,再进行一次有把握的胜利的战斗,用小小的胜利来鼓舞士气。

他的提议立刻为大家所接受。土改工作组和农会的干部及时总结了上次失败的教训。张裕民和杨亮分别找干部串联,发动群众把全屯地主的果园都看管起来,但这次钱文贵仍不在列。

果树园闹腾起来了。

程仁积极启发佃农向地主算账,清算地主江世荣的斗争开始了。郭富贵、王新田等九家佃户一阵风似的拥到了江世荣家。江世荣一出场就拿出了地契;这出乎人们的意料。

"还算什么账!"江世荣只说了一句,注意了几个人的脸色,又听到院子里有脚步声,怕是工作组和村干部们也来了,立刻改变了面容,接着说道:"村上要土地改革,咱还有不知道的?这是好事呢,咱地是多些,自个儿要种也种不过来。咱老早就和干部们商量过了,咱要献地呢,有地大家种,有饭大家吃,才是正理嘛!"王新田一听说他要献地,心里就蒙了,急说道:"红契呢?"

江世荣打开了抽屉,拿出了一个纸包。"江世荣!你装的什么蒜!……"郭富贵的话还没说完,王新田抢过那包红契,便往外跑。别的人看见他一跑,又见红契也拿着了,也跟了出来。众人很兴奋地在路上跑着。程仁和文采叫住了他们。了解了情况后,他们笑了。文采说:"你们就啥也没说,把别人的红契拿来了么?""咱们是要和他算账,咱们不要他献地。"众人发觉,独独郭富贵没有跟回来,只有他一个人还在江世荣家。"走"!大家勇气更增加了,又一团人转了个方向跑回去了。

回到江世荣家,人们发现郭富贵正与江世荣隔着老远对峙着。

这次斗争的胜利,使人们得到了鼓舞,也使人们认识到斗争中要地契和算账的不同含义。

但斗争依旧没有进一步深入;人们不满足,还在观望。

刘满在果园里与张正典打了起来,一来是过去的恩怨;因为过去张正典讹地的事情,刘满始终不服气,心中怀着愤恨。二来是因为钱文贵在斗争中迟迟没有受到冲击,刘满对此非常不满。

县委派来了宣传部部长章品。他年轻,但办事老练,又是第一个来到暖水屯的八路军,张裕民就是他发展的第一个党员。章品一进村就碰上了任国忠;任国忠的谎话,让章品对形势有了一个基本的判断。他对暖水屯非常熟悉,也知道斗争的主要对象是谁。章品迅速同干部们沟通了思想,排除了有问题或群众不满意的村干部。章品取消了当晚的农会,改为党员干部大会,仍要程仁参加;在会上与工作组、村干部一起检查错误,总结教训,统一认识,发动群众。他支持杨亮,认准了斗争的主要目标,就是老奸巨猾的钱文贵。会上也做出了决定。

斗争钱文贵之前,章品奔赴新的工作岗位,并带走了任国忠去县里接受改造。

程仁内心非常矛盾,他将自己与被地主拉下水的变质干部张正典相比,认识到自己心中维护着黑妮，实际上是维护着钱家，维护了地主阶级的利益，是忘了本。当钱文贵老婆打着为黑妮说亲并许以土地时，程仁愤怒了。

钱文贵被扣的消息一传开，整个暖水屯沸腾起来了。在斗争钱文贵的大会上，穷苦农民长期积压在心头的怒火，像火山一样爆发了。当民兵将他押到台上，他的两只"蛇眼，仍然放着余毒，镇压着许多人的心"，但是农民革命的风暴，终于使他受到历史的惩罚。人们争先恐后上台控诉钱文贵的罪行，当刘满控诉时，群众的愤怒达到了极点。

黑妮也参加了游行的队伍。

顾涌老汉也还了亲家的胶皮大车。

在欢庆土地还家的大喜日子里，大同等地的战役也进一步深化，上级也交来了支前的任务。全屯的村民在张裕民等的领导下，改选了村干部；村上一百多名青年参军支前。经受考验的程仁在分土地、财物中，总是先人后己，大公无私，并仍然当选为农会主任，并与黑妮重新和好。刘满接替了张正典的治安员的职务。赵得禄当了村长，还扩充了民兵队伍，发展了党的组织。

当太阳照在桑干河上时，工作队离开了暖水屯，他们又踏上了新的征途。

【导读】

丁玲（1904—1986），中国现代文学史上一流的女作家。原名蒋伟，字冰之，湖南临澧人。丁玲幼年丧父，小弟弟早年夭亡，母女两人相依为命。丁玲生性敏感，自小就体尝到世态炎凉，体尝到女子因性别而备受歧视的社会地位。丁玲的母亲是一个自食其力的人，经常给丁玲讲些秋瑾、罗兰夫人等女中豪杰的故事，丁玲又直接从向警予等人身上感受到一种精神的力量。以后她到了上海，到了北京，寻求谋生之路，耳闻目睹了女子的种种艰难与不幸。所有这些，对丁玲产生了极大影响。因此，她的文学创作从一开始就关注女人的命运，关注女人在社会上的地位和生存状态，从梦珂、莎菲、阿毛，到贞贞、陆萍、黑妮，再到杜晚香，这是贯穿丁玲一生的创作主题。1935年逃亡到延安后，丁玲的创作进入另一个阶段。

延安文艺座谈会后，遵照毛泽东同志的指示，她沿着文艺为工农兵服务的方向深入。她多次来到农村，与农民群众结合。1946到1948年多次参加华北农村土改，在经受群众斗争锻炼、体验生活的基础上，她以极大的政治热情创作了反映农村土地改革运动的长篇小说《太阳照在桑干河上》。这部小说艺术地再现了中国农村从未有过的巨大变革，塑造了一系列新型农民的形象。由于作品所写题材具有重要意义，特别是作品在思想上和艺术上的成就，小说于1948年出版后引起了很大反响，并荣获1951年度斯大林文学奖二等奖。这部作品是丁玲整个创作生活中最重要的收获，也是延安文艺座谈会以来我国长篇小说创作取得的突出成绩，标志着解放区长篇小说的现实主义创作达到一个新的高峰。

《太阳照在桑干河上》以华北一个叫暖水屯的村子为背景，真实而细致地描写了土改的整个过程，既深刻地反映了农村土地改革运动尖锐复杂的阶级差异和阶级斗争，又形象地揭示了各阶层人的精神状态，进而表现出中国农村和农民在党的领导下取得的历史性巨变。小说原计划写三个部分：第一是斗争，第二是分地，第三是参军。现在看到的只是其中的第一部分。

《太阳照在桑干河上》全书是从一个后来被错划成富农的富裕中农顾涌，在附近村子听到土改斗争的风声开始的。作者以细腻的笔触写了暴风雨到来前暖水屯人们心理上的变化，对斗争风暴的到来做了有声有色的描绘。作者以顾涌的出现为全书开头，并且选择他作为贯穿全书的一条重要线索，是因为他的身份使他对土改十分敏感。与此同时，他又和农村各阶层保有密切复杂的联系。而对这种人采取什么态度，也直接关系到党在农村中的阶级政策，并关系到土改运动能否顺利开展（作者原想表现工作组在这一问题上发生的偏差，后因写作计划改变而未能在现有的作品中反映出来）。作者让顾涌最早出现还有一个用意，即通过他替亲家转移胶皮轮车，一开始就烘染出当时的政治气氛——蒋介石反动派正要向解放区进犯，土改斗争是在十分复杂、十分紧迫的情况下进行的。

但顾涌并不是小说中的主要人物。作者在写了顾涌回到暖水屯后就没有以更多的笔墨突出写这一人物，而是进一步写了土改斗争给这个村子带来的震动，以主要篇幅写了构成暖水屯基本矛盾的农民和地主两个方面的代表人物：张裕民、程仁以及钱文贵、李子俊等。他们在作品中被刻画得生动具体，鲜明突出，有血有肉，达到了呼之欲出的地步。对于张裕民这个暖水屯的第一个共产党员，作品突出了他沉着、老练、忠心耿耿的品质，他虽然有一些缺点，发动群众斗地主时有一段时间思想模糊，怕斗不倒钱文贵自己不好办，但他大公无私，冲锋在前，一旦思想明确，下了决心，便勇猛顽强，坚决果敢。正因为如此，他在群众中有威信，在干部中有号召力，在村里处于举足轻重的地位。和张裕民一样从小受地主剥削的长工程仁，朴实憨厚，对地主阶级有本能的仇恨。因为和钱文忠的侄女黑妮的关系，他在斗争中也有思想矛盾，总感到有什么东西"拉着他下垂"。但他在斗争的暴风雨中还是站稳了自己阶级的立场，坚决和广大群众一道，向地主阶级进行了勇敢的斗争。他和张裕民都像质地纯朴的玉，虽有瑕疵，终掩不住本身的光辉。

至于恶霸地主钱文贵，如果作为一个丰富的典型形象来要求，他的个性显得还不够突出，然而比之一般作品中的反面人物，却自有其独到之处，从他身上的确可以看到地主阶级是怎样奸诈狡猾地抗拒土改斗争的。作者突出了钱文贵的谋略见识：土改之前就让儿子钱义去参军，土改时又搞美人计逼迫侄女黑妮去找农会主任程仁；他伙同白娘娘、任国忠搞迷信，播谣言，利用女婿张正典欺压贫农，妄图转移斗争目标；就在被押上台斗争时，开始还故作镇静，想用"威严"的目光压制农民的控诉。他无恶不作，一手遮天，的确是几千年来统治中国农村的封建势力的代表人物。作者没有夸大他的能力，也没有低估他的淫威，分寸掌握得比较适当。

除钱文贵外，作者还写了其他几个不同特点的地主：胆小绝望的李子俊，凶险厉害的江世荣，对农民恨得咬牙切齿的侯殿魁等；李子俊的老婆更是写得惟妙惟肖、入木三分。开始她装得百依百顺，想以此软化欺骗前来清算她家的贫雇农们；当这一招失灵时，虽然表面上还要强装笑脸，内心却恶毒咒骂斗争她的农民——特别是她在果树园中的心理活动，把一个地主婆在土改中的阴暗心理揭示得淋漓尽致，写出了一个具有鲜明阶级性和个性的人物。作者通过描写这些人物，展示了人们之间的相互关系和矛盾，表现了土改斗争的曲折过程。与此同时，作品总是让他们的性格随着斗争的发展而发展，让他们的命运紧密地联系现实斗争。如程仁对黑妮的态度变化就反映了土改斗争的发展，也展示了程仁的思想性格。

因此，作品体现出这样一个重要的思想：土地改革是伟大的群众运动，它不但以极大的威力改变中国农村社会几千年的旧秩序，也深入人们的内心世界，对他们思想、性格的变化产生直接的影响。和其他有些反映土改斗争的作品相比，《太阳照在桑干河上》之所以显得扎实，一个重要的原因就在于此。

《太阳照在桑干河上》的创作成就主要表现在四个方面：

第一，深刻而真实地反映了土地改革运动中农村阶级关系和阶级矛盾的复杂性，这是小说取得的最大成就。

这里的阶级关系不是经过马克思主义的阶级分析学说简单化、净化了的，而是保持生活本身所特有的感性状态：在暖水屯这个中国农村的缩影中明显地存在两个阶级的对立：一个是以钱文贵、李子俊为代表的地主阶级；一个是以张裕民和程仁为代表的贫苦农民。但是，各个阶级之间却存在着错综复杂的社会联系，形成了犬牙交错、互相渗透的复杂而微妙的关系：钱文贵是这个村里的中等恶霸地主，他的亲哥哥钱文富却是村子里种二亩菜园地的地地道道的贫农，他的儿子钱义是八路军战士，媳妇是富裕中农顾涌的女儿，女婿张正典是村治安委员，侄女黑妮是村农会主任程仁的情人，农村各阶级之间的这种"你中有我、我中有你"的社会联系，使农村的阶级关系无限复杂化，而复杂的社会阶级关系使得暖水屯在地主之间、农民之间甚至工作组内部都充满了矛盾和性格的差异：同是地主，李子俊、侯殿魁、江世荣、钱文贵在土改大风暴面前采取了不同的态度和策略，并且互相明争暗斗；同是贫农，既有刘满这样站在斗争第一线的积极分子，也有白天分地、晚上退地的农民侯忠全。村干部之间对土改的认识和态度、政策的掌握也有明显的差异，形成了微妙的关系。工作组之间，既存在着文采那样的主观主义的思想方法，也存在着杨亮、胡立功那样的脚踏实地的工作作风。土改斗争的艰难首先就来自于这一错综复杂的阶级关系。这一切都形象地表明，农村的阶级关系是多么微妙复杂，农村的阶级斗争正是在这样复杂的条件下，在无声的刀光剑影中激烈地进行。小说在这些方面的独到成就，使它超过了同一时期同类题材的其他作品。如果作者不熟悉生活，不了解中国农村由于封建落后形成的特殊情况，便不可能表现出这样使人眼花缭乱的关系。

第二，在人物形象的塑造上，丁玲善于通过细腻的心理刻画，写出人物思想、性格和心理的复杂性。

小说展现了几千年来封建制度和封建思想在农民文化心理结构中留下的历史积淀，以及这种历史积淀又是怎样束缚他们反封建的积极性，阻碍他们自身解放的历史进程。小说中对侯忠全心理的刻画是很有典型性的。农民斗了侯殿魁后分给了侯忠全一亩半地，但是他却悄悄地交还了地主，因为他不相信农民能掌权，不相信自己有翻身当主人的日子。当他和刚被斗争过的侯殿魁目光对视时的一刹那，竟然"觉得像被打了一样"，那悄悄地投过来的责罚的目光反而使他抬不起头，他把两手垂下，弯着腰逃走了。但是，他内心深处的希望之火并没有熄灭。所以，当侯忠全真的相信地主确实被斗垮，土地回到自己的手中时，他和老伴两个人都笑了，笑到两个人都伤心了，开始真诚地认定：共产党是人民的大救星，以后要供就供毛主席。作家的这最后一笔虽然写出了农民的觉醒，但也真实地把这觉醒放了一定的历史范围内，真实地写出了它的历史局限性。中国农民要摆脱几千年形成的封建的奴性观念，真正掌握自己的命运，还要经过漫长的过程，付出沉重的代价。

丁玲忠实于现实的描写，她对农民思想、心理刻画的历史真实性，使得她的描写具有较高的历史价值，成为中国现代农民心理发展史上重要的一页。此外，在表现农村中的新人时，作者也没有人为地把他们拔高，而是真实地写出了他们如何在斗争的过程中逐渐摆脱自身的弱点而逐渐成长。

第三，具有浓郁的生活气息、明朗的色彩和乐观的格调。

新的人物、新的世界，给这幅画卷带来了明朗纯净的色彩和生机勃勃、乐观向上的格调，"果树园闹腾起来了"一节，阳光普照，充满了欢声笑语。当然，其中也不乏明暗对比。

第四，文学语言细腻、蕴藉、凝练，富于暗示力和情感色彩，但有时失之于沉闷，精妙有余而通俗朴实不足。

小说的不足之处主要表现在作者的主观叙述多于事物本身，具体行动写得不够扎实，这跟丁玲农村生活的体验不足分不开。

第二节　戏剧

屈原（故事梗概）

郭沫若

战国后期，秦、齐、楚、燕、赵、魏、韩七国的斗争，错综复杂，各国势力消长不断。当时最有条件统一中国的是秦国和楚国。秦国由于实行了商鞅变法，国势日盛，威胁着楚国。面对这种局面，楚国怎么办？三闾大夫屈原，是个有远见的政治家，他主张改革内政，联齐抗秦。屈原的主张曾得到楚怀王的认可，但遭到以南后郑袖、佞臣上官大夫靳尚为首的投降势力的抵制和反对。他们和秦国的密使丞相张仪相勾结，陷害屈原，破坏齐楚联盟。剧情就从这里开始，写了屈原一天的遭遇。

屈原给弟子宋玉讲自己的《橘颂》诗，赞美橘树"独立不倚""至诚一片"的品格；告诫宋玉在这大波大澜的时代"生要生得光明，死要死得磊落"，做一个顶天立地的男子。这实际上也是屈原光明磊落、爱国爱民伟大襟怀的诗意概括和自我抒发。秦为破坏楚齐联盟，派使者张仪游说楚王，诡称秦割商于六百里之地给楚，条件是楚齐绝交。与此屈原识破秦国的虎狼之心，从维护楚国独立和关东六国人民利益出发，力劝楚王坚持联齐抗秦。张仪阴谋受挫，转而与楚王宠姬南后勾结。

南后郑袖是个狠毒自私的女人，楚王长子在秦国为质，南后为了固宠便接受张仪奸计，离间楚王与屈原关系、破坏楚齐联盟，换取秦国对立稚子子兰为王位继承人的支持，二人共同设下宫廷"构陷"的阴谋。南后以帮助指导"九歌"为名，把屈原骗入宫廷，当面吹捧屈原："文章又好，道德又高，又有才能，又有操守"；待见到楚王回宫时，便诈作头疼，倒入屈原怀中，反诬屈原调戏她。昏庸暴戾的楚王，不辨真伪，便以"淫乱宫廷"的罪名，免去屈原左徒官职并将其逐出宫廷，宣布和齐国绝交，同秦国修好。屈原悲愤满腔，告诫国王："要多替楚国的老百姓设想，多替中国的老百姓设想。"痛斥南后："你陷害了的不是我，是我们整个儿楚国呀!""是我们整个儿的赤县神州呀!"

屈原被贬,谣诼四起。无耻文人宋玉叛离屈原,投靠贵族集团。屈原愤而出走,路遇楚王、南后、张仪,情不可遏,痛骂张仪,怒责南后。楚王大怒,下令把屈原关进东皇太一庙。侍女婵娟坚信屈原是纯洁和正义的,不为南后威逼和宋玉、子兰利诱所动,也被囚禁。屈原身陷囹圄,眼见祖国陆沉,一腔悲愤喷涌而出。他呼唤雷、电、风,"把这黑暗的宇宙,阴惨的宇宙,爆炸了吧,爆炸了吧!"他渴望雷电化作他胸中的长剑,"把这比铁还坚固的黑暗,劈开!劈开!劈开!"壮美的"雷电颂"把屈原光辉的品格升华到最高峰。这时庙祝郑太卜受南后之命,以毒酒予屈原,婵娟和救她的卫士赶到,婵娟误饮毒酒代屈原而死。卫士刺杀郑太卜,焚庙。熊熊火光中,屈原展读《橘颂》,祭奠婵娟,并随卫士潜往汉北,和人民一起继续坚持斗争。

【导读】

写于风雨如磐的1942年1月的《屈原》以其特有的沉郁诗意、鲜明的人物形象和历史与时代的悲剧精神震撼了重庆剧坛。成为郭沫若历史剧的代表作。

这个剧本取材于战国时代楚国爱国诗人屈原一生的故事,以楚怀王对秦外交上的两条路线斗争作为全剧情节的线索,构成代表爱国路线的屈原与代表卖国路线的南后等人之间的戏剧冲突,从而成功地塑造了屈原这个文学典型和一系列人物形象。郭沫若通过《屈原》要表达的是为祖国和人民不畏暴虐、坚持斗争的主题,是七十多年前唱出的对光明、正义的热情颂歌,对黑暗、邪恶的愤怒声讨。

早在20年代初期,郭沫若就说过:"我要借古人的骸骨来,另行吹嘘些生命进去。""我们写古人所能凭借的材料都是很有限的,那就要求历史剧作者发挥想象力,把很少的材料组织成一个完整的世界。创作历史剧应当在现实主义的基础上运用浪漫主义的手法。"他强调历史剧要灌溉现实的蟠桃。《屈原》就是抗日民主运动中影响最大的一部作品,是一部以历史唯物主义观点对历史进行新的解释、发挥了"古为今用"的战斗效能的新型历史剧。40年代初期,郭沫若生活在国民党统治区的重庆,他"看见了不少的大大小小的时代悲剧",于是决定"把这时代的愤怒复活在屈原时代里""借了屈原的时代来象征我们当前的时代"。剧本通过战国时代楚国爱国诗人屈原一天的生活和斗争,概括了他的悲壮战斗的一生。剧本结尾,屈原出走汉北,继续坚持同黑暗势力斗争,表现了作者对黑暗世界的愤懑和对光明未来的憧憬。

郭沫若在创作《屈原》时,尽管将屈原作为一个理想的人物来刻画,倾注了强烈的理想色彩,但他还是有意识地注意到了史实的客观性,将屈原所固有的各种局限性揭示出来。屈原是胸襟坦荡、见解深刻的伟大政治家和诗人的艺术典型。蕴含于这个形象当中的深切的爱国爱民思想和英勇无畏的斗争精神是具有高度的现实意义的。可以说,屈原的性格是抗战时期中国勇于抵抗帝国主义侵略无数大众性格的总代表,而屈原也便成为争取自由、反抗侵略、捍卫真理、奋不顾身的中华民族的化身。特别是在五幕二场那篇著名的独白《雷电颂》中,屈原的思想有了新的升华。他由否定具体的丑恶形象发展到对整个黑暗旧世界的彻底否定:"把这黑暗的宇宙,阴惨的宇宙,爆炸了吧!爆炸了吧!"他把一向受人崇敬的神明"东皇太一、云中君"斥为"土偶木梗""你们滚下云头来,我都要把你们烧毁!"并且,将自己化为风、雨、雷、电、火,"你就是我的生命,你就是我呀!我这熊熊地燃烧着的生命,我这快要使我全身炸裂的怒火,难道就不能迸射出光明了吗?"在最黑暗的时刻,他高吟《雷电颂》,呼唤风雷闪电、呼唤正义和真理,向昏聩和黑暗发出愤怒的诅咒,表明自己坚定不移的斗争意志。这让人想起郭沫若早年的"凤凰涅槃"精神。

而剧中屈原的侍女婵娟就是作者虚构出来的形象。她纯洁可爱、天真善良,谦恭好学又深明大义。她敬爱屈原,遵照屈原的教导做人,把为救屈原而死看成为祖国献身,看作自己毕生最高的理想。她无意中喝了靳尚送来的毒酒,反而庆幸能替她的先生屈原去死的情节,是人物塑造中最感人的一笔。

她是郭沫若的理想人物。郭沫若创造她是把她当作"诗的魂""光明的使者""屈原辞赋的象征"来写的。她的形象是屈原形象的有力烘托和补充。

《屈原》剧中,还刻画了一个为了巩固个人恩宠而狠毒陷害忠良的宫廷女阴谋家南后的形象,这个人物也是一个成功的艺术创造。与婵娟相反,南后仅仅为了个人恩宠求荣,竟然不惜取媚侵略势力,与秦国暗相勾结,陷害屈原这样的忠良,祸国殃民,而且所采用的手段又是那么卑鄙无耻。当她的阴谋得逞以后,她更加猖狂、恣肆,彻底暴露了她冷酷残忍的本性。她的自私偏狭、阴险毒辣和冷酷残忍,使读者和观众形象地认识到,统治集团中的卖国势力是怎样的一群丑类。南后这个形象,对屈原的典型塑造起到不可或缺的反衬作用,使屈原光明磊落、大公无私的品德,爱国爱民的感情和英勇无畏的斗争精神,更加鲜明突出。

《屈原》一剧中,穿插了相当数量的抒情诗和民歌。它们不是可有可无的装饰,而是剧本的有机组成部分,对剧情发展、人物刻画有重要的作用,从而使全剧始终洋溢着浓郁的抒情色彩和沉郁的悲剧气氛。剧本中富有韵味的长篇独白充分地揭示了人物丰满复杂的内心世界,充满音乐的节奏和诗的激情,如《雷电颂》和《橘颂》。郭沫若曾经讲过,是要"把这时代的愤怒复活在屈原时代里去",是要"借了屈原的时代来象征我们当前的时代"。

《屈原》不但是这一时期革命历史剧最辉煌的代表作,而且在整个现代文学史上,也是不可多得的艺术瑰宝。郭沫若这时期的历史剧已形成独特的革命浪漫主义艺术风格。同早期的历史剧相比,它们不仅保持了鲜明的个性、浓厚的诗意、炽烈的热情等,而且具有更厚实的现实基础、更充足的信心和更坚定的理想。无论是聂政刺杀侠累动机的升华,还是屈原所表现的与反动统治者不屈不挠斗争的精神,以及终于出走汉北,无论是如姬临死前在她父亲墓前的自白,还是宋意在高渐离启发下黉夜"冒着大雪远走江东"去同那里人民相结合的行动,都鲜明地显示出郭沫若历史剧革命浪漫主义风格的发展和成熟。

白毛女(故事梗概)

贺敬之

该歌剧根据流传于晋察冀边区的一个民间传说故事写成。故事发生在河北省某县杨各庄。一九三五年的农历除夕,佃农杨白劳因无法还债,在外面躲了几天回到家里,准备和他唯一的女儿喜儿一同过年。亲家王大婶也来帮助他们料理过年的事情,不料恶霸地主黄世仁打发他的狗腿子穆仁智来到杨家,逼着杨白劳去见地主。

当晚，在黄家，黄世仁强迫杨白劳用喜儿来抵债。尽管杨白劳苦苦哀求，黄世仁还是强迫他在闺女的卖身契上按了手印，然后被推出了黄家的大门。杨白劳悲愤交加，晕倒在雪地里，被老友赵大叔发现并将他送回家里。当时，喜儿、王大春（喜儿的未婚夫）以及王大婶都在兴高采烈地准备过年，赵大叔在给他们讲述红军的故事。只有杨白劳想着被迫卖女儿的心事，痛苦万分。终于在喜儿入睡了之后，服了卤水，冲出门外，高喊着："我死也要死到你黄家的大门口去！"就这样，杨白劳含恨惨死。

第二天清早，王大春到杨家来拜年，发现杨白劳死在雪地上。赵大叔看见了杨白劳手中的那张卖身契，才知道杨白劳自杀的原因。正在这时，狗腿子穆仁智带着打手们来硬把喜儿抢走。

喜儿在黄家受尽了种种虐待，并遭受了地主黄世仁的侮辱。喜儿决定上吊自杀，被好心的佣人张二婶救了下来，并鼓励她活下来为杨家报仇。

穆仁智找王大春逼债，被王大春和关大锁痛打了一顿。王大春在赵大叔的指引下投奔红军去了。数月后，地主黄世仁要娶亲，黄世仁母子策划把不服管教、声言要报仇的喜儿转卖给妓院。幸亏有张二婶的帮助，喜儿逃出了黄家。黄世仁和穆仁智连夜追赶喜儿，在一条河边发现了喜儿的一只鞋，他们断定喜儿是投河自尽了，因此喜儿逃出了虎口。

三年过去了，全村的人都以为喜儿死了，可是喜儿并没有死。她逃进了深山老林，用野菜、树皮和庙里的供品充饥，生活的煎熬使得她的头发都变白了，她被村里的人传说成鬼，叫她"白毛仙姑"。

抗日战争爆发，中国共产党领导的八路军英勇抗战，深入敌后建立了抗日民主根据地。这时，当年投奔八路军的王大春也跟随队伍回到了家乡，领导穷苦的乡亲们进行减租减息的斗争。但是，地主黄世仁借"白毛仙姑"造谣惑众。为了揭穿黄世仁的阴谋，大春决定查明事实真相。于是，夜晚与大锁藏在奶奶庙内，适逢变成"白毛女"的喜儿又到奶奶庙来取供品，发现有人慌忙夺路逃走，大春和大锁紧追到山洞，才发现这个"白毛仙姑"原来是活着的喜儿。

乡亲们看到被地主迫害成"白毛女"的喜儿以后，群情激愤，纷纷控诉黄世仁的滔天罪行，这个罪大恶极的恶霸地主终于受到了人民政府的严厉审判。

【导读】

贺敬之（1924—），山东峄县人。他13岁入山东第四乡村师范读书，抗战爆发后流亡到湖北、四川，1940年赴延安入"鲁艺"学习，1942年与丁毅共同执笔创作《白毛女》。新中国成立后长期担任文化部门领导工作，并有诗集《乡村之歌》《朝阳花开》《放歌集》等。

《白毛女》是我国民族新歌剧的代表作，是根据当时河北阜平一带流传的"白毛仙姑"的民间故事加工、改编而成，1945年由延安鲁迅艺术学院集体创作，剧本由贺敬之、丁毅执笔，马可、张鲁、瞿维、李焕之、向隅、陈紫、刘炽作曲。

《白毛女》根据"白毛仙姑"的民间传说创作的，故事讲的是1935年除夕，恶霸地主黄世仁通过地租和高利贷残酷压榨农民，逼死杨白劳，抢走喜儿并把她奸污后又要害她，后来逼得她逃进深山,过着"鬼"一般的生活。苦熬三年,头发都变白了。1938年春,在共产党的领导下,打倒了地主阶级,喜儿和广大农民报仇雪恨、翻身解放了,新旧社会两重天。这朵在延安歌剧运动的沃土上绽放的先进文化之花——承载的"旧社会把人逼成鬼、新社会把鬼变成人"主题,在我国歌剧史上树立了一座里程碑,曾被作为阶级教育的生动教材,在解放战争和土地改革中发挥了巨大的教育作用。

《白毛女》围绕喜儿命运的发展这条主线,安排了扣人心弦的戏剧情节。命运大起大落,人物个性色彩鲜明强烈。它的基本倾向是揭示在当时的历史环境下不可调和的地主阶级与农民的阶级矛盾,但在这显在的主题倾向中,却不自觉地显露了生命的意识,揭示了人性中永恒的价值,这就是人在与天斗、与地斗,与自然和人为的灾难以及邪恶斗争中所显示出来的顽强生命力。正是这种生命力,保证了人在斗争中的胜利,塑造了人本身,推动了人类历史的发展。作品中的女主角喜儿,之所以在地狱般的生存状况中能够活下来,在与自然的抗争中取得生存的空间,在与邪恶的斗争中没有毁灭,除了别的原因外,她的生命力不能不说是一个重要因素。当喜儿唱出:"向前走,不回头,……想要逼死我,瞎了你眼窝;/舀不干的水,扑不灭的火!/我不死,我要活;/我要报仇,我要活"的时候,我们从喜儿身上看到了生命的伟大和神圣。这也正是这部歌剧的深刻性之所在。

在结构上,《白毛女》线条单纯,一环紧扣一环。剧作中现实主义与浪漫主义完美结合。在语言和音乐等方面的特点与成就也都很突出。许多歌词语言就是诗的语言。如外出躲账的杨白劳回家,从怀里掏出给喜儿买的一根红头绳时的唱词:"人家的闺女有花戴,爹爹钱少不能买,扯上了二尺红头绳,给我喜儿扎起来!哎!扎起来!"又如恶霸地主黄世仁强迫杨白劳在女儿卖身文契上按了手印后把他赶出黄家大门外,杨白劳悲愤得昏过去后刚苏醒过来时的唱词:"老天杀人不眨眼,黄家就是鬼门关!"这些唱词利用了诗的语言,押韵上口,适宜吟唱。前一段唱词表现了杨白劳无钱给女儿买花的歉疚和对女儿深挚的感情与对生活的热爱;后一段唱词是对万恶的地主黄世仁的揭露和控诉,表现了万分悲愤的感情。剧中人物的语言,符合各自的身份和性格特征。他的民间话语磁石般的感召力使剧作演出得到热烈的回应:"每至精彩处,掌声雷动,经久不息,每至悲哀处,台下总是一片唏嘘声,有人甚至从第一幕至第六幕,眼泪始终未干。"

此外,《白毛女》创造了具有民族风格和民族气派的新歌剧形式。首先它的音乐建立在河北、山西、陕西的民歌、说唱音乐之上,继承了中国戏曲音乐的传统,又借鉴了西洋歌剧的经验。如《北风吹》《扎红头绳》等。剧中不同角色的唱腔中,隐隐回荡着河北梆子《小白菜》《青阳转》、山西秧歌《拣麦根》,或者山西梆子、河北花鼓的某些旋律。其次,在歌剧表演上,不受西洋歌剧只唱不说的束缚,借鉴了传统戏曲唱、念、白相结合的艺术手法,形成了具有民族特色的新歌剧的表现形式。最后,它吸收了传统戏曲的写意手法,将抒情场面的着意渲染与次要事件的简单交代紧密结合在一起,符合广大农民群众的欣赏习惯。它标志着中国歌剧终于寻找到了自己独特的发展道路,形成了自身鲜明的美学品格。

继《白毛女》之后,又出现了《刘胡兰》《赤叶河》等优秀剧目。后来歌剧史家把从《兄妹开荒》到《白毛女》《刘胡兰》《赤叶河》等优秀剧作在短时期内连续出现,称为"第一次歌剧高潮"。

思考与练习

1. 分析《围城》中方鸿渐形象的典型意义。
2. 为什么说《围城》是一部"新《儒林外史》"？
3. 分析《金锁记》的艺术特色以及曹七巧的复杂性格。
4. 《啼笑姻缘》为什么在1930年红极一时、风靡全国？
5. 分析《华威先生》的讽刺特色。
6. 《在其香居茶馆里》讽刺手法的运用表现在哪些方面？
7. 为什么说《小二黑结婚》实现了民族化和大众化的高度统一？
8. 试分析《太阳照在桑干河上》的思想成就和艺术成就。
9. 试分析历史剧《屈原》的思想成就、艺术成就以及屈原的复杂思想性格。
10. 为什么说《白毛女》是我国民族新歌剧的奠基之作？

第四篇 新中国成立十七年与"文革"时期的文学(1949—1976年)

第七章　新中国成立十七年与"文革"时期的文学发展

第一节　文学思潮和流派

一

新中国成立后十七年的文学，从中华全国文学艺术工作者代表大会（简称第一次文代会）开始。这次会议在人民解放战争已经取得决定性胜利、新中国成立前夕，于1949年7月2日至19日在当时的北平举行。

第一次文代会的召开，标志着中国的新文学开始进入当代文学的新阶段。会上，郭沫若作了《为建设新中国的人民文艺而奋斗》的总报告，总结了五四以来新文艺运动的经验，提出了文艺工作者在新形势下的具体任务。茅盾作了《在反动派压迫下斗争和发展的革命文艺》的报告，周扬作了《新的人民的文艺》的报告，分别总结了国统区和解放区文艺运动的经验。最后，大会通过了《中华全国文艺界联合会章程》，成立了中华全国文学艺术界联合会，选举郭沫若为主席，茅盾、周扬为副主席。这次文代会的召开，结束了全国文艺工作者长期被分隔的状态，是五四以来新文学史上的一次规模空前的大团结盛会，是国统区、解放区两路文艺大军胜利会师的大会，也是动员广大文艺工作者团结起来、加强工作、迎接新时代的誓师大会。大会以毛泽东文艺思想为指导，明确了文艺为人民服务、为工农兵服务的方向，在新中国文学发展史上具有里程碑意义。

20世纪50年代前期，在政治战线与经济战线上社会主义革命不断发展的情况下，文艺界发生了一系列文艺思想斗争。其中规模较大的主要有关于电影《武训传》的讨论，对《红楼梦》研究的批判，对胡风文艺思想的批判。新中国成立初期，意识形态领域的情况非常复杂，需要加强领导，树立马克思主义的指导地位。但学术领域和文艺思想领域内的一些问题，只能由学术界采用自由讨论和文艺批评的方法来处理，开展全国性的批判运动显然是错误的，其结果是阻碍了文艺事业的正常发展。尤其错误的是运用敌我斗争的手段处理人民内部矛盾，如对胡风文艺思想的讨论批判，发展成深挖"反革命集团"的政治运动，致使胡风等人含冤25年之久。这不仅挫伤了某些进步的、爱国的知识分子的积极性，也给一大批革命作家、艺术家留下了伤痕。

在我国社会主义改造取得重大的历史性胜利的重要时刻，为了集中力量，发展社会生产力，加速经济建设的步伐，繁荣和发展科学文化事业，在1956年5月2日最高国务会议上，毛泽东提出了促进我国科学、文学艺术事业发展繁荣的正确方针——"百花齐放，百家争鸣"。"双百"方针的提出，给整个文艺界带来了蓬勃生气，文艺创作出现了欣欣向荣的景象，理论批评也日趋活跃。

1957年6月开始，全国开展了"反对资产阶级右派"的斗争。这场斗争发生了扩大化的错误。在文艺界，一大批作家、艺术家被错划为"右派分子"，这就严重混淆了两类不同性质的矛盾，伤害了一大批同志，造成了严重的后果。1958年年初开始，文艺界还掀起了一场对所谓"修正主义文艺思潮"的批判运动，一批勇于进行理论探索的文艺理论批评文章也被打成"毒草",进行批判。这些都使"双百"方针的贯彻受到了影响。1961年至1962年,随着经济上实行"调整、巩固、充实、提高"的方针,文艺政策也进行了调整,纠正了前一时期的一些"左"的失误,破除了一些"左"的框框。党的文艺政策的调整,调动了广大文艺工作者的积极性,鼓舞了作家的创作热情。但是,这个局面以后又被新的政治斗争风浪所淹没。

二

1965年11月10日,姚文元奉命写作的反动文章《评新编历史剧〈海瑞罢官〉》发表,这标志着极左思潮已经不满足于单纯在文艺领域,而开始谋求政治上的合法化,从而掀开了"文革"的序幕。1966年2月,江青、林彪炮制了一个《部队文艺工作座谈会纪要》,这实际上是"文革"时期对文艺界发动政治迫害、实施文化专制主义的纲领。《部队文艺工作座谈会纪要》的主要内容有两点:一是全面否定新中国成立后文艺部门所取得的成绩,抛出所谓"文艺黑线专政论",认为新中国成立后的文艺有三"黑",即理论"黑"、作家"黑"、作品"黑";二是抛出了一系列反动文艺理论,如"根本任务"论、"三突出"原则等。"文革"给新生的社会主义文艺带来了灭顶之灾。

当然,"文革"时期也有文学,主要文学现象有以下几种:一是所谓的"革命样板戏"。"文革"期间大力推广的八个"样板戏"分别是:现代京剧《红灯记》《沙家浜》《智取威虎山》《奇袭白虎团》《海港》《龙江颂》和芭蕾舞剧《红色娘子军》《白毛女》。二是阴谋文艺。代表作品有短篇小说《警钟长鸣》,电影《决裂》《欢腾的小凉河》《反击》,话剧《千秋业》《盛大的节日》等。这些作品都以所谓的"与走资派斗争"为主题,表现手法拙劣。三是应时作品。作者一方面不愿意直接参与政治阴谋;另一方面又不同程度地追求时尚,有一定的生活积累,但带有当时时代的鲜明印痕。较有代表性的作品有:浩然的小说《金光大道》《西沙儿女》,张永枚的"诗报告"《西沙之战》、谌容的处女作《万年青》。四是抗争作品和值得肯定的作品。真正的抗争作品产生于1976年的"天安门诗歌运动"。这次运动以诗歌为武器,悼念周总理,声讨"四人帮",开启了新时期文学的序幕。本时期值得肯定的作品大都以手抄本形式在地下秘密流传,较有代表性的是张扬的《第二次握手》和靳凡的《公开的情书》。他们在政治上公然怀疑"文革"的性质,引起群众的共鸣。

第二节　小说创作

"十七年"的小说是"十七年"文学中成就显著的重要门类,长、短篇均有可观的数量和较高的质量。"十七年"长篇小说创作出现了蓬勃发展的势头。20世纪50年代中期到60年代初出版的一批优秀长篇,标志着当代小说创作的丰收。长篇小说尤以革命历史题材的佳作为多,梁斌的《红旗谱》、吴强的《红日》、罗广斌和杨益言的《红岩》、杜鹏程的《保卫延安》、杨沫的《青春之歌》、欧阳山的《三家巷》、曲波的《林海雪原》、孙犁的《风云初记》、刘知侠的《铁道游击队》、冯志的《敌后武工队》、冯德英的《苦菜花》、李英儒的《野火春风斗古城》等,都以反映中国民主革命斗争历程而产生了深广的社会影响,成为当代名著。面对新兴的社会主义建设的沸腾生活,长篇小说作家又为我们描绘了当代人的生活风貌、精神境界,其中以描写农村社会变革的长篇小说成就最为显著。赵树理的《三里湾》、周立波的《山乡巨变》、柳青的《创业史》等作品，在对农业合作化运动的描写中，刻画出各阶段、各阶层人物在社会大变革中的心灵震颤。描写产业工人生活与劳动的作品也有新的收获，其中较有影响的有艾芜的《百炼成钢》、草明的《乘风破浪》等。周而复的《上海的早晨》则是描写对资本主义工商业实行社会主义改造的鸿篇巨制。反映少数民族生活的作品也涌现出来，如描写解放初期凉山彝族地区消灭残匪斗争的《欢笑的金沙江》(李乔)、描写藏族人民建设新生活的《我们播种爱情》(徐怀中)等。在古代历史题材方面，1963年出版的描写明末农民大起义的姚雪垠的长篇历史小说《李自成》(第一卷)，是我国当代文学史上的一个重大收获。

这个时期的短篇小说不仅数量多，而且出现了一大批优秀作品。首先，反映农村生活的短篇引人注目，如康濯的《春种秋收》、谷峪的《新事新办》、马烽的《结婚》、赵树理的《登记》等。这些作品以劳动人民为主人公，紧密结合现实斗争，具有大众化的艺术风格，并带有乡土气息。在农村题材的短篇创作中，李准1952年发表的《不能走那条路》是当代小说中第一篇从贫富两极分化的角度，指出只有走社会主义道路，才能脱贫致富的发展方向的作品，当时受到特别重视。此后，赵树理的《锻炼锻炼》《套不住的手》，王汶石的《风雪之夜》《新结识的伙伴》，马烽的《三年早知道》《我的第一个上级》、李准的《李双双小传》等，从不同的生活侧面反映了社会主义改造过程中新与旧、公与私、先进与落后、个人与集体两种观念的矛盾，具有较强的时代感。这一时期，取得较为突出成就的是表现革命斗争的短篇小说，如峻青的《黎明的河边》《党员登记表》、王愿坚的《党费》《七根火柴》等，它们将英雄人物置于激烈的矛盾斗争和严峻考验的环境中加以描写，以突出其革命精神和高尚情操。茹志鹃的《百合花》在这类作品中别开生面，作品把激烈斗争推到背景的地位，而着力于战争年代的普通生活与平凡人物的描摹。此外，在党的"双百"方针鼓舞下，出现了一批大胆干预生活、触及时弊、揭露生活中阴暗面的短篇小说，王蒙的《组织部来了个年轻人》就是这类作品的代表，无论在对生活的提炼、主题的开拓、人物形象的塑造等方面都很成功。工业题材的小说，这时期有艾芜的《夜归》、杜鹏程的《夜走灵官峡》等。本时期许多优秀短篇小说家，在创作实践中形成了自己的创作个性与风格。赵树理保持并发展了他固有的为群众喜闻乐见的风格特色，他的作品显得更加朴实、洗练。马烽的作品常以情节穿插巧妙而引人入胜，人物性格和作品色调均有浓厚的山西农村泥土气息，是"山药蛋"派作家的代表。而孙犁的作品则着重表现革命斗争年代中温暖、美好的一面，揭示普通人特别是农村妇女善良乐观的精神境界，使读者感到亲切、美好，是"白洋淀"派作家的代表。一批中青年作家以坚定的步伐走向成熟：峻青的小说塑造了经受历史苦难和现实考验的英雄形象，形成了刚健豪放的艺术风格；王愿坚的风格则朴实、深沉，在表现英雄的美好心灵的描述中，融入磅礴而炽烈的革命激情；而茹志鹃具有女性作家的细腻、委婉、清新、俊逸的风格。

第三节 诗歌创作

新中国成立后十七年诗歌创作的成就虽不如小说，但仍然取得了可喜的成果。主要体现在政治抒情诗、长篇叙事诗以及爱情诗创作三个方面。一些久负盛名的老诗人和来自国统区、解放区的中年诗人，以充沛的政治热情歌颂新时代、歌唱新生的祖国和充满阳光的新生活。郭沫若创作的《新华颂》，不仅歌颂党和领袖，而且展现了新中国美好的前景。何其芳的《我们最伟大的节日》是新中国成立后最早奉献给新生祖国的一曲颂歌。柯仲平的《高举我们的五星红旗》、艾青的《我相信我的祖国》和臧克家的《有的人》等，是新中国成立后第一批有影响的政治抒情诗。在政治抒情诗创作方面成就最突出的要数郭小川和贺敬之，他们以充沛的政治热情、激昂慷慨的基调，歌颂党和祖国，歌颂英雄的人民，为新时代吹响了嘹亮的进军号。如郭小川的《致青年公民》《甘蔗林——青纱帐》、贺敬之的《放声歌唱》《雷锋之歌》《中国的十月》等，都是产生了巨大影响的政治抒情诗的佳作。

长篇叙事诗增多是这一时期诗歌创作的一大可喜现象。郭小川的《将军三部曲》、李季的《杨高传》、闻捷的《复仇的火焰》等，都是著名的长篇叙事诗。

另外，闻捷的《天山牧歌》较多地反映新疆各族青年男女的爱情生活，闻捷因此而被誉为"写爱情诗的能手"。

在诗歌表现形式上，诗人们在五四新诗发展的基础上，既继承了我国古典诗词的传统，又吸取了我国民歌朴实清新的诗风，还借鉴了外来形式，在辛勤耕耘、勇敢探索中，取得不少创新的成就。自由诗、格律诗、楼梯式、凹凸式、民歌体、新辞赋体等，形式多样，不拘一格，呈现出百花竞放、各显异彩的繁荣景象。

第四节　散文创作

"十七年"的散文在社会主义新的历史条件下，以崭新的思想和面貌得到了新的发展。讴歌新时代，颂扬新人物，反映祖国建设的新成就，赞美人民群众的高贵品质，是这一时期散文的主旋律。

报告文学和通讯特写，是新中国成立初期文坛上的第一批轻骑兵。反映抗美援朝战争的作品如雨后春笋，破土而出。巴金的《我们会见了彭德怀司令员》、老舍的《无名高地有了名》、魏巍的《谁是最可爱的人》、刘白羽的《朝鲜在战火中前进》等，都以炽热的激情和高度的艺术感染力，真实生动地叙说了中朝人民抗击侵略者的可歌可泣的英雄业绩，震撼和陶冶着千百万人的心灵。20世纪50年代末60年代初的报告文学，无论在思想性还是艺术性上，又较前迈出了一大步，出现了如穆青、冯健、周原的《县委书记的好榜样——焦裕禄》、佟希文的《毛主席的好战士——雷锋》等一大批有着强烈的时代精神的优秀作品。此外，黄宗英的《小丫扛大旗》、巴金、茹志鹃等的《手》《中国青年报》记者集体采写的《为了六十一个阶级弟兄》等，都是影响较大，深受欢迎的报告文学作品。

其间，也发表了一些文笔犀利的杂文、小品文，如邓拓、吴晗、廖沫沙的《三家村札记》、邓拓的《燕山夜话》、陈笑雨的《不登堂集》等，是这个时期杂文创作的可喜收获。

新中国成立后十七年，散文成就最大的是抒情散文的创作。随着社会主义建设的发展，随着生活的安定，人们艺术欣赏的要求日益广泛、日益提高。读者不但要求及时地了解社会主义建设的火热斗争，而且要求提供有更高的艺术价值和审美价值的散文作品。老一辈作家的创作，如巴金的《从镰仓带回的照片》、叶圣陶的《记金华的两个岩洞》、冰心的《樱花赞》、吴伯箫的《记一辆纺车》、方纪的《挥手之间》等作品，文质兼美，情文并茂，使欣欣向荣的散文园地更添异彩。由于众多的老中青作家投入抒情散文创作，20世纪50年代末60年代初出现了抒情散文的黄金时期，出现了像杨朔、秦牧、刘白羽这样有独特艺术风格的散文大家。

杨朔的散文充满了诗的意境，在意境创造上，大量使用了古典诗词中托物言志、象征寓意、借景抒情的写法，这使他的散文清新幽雅，诗意隽永。代表作有《海市》《东风第一枝》《生命泉》等。

秦牧的散文以知识丰富见长。《古战场春晓》《土地》《社稷坛抒情》《潮汐和船》等是他本人比较满意的代表作。他的散文善于将知识性、思想性和趣味性有机结合起来，给人以丰富的知识和思想的启迪。

刘白羽的散文，立意深远，格调高昂，富于哲理的议论。他总是以无产阶级革命战士的目光观察生活，借助对"日出""航船""激流""大海""高山""灯光"的描绘，引导读者思索生活、人生的全部意义。收在《红玛瑙集》中的《日出》《长江三日》是他抒情散文的代表作。

第五节　戏剧创作

"十七年"的戏剧创作继承和发扬了"五四"以来戏剧文学的现实主义传统，获得了较为显著的成绩。

老舍的《龙须沟》真实生动地写出了龙须沟在新中国成立前后的今昔变化以及人们精神面貌的变化，表达了作者对新中国的热爱之情。《茶馆》是老舍戏剧创作的优秀之作。剧作用三幕戏反映了三个可诅咒的时代，暗示着"黑暗尽头是光明""只有社会主义才能救中国"；写法上采用"人像展览式"的结构形式，取得了巨大的成功。

历史题材的创作，在思想上、艺术上均有新的突破。郭沫若的《蔡文姬》、田汉的《关汉卿》、曹禺等的《胆剑篇》等都是在"古为今用"的原则下再现历史，做到了历史真实与艺术真实的统一，产生了不小的影响。

陈其通的话剧《万水千山》，第一次成功地将红军二万五千里长征的英雄事迹搬上舞台，塑造了李有国等红军指挥员的艺术形象，给观众留下深刻的印象。

由沈西蒙（执笔）、漠雁、吕兴臣共同创作的《霓虹灯下的哨兵》，以南京路上好八连的事迹为题材，描写了解放初期的上海错综复杂的阶级斗争，塑造了具有鲜明个性的红色哨兵的艺术形象。

思考与练习

1. 第一次文代会的主要内容和重大意义是什么？
2. 简要说明新中国成立初期文艺思想斗争的概况及其经验教训。
3. "双百方针"的基本内容是什么？其历史意义是什么？

第四篇·新中国成立十七年与"文革"时期的文学(1949—1976年)

第八章 文体作品选读

第一节 小说

《青春之歌》(故事梗概)

杨沫

《青春之歌》是以"九一八"到"一二·九"这一历史时期为背景,以学生运动为主线,成功地塑造了林道静这一在三十年代觉醒、成长的革命青年的典型形象。林道静出生于一个大地主家庭,是一个中学毕业生,为了反抗封建家庭的束缚,她毅然出走,只身逃到北戴河谋生。在经历了一系列的挫折和打击之后,她对前途绝望了。在这样的时刻,那个在她眼中具有"骑士兼诗人"风度的余永泽闯入她的生活,成为她生活的伴侣。然而,渴望着"独立生活"做"自由的人"的林道静并不满足做余永泽的家庭主妇,她对下层劳动人民的同情,使她同那个冷酷自私的余永泽在感情上出现了裂痕;余永泽的蝇营狗苟也使她看清了这个自私、平庸的男子的本来面目。更为关键的是,通过同共产党员卢嘉川等人的交往,革命的新天地更使她感到同余永泽格格不入。终于,林道静斩断了小资产阶级感情的羁绊,离开了余永泽,从此义无反顾地走上了革命的道路。她参加游行、散发传单、宣传鼓动群众参加抗日救亡运动,并经受了铁窗的考验,最后迎着敌人的水龙大刀,和革命队伍一道勇往直前。小说生动地描绘了林道静由一个小资产阶级知识分子逐步成长为一名无产阶级革命战士所经历的曲曲折折、反反复复的人生历程,从中透视出整整一代革命知识分子所走过的艰苦道路。除林道静之外,作品还塑造了卢嘉川、林红、余永泽、王晓燕等一大批具有鲜明时代特征的人物形象,其中有为民族英勇献身的革命烈士,有投机钻营以求平步青云的统治阶级的奴才,也有叛徒、特务以及自甘堕落的青年,形形色色人物的精神面貌得到了展示,这使得小说包含广阔、丰富的时代内涵。

【导读】

杨沫(1914—1995),当代女作家。原名杨成业,笔名杨君默、杨默。祖籍湖南湘阴,生于北京。1934年开始文学创作,发表作品,多是些反映抗日战争的散文和短篇小说。抗战爆发后到冀中参加中国共产党领导的游击战争,做妇女、宣传工作。1943年起任《黎明报》《晋察冀日报》等报纸的编辑、副刊主编。中华人民共和国成立后,曾任北京电影制片厂编剧、北京市作协副主席、中国作协理事、全国人大常委会委员等职。她的代表作《青春之歌》是一部描写中国共产党领导的爱国学生运动的优秀长篇小说。作品成功地塑造了知识青年林道静这一艺术典型。小说在读者中特别是青年学生中影响深广,曾由作者改编为电影剧本,拍成同名电影上映。杨沫的作品还有中篇小说《苇塘纪事》,短篇小说选《红红的山丹花》《杨沫散文选》,长篇小说《东方欲晓》《芳菲之歌》《英华之歌》,长篇报告文学《不是日记的日记》《自白——我的日记》以及《杨沫文集》等。

《青春之歌》主要通过对小知识分子林道静从不屈服于命运、对家庭和社会的个人反抗到最后投入时代洪流、走上革命道路的艰难曲折的"苦难历程"的生动叙述，形象地展现"九一八"事变至"一二·九"运动（1931—1935）这一特定历史时期我国学生革命运动的历史风貌和形形色色的知识分子的精神风貌，从而提炼出一个革命的思想主题：一切知识分子，只有把个人前途同国家民族的命运、人民的革命事业结合在一起，投入时代的洪流中，在改造客观世界的同时不断改造自己的主观世界，才有真正的前途和出路，也才有真正值得歌颂的美丽青春。

由于作者善于将人物放在尖锐激烈的斗争旋涡中加以刻画，善于通过不同人物对同一事物的不同反映来展示各自的性格特征，善于将人物的外貌描写和心理刻画巧妙地结合起来，善于通过富有性格特色的细节来描写揭示人物的内心世界，善于将人物性格的变化与人物命运遭遇的变化结合起来描写，通过所有这些努力，不仅使林道静这一形象塑造得血肉丰满、真实感人，也使作品中的其他人物如卢嘉川、江华、林红、余永泽、戴瑜、王晓燕、白莉萍等个个显得活脱生动，性格鲜明。虽然这些形象都或多或少地存在类型化的痕迹，但仍能显示出作家塑造人物形象的深厚艺术功力。形形色色人物的精神面貌得到了展示，这又使得小说包含广阔、丰富的时代内涵。

《青春之歌》正是通过对林道静个人命运、遭遇和归宿的描写，通过对当时形形色色各种类型的青年知识分子的描写，既反映了那个风云变幻的时代，又提炼出革命的思想主题。

在艺术特色上，整部作品结构宏伟，情节曲折复杂。在处理人物形象时，作者避免了简单片面，而是以细腻的笔触深入主人公的内心世界，真实地刻画人物的心理，较为全面地把握了人物的多重侧面，因而具有极强的艺术感染力。

红岩（故事梗概）

罗广斌　杨益言

《红岩》是以描写重庆解放前夕残酷的地下斗争，特别是狱中斗争为主要内容的长篇小说。人民解放军摧枯拉朽的胜利进军和反动派的垂死挣扎，是这一时期的特点。小说把反动派在全局上不可逆转的覆灭命运与局部上的气势汹汹、疯狂镇压，把革命事业全局上的辉煌胜利与革命者个人的悲壮牺牲，辩证地统一起来。"红岩"是重庆的一处地名，位于重庆市郊化龙桥附近的"大有农场"内，是中共中央南方局和八路军驻重庆办事处所在地。

1948年，在国民党的统治下，重庆处在黎明前最黑暗的时刻。为了配合工人运动，重庆地下党工运书记许云峰命甫志高建立沙坪书店，作为地下党的备用联络站。甫志高为了表现自己，不顾联络站的保密性质，擅自扩大书店规模，销售进步书刊。一天，区委书记江姐要去华蓥山根据地，甫志高到码头为江姐送行，江姐嘱咐他要注意隐蔽，他嘴上答应，心里却不以为然。江姐到离根据地不远的一座县城时，发现自己的丈夫、华蓥山纵队政委彭松涛的人头被高挂城头。见到纵队司令员"双枪老太婆"后，她强忍悲痛，坚决要求到丈夫生前战斗的地方工作。甫志高又自作主张吸收一名叫郑克昌的青年入店工作，许云峰知道情况后大吃一惊，几经分析发现郑克昌形迹可疑，便让甫志高通知所有人员迅速转移。甫志高却根本不听劝告，反认为许云峰嫉妒自己的工作成绩，结果被捕并成了可耻的叛徒。由于他的告密，许云峰、成岗、余新江和刘思扬等人很快相继被捕。特务头子徐鹏飞得意忘形，妄图借此将重庆地下党一网打尽。然而，他使尽各种伎俩，都没能从许云峰等人身上得到任何所需的东西。凶残的敌人为了得到口供，疯狂地折磨他们。他们给犯人食用霉烂的食物，而且在炎热的夏天限制饮水数量，妄图用炎热、蚊虫、饥饿和干渴动摇革命者的意志。为了粉碎敌人的阴谋，狱中难友趁放风时在墙角挖出一眼泉水，在保护泉水的斗争中，龙光华英勇牺牲，全狱难友绝食抗议敌人的暴行，敌人不得不妥协让步。

叛徒甫志高带领特务窜到乡下，江姐不幸被捕，被关押在渣滓洞里。在狱中，她受尽了折磨，凶残的敌人把竹签钉进了她的十指。面对毒刑，她傲然宣告："毒刑拷打是太小的考验，竹签子是竹做的，共产党员的意志是钢铁做的。"秋去冬来，转眼到了年底。全国革命形势一片大好，国民党当局在受到沉重打击后开始放出和谈空气。阴历年三十，渣滓洞全体难友举行了一个别开生面的联欢会。更令人高兴的是，地下党派人与他们取得了联系。敌人为了表示和谈的"诚意"，假意释放了一些"政治犯"，来自资本家家庭的共产党员刘思扬是其中之一。在他被送回刘公馆的第二天夜里，一个自称姓朱的人潜入刘家，说他受区委书记李敬原的委派，前来了解刘思扬在狱中的表现，并要他详细汇报狱中地下党的情况。正当刘思扬对此人怀疑时，李敬原派人送来情报，揭穿了这个伪装特务郑克昌的真面目。刘思扬来不及转移，又被抓起来关进另一所监狱"白公馆"。郑克昌在诱骗刘思扬失败后，又伪装成同情革命的记者高邦晋打入渣滓洞，他妄图通过苦肉计刺探狱中地下党的秘密。余新江等人识破了他的伪装，并借敌人之手除掉了这个阴险的特务。解放军日益逼近重庆，地下党准备组织狱中暴动。在白公馆装疯多年的共产党员华子良与狱中党组织接上了关系。同时，关在地窖中的许云峰用手指和铁镣挖出了一条秘密通道。

当解放军攻入四川，即将解放重庆的时候，徐鹏飞等狗急跳墙，提前秘密杀害了许云峰、江姐、成岗等人。就在许云峰等人被害的当天晚上，渣滓洞和白公馆同时举行了暴动。刘思扬等一些同志牺牲了，但更多的同志终于冲出了魔窟，伴随着解放军隆隆的炮声，迎接黎明时分灿烂的曙光！

【导读】

罗广斌（1924—1967），四川成都人。1948年加入中国共产党。从事学运工作，并利用其家庭关系进行统战和策反工作。1948年9月因叛徒出卖在成都被捕，先后囚于渣滓洞、白公馆监狱。他在狱中坚持斗争，拒绝其兄罗广文（蒋介石嫡系，国民党第15兵团司令）的保释，宁愿坐牢也不写悔过书，和难友一起秘密制作五星红旗，迎接解放。1949年11月27日大屠杀之夜，策反看守杨钦典，带领难友集体越狱成功。后历任共青团重庆市委常委、市统战部部长、市文联作协会员等职，积极从事宣传烈士革命事迹的工作，是《红岩》小说主创人之一。

杨益言（1925—2017），四川武胜县人。1940年在同济大学读书，后因在上海参加学生运动被学校开除。1948年8月被捕，囚禁于重庆"中美合作所"渣滓洞，重庆解放前夕被营救出狱。新中国成立后在重庆市委工作。

《红岩》出版于1960年。作者罗广斌、杨益言都是重庆"中美合作所"集中营的幸存者，他们亲身经历了黎明前血与火的考验,目睹了许多革命烈士为革命牺牲的壮烈场面。根据这些亲身经历,他们于 1957 年写出了革命回忆录《烈火中永生》,随后在这个基础上创作了长篇小说《红岩》。这部作品以惊心动魄的斗争画面和崇高的革命精神震撼了广大读者的心,获得了广泛的好评,被称为具有共产主义精神和革命气节的教科书。

《红岩》反映的是新中国成立前夕光明与黑暗的一场特殊搏斗。小说所描写的事情发生在 1948 年底到 1949 年之间。从全国范围来说,中国人民的解放斗争取得了辉煌的胜利,迎来了新中国的诞生。但是,从故事发生地点重庆来说,当时这座山城还被国民党反动派所盘踞。他们设置秘密监狱,疯狂逮捕、监禁、屠杀共产党员和革命群众。特别是在"中美合作所",包括渣滓洞和白公馆这些人间地狱里,黑暗势力正以百倍的疯狂残酷地迫害每一个革命者。这就是说,从全局来看,革命力量处于优势;而从局部来看,革命力量还处于劣势。这在小说里形成巨大的反差。每一个革命者都面临生与死的考验,随时都可能被敌人杀害。小说正是在这样的特殊环境里,充分表现了共产党人崇高的革命献身精神和革命乐观主义精神。

"狱中"指的是新中国成立前夕国民党反动派设在重庆市郊区歌乐山下的"中美合作所"集中营渣滓洞。小说节选部分讲的是 1949 年元旦,革命者在敌人的监狱中举行联欢。当时,国民党反动派兵败如山倒,不得不玩弄"停战"的把戏,想骗取喘息的机会,以便聚集力量,反扑过来。在这样的背景下,渣滓洞的特务也在表面上对被囚禁的革命者做出一点放松的姿态。我们的革命前辈就利用这个机会,举行了一个别开生面的新年联欢会,庆祝全国范围内革命的胜利,对狱中的革命力量进行了一次检阅。

重点阅读部分是长篇小说《红岩》第 16 章的"狱中联欢"的内容。节选部分按照狱中联欢的过程,分为四个部分。第一部分写唱歌。元旦早晨,天还没有亮,大家就尽情地高唱革命歌曲,揭开了联欢的序幕。第二部分写交换礼品。这些纪念品尽管简陋,但是含义深刻,表现出革命者的心灵手巧和情深志坚,从中也可以看出监狱中的条件是极其艰苦的。第三部分是写贴对联。对联的字有老人苍劲的笔法,也有"孩儿体"弯弯曲曲的笔迹。所有的对联,对仗工整自然,并且洋溢着乐观和诙谐的情趣。一幅幅生动诙谐的对联,充分体现了革命者巧妙的斗争艺术,使读者看到了特务们尴尬而无奈的处境。第四部分写的是表演节目。狱中的革命者受到非人的折磨,他们戴着脚镣扭秧歌这是绝无仅有的。沉重的铁镣,撞击得叮当作响,成了节奏强烈的伴奏。他们把生死置之度外,他们对革命充满必胜的信心。他们用欢乐的歌舞,为新中国的诞生庆贺,表示对黑暗势力的无比轻蔑。总之,作品按照联欢的过程展开记叙,重点描写"贴春联""表演节目"两部分,突出体现革命者的乐观主义精神和巧妙的斗争艺术。节选部分中心明确,条理清晰,重点突出,语言生动含蓄,耐人寻味。

百合花(故事梗概)

茹志鹃

1946 年中秋。这天打海岸的部队决定晚上总攻。我们文工团的几个同志分往各战斗连帮助工作。因我是女同志,团长派一个通讯员送我去前沿包扎所。早上下过雨,空气十分清新。

一路上,通讯员撒开大步走在前面,虽不见他回头看我一眼,但却能与我保持丈把远的距离。我快,他快;我慢,他也慢。我怎么也赶不上他,双脚走得胀痛如火烧。于是我提出休息,便在通讯员对面坐下。这一来,他便显得张惶局促,好像身边埋下了定时炸弹。我忍着笑,随便与他拉家常,方知我们是同乡。这个小通讯员年仅19岁,入伍1年,在家乡时帮人拖毛竹。提起家乡,我越感亲切,便问及他是否娶亲。他飞红脸,更加忸怩,半晌方憨笑摇头。看到他这样,我只好不语。闷坐片刻,我们又继续赶路。

下午两点,我们到了包扎所。这个包扎所设在小学校,几个卫生员正在准备纱布、棉花,满地都是用门板搭起的临时病床。一个两眼熬得通红的乡干部送来铁锅和鸡蛋等物,并说部队上的被子还没发下,需先借老乡的被子,以备伤员使用。我自告奋勇讨了这差事,并请通讯员一起帮忙。我们到了一个村,便分头去动员。不一会儿,我便借到两条棉絮、一条棉被,心里十分高兴。只见通讯员两手空空走来,他说:"女同志,你去借吧!……老百姓死封建……"我估计他话说崩了,便劝他带我去看看,他执拗不肯。我走近低声说起有关"群众影响"的话,他听后便带我去了。我们走进那家老乡院子,见房门贴着鲜红的对联。喊了几声"大姐、大嫂",一会儿才见一年轻媳妇出来,高鼻子弯弯眉,穿着粗布新衣,长得很好看。我上前向她道歉,说刚才这位同志说话不好,别见怪。她听了尽咬着嘴唇笑。我有些尴尬,通讯员却眼也不眨地看着我,如同看连长做示范动作。我只好硬着头皮讪讪开口借被子,并讲了一番革命道理。那媳妇不笑了,停了半晌,转身抱来一床被子,原来是条里外全新的花被,假洋缎面,枣红底,上面撒满白色百合花。她故意朝我一送,说:"拿去吧!"我手上已抱满被子,叫小通讯员去接,他无奈,只好绷着脸垂着眼皮接过被子,慌慌张张地转身便走。不料,衣服挂在门钩上,肩处撕下一大块布来。那媳妇笑着找针线要缝补,通讯员高低不肯。出得门来,有人告诉我们,那媳妇过门才3天,新被子是她唯一的嫁妆。我听了心里便过意不去,通讯员也皱起眉头,边走边嘟哝,说这样不合适。我故作严肃说起那媳妇未嫁时,不知为这床新被费了多少心血,可有人竟说她死封建。通讯员听后更加不安,要立即送还新被,我忙劝住了他。心里觉得这个傻乎乎的小同乡十分可爱。分手时,他送两个馒头给我开饭。看着他的背影远去,只见枪筒里多了枝野菊花,肩上的破布在晚风里飘动。

回到包扎所不久,又来了一些帮忙的妇女,其中有那个新媳妇。她还是笑眯眯的,不时东张西望。后来问我同志弟哪去了,并不好意思地说:"刚才借被子时,他可受我的气了。"我们忙着铺床,新媳妇把自己那条百合花被铺在屋外檐下的一块门板上。天黑了,月亮升上来。敌人烧起一堆堆野火,不时地燃放照明弹,在这样一个"白夜"发动进攻,意味着我们要付出极大的代价,我连那皎洁的月亮也憎恨起来了。乡干部又来了,送来干菜、月饼慰劳我们,我才记起今天是中秋节,家乡过中秋的情景不由地浮现在眼前,也不知那可爱的小同乡在做什么。

攻击开始了,不久,便陆续有伤员下来,包扎所的空气立时紧张起来,我忙着给伤员登记入册。听伤员说,战斗初起,一切顺利。待部队冲破工事进入街区,消息便断了。这时下来的伤员都极度疲乏。包扎所的担架不够,重彩号来不及送往后方医院,我只好带领几个妇女先给伤员喂饭,或擦洗他们身上的污泥血迹。新娘子有些怕羞,我跟她说了半天,她才答应做我的下手。

半夜时分，前面送来一个重伤员，屋里铺位已满，只好安排在屋外那块门板上。担架员围着不走，恳请我一定要救活这个战士。新媳妇端水上前，只听见"啊"了一声，我急忙拨开众人，看见一张年轻稚气的圆脸已变得灰黑，安详地合着眼，军装肩头的破洞还挂着一片布。担架员向我叙述挂彩的经过。原来是这个小通讯员为掩护十几个担架员，只身扑在冒烟的手榴弹上……我忍泪打发走担架员，见那新媳妇移过灯来，为他解衣擦拭身上的血污，庄严虔诚，全无忸怩羞涩。我忙去请来医生，新媳妇正低头为他缝衣肩上的破洞。医生听了通讯员的心脏，默起，说："不用打针了。"我过去一摸，果然他手脚冰凉。新媳妇仍然细密地缝补那个破洞。我低声说："不要缝了。"她却对我异样地一瞟，低下头，还是一针一线地缝。无意中我摸到身边两个干硬的馒头。卫生员让人抬来棺材，动手要揭掉那床被子。新媳妇这时脸发白，劈手夺过被子，半铺在棺材底，半盖在通讯员身上。卫生员为难地说："被子……是借老百姓的。""是我的——"，她气汹汹地嚷了半句，就扭过脸去。

在月光下，我看见她眼里晶莹发亮，我也看见那条枣红底色上洒满白色百合花的被子，这象征着纯洁与感情的花，盖上了这位平常的、拖毛竹的青年人的脸。

【导读】

茹志鹃（1925—1998），上海人，祖籍浙江杭州，当代著名女作家，王安忆的母亲。她的创作以短篇小说见长。笔调清新、俊逸，情节单纯明快，细节丰富传神，善于从较小的角度去反映时代本质。曾用笔名阿如、初旭。1925年9月生于上海。家庭贫困，幼年丧母失父，靠祖母做手工换钱过活。11岁以后才断断续续在一些教会学校、补习学校念书，初中毕业于浙江武康县武康中学。1943年随兄参加新四军，先在苏中公学读书，以后一直在部队文工团工作，任过演员、组长、分队长、创作组组长等职。1947年加入中国共产党。1955年从南京军区转业到上海，在《文艺月报》做编辑。茹志鹃的短篇小说，就内容来说，可分为两类：一是反映战争年代，主要是解放战争年代的生活；二是描写社会主义建设时期的生活。

《百合花》是茹志鹃的成名作，最初发表在《延河》1958年第3期。同年，《人民文学》第6期转载，后收入《百合花》《茹志鹃小说选》等小说集中。作家写这篇小说时，正值反"右"斗争处于紧锣密鼓之际，她的亲人也未能幸免于此。面对冷酷的现实，她不由怀念起战时的生活和那时的同志关系。于是，这象征着纯洁与感情的"百合花"便在作家"匝匝忧虑""不无悲凉的思念"之中灿然开放，给当时文坛带来一股沁人的清香。

《百合花》是一部非战争化的战争小说，故事背景虽然发生在解放战争时期，但描写的却是在战争宏大背景下发生的一个小故事。

《百合花》创造了一个纯真的世界，百合花图案的被子是联系人物之间关系的一条重要线索。而被子上白色的百合花正好象征了纯洁与感情，是通讯员和新媳妇洁白无瑕的美好心灵和美好情感的化身。

整个故事既没有曲折离奇的情节，也没有惊心动魄的冲突，用一缀满百合花的新被子连缀全文，用委婉细腻柔美的笔调描写小通讯员与新媳妇之间那种纯洁美好又微妙含蓄的感情。

《百合花》写于"十七年"文学的时代，有这个时代的烙印，但与这期间的其他文章相较，风格迥异。"十七年"文学的主题是歌颂与回忆，百合花也不例外，但又跳出了这一时期那种英雄式的人物描写方式。

第二节　诗歌

草木篇（作者：流沙河，原诗略）

【导读】

流沙河（1931—2019），原名余勋坦，1931年生，四川金堂人。1948年在成都读中学时开始文学创作，1950年进入《川西日报》任副刊编辑。1952年调四川省文联任创作员，1954年参加中国作协重庆分会。1956年出版第一部诗集《农村夜曲》和短篇小说集《窗》。1957年1月任《星星》诗刊编委，参与创刊工作，因在该刊第一期（创刊号）上发表散文诗《草木篇》受到批判，并被划为"右派"，同年出版诗集《告别火星》。1966年回家乡，以锯木为生。1978年到金堂县文化馆工作，1979年《星星》复刊后调回编辑部。复出后他发表了大量作品，创作了《带血的啼鹃》《故园六咏》等。

《草木篇》是一组托物言志的微型散文诗。诗人通过对五种植物的描绘，借以抒写自己对人生的真知灼见。

白杨这"一柄绿光闪闪""高指蓝天"的长剑，傲然高耸；"孤伶伶地立在平原""也许，一场暴风会把她连根拔去"，道出了白杨生存环境之恶劣，但"纵然死了吧，她的腰也不肯向谁弯一弯"，抒写出那种在任何险恶的环境中也绝不卑躬屈膝的傲骨；白杨的挺立与正直，站立或者倒下同样伟大。野藤的天生个性就是寄生，它只知一味地"往上爬，爬，爬……"为了达到向上爬的目的，不择任何手段，乃至不惜置他人于死地。仙人掌"遍身披上刺刀"，没有丝毫的奴颜媚骨，终至被逐出花园，纵然"在野地里，在沙漠中"，也顽强地展示着绿意盈盈的生命；仙人掌的不屈不挠，令人肃然起敬。梅花"把自己悄悄地许给了冬天"，在忠贞不渝的漫长期待中赢得迟来的爱，"她笑得最晚，笑得最美丽"，真可谓"已是悬崖百丈冰，犹有花枝俏"。毒菌"用美丽的彩衣""用暗绿的磷火"诱惑人类，而本质上则是"毒蛇吐的唾液"，从而提醒人们要善于识破两面派的伪装。

《草木篇》在艺术构思上以小见大，在表现手法上托物喻人，在感情抒发上爱憎分明，在语言运用上刚柔并济，堪称当代咏物诗中的佳作。

冬（作者：穆旦，原诗略）

【导读】

穆旦（1918—1977），原名查良铮，笔名梁真。浙江海宁人，生于天津。读中学时开始写诗，1935年考入清华大学外文系。1937年发表第一篇诗作《野兽》。抗战爆发后随校迁昆明，1940年毕业于西南联合大学，留校任教。在香港《大公报》副刊和昆明《文聚》杂志上发表诗歌。1945年出版第一部诗集《探险队》。诗风沉厚凝重，蕴藉含蓄，表现手法独特。

抗战胜利后，他同一些思索人生、接受现实主义传统、借鉴欧美诗歌表现技巧的青年诗人一起，以上海的《诗创造》《中国新诗》杂志为重要阵地进行现代诗歌艺术探索，产生过一定影响，被后人称为"九叶派诗人"。1948年赴美国，就读于芝加哥大学英国文学系，获文学硕士学位。1953年回国执教于南开大学，在后来的政治运动中受到不公正对待。

新中国成立以后主要从事外国文学翻译工作，所译普希金、拜伦的诗颇负盛名。也写过一些诗歌，收入香港三联书店1984年出版的诗集《八叶集》。

《冬》是组诗，由四首组成。组诗有两种类型：一是有一个总的题目，包括几首内容相近但独立成篇的诗。如郑敏著名的组诗《不再存在的存在》，是由《梵高的画船不在了》《两把空了的椅子》《手和头：鹿特丹街心的无头塑像》和《成熟的寂寞》四首诗组成。但穆旦很少采用这种类型，他喜欢另一种类型的组诗：只有一个题目，也包括几首诗，但不是独立成篇，而是以章的形式，连缀成一首组诗。如1942年写的名诗《诗八首》，1947年写的《时感四首》，1948年写的《诗四首》，以及1976年创作的《秋》（三首）、《冬》（四首）。

但作为组诗，《冬》又是一个例外，它不像《诗八首》和《秋》那样，内容相关联，手法相似，写一个完整的过程，不能拆开，是一种历时性的纵向结构。《冬》四首，虽然内容相近，但不是一个完整过程，不是一个有机的整体。它用不同的手法，写对冬天和人生的多种不同的体验。采用横向思维，横向展开，是一种共时性的并列结构。它虽然是一种并列关系，但存在一种内在的互补和呼应，形成了一种强大的空间张力，深化了组诗的内涵。因此，我们对组诗的细读，要在组诗语境中进行，如果单独抽出一首，那就不再是组诗了。

《冬》实践着穆旦一贯以"张力"构诗的艺术理念，并还原出在历史冲击下个体的真实的情感与思考。在《冬》里一片交响音乐中，突出的调子是：生命跳动在严酷的冬天，渴望感情的热流的温暖。诗人在冬天里有好梦，他奇怪为什么深藏的春天还没有一点消息。从季节看，是从春到冬，大自然逐渐萧条；而从诗人的心境看，似乎他的希望在逐渐复归。春日里他感觉到过一刹那生的进攻，夏日里他透露出关心国家大事，秋日里他恬静安详、总结、沉思，冬日里他复活了种种希望。所以，尽管这些诗看去与时代社会无甚关系，实际上有一条感情的线索可寻。在最幻灭、最绝望的时候，诗人仍怀有一丝最潜在的希望，到"文革"结束的时候，诗人的心灵真正开始复活了。

从整体上看，组诗《冬》虽然是四首诗，采用了四种不同的手法，但有一个总的艺术方向：浪漫主义与现代主义相融合的探索。这种探索，在组诗《冬》中取得了很大的成功。

团泊洼的秋天（作者：郭小川，原诗略）

【导读】

郭小川（1919—1976），原名郭恩大。1919年生于河北丰宁，1937年参加八路军，1941年起入延安马列学院、中共中央党校学习。1945年返回家乡，任丰宁县县长等职，参加实际工作。这期间曾与人合作，用"马铁丁"笔名发表大量思想杂谈。1955年担任中国作协党组副书记、书记处书记兼秘书，创作长诗和诗集《白雪的赞歌》《一个与八个》《将军三部曲》《致青年公民》等诗篇。"文革"中与大多数知识分子一样受到政治迫害，下放到湖北省咸宁五·七干校劳动，在厄运中创作了《团泊洼的秋天》《秋歌》等诗篇，壮志激烈，隐含了反对当时主流意识形态的战斗精神。1976年死于一场意外火灾。有《郭小川诗集》。

《团泊洼的秋天》写于1975年9月。当时，郭小川受到"四人帮"及其余党的残酷迫害，被非法关押在天津市郊静海县团泊洼干校隔离审查。但这一切并未动摇诗人久经战斗考验的坚强意志。他以"是战士，决不能放下武器，哪怕是一分钟；要革命，决不能止步不前，哪怕面对刀丛"的无产阶级英雄气概，在毛泽东关于《创业》批示的鼓舞下，写出了《团泊洼的秋天》《秋歌》等投枪匕首式的诗篇。这两首诗是诗人在高压下进行英勇斗争的真实记录，是充满革命战士豪情与革命乐观主义精神的响亮诗歌。

此诗有其巧妙的艺术构思。诗人一扫前人的"悲秋"老调，从描绘秋天景物入手，借景抒情，寓动于静，意在渲染一个极其宁静的气氛，以反衬人们内心世界的并不平静，大有"于无声处听惊雷"之势，从而起到了深化全诗主题的作用。继具体描绘秋景之后，诗人转而深沉发问："团泊洼，团泊洼，你真是这样静静的吗？""谁的心灵深处——没有奔腾咆哮的千军万马！""谁的大小动脉里——没有炽热的鲜血流响哗哗！"充分表达了在自然界宁静的外表下，人们心中蕴蓄着的激烈的斗争和生活在干校内的革命文艺战士对江青一伙的反抗情绪。接着，诗人通过一连串的排比句式直抒胸臆，高歌战士特有的性格、抱负、胆识，充分抒发无产阶级战士的革命情怀，表达亿万人民对"四人帮"的无比愤慨。这些警句，既是诗人高尚品格的自我写照，也是对所有无产阶级战士革命品质的艺术概括。最后一节采用象征手法，预言江青一伙的必然垮台和革命人民的必然胜利，寓意深刻含蓄，让人回味无穷。（这里需要指出的是，诗中某些用词和提法今天看来未必妥当，明显属于特定历史时代的产物。）

"长句体"为郭小川在诗歌艺术形式方面的独特创造。诗人从60年代初创作《厦门风姿》《甘蔗林——青纱帐》开始采用这种诗体，以后则与其他诗体交错使用，1975年所写《秋歌二首》已将这种诗体推向成熟的境地。诗人学习我国古代楚辞、汉赋，采用铺陈排比的长句体式，看似有点"散文化"，其实有其自身的规律：集短为长，将几个短句合在一起组成一个长句，且都保持二十个字左右，显得较为整齐对称，同时注意押韵，既便于抒发诗人激越浩瀚的战斗豪情，又能形成较为整齐、押韵的诗体形式。

第三节　戏剧

茶馆（节选）

老舍

第一幕

人物　王利发，刘麻子，庞太监，唐铁嘴，康六，小牛儿，松二爷，黄胖子，宋恩子，常四爷，秦仲义，吴祥子，李三，老人，康顺子，二德子，乡妇，茶客甲、乙、丙、丁，马五爷，小妞，茶房一、二人。

时间　一八九八年（戊戌）初秋，康梁等的维新运动失败了。早半天。

地点　　北京，裕泰大茶馆。

〔幕启：这种大茶馆现在已经不见了。在几十年前，每城都起码有一处。这里卖茶，也卖简单的点心与菜饭。玩鸟的人们，每天在遛够了画眉、黄鸟等之后，要到这里歇歇腿，喝喝茶，并使鸟儿表演歌唱。商议事情的，说媒拉纤的，也到这里来。那年月，时常有打群架的，但是总会有朋友出头给双方调解；三五十口子打手，经调人东说西说，便都喝碗茶，吃碗烂肉面（大茶馆特殊的食品，价钱便宜，作起来快当），就可以化干戈为玉帛了。总之，这是当日非常重要的地方，有事无事都可以来坐半天。

〔在这里，可以听到最荒唐的新闻，如某处的大蜘蛛怎么成了精，受到雷击。奇怪的意见也在这里可以听到，像把海边上都修上大墙，就足以挡住洋兵上岸。这里还可以听到某京戏演员新近创造了什么腔儿，和煎熬鸦片烟的最好的方法。这里也可以看到某人新得到的奇珍——一个出土的玉扇坠儿，或三彩的鼻烟壶。这真是个重要的地方，简直可以算作文化交流的所在。

〔我们现在就要看见这样的一座茶馆。

〔一进门是柜台与炉灶——为省点事，我们的舞台上可以不要炉灶；后面有些锅勺的响声也就够了。屋子非常高大，摆着长桌与方桌，长凳与小凳，都是茶座儿。隔窗可见后院，高搭着凉棚，棚下也有茶座儿。屋里和凉棚下都有挂鸟笼的地方。各处都贴着"莫谈国事"的纸条。

〔有两位茶客，不知姓名，正眯着眼，摇着头，拍板低唱。有两三位茶客，也不知姓名，正入神地欣赏瓦罐里的蟋蟀。两位穿灰色大衫的——宋恩子与吴祥子，正低声地谈话，看样子他们是北衙门的办案的（侦缉）。

〔今天又有一起打群架的，据说是为了争一只家鸽，惹起非用武力解决不可的纠纷。假若真打起来，非出人命不可，因为被约的打手中包括着善扑营的哥儿们和库兵，身手都十分厉害。好在，不能真打起来，因为在双方还没把打手约齐，已有人出面调停了——现在双方在这里会面。三三两两的打手，都横眉立目，短打扮，随时进来，往后院去。

〔马五爷在不惹人注意的角落，独自坐着喝茶。

〔王利发高高地坐在柜台里。

〔唐铁嘴踏拉着鞋，身穿一件极长极脏的大布衫，耳上夹着几张小纸片，进来。

王利发　　唐先生，你外边遛遛吧！

唐铁嘴　　（惨笑）王掌柜，捧捧唐铁嘴吧！送给我碗茶喝，我就先给您相相面吧！手相奉送，不取分文！（不容分说，拉过王利发的手来）今年是光绪二十四年，戊戌。您贵庚是……

王利发　　（夺回手去）算了吧，我送给你一碗茶喝，你就甭卖那套生意口啦！用不着相面，咱们既在江湖内，都是苦命人！（由柜台内走出，让唐铁嘴坐下）坐下！我告诉你，你要是不戒了大烟，就永远交不了好运！这是我的想法，比你的更灵验！

〔松二爷和常四爷都提着鸟笼进来，王利发向他们打招呼。他们先把鸟笼子挂好，找地方坐下。松二爷文绉绉的，提着小黄鸟笼；常四爷雄赳赳的，提着大而高的画眉笼。茶房李三赶紧过来，沏上盖碗茶。他们自带茶叶。茶沏好，松二爷、常四爷向邻近的茶座让了让。

常四爷　您喝这个！（然后，往后院看了看）
松二爷　好像又有事儿？
常四爷　反正打不起来！要真打的话，早到城外头去啦；到茶馆来干吗？
　　　　〔二德子，一位打手，恰好进来，听见了常四爷的话。
二德子　（凑过去）你这是对谁甩闲话呢？
常四爷　（不肯示弱）你问我哪？花钱喝茶，难道还教谁管着吗？
松二爷　（打量了二德子一番）我说这位爷，您是营里当差的吧？来，坐下喝一碗，我们也都是外场人。
二德子　你管我当差不当差呢！
常四爷　要抖威风，跟洋人干去，洋人厉害！英法联军烧了圆明园，尊家吃着官饷，可没见您去冲锋打仗！
二德子　甭说打洋人不打，我先管教管教你！（要动手）
　　　　〔别的茶客依旧进行他们自己的事。
　　　　王利发急忙跑过来。
王利发　哥儿们，都是街面上的朋友，有话好说。德爷，您后边坐！
　　　　〔二德子不听王利发的话，一下子把一个盖碗搂下桌去，摔碎。翻手要抓常四爷的脖领。
常四爷　（闪过）你要怎么着？
二德子　怎么着？我碰不了洋人，还碰不了你吗？
马五爷　（并未立起）二德子，你威风啊！
二德子　（四下扫视，看到马五爷）喝，马五爷，您在这儿哪？我可眼拙，没看见您！（过去请安）
马五爷　有什么事好好地说，干吗动不动地就讲打？
二德子　嗻！您说的对！我到后头坐坐去。李三，这儿的茶钱我候啦！（往后面走去）
常四爷　（凑过来，要对马五爷发牢骚）这位爷，您圣明，您给评评理！
马五爷　（立起来）我还有事，再见！（走出去）
常四爷　（对王利发）邪！这倒是个怪人！
王利发　您不知道这是马五爷呀？怪不得您也得罪了他！
常四爷　我也得罪了他？我今天出门没挑好日子！
王利发　（低声地）刚才您说洋人怎样，他就是吃洋饭的。信洋教，说洋话，有事情可以一直地找宛平县的县太爷去，要不怎么连官面上都不惹他呢！
常四爷　（往原处走）哼，我就不佩服吃洋饭的！
王利发　（向宋恩子、吴祥子那边稍一歪头，低声说）说话请留点神！（大声地）李三，再给这儿沏一碗来！（拾起地上的碎瓷片）
松二爷　盖碗多少钱？我赔！外场人不作老娘们事！
王利发　不忙，待会儿再算吧！（走开）
　　　　〔纤手刘麻子领着康六进来。刘麻子先向松二爷、常四爷打招呼。
刘麻子　您二位真早班儿！（掏出鼻烟壶，倒烟）您试试这个！刚装来的，地道英国造，又细又纯！

常四爷　唉！连鼻烟也得从外洋来！这得往外流多少银子啊！
刘麻子　咱们大清国有的是金山银山，永远花不完！您坐着，我办点小事！（领康六找了个座儿）
　　　　〔李三拿过一碗茶来。
刘麻子　说说吧，十两银子行不行？你说干脆的！我忙，没工夫专伺候你！
康　六　刘爷！十五岁的大姑娘，就值十两银子吗？
刘麻子　卖到窑子去，也许多拿一两八钱的，可是你又不肯！
康　六　那是我的亲女儿！我能够……
刘麻子　有女儿，你可养活不起，这怪谁呢？
康　六　那不是因为乡下种地的都没法子混了吗？一家大小要是一天能吃上一顿粥，我要还想卖女儿，我就不是人！
刘麻子　那是你们乡下的事，我管不着。我受你之托，教你不吃亏，又教你女儿有个吃饱饭的地方，这还不好吗？
康　六　到底给谁呢？
刘麻子　我一说，你必定从心眼里乐意！一位在宫里当差的！
康　六　宫里当差的谁要个乡下丫头呢？
刘麻子　那不是你女儿的命好吗？
康　六　谁呢？
刘麻子　庞总管！你也听说过庞总管吧？侍候着太后，红的不得了，连家里打醋的瓶子都是玛瑙的！
康　六　刘大爷，把女儿给太监作老婆，我怎么对得起人呢？
刘麻子　卖女儿，无论怎么卖，也对不起女儿！你胡涂！你看，姑娘一过门，吃的是珍馐美味，穿的是绫罗绸缎，这不是造化吗？怎样，摇头不算点头算，来个干脆的！
康　六　自古以来，哪有……他就给十两银子？
刘麻子　找遍了你们全村儿，找得出十两银子找不出？在乡下，五斤白面就换个孩子，你不是不知道！
康　六　我，唉！我得跟姑娘商量一下！
刘麻子　告诉你，过了这个村可没有这个店，耽误了事别怨我！快去快来！
康　六　唉！我一会儿就回来！
刘麻子　我在这儿等着你！
康　六　（慢慢地走出去）
刘麻子　（凑到松二爷、常四爷这边来）乡下人真难办事，永远没有个痛痛快快！
松二爷　这号生意又不小吧？
刘麻子　也甜不到哪儿去，弄好了，赚个元宝！
常四爷　乡下是怎么了？会弄得这么卖儿卖女的！
刘麻子　谁知道！要不怎么说，就是一条狗也得托生在北京城里嘛！
常四爷　刘爷，您可真有个狠劲儿，给拉拢这路事！
刘麻子　我要不分心，他们还许找不到买主呢！（忙岔话）松二爷，（掏出个小时表来）您看这个！

松二爷	（接表）好体面的小表！
刘麻子	您听听，嘎登嘎登地响！
松二爷	（听）这得多少钱？
刘麻子	您爱吗？就让给您！一句话，五两银子！您玩够了，不爱再要了，我还照数退钱！东西真地道，传家的玩艺！
常四爷	我这儿正咂摸这个味儿：咱们一个人身上有多少洋玩艺儿啊！老刘，就看你身上吧：洋鼻烟，洋表，洋缎大衫，洋布裤褂……
刘麻子	洋东西可是真漂亮呢！我要是穿一身土布，像个乡下脑壳，谁还理我呀！
常四爷	我老觉乎着咱们的大缎子，川绸，更体面！
刘麻子	松二爷，留下这个表吧，这年月，戴着这么好的洋表，会教人另眼看待！是不是这么说，您哪？
松二爷	（真爱表，但又嫌贵）我……
刘麻子	您先戴两天，改日再给钱！
	〔黄胖子进来。
黄胖子	（严重的沙眼，看不清楚，进门就请安）哥儿们，都瞧我啦！我请安了！都是自己弟兄，别伤了和气呀！
王利发	这不是他们，他们在后院哪！
黄胖子	我看不大清楚啊！掌柜的，预备烂肉面。有我黄胖子，谁也打不起来！（往里走）
二德子	（出来迎接）两边已经见了面，您快来吧！
	〔二德子同黄胖子入内。
	〔茶房们一趟又一趟地往后面送茶水。老人进来，拿着些牙签、胡梳、耳挖勺之类的小东西，低着头慢慢地挨着茶座儿走；没人买他的东西。他要往后院去，被李三截住。
李 三	老大爷，您外边溜达吧！后院里，人家正说和事呢，没人买您的东西！（顺手儿把剩茶递给老人一碗）
松二爷	（低声地）李三！（指后院）他们到底为了什么事，要这么拿刀动杖的？
李 三	（低声地）听说是为一只鸽子。张宅的鸽子飞到了李宅去，李宅不肯交还……唉，咱们还是少说话好，（问老人）老大爷您高寿啦？
老 人	（喝了茶）多谢！八十二了，没人管！这年月呀，人还不如一只鸽子呢！唉！（慢慢走出去）
	〔秦仲义，穿得很讲究，满面春风，走进来。
王利发	哎哟！秦二爷，您怎么这样闲在，会想起下茶馆来了？也没带个底下人？
秦仲义	来看看，看看你这年轻小伙子会作生意不会！
王利发	唉，一边作一边学吧，指着这个吃饭嘛。谁叫我爸爸死的早，我不干不行啊！好在照顾主儿都是我父亲的老朋友，我有不周到的地方，都肯包涵，闭闭眼就过去了。在街面上混饭吃，人缘儿顶要紧。我按着我父亲遗留下的老办法，多说好话，多请安，讨人人的喜欢，就不会出大岔子！您坐下，我给您沏碗小叶茶去！
秦仲义	我不喝！也不坐着！
王利发	坐一坐！有您在我这儿坐坐，我脸上有光！

秦仲义　也好吧！（坐）可是，用不着奉承我！

王利发　李三，沏一碗高的来！二爷，府上都好？您的事情都顺心吧？

秦仲义　不怎么太好！

王利发　您怕什么呢？那么多的买卖，您的小手指头都比我的腰还粗！

唐铁嘴　（凑过来）这位爷好相貌，真是天庭饱满，地阁方圆，虽无宰相之权，而有陶朱之富！

秦仲义　躲开我！去！

王利发　先生，你喝够了茶，该外边活动活动去！（把唐铁嘴轻轻推开）

唐铁嘴　唉！（垂头走出去）

秦仲义　小王，这儿的房租是不是得往上提么一提呢？当年你爸爸给我的那点租钱，还不够我喝茶用的呢！

王利发　二爷，您说的对，太对了！可是，这点小事用不着您分心，您派管事的来一趟我跟他商量，该长多少租钱，我一定照办！是！嗻！

秦仲义　你这小子，比你爸爸还滑！哼，等着吧，早晚我把房子收回去！

王利发　您甭吓唬着我玩，我知道您多么照应我，心疼我，决不会叫我挑着大茶壶，到街上卖热茶去！

秦仲义　你等着瞧吧！

〔乡妇拉着个十来岁的小妞进来。小妞的头上插着一根草标。李三本想不许她们往前走，可是心中一难过，没管。她们俩慢慢地往里走。茶客们忽然都停止说笑，看着她们。

小　妞　（走到屋子中间，立住）妈，我饿！我饿！

〔乡妇呆视着小妞，忽然腿一软，坐在地上，掩面低泣。

秦仲义　（对王利发）轰出去！

王利发　是！出去吧，这里坐不住！

乡　妇　哪位行行好？要这个孩子，二两银子！

常四爷　李三，要两个烂肉面，带她们到门外吃去！

李　三　是啦！（过去对乡妇）起来，门口等着去，我给你们端面来！

乡　妇　（立起，抹泪往外走，好像忘了孩子；走了两步，又转回身来，搂住小妞吻她）宝贝！宝贝！

王利发　快着点吧！

〔乡妇、小妞走出去。李三随后端出两碗面去。

王利发　（过来）常四爷，您是积德行好，赏给她们面吃！可是，我告诉您：这路事儿太多了，太多了！谁也管不了！（对秦仲义）二爷，您看我说的对不对？

常四爷　（对松二爷）二爷，我看哪，大清国要完！

秦仲义　（老气横秋地）完不完，并不在乎有人给穷人们一碗面吃没有。小王，说真的，我真想收回这里的房子！

王利发　您别那么办哪，二爷！

秦仲义　我不但收回房子，而且把乡下的地，城里的买卖也都卖了！

王利发　那为什么呢？

秦仲义	把本钱拢在一块儿,开工厂!
王利发	开工厂?
秦仲义	嗯,顶大顶大的工厂!那才救得了穷人,那才能抵制外货,那才能救国!(对王利发说而眼看着常四爷)唉,我跟你说这些干什么,你不懂!
王利发	您就专为别人,把财产都出手,不顾自己了吗?
秦仲义	你不懂!只有那么办,国家才能富强!好啦,我该走啦。我亲眼看见了,你的生意不错,你甭再耍无赖,不涨房钱!
王利发	您等等,我给您叫车去!
秦仲义	用不着,我愿意蹓跶蹓跶!
	〔秦仲义往外走,王利发送。
	〔小牛儿挽着庞太监走进来。小牛儿提着水烟袋。
庞太监	哟!秦二爷!
秦仲义	庞老爷!这两天您心里安顿了吧?
庞太监	那还用说吗?天下太平了,圣旨下来,谭嗣同问斩!告诉您,谁敢改祖宗的章程,谁就掉脑袋!
秦仲义	我早就知道!
	〔茶客们忽然全静寂起来,几乎是闭住呼吸地听着。
庞太监	您聪明,二爷,要不然您怎么发财呢!
秦仲义	我那点财产,不值一提!
庞太监	太客气了吧?您看,全北京城谁不知道秦二爷!您比作官的还厉害呢!听说呀,好些财主都讲维新!
秦仲义	不能这么说,我那点威风在您的面前可就施展不出来了!哈哈哈!
庞太监	说得好,咱们就八仙过海,各显其能吧!哈哈哈!
秦仲义	改天过去给您请安,再见!(下)
庞太监	(自言自语)哼,凭这么个小财主也敢跟我逗嘴皮子,年头真是改了!(问王利发)刘麻子在这儿哪?
王利发	总管,您里边歇着吧!
	〔刘麻子早已看见庞太监,但不敢靠近,怕打搅了庞太监、秦仲义的谈话。
刘麻子	喝,我的老爷子!您吉祥!我等了您好大半天了!(挽庞太监往里面走)
	〔宋恩子、吴祥子过来请安,庞太监对他们耳语。
	〔众茶客静默了一阵之后,开始议论纷纷。
茶客甲	谭嗣同是谁?
茶客乙	好像听说过!反正犯了大罪,要不,怎么会问斩呀!
茶客丙	这两三个月了,有些作官的,念书的,乱折腾乱闹,咱们怎能知道他们捣的什么鬼呀!
茶客丁	得!不管怎么说,我的铁杆庄稼又保住了!姓谭的,还有那个康有为,不是说叫旗兵不关钱粮,去自谋生计吗?心眼多毒!
茶客丙	一份钱粮倒叫上头克扣去一大半,咱们也不好过!
茶客丁	那总比没有强啊!好死不如赖活着,叫我去自己谋生,非死不可!

王利发　诸位主顾，咱们还是莫谈国事吧！

〔大家安静下来，都又各谈各的事。

庞太监　（已坐下）怎么说？一个乡下丫头，要二百银子？

刘麻子　（侍立）乡下人，可长得俊呀！带进城来，好好地一打扮、调教，准保是又好看，又有规矩！我给您办事，比给我亲爸爸作事都更尽心，一丝一毫不能马虎！

〔唐铁嘴又回来了。

王利发　铁嘴，你怎么又回来了？

唐铁嘴　街上兵荒马乱的，不知道是怎么回事！

庞太监　还能不搜查搜查谭嗣同的余党吗？唐铁嘴，你放心，没人抓你！

唐铁嘴　嗻，总管，您要能赏给我几个烟泡儿，我可就更有出息了！

〔有几个茶客好像预感到什么灾祸，一个个往外溜。

松二爷　咱们也该走啦吧！天不早啦！

常四爷　嗻！走吧！

〔二灰衣人——宋恩子和吴祥子走过来。

宋恩子　等等！

常四爷　怎么啦？

宋恩子　刚才你说"大清国要完"？

常四爷　我，我爱大清国，怕它完了！

吴祥子　（对松二爷）你听见了？他是这么说的吗？

松二爷　哥儿们，我们天天在这儿喝茶。王掌柜知道：我们都是地道老好人！

吴祥子　问你听见了没有？

松二爷　那，有话好说，二位请坐！

宋恩子　你不说，连你也锁了走！他说"大清国要完"，就是跟谭嗣同一党！

松二爷　我，我听见了，他是说……

宋恩子　（对常四爷）走！

常四爷　上哪儿？事情要交代明白了啊！

宋恩子　你还想拒捕吗？我这儿可带着"王法"呢！（掏出腰中带着的铁链子）

常四爷　告诉你们，我可是旗人！

吴祥子　旗人当汉奸，罪加一等！锁上他！

常四爷　甭锁，我跑不了！

宋恩子　量你也跑不了！（对松二爷）你也走一趟，到堂上实话实说，没你的事！

〔黄胖子同三五个人由后院过来。

黄胖子　得啦，一天云雾散，算我没白跑腿！

松二爷　黄爷！黄爷！

黄胖子　（揉揉眼）谁呀？

松二爷　我！松二！您过来，给说句好话！

黄胖子　（看清）哟，宋爷，吴爷，二位爷办案啊？请吧！

松二爷　黄爷，帮帮忙，给美言两句！

黄胖子　官厅儿管不了的事，我管！官厅儿能管的事呀，我不便多嘴！（问大家）是不是？

众	嗻！对！
	〔宋恩子、吴祥子带着常四爷、松二爷往外走。
松二爷	（对王利发）看着点我们的鸟笼子！
王利发	您放心，我给送到家里去！
	〔常四爷、松二爷、宋恩子、吴祥子同下。
黄胖子	（唐铁嘴告以庞太监在此）哟，老爷在这儿哪？听说要安份儿家，我先给您道喜！
庞太监	等吃喜酒吧！
黄胖子	您赏脸！您赏脸！（下）
	〔乡妇端着空碗进来，往柜上放。小妞跟进来。
小 妞	妈！我还饿！
王利发	唉！出去吧！
乡 妇	走吧，乖！
小 妞	不卖妞妞啦？妈！不卖啦？妈！
乡 妇	乖！（哭着，携小妞下）
	〔康六带着康顺子进来，立在柜台前。
康 六	姑娘！顺子！爸爸不是人，是畜生！可你叫我怎么办呢？你不找个吃饭的地方，你饿死！我不弄到手几两银子，就得叫东家活活地打死！你呀，顺子，认命吧，积德吧！
康顺子	我，我……（说不出话来）
刘麻子	（跑过来）你们回来啦？点头啦？好！来见见总管！给总管磕头！
康顺子	我……（要晕倒）
康 六	（扶住女儿）顺子！顺子！
刘麻子	怎么啦？
康 六	又饿又气，昏过去了！顺子！顺子！
庞太监	就要活的，可不要死的！
	〔静场。〕
茶客甲	（正与乙下象棋）将！你完啦！

——幕落

【导读】

老舍（1899—1966），原名舒庆春，字舍予，满族。1899年出生于北京。1918年从北京师范学校毕业后，先后任小学校长、中学老师等职。1924年至1930年在英国伦敦大学东方学院任讲师。回国后先后在齐鲁大学、山东大学任教授。抗战爆发后，在重庆、武汉任中华全国文艺界抗敌协会常务理事。1946年赴美讲学。新中国成立前，著有长篇小说《老张的哲学》《骆驼祥子》《四世同堂》等。新中国成立后回到祖国，先后担任北京市与全国政府、文联、作协等单位和部门多种领导职务，同时勤奋创作，著有《方珍珠》《龙须沟》《茶馆》等二十多部剧本及百万字的曲艺、散文和诗歌作品，被誉为"作家劳动模范"。1951年被北京市人民政府授予"人民艺术家"称号。作品题材丰富，手法多样，具有浓郁的北京地方色彩。其小说创作注重通过平凡日常的生活场景和细节反映社会现实，以喜剧手法表现悲剧主题，善于描绘中下层市民的世态人情，讽刺与幽默兼备。话剧创作以鲜明生动的人物肖像和简练明净、朴素准确的戏剧语言见长；戏剧结构灵活，喜剧色彩浓厚。尤其是《骆驼祥子》《茶馆》享有高度的国际声誉。有《老舍文集》《老舍剧作全集》行世。

《茶馆》是老舍戏剧的巅峰之作，集中体现了老舍杰出的艺术才华和独特的艺术风格。剧作以北京一个普通的茶馆为演绎故事、刻画人物和表现主题的"舞台"，描写了半个世纪广阔的社会生活，塑造了七十多个具有时代特点，面貌各异、个性鲜明的人物。它通过"老裕泰"茶馆的盛衰变迁，和出入茶馆的人物命运的升降沉浮，反映了从前清末年到新中国成立前夕近五十年的激荡变幻的社会生活，揭示历史发展的必然趋势。《茶馆》共三幕，每幕戏的时间均发生在历史巨变的前夕。第一幕发生在戊戌维新失败之时，预示真正革命风暴将临；第二幕发生在民国初年，辛亥革命的失败不但消解了第一幕的潜在期待，同时又预示新的革命——五四运动将临；第三幕为抗战胜利不久，种种社会腐败现象正消解抗战胜利的成果，又预示新的革命又将来临。所以这部戏不仅是为旧时代唱挽歌，也是一部企望黎明的近代史诗。

剧作成功地塑造了众多的艺术典型。常四爷、秦仲义、王利发便是第一幕中刻画得最为鲜明的人物。常四爷是爱国者的形象，他热爱祖国，痛恨洋人，痛恨腐败无能的清王朝。对穷人，对弱者，他慷慨相助；对特务、爪牙、地痞流氓充满蔑视，勇于抗争。他敢于憎，敢于怒，敢于当众宣布"大清国要完"，是个有血气的硬汉子，是正义和反抗力量的代表。秦仲义是民族资产阶级的代表，他财大气粗，自命不凡，对穷苦人很少同情，试图走实业救国之路。他对清王朝的统治存在阶级本能上的对立，在与庞太监的对话中，软中有硬，绵里藏针，体现了新兴阶级的锐气。王利发在第一幕里也成功地显示了自己的性格特征，他精明能干，能说会道，八面玲珑。在强者面前，他忍气吞声；在弱者面前，他虽无害人之心，但没有多少同情心，是圆滑自私的小业主的典型。

在结构上，采用人像展览式结构。作者用"埋葬旧时代"这个主题，把不同人物的遭遇和命运交织在一起，从而最广泛地反映了社会风貌，揭示了时代特征。

剧作语言简洁明快，幽默含蓄，富有个性化，概括力强：三言两语即能刻画出人物的性格特征，字里行间流溢着浓郁的北京地方文化色彩，充分显示了"语言艺术大师"的深厚艺术功力。

重点阅读部分是《茶馆》的第一幕。它描绘了戊戌变法失败、维新派人物谭嗣同被杀害那个黑暗时代的社会生活。话剧通过裕泰大茶馆里形形色色的人物的种种活动，透视了戊戌政变发生与失败的前因后果，描绘了帝国主义扩张渗透、吃洋教的流氓地痞横行、农民破产、宫廷生活腐败荒淫、爱国者横遭迫害的社会现实，逼真地勾勒出晚清统治的真实图景。

关汉卿（节选）

田汉

第八场

人　物　关汉卿（男）
　　　　朱帘秀（女）

叶和甫（男）

狱　吏

禁　子

禁　婆

元朝至元十九年（1282）三月末的大都狱中

幕启：深夜，狱吏设案问供，狱卒狰狞分列，虽在暮春，气象严冷。狱吏翻案件后，望望管牢房的禁子和禁婆。

狱　吏　这几天关汉卿还安静吗？

禁　子　还好。

狱　吏　谁来看过他？

禁　子　他的家人关忠。

狱　吏　就他吗？

禁　子　还有杨显之、梁进之等人，王实甫也托人送了些吃用的东西。还有一位刘大娘跟她女儿带东西来要见他，没有让他们见。

狱　吏　东西都给了关汉卿吗？

禁　子　照您吩咐的，都给了他。

狱　吏　以后，谁也不让见，也不许人家送东西给他。（望着禁婆）朱帘秀也是一样，知道吗？

禁子　禁婆　知道了。

狱　吏　有谁来看过朱帘秀？

禁　婆　她的徒弟燕山秀也来过，何总管也托人送了些东西。

狱　吏　还有呢？

禁　婆　没有了。

狱　吏　从今天起多留点儿神！

禁　婆　是了。

狱　吏　那个赛帘秀呢？还骂吗？

禁　婆　还骂，可是也安静些了。只是眼睛里还出血，给她医吗？

狱　吏　说不定上面要提她，不要死在咱们这里，就把关汉卿开的药买来给她擦上吧。有人来看她吗？

禁　婆　一个唱戏的欠要俏几乎每隔两天就来看她一次。

狱　吏　唔，以后也不让看了。来，关汉卿！

狱　卒　提关汉卿！

　　　　［禁子下，不一时，闻铁链镣铐相击声。关汉卿上。

禁　子　跪下！

　　　　［关汉卿昂然不跪，禁子拿棒要敲他的腿。

狱　吏　（制止）别难为他。［向关汉卿］关汉卿，你坐下吧。

　　　　（向狱卒）给他一条小凳。

　　　　［狱卒给凳，关汉卿坐下。

狱　吏　怎么样？这些日子还好吗？

关汉卿　　唔，日月照肝胆，霜雪添眉，可还死不了。

狱　吏　　是啊，真是不愿你死啊，你的文章我不懂，可是你的医道真高明，我娘吃了你的药好多了。她是多年的风湿，真没有想到好得那么快，已经能拄着拐杖自己走道儿了。

关汉卿　　走走有好处，老年人可也不能太累。

狱　吏　　是是，真是谢谢你。可是，关汉卿，你的案情越扯越大了。说老实的，恐怕很难救你，怎么办呢？

　　　　　〔狱卒中也有人交头接耳。

关汉卿　　（诧异）"越扯越大"了？

狱　吏　　对。大得够瞧的了。你认识一个叫王著的吗？

关汉卿　　王著？

狱　吏　　对。当益州千户的王著，记得吗？你跟他什么交情？

关汉卿　　唔，记起来了，有这么个人，在玉仙楼演《窦娥冤》的时候，他到后台来看过我们。

狱　吏　　他看了你们的戏，很受感动，对吗？

关汉卿　　他那么说，他很兴奋，还在场子里喊过"与万民除害"。我们就见过他那一次，没有什么交情。

狱　吏　　是啊，他后来就当真干起来了！祸闯得不小。你有一位老朋友叫叶和甫的吗？

关汉卿　　唔，有那么一个人，不是什么老朋友。

狱　吏　　他要来跟你谈谈。

关汉卿　　我跟他没有什么可谈的。

狱　吏　　谈谈吧，对你许有些好处。（向内）叶先生，请吧！

　　　　　〔叶和甫从里面走出来。

叶和甫　　（很关切的口气）哎呀，老朋友，真想不到在这样的地方跟你见面。当初你不听我的话，我害怕总会有这么一天。所以我说《窦娥冤》最好别写，要写必定是祸多福少。现在怎么样？不幸而言中了吧。

关汉卿　　（鄙夷地）你要跟我谈什么，快说吧。

叶和甫　　瞧你，还这么急性子，不是应该熬炼得火气小一点儿吗？

关汉卿　　（不耐）有话快说吧！

叶和甫　　（跟狱吏耳语）……

狱　吏　　（对狱卒们）你们都走开。

　　　　　〔狱卒们走开。

叶和甫　　（低声）好，汉卿，先告诉你一个极可怕的消息，你那位朋友王著跟妖僧高和尚同谋，上个月初十晚上，在上都，把阿合马老大人和郝祯大人都给刺死了！

关汉卿　　唔，真的？

叶和甫　　千真万确的，现在大元朝上上下下都为这事件发抖。你看这是国家多么大的不幸！

关汉卿　　你还想告诉我什么呢？

叶和甫　　我就是想告诉你，你不听我的劝告，闯出了多么大的乱子！逆臣王著就因为看过你的戏才起意要杀阿合马老大人的。

关汉卿	（怒）怎见得呢？
叶和甫	许多人听见他在玉仙楼看《窦娥冤》的时候，喊过"为万民除害"，后来他在上都伏法的时候又喊："我王著为万民除害"，而且你的戏里居然还有"把滥官污吏都杀了"的词儿——
关汉卿	（按捺住怒火）你觉得"滥官污吏"应不应该杀呢？
叶和甫	这——"滥官污吏"当然应该杀。
关汉卿	我们应不应该"与万民除害"呢？
叶和甫	唔，当然应该。可是王著把刺杀阿合马老大人当作"与万民除害"就不对了。
关汉卿	杀阿合马是否与万民除害，天下自有公论。若说王著看了我的戏才起意要杀阿合马；那么高和尚没有看过我的戏，何以也要杀阿合马呢？
叶和甫	这——
关汉卿	我们写戏的离不开褒贬两个字。拿前朝的人说，我们褒岳飞，贬秦桧。看戏的人万一在什么时候激于义愤杀了像秦桧那样的人，能说是写戏的人教唆的吗？
叶和甫	汉卿，你这话何尝没有一些道理，可是于今正在风头上，皇上和大臣们怎么会听你的？再说，我今晚来看你，倒也不是为了跟你争辩《窦娥冤》的后果如何，（又低声）我是奉了忽辛大人的面谕来跟你商量一件大事的。你的案情虽说是十分严重，可是只要你答应这件事。还是可以减等甚至释放你的。
关汉卿	我跟忽辛没有什么好商量的！
叶和甫	别这么火气大，老朋友，这事你也吃不了什么亏。反正王著已经死了，没有对证，只要你在大臣问你的时候，供出王著刺杀阿合马大人是想除掉捍卫大元朝的忠臣，联合各地金汉愚民图谋不轨。只要你肯这样招供，不只你的案子可以减轻，忽辛大人为了酬劳你，还预备送你中统钞一百万。这不少哇，老朋友。
关汉卿	（怒火难遏）你还有什么说的？
叶和甫	没有别的了。今晚就为的跟你谈这件大事来的。
关汉卿	你过来我跟你商量商量。
叶和甫	你答应了吗？（过去）
关汉卿	我答应了。（他重重的一记耳光，竟把叶和甫打倒在地下）
叶和甫	汉卿，我好好跟你商量，你怎么动起粗来了？
关汉卿	狗东西，你是有眼无珠，认错了人了。我关汉卿是有名的蒸不烂、煮不熟、捶不扁、炒不爆、响当当的铜豌豆，你想替忽辛那赃官来收买我？我们中间竟然出了你这样无耻的禽兽，我恨不能吃你的肉！
叶和甫	（狰狞无耻的面目毕露）你不答应，好，那你等着死吧。
关汉卿	死也不跟这无耻的禽兽说话了！狱官，让我回号子去。
狱　吏	那么，（对叶和甫）叶先生，您回去吧！
	［叶和甫溜下。狱卒再集合。
狱　吏	关汉卿，你对。你若真照他说的招供了，我们汉人又该倒霉了。你是个好人，又承你医好我娘，只恨我官小力微，帮不到你别的忙，给你送个信儿吧：你也就是这一两天的事了。没有别的，有什么要料理的，或是有什么话要告诉人家的，只要没有什么大关碍，我都可以跟你效劳转达。想吃点什么吗？我也可以

给你买些。

关汉卿　（兴奋之后，定了定有些乱的心）谢谢你。我什么也不要吃，也没有什么要料理的。看你倒是挺疼你母亲的，这里有一封信，等我的事完了，请转给我母亲吧。千万别吓着她老人家，这也是像窦娥不愿走前街一样的心愿吧！

狱　吏　（接信收起）好，我一定照你的意思送到，你可以放心。

关汉卿　明天可以让关忠来一趟吗？

狱　吏　对不起，办不到了。

关汉卿　那也好。

狱　吏　还有什么要对人家说的话吗？

关汉卿　话很多，此时不知从哪里说起。也不知该对谁说。（忽然想起）能不能让我跟朱帘秀再见一面呢？

狱　吏　这——也好吧。我可以担戴一下。不过你跟她说有什么用呢？她的情形跟你一样。

关汉卿　这也叫"涸泽之鱼，相濡以沫"吧。你能担戴一下，就请费心。

狱　吏　（对禁婆）来！提朱帘秀。

禁　婆　是。

　　　　〔禁婆下去不久，即领朱帘秀上。她还是窦娥的装扮，罪衣罪裙，铁锁锒铛。

朱帘秀　（跪）给老爷叩头。

狱　吏　起来吧。关汉卿有话跟你谈。给你们半刻。（对禁子）谈完了送他们回号子，留心着点儿！（对狱卒）我们撤了吧。

　　　　〔他们下。场上只有关汉卿、朱帘秀两人。

朱帘秀　咱们总算又见面了，汉卿。

关汉卿　（沉重地）恐怕也就是这一面吧。

朱帘秀　（受感染地）是吗？

关汉卿　你还记得那位王千户吗？

朱帘秀　玉仙楼后台见过的那位王著？

关汉卿　就是他。

朱帘秀　我只跟他说过两句话，就觉得他是个挺爽快的人。可没想到他能做出这样感天动地的大事，他真不愧是我们《感天动地窦娥冤》的好看客啊。

关汉卿　你还说得这样带劲儿，他杀了阿合马你知道了？

朱帘秀　知道了。昨天来了个同号子的，是王千户住在大都的婶娘。她告诉我王千户临刑的时候还喊着说："我王著与万民除害，我现在死了，将来一定有人把我的事写上一笔的。"他真了不起！

关汉卿　是啊，就有人把这和我们的戏词儿"与一人分忧，万民除害"附会在一起，说我们教唆王著杀害朝廷大臣，所以我们的案情就加重了。

朱帘秀　可不是"与万民除害"吗？阿合马好狠的心，把我徒弟的眼睛都给挖了。

关汉卿　没想到王著给她报了仇。也给我们报了仇。我真想写他一笔，咳，可惜没有时候了。

朱帘秀　没有时候了？

关汉卿　刚才狱官给我送信来了。一两天之内我就完了，你只怕也跟我一样。他要我们趁早把该料理的事，该嘱咐人家的话告诉他，他可以给我们转达。你有什么要他转达的吗？还有，想吃些什么他也可以代买。（见她紧张）哎呀，四姐，你你你不害怕吗？

朱帘秀　（变色，但力自镇定）不害怕。

关汉卿　四姐，真是对不起，为了我的著作，竟然把你连累到这个地步。

朱帘秀　什么话？我不说过你敢写我就敢演吗？说这话的时候，我就打算有今天的。

关汉卿　可是哪知道这一天来得这么快。

朱帘秀　迟早反正一样。我从没有像这些日子这样活得有意思，我觉得我越来越跟大伙儿在一块了。不是吗？老百姓恨阿合马，我们也恨阿合马，而且敢于跟他们斗！王著替大伙儿除害，他死了，我们也站在王著这一边，跟坏人一直斗到死。窦娥不正是这样的女人吗，她至死也不向坏人低头。我喜欢这样的女人，我也愿意像她一样地死去。瞧我还穿着窦娥的行头，跟窦娥一样的打扮，回头还要跟窦娥一样地倒下去。我一定也不会轻易倒下去的，汉卿，在倒下去以前我一定像窦娥一样地喊着，不，也许像王著一样地喊着："与万民除害呀！"你看行吗？我现在真不知道是在过日子，还是在台上。我要像在台上一样，对着成千上万的看的人一点也不胆怯。说真的，你刚才告诉我们快要死的消息，我心里还有点乱。这会儿好多了，我会像窦娥那样坚强的，你放心。

关汉卿　你也放心，四姐。我姓关，现在虽算是大都人了，我原籍却是蒲州解良，我也会像我祖宗那样英雄地死去的。"玉可碎而不可改其白，竹可焚而不可毁其节。"这也正是我今天的心胸。

朱帘秀　咳，我最不能瞑目的是玉仙楼那天晚上，我托和卿设法让你连夜逃走，你怎么不走，反而第二天晚上来看戏呢？你那样爱看戏吗？

关汉卿　我怎么能走？我怎么能让你一个人承担那样重的担子？

朱帘秀　我有什么？大不了一个唱杂剧的歌妓，怎么能比得你？你是一代作者，你替我们杂剧开了一条路，歌台舞榭没有你的戏，人家就不高兴。你正应该替大伙儿多写些好东西，多替"有口难言"的百姓们说话，多替负屈衔冤的女子们申冤，可是，可是于今你也跟我一样，就这么完了，那怎么行？叫他们杀了我吧，千万把你给留下……（她哭了）

关汉卿　四姐，谢谢你的好心。我们的死不就是为了替百姓们说话吗？人家说血写的文字比墨写的要贵重，也许，我们死了，我们的话说得更响亮。可是你不像我，我已经快五十的人了，你还年轻，工夫好，那么早就成了名角儿，你死了人家要埋怨我的。不是伯颜老太太那样疼你，还说要认你做干闺女吗？干嘛不写封信给她，求求她，我想一定有好处的。信可以托何总管转去，准能收到，快点写吧。要不，我给你代笔也成。

朱帘秀　那么你呢？你也求求她吧。

关汉卿　我怎么能求她？

朱帘秀　那为什么我就应该求她呢？她还不是杀人不眨眼的伯颜丞相的老太太吗？她疼我无非我这个女戏子骗了她几滴眼泪。她也不是真懂我们的戏的，她不过让人家说她多么慈悲。其实呢，伯颜丞相今天在这里屠城，明天在那里杀降，她半点眼泪也没有流过。我就恨这样的女人，我还去求她？死也不求她！
关汉卿　不求她那就得——
朱帘秀　就得死。跟关大爷这样的人一道死，我还有什么不足呢！我修不到跟你生活在一块儿，就让我们俩死在一块儿吧，汉卿！（她紧握着关汉卿的手）
关汉卿　四姐，我觉得我们的心没有比这个时候靠得再紧的了。入狱的时候，我就打算有今天。前天晚上，我写了一个曲子叫《双飞蝶》，想给你看看，他们害怕，不给传递，我也没有勉强。现在我亲自交给你吧。要是你能唱唱该多好。
朱帘秀　给我。[接过去]
关汉卿　写得很乱，你看得清楚吗？
朱帘秀　看得清楚。（她半朗诵，半歌唱地）
将碧血、写忠烈，
作厉鬼、除逆贼，
这血儿啊，化作黄河扬子浪千叠，
长与英雄并魂魄！
强似写佳人绣户描花叶；
学士锦袍趋殿阙；
浪子朱窗弄风月；
虽留得绮词丽语满江湖，
怎及得傲干奇枝斗霜雪？
念我汉卿啊，
读诗书，破万册，
写杂剧，过半百。
这些年风云改变山河色。
珠帘卷处人愁绝，
都只为一曲《窦娥冤》，
俺与她双沥苌弘血；
差胜那孤月自圆缺，
孤灯自明灭；
坐时节共对半窗云，
行时节相应一身铁；
各有这气比长虹壮，
哪有那泪似寒波咽！
提什么黄泉无店宿忠魂，
争说道青山有幸埋芳洁。
俺与你发不同青心同热；
生不同床死同穴；
待来年遍地杜鹃红，

|看风前汉卿四姐双飞蝶。
|相永好,不言别!(她十分感动)

朱帘秀　　哦,汉卿!(她拥抱关汉卿)
　　　　　[禁子、禁婆上。
禁　子　　半刻完了。回去吧。(分开他们)
禁　婆　　听你们说得怪可怜的,以后只怕没有见面的时候了。容你们一别吧。
朱帘秀　　不。
关汉卿　　我们不告别,我们永久在一起的。
禁　婆　　那么回号子吧。
　　　　　[禁子牵着关汉卿,禁婆牵着朱帘秀,铁锁锒铛地各归狱室。

——暗转

【导读】

田汉(1898—1968),中国戏剧运动的奠基人之一。1898年3月12日出生于湖南省长沙县东乡茅坪田家塅一户贫农家庭。1919年在东京加入李大钊等组织的少年中国学会。1921年,与郭沫若等组织创造社,倡导新文学,开始发表诗歌和评论。1926年,在上海与唐槐秋等创办南国电影剧社,创作了话剧《苏州夜话》《名优之死》等,一方面无情地揭露了当时社会以及传统势力剥夺人的自由与幸福的罪行,并随着创作历程的推进,对社会问题的关注与表现也在不断加强;另一方面,又着力表现人们面对黑暗现实所产生的苦闷、思索以及对光明的热烈追寻,影响甚广。田汉一生写有60多部话剧剧本,20多部戏剧剧本,约20部电影剧本,同时还写了大量的诗歌、歌词和理论批评文章。

《关汉卿》原载《剧本》1958年3月号,中国戏剧出版社1958年初版。此剧是作家为该年举行的世界文化名人关汉卿七百周年纪念活动而作。它代表了田汉戏剧创作的最高成就。剧作以元代剧作家关汉卿创作排演杂剧《窦娥冤》为中心事件。关汉卿听到民女朱小兰蒙冤被害的消息后,怒不可遏;后又得知大兴府知府忽辛贪赃枉法制造冤案,他写了一出杂剧,为民间女子鸣冤请命,把滥官污吏的嘴脸摆在光天化日之下示众。名歌妓朱帘秀支持关的创作,愿意担任主演。关汉卿拼着性命创作《窦娥冤》,并借伯颜丞相老太太做寿之机公开演出,引起强烈反响。此剧激怒了权臣阿合马,他以杀头相逼,下令关汉卿改剧本。关汉卿断然不改。阿合马把他和朱帘秀抓起来关进死牢。在狱中,他们仍不屈服,互相勉励,并吐露了各自内心的爱恋之情。最后,在许多名人和百姓的帮助下,关汉卿被判为逐出大都、押往杭州,朱帘秀则交行政院严加看管。历史上关于关汉卿创作《窦娥冤》的资料相当少,作家以丰富的想象和巧妙的构思,饱含当代知识分子良知的感情,使《关汉卿》成为中国历史题材话剧创作的上乘之作。全剧共十一场,该节选为第八场。

《关汉卿》生动地塑造了关汉卿、朱帘秀等不畏强暴、不怕牺牲、敢于为民请命的形象。在主人公关汉卿的身上,田汉倾注了自己的才力和仰慕之情。作品紧紧围绕关汉卿创作《窦娥冤》的过程,突出了他的同情心和反抗性。无辜民女朱小兰被贪赃枉法的官吏活活处死,目睹这一人间悲剧的关汉卿义愤填膺,毅然决定创作新戏《窦娥冤》,揭露贪官污吏的丑恶嘴脸,为屈死的平民百姓申冤。戏一开场,作者就把主人公置于暴虐、险恶的逆境,写关汉卿为替素昧平生的无辜少女喊冤,甚至险些送了性命。在行院歌妓朱帘秀及诸位好友的鼓励与支持下,《窦娥冤》终于写成并且上演,演出获得了极大的成功,但被贪官阿合马以性命相挟,并严令关汉卿照他们的旨意删改剧本。为了捍卫正义,他没有屈从阿合马之流的淫威,《窦娥冤》仍照原词演出。在被捕入狱后,他不但不反悔,还劝战友"玉可碎而不可改其白,竹可焚而不可毁其节",决心"将碧血、写忠烈、作厉鬼、除逆贼"。当他以前的朋友、现在投靠了阿合马的叶和甫秉承主子之命到狱中妄图收买关汉卿时,他怒骂叶是"无耻禽兽",将其赶走。全剧突出了关汉卿"蒸不烂、煮不熟、捶不扁、炒不爆、响当当的一粒铜豌豆"的战斗性格。

《关汉卿》艺术风格的突出特点就是戏剧性与抒情性的有机结合。田汉首先巧妙地运用"戏中戏"的情节结构来实现戏剧性与抒情性的有机结合。《窦娥冤》创作与演出的曲折增强了剧情的起伏,同时关汉卿、朱帘秀的可贵精神也与感天动地的窦娥形象融为一体,把剧情推向高潮。其次,让剧中人物在关键情境中演唱相应的曲词,运用曲词的诗质和音乐性增强抒情力量。如两位主人公在狱中相逢、结尾洒泪而别时,由女主人公饱含深情地演唱《蝶双飞》与《沉醉东风》,有效地强化了人物的思想情感,生发出极强的艺术感染力。

思考与练习

1. 分析林道静的思想性格及其成长道路的典型意义。
2. 分析《红岩》的思想成就和艺术成就。
3. 以《百合花》为例,分析茹志鹃的创作特色与风格。
4. 分析《草木篇》中所描写的五种草木的象征意义及其共同的诗歌主题。
5. 以《冬》为例,分析穆旦新诗创作是如何做到浪漫主义与现代主义相融合的?
6. 分析《团泊洼的秋天》的艺术特色。
7. 分析《茶馆》独特的艺术结构,并说明其是怎样表现深刻的主题思想的。
8. 分析《关汉卿》的艺术特色。

第五篇 新时期文学（1977—）

第九章 新时期的文学发展

第一节 文学思潮和流派

1976年10月,"文化大革命"结束,社会主义新时期的文艺在揭批"四人帮"的运动中拉开了序幕,广大文艺工作者积极投入拨乱反正的斗争。1978年5月,全国文联三届三次扩大会议在北京召开,会议深入揭发批判"四人帮"在文艺领域推行的文化专制主义和极"左"路线,清算他们的罪行,研究贯彻党的文艺政策、促进创作繁荣等问题。会议宣布被中断十年之久的全国文联、全国作协和影协、剧协等组织正式恢复工作,《文艺报》复刊,推动了群众性批判运动的开展。当然,当时的批判还停留在起步阶段,一些重大是非问题还未得到澄清,许多被打成"黑线人物"的文艺工作者还未得到解放,被打成"毒草"的大批文艺作品还未给予正确的评价。

1978年12月,党的十一届三中全会召开,会议决定把党和国家的工作重点转移到社会主义现代化建设上来。1979年3月,邓小平代表党中央提出了四项基本原则。在这样的历史背景下,文艺界思想解放运动和拨乱反正工作得以迅速、深入地进行,不仅砸碎了"文艺黑线专政"论的精神枷锁,而且陆续落实党的文艺政策,平反冤假错案。"文革"期间与"文革"前被错误地当作"毒草"批判的大批作品被落实政策,广大作家从极"左"路线的禁锢下解放出来,社会主义文艺园地开始走向复苏与繁荣。

1979年10月30日至11月6日,第四届全国文代会在北京召开。邓小平代表中共中央致祝词,并指出:实现四个现代化,是全国人民压倒一切的中心任务,是决定祖国命运的千秋大业,文艺在这个事业中,在"满足人民精神生活多方面的需要""提高整个社会的思想、文化、道德水平"等方面担负重要责任;文艺"应当在描写和培养社会主义新人方面付出更大的努力,取得更丰硕的成果",要继续坚持"为最广大的人民群众、首先是为工农兵服务的方向,坚持百花齐放、推陈出新,洋为中用、古为今用的方针,在艺术创作上提倡不同形式和风格的自由发展,在艺术理论上提倡不同观点和学派的自由讨论"。

会议总结了新中国成立30多年文艺工作正反两方面的经验教训,提出了新时期文艺工作者的任务,是我国文艺界一次具有历史意义与现实意义的盛会,标志着社会主义文学艺术繁荣发展的新时期已经开始,对文艺事业的进一步繁荣昌盛产生了深远的影响。

1980年7月26日,《人民日报》发表《文艺为人民服务,为社会主义服务》的社论,进一步使文学从"为政治服务"的"工具论"束缚中解放出来,对文学的发展具有重要的意义。

在文艺界思想解放运动的推动下,新时期文学出现了一个繁荣发展的新局面。

文艺思想的讨论异常活跃,广大文艺工作者大胆解放思想,对"文革"前的文艺思想、文学观念进行了深刻反思,先后对文艺与政治的关系问题,现实主义问题,文学中的人性、人道主义问题,歌颂与暴露的关系问题,借鉴西方现代派艺术问题,文艺批评的标准与新方法问题,文学的主体性问题,关于"纯文学"与"通俗文学"问题等,进行了广泛而热烈的讨论;同时,还积极探讨文艺的新观念、新方法。这些讨论,对克服文艺界长期以来存在的

"左"的思想,促进文艺理论和文艺创作的发展,在不同程度上起到了有益的推动作用。

新时期文学发展中先后交错或并行出现了多种文学潮流。"伤痕文学"是最先出现的创作潮流,它用艺术形象再现了"文革"十年中国社会演出的一场大悲剧,反映了这场内乱在国家和人民心灵上留下的沉重内伤。"反思文学"的出现略晚于"伤痕文学",它所反映的生活向前推移到50年代中期甚至更远,对新中国成立30多年的历史道路进行了回顾思考,深刻揭示了历史的经验与教训,更具有思想解放潮流的特点。"改革文学"以社会政治经济改革为主要内容,触及时弊,及时反映了人民群众的情绪、愿望和理想,展现了人民为"四化"而奋战的雄姿。这些文学潮流适应了处于大喜大悲交替时期人们的欣赏心理,提出了人们迫切关心的社会问题,确实显示了文学的社会作用。进入20世纪80年代中期,局面起了变化。改革开放的形势冲击了人们旧有的文学观念,作者的艺术追求、读者的欣赏趣味及文学对生活的作用都起了变化。文学创作打破了单一的社会性主题,呈现多元化局面,相继出现了"新诗潮""寻根文学""乡土文学""探索文学""纪实文学""通俗文学"等多种文学潮流。这些潮流交错奔涌,起伏更迭,表现出文学发展多向分流的趋向。

新时期文学在多种潮流纵横起伏中呈现出自己的特点。第一,打破禁区,创作题材空前广阔丰富。作家将笔触伸向社会的各个角落,极大地丰富了社会主义文艺反映的内容。第二,主题丰富与深化。新时期文学突破了"十七年"文学集中于敌我矛盾、公与私对立等社会性主题的局限,表现出丰富多样的特点。政治、经济、伦理道德、民俗民情、民族心理、自然景观等皆成为文学的主题。同时,作品反映生活时注重对社会历史深层内容的揭示,表现当代人的心理矛盾与生存状态,观照生活时注意展示全方位意识,使主题呈现深邃、复杂的形态。第三,探索与创新的活跃。朦胧诗的出现、意识流小说的移植、荒诞戏剧的尝试等,都以各自的特点丰富了文学的创作方法和表现手法,为艺术思想的解放敞开了大门。 即使采用传统的现实主义创作方法创作的作品,也吸收了某些现代派手法与现代意识,呈现出开放性与包容性,获得了新的生命力。当然,新时期文学在发展过程中,也受到某些资产阶级自由化思潮的影响和干扰,某些消极的不健康的创作倾向也时有反映,这与新时期文学发展的主旋律是不协调的。

进入21世纪,新时期文学从创作思潮到门类、题材、风格、群体都发生了深刻的变化。新时期文学呈现出四大特点。一是多元化。随着科技的进步和互联网的普及,新时期文学创作开始涌现各种新的形式和风格,如网络文学的兴起使文学的传播途径更加广泛,读者也更容易接触到各种类型的文学作品。这种多元化的发展进一步丰富了中国当代文学的内涵与形式。二是时代性。习近平同志在2019年看望全国政协文艺界、社科界群组委员时指出:"中国特色社会主义进入新时代,新时代呼唤着杰出的文学家、艺术家、理论家,文艺创作、学术创新拥有无比广阔的空间。希望大家坚定文化自信,把握时代脉搏,聆听时代声音,承担记录新时代、书写新时代、讴歌新时代的使命,勇于回答时代课题,从当代中国的伟大创造中发现创作的主题,捕捉创新的灵感,深刻反映我们这个时代的历史巨变,描绘我们这个时代的精神图谱,为时代画像、为时代立传、为时代明德。"新时期文学自觉承担起传递时代声音和关注社会问题的责任,更加关注社会的多元化、多样性和包容性,通过文学作品记录新时代的历史巨变,引导人们思考社会问题,推动社会进步。三是国际化。随着全球化进程的加快,中国与世界的联系日益紧密,新时期文学更加注重与世界文学的对话与交流,既吸收外国文化的精华,又将中国文化的独特性传递给世界,这种国际化使中国当代文学在世界文学舞台上大放异彩。四是跨学科融合。当代文学作为一种综合性艺术形式,与其他学科的融合使文学作品更加丰富多样。文学与科技融合,可以创造更加奇妙和想象力丰富的作品;文学与心理学融合,可以更好地揭示人性的复杂性和深层次的内心世界。跨学科融合使新时期文学更加立体和多维度。

第二节 小说创作

新时期文学中以小说创作的成绩最为突出。现实主义精神的恢复和发展是新时期小说创作繁荣的第一步,新中国成立后的小说创作,基本上继承了鲁迅所开创的以《呐喊》《彷徨》为奠基石的现实主义传统。但是,由于"左"倾路线的影响、教条主义和庸俗社会学思想的干扰,现实主义传统受到削弱。"文革"十年中的文艺取向,更使现实主义精神丧失殆尽。粉碎"四人帮"后,全社会对"文革"进行了历史反思。1977年11月,刘心武的短篇小说《班主任》率先破门而出,揭露了极"左"路线对教育事业的摧残、青少年灵魂被毒害的社会问题,发出了"救救被'四人帮'坑害了的孩子"的呼声,振聋发聩。接着,卢新华的《伤痕》描写"文革"给人们精神上带来的内伤,再次震动文坛。于是,引发了"伤痕小说"潮流。代表作还有《弦上的梦》(宗璞)、《大墙下的红玉兰》(丛维熙)、《代价》(陈国凯)、《许茂和他的女儿们》(周克芹)、《啊!》(冯骥才)、《草原上的小路》(茹志鹃)、《蹉跎岁月》(叶辛)等。他们直面人生苦难,控诉了林彪、"四人帮"倒行逆施造成的无数人间悲剧,反映了人民与林彪、"四人帮"专制主义的斗争,起到了思想解放运动的先声的巨大作用,标志着文学的现实主义传统的恢复。

"反思小说"的出现,显示了新时期小说现实主义精神的进一步发展。比之"伤痕小说","反思小说"在历史内容上扩展和深化了,试图站在历史的高度观察和思考以往的教训,求得对历史的再认识、再评价。《天云山传奇》(鲁彦周)把反思内容追溯到反右斗争和"大跃进"年代;《李顺大造屋》(高晓声)、《犯人李铜钟的故事》(张一弓)、古华的《芙蓉镇》等反思了30年间我国农村政策、工作的经验教训与成败得失;《蝴蝶》(王蒙)通过对一个干部几十年的升降沉浮的描写,思考了共产党干部和人民的关系问题;《灵与肉》(张贤亮)触及我国知识分子政策的问题。这些小说,无论是在题材的开拓、主题的深化、人物的塑造上,还是在艺术表现方面,都取得了较为突出的成就。

1979年夏,蒋子龙的《乔厂长上任记》开了"改革文学"的先河,激起了强烈的社会反响。继蒋子龙的改革系列小说之后,大批改革题材的小说联篇而出,《沉重的翅膀》(张洁)、《祸起萧墙》(水运宪)、《腊月·正月》(贾平凹)、《新星》(柯云路)等小说表达了人民建设"四个现代化"的强烈愿望,敏锐地揭示了改革面临的困难、阻力与新问题,塑造了一批开拓者形象,反映了我国历史转折时期社会生活的纷繁画面。

现实主义精神复归的另一表现是"文学是人学"的命题重新被人们公认。小说更注重写普通人,写人的命运,写人的复杂性格与丰富的内心世界,写人性、人情。《如意》(刘心武)揭示了人性被扭曲,表现出淳朴的人性美、人情美;《爱,是不能忘记的》(张洁)探析家庭婚姻与爱情、道德的关系;《内奸》(方之)写了一个小商人的坎坷命运与复杂性格;《射天狼》

（朱苏进）刻画了和平时期忠于职守的军人丰富复杂的内心世界与高尚情操。

改革大潮由政治经济渐次深入社会的各个领域，引起人们社会意识、思维方式、伦理道德观念、价值坐标、精神心理、审美观念的变化，这就促使文学进一步走向开放。小说家开始对社会生活进行多角度、多层次、全方位的观照，并且尝试追求独创性，致力表现方法的变革。

拥有30年曲折坎坷经历的王蒙深感"复杂化了的经历、思想、感情与生活需要复杂化了的形式"，从1979年10月到1980年春，连续发表了《夜的眼》《春之声》《风筝飘带》《海的梦》《布礼》《蝴蝶》等六篇采用意识流手法写的短、中篇小说，将情节结构改为心理结构，通篇写人物内心独白，自由联想，打破时空顺序，让过去、现在和未来交替出现，透过人的主观感受折射社会生活，大大扩充了小说的容量。

1985年前后，一批年轻作家的新潮小说以其现代派特色出现于文坛。刘索拉的《你别无选择》以零乱的组合展示了音乐学院作曲系一群学生杂乱无章的生活，表现了当代一部分青年人的复杂心态，被视为第一篇"真正有了现代派小说的味"的作品。徐星的《无主题变奏》、残雪的《苍老的浮云》、余华的《活着》、莫言的《红高粱》系列等作品，体现了意识流、荒诞、黑色幽默、魔幻等现代派创作思想和手法，但由于这些小说读者面较小，终于难以为继。

20世纪80年代中期，小说创作的另一流派是"文化寻根小说"产生。一批年轻的作家提出要构建中国当代小说的"民族品格"。韩少功的《爸爸爸》以写实和象征交错的手段描写了丙崽这一形象及其生活的环境氛围，对人性中的愚昧、蛮荒、冥顽不化的"集体无意识"加以变形、夸张、放大，意在引起疗救的注意；阿城的《棋王》在对现实社会与时代的政治背景的嘲弄中，赞扬了民族传统文化的精神力量；王安忆的《小鲍庄》在对小鲍庄百姓以"仁义"为中心的传统精神的展露中，表现出汉民族的生存、生活状况。此外，贾平凹的"商州系列"小说、李杭育的"葛川江系列"、郑万隆的"异乡异闻系列"、张承志的《黑骏马》，则侧重从特定的地域色彩进行文化寻根，力求从当时当地人民生活风貌、风情、风俗的描写中发掘民族文化精神。

历史题材、革命历史题材、军事题材、知识分子题材的小说创作在新时期也取得了丰硕的成果。历史题材的代表作有姚雪垠的《李自成》（第三卷）、凌力的《星星草》、徐兴业的《金瓯缺》等，革命历史题材的代表作有魏巍的《东方》、李凖的《黄河东流去》等。军事题材小说的代表作有徐怀中的《西线轶事》、李存葆的《高山下的花环》等。知识分子题材的代表作有谌容的《人到中年》、宗璞的《三生石》、张贤亮的《绿化树》等。

从20世纪80年代后期到90年代，小说创作中出现了一支颇具实力的劲旅：新写实小说。方方的《风景》、池莉的《烦恼人生》、刘震云的《一地鸡毛》都是具有代表性的作品。它们贴紧现实人生，博采众家之长，表现出现实主义与现代主义相结合的趋势。在《钟鼓楼》（刘心武）、《活动变人形》（王蒙）等长篇小说创作中，现实主义创作方法仍是主导，但也努力突破传统结构方式，吸收多种表现方法的养料。还有王朔的《轮回》《顽主》《过把瘾就死》等小说所引起的大众文化现象也引人注目。

进入21世纪，新时期小说创作与生活、读者、科技、媒介、市场的关系都发生了较深刻的变化，尤以长篇小说创作表现更为明显，呈现出以下特点。一是史诗性。史诗性追求是21世纪长篇小说的重要特点，甚至成为长篇小说的一个标准。刘慈欣的渗透到政治、经济、物理、天文等诸多领域的《三体》，阿来在《尘埃落定》之后推出的反映一个乡村在时代变迁中的衰落命运的《机村史诗》，梁晓声的反映由工人、城市平民、知识分子、官员在平民的土壤上诞生的不同阶层所构成的当下中国社会历史图景的《人世间》，迟子建的反映鄂温克族从兴盛到衰亡的百年历史的《额尔古纳河右岸》，冯良的反映隐藏在苍茫的大凉山中轻盈的时代悲歌的《西南边》，格非的覆盖包括辛亥革命前后、20世纪50年代与当下的中国现代史的"江南三部曲"(《江南桃花》《山河入梦》《春尽江南》)，范稳的描述一个藏人的成佛史、表现多元文化的灿烂与丰厚、讴歌爱情的坚韧的《藏地三部曲》(《水乳大地》《悲悯大地》《大地雅歌》)，叶舟的讲述敦煌及其民族的衰落与新生故事的《敦煌本纪》，徐则臣的被视为一代人的精神史的《耶路撒冷》，这些小说都是追求史诗性的代表性作品。二是乡土性。乡土一向是中国作家的胜场。贾平凹接连推出反映乡土中国在现代化进程中瓦解和破碎的过程的《秦腔》、表现以刘高兴为代表的乡下进城群体在城市中挣扎与求生的《高兴》、追问"文革"是如何在一个乡间小村子发生的《古炉》、集中塑造乡村基层干部形象的《带灯》等厚重作品；范小青也创作出反映一个赤脚医生的人生经历的《赤脚医生万泉和》。三是先锋性。21世纪以来，昔日的先锋作家纷纷转向长篇小说创作，他们以现实生活为素材，建立起具有强烈个人风格的叙述。余华的《兄弟》《第七天》，李洱的《花腔》《应物兄》，莫言的《蛙》，苏童继《妻妾成群》之后推出的《河岸》《黄雀记》，这些都是先锋作家的代表性作品。四是雅俗适中。新世纪以来，文学的格局与版图不断发生变化，以网络文学为代表的通俗文学逐渐获取了更多读者，也拓宽了传统文学的边界。在雅与俗之间、电子媒介与纸质媒介之间寻求相对平衡，成为作家面临的挑战。金宇澄的《繁花》、麦家的《暗算》《风声》《风语》、严歌苓的《金陵十三钗》《芳华》，这些都是雅俗相宜的代表性作品。

第三节　诗歌创作

新时期诗歌发展的最初特点是以悲歌与欢歌的交织为主旋律的。在粉碎"四人帮"最初一两年里，涌现出一批揭批"四人帮"、怀念歌颂老一辈无产阶级革命家、欢呼十月胜利的诗歌，影响较大的有李瑛的《一月的哀思》、柯岩的《周总理，你在哪里？》、贺敬之的《中国的十月》、雷抒雁的《小草在歌唱》、艾青的《光的赞歌》等。这些诗歌继续了"四五"天安门诗歌运动的战斗传统，及时反映社会生活中的重大事件，传达出人民积蓄已久的真情实感，体现了诗歌的现实主义精神和战斗性、人民性的恢复。但是，由于历史的原因，不少诗作还缺乏个性，艺术上也少有创新。

十一届三中全会之后，思想解放运动把诗歌创作推向了新的阶段，题材走向多样，表现形式也开始出新。

随着冤假错案得到平反，历史上的一些问题得到重新认识，"复出的诗人"成为一段时期诗歌创作的重要群体。其中，有在1957年被错划为"右派"的诗人，如艾青、公刘、白桦、流沙河、邵燕祥等，有1955年受"胡风反革命集团"案牵连的诗人，如绿原、牛汉、冀汸、曾卓、彭燕郊等；也有因褊狭的艺术观念和艺术氛围而被迫离开诗坛的诗人，如蔡其矫、辛笛、郑敏、陈敬容、唐湜等。在20世纪70年代后期，他们重新走上诗坛，纷纷把自己历经坎坷的感受投射到"归来"之后的创作中，表现出不少共同的倾向，如"归来"的中心主题、"自叙传"色彩、以历史反思为核心的理性思辨色彩等。代表作有《鱼化石》《盆景》(艾青)、

《重读〈圣经〉》（绿原）、《哎，大森林》（公刘）、《假如生活重新开头》（邵燕祥）、《故园六咏》（流沙河）、《五华洞》（蔡其矫）、《悬崖边的树》（曾卓）等，这些诗或记述苦难的历程，或抒发"归来"的喜悦，或托物言志、借景抒情，既闪烁着信念不灭的火花，又凝聚着历史的沧桑，表现了诗歌现实主义精神的发展与深化。

20世纪70年代末到80年代初，一批新人在诗坛崛起。他们在十年内乱中耗费了青春，经历了天真单纯、信仰破灭、彷徨迷惘到追求觉醒的生活历程，迎来了黑暗与光明交替的历史变革时期；他们不满足于旧的诗歌程式，追求新的诗美原则，以期表达复杂的感情与独特的个性；他们大胆借鉴西方现代诗的诗艺，掀起新诗潮，创作了一批具有新的审美特征的诗，代表作有《祖国啊，我亲爱的祖国》《双桅船》（舒婷）、《雪白的墙》《中国，我的钥匙丢了》（梁小斌）、《纪念碑》（江河）、《老虎》（王燕生）、《我感到了阳光》（王小妮）等。从思想倾向看，这些诗重主观抒情，体现出强烈的社会批判意识与英雄主义、理想主义倾向；就艺术表现手法而言，诗人力避思想感情的直接表达，而运用象征、暗示及意象化等手段，表现诗歌内涵的丰富性、多义性、哲理性，带有某种朦胧的色调，因而被称为"朦胧诗"，在1979年至1984年间曾引起诗坛广泛的论争。

20世纪80年代中期，诗坛出现了所谓"后新诗潮"，倡导者是更年轻的一代——被称为"新生代"诗人群，他们大多为"文革"后接受高等教育的大学生，少有第一、第二代诗人那样负有着历史重担，更多的是与西方"黑色幽默""存在主义""后现代主义"产生共鸣。他们的诗歌刻意表现一种"非崇高化"的倾向，流露出反讽、调侃、戏谑的个性，有意抛弃意象，试图重新营构语体。虽然新生代的主张熙熙攘攘，形式五花八门，但在创作上比较有成就和比较有影响的诗人群体，主要有两个：一是以海子、王家新、骆一禾、西川等为代表的"后朦胧"诗人，二是以韩东、于坚、杨黎、李亚伟等为代表的"第三代"诗人。代表作有《土地》（海子）、《第二道假门》（周伦佑）、《三原色》（车前子）、《天鹅之死》（欧阳江河）等。"新生代"诗作者由于理论的幼稚与实践的脱节，作品不多，"后新诗潮"也很快便悄然退潮。

当"新诗潮"与"后新诗潮"在诗坛掀起一个个漩涡，又在某些方面与大多数读者的审美习惯有一定距离之时，另一些默默耕耘的诗人提出了"乡土化、民族化、大众化"的主张，这便是丁庆友、林染、丁可、臧棣、胡鹏等年轻诗人。他们用现代人的目光观照迅速变化的农村和城镇，以发展的视角展现中华民族的心理状态、道德规范、民俗风情，抒写中华民族勤劳、勇敢、坚忍、奋发图强、变革进取等品质，并且运用劳动人民口语为主的民族语言、民族形式以及人民大众喜闻乐见的艺术表现手法，形成独特的民族风格，同时又借鉴西方现代派诗歌的某些表现手段，形成"新乡土诗"。代表作有丁庆友的组诗《忆念那一片泥土》、丁可的组诗《南方，田野的风》、胡鹏的《大地上生长出我的一组短歌》、李瑛的组诗《山草青青》，它们是现实主义的，但又从更高的层次反映现实，展现新时期农民的变革意识、创造意识、忧患意识、开放意识，透过生生不息的生活表象去追溯农民命运的艰辛历程，从中体现土地般厚重的乡土精神。

20世纪90年代以来，新时期诗歌进入寻根期，杨炼的《朗日诺》、柏桦的《在清朝》、张枣的《镜中》最具代表性。

进入21世纪，新时期诗歌进入草根期，本期的主要标志是底层草根诗人的崛起。本期的诗歌进入一个相对大众化、社会化、民主化时代，诗歌的普及达到一个前所未有的程度，写诗的人群越来越大，诗歌活动越来越多，但确实存在口水化、晦涩难懂、再度形式主义等不足。最早引起注意的草根诗人是杨键、江非等，郑小琼、谢湘南、许立志、余秀华等打工诗人，雷平阳、潘维、古马、阿信等地方性诗歌创作者，以吉狄马加为代表的少数民族诗人也归于这一现象。

第四节　散文创作

新时期散文的复兴，是由挽悼性散文发端的。粉碎"四人帮"后短短几年间，涌现出数以千百计的忆怀祭悼篇章，其中一类是悼念老一辈无产阶级革命家的，如追念毛泽东的《临江楼记》（何为）、怀念周恩来的《最后的时刻》（巴金）、忆念朱德将军的《巍巍太行山》（刘白羽）、痛悼陶铸的《一封终于发出的信》（陶斯亮）以及《彭大将军回故乡》（翟禹钟）等，这些文章借助悼念，声讨林彪、江青一伙的倒行逆施，表达了人民对老一辈革命家的无限热爱，讴歌了他们的不朽业绩和高尚情操。另一类是悼念被"四人帮"和极"左"路线迫害致死的文学家、艺术家、科学家及其他革命同志的，如巴金的《怀念萧珊》、金山悼念孙维世的《莫将血恨付秋风》、黄宗英忆上官云珠的《星》、丁一岚的《忆邓拓》、楼适夷的《痛悼傅雷》等，这些文章既是一篇篇声讨"四人帮"的控诉书，也是一篇篇浸透血泪的诔文，表达了作者的真实思想和感情。挽悼散文的兴盛是中国特定时期特有的文学现象，为新时期散文全面复苏奠定了基础。

继挽悼散文潮之后，随着思想解放运动的深入，各种题材的叙事抒情散文大量出现。引人瞩目的是老作家的回忆散文，他们以丰富坎坷的经历，抒写对人生的总结与回忆，常带着历史的反思、内省与自剖。孙犁的《耕堂读书记》、萧乾的《一本褪色的像册》、杨绛的《干校六记》、丁玲的《牛棚小记》等，皆以其精湛的人生况味、炉火纯青的文字引人入胜。巴金的五卷《随想录》，更是他人生经验的深刻总结，集叙事、抒情、随感、说理之大成，以巨大的启示力和震撼力享誉海内外。中青年作家的散文，则以其思想的敏锐和形式的新颖而透出特有的生气。贾平凹的《丑石》、赵丽宏的《小鸟，你飞向何方》、张抗抗的《地下森林断想》、张洁的《拣麦穗》、王友勤的《未名湖，你听我说》、曹明华的《一个女大学生的手记》等都是情感真挚、意境深邃、新颖别致、文采动人的优秀之作。但是比之小说、诗歌，新时期叙事抒情散文思想艺术的路子还较狭窄，还未摆脱以往散文创作的套路，对文体艺术的追求探索步子迈得不大。20世纪90年代文化散文的出现冲破了这种徘徊局面，余秋雨的《文化苦旅》《山居笔记》被称为新时期文化散文的重镇。作者在自然、历史、人生的交融之中进行思考，以开放广博的视野、丰富多彩的文思、理性思维的闪光及强烈的主体精神超越了当代散文以"小体会""小哲理"见长的审美规范，将新时期散文推向新的境界。

新时期散文领域最突出的成就当属报告文学的勃兴。徐迟的《哥德巴赫猜想》，报告了陈景润为科学献身的忘我精神，较早对"文革"作出了评价。1978年前后，一大批报告科学家经历与科研事迹的报告文学蜂拥而来，如写数学家华罗庚的《高山与平原》（理由）、写植物学家蔡希陶的《生命之树常绿》、写地质学家李四光的《亚洲大陆的新崛起》（黄钢）、写野生药材研究者秦官属事迹的《大雁情》（黄宗英）等。这些作品都满怀激情地赞颂了我国知识分子为了祖国的科学事业九死而不悔的崇高品质，及时提出了如何对待知识分子，尊重他们的科研活动的重要问题。随后，报告文学向更广、更深的生活领域突进，题材之广阔、问题之尖锐、思想之深刻都是空前的，有反映党风问题的《三门李轶闻》（乔迈）、追记"四五"天安门事件的《命运》（杨匡满、郭宝臣）、讴歌与"四人帮"斗争烈士的《正气歌》（张书绅）、记载工业战线改革的《励精图治》（程树榛）、描写体育健儿的《中国姑娘》（鲁光）、记录名人事迹的《李宗仁归来》（顾笑言）、反映法制问题的《检察官汤铁头》（杨旭）等等。这些作品不仅歌颂了"四化"建设者，而且敢于正视现实生活中的尖锐矛盾和阴暗面，引起了人们的关注、思索和警醒，有力地发挥了报告文学的战斗作用。

1980年至1984年，写人的报告文学成为热点，与之相应的是报告文学的文学性增强。在表现形式上借鉴了小说、诗歌、散文、电影的表现手法；在叙述方式上，打破传统的时空观念，运用心理时空组织材料；在人物描写方面，注重表现人物复杂的内心世界，塑造个性化的人物形象；在客观报告的同时，倾注了充沛的感情，浓化了主观抒情氛围，呈现"小说化""散文化"的趋势。

20世纪80年代中期以后，部分作家的报告文学由"小说化""散文化"转向"学术化""思辨型"，热点由写人物转向写问题写事件，拓展了报告文学的艺术思维空间，出现了"宏观全景式"报告文学。作品强调信息量和思辨性，融入了历史学、政治学、经济学、社会学、心理学、伦理学等多种思维方式，渗透着历史意识、忧患意识、批判意识等诸多观念，出现了"非文学化""非艺术化"的作品，代表作有《唐山大地震》（钱钢）、《中国农民大趋势》（李延国）、《土地与土皇帝》（麦天枢）、《中国的"小皇帝"》（涵逸）、《国荡》（霍达）、《世界大串联》（胡平）等，它们从社会生活的横断面，从某一特定的"带"报告独特的社会现象，反思深层的文化历史背景及哲理意义，具有较大的社会历史和现实的穿透力，还包含社会认识价值。

第五节　戏剧创作

新时期话剧是在揭批"四人帮"的高潮中催生的。1977年夏秋之间，揭露批判"四人帮"的讽刺喜剧《枫叶红了的时候》（金振家、王景愚）和反映贺龙与党内"左"倾机会主义者斗争的《曙光》（白桦）相继问世，吹响了新时期话剧创作的第一声号角，预示了揭批"四人帮"、歌颂老一辈革命家两大创作潮流的到来。1978年9月，上海工人文化宫业余话剧团演出了《于无声处》（宗福先），讴歌了与"四人帮"斗争的"四五"英雄，引起了巨大的社会反响。北京人民艺术剧院上演的《丹心谱》（苏叔阳）则通过医务工作者研究新药过程中的斗争，赞颂了一片丹心为人民的周恩来。这些剧本的创作与演出，与全国性的揭批"四人帮"的群众运动是相呼应的。随着拨乱反正工作的深入，老剧作家焕发了青春，剧坛新人一个个脱颖而出，新剧目雨后春笋般涌现出来。

本时期的戏剧创作呈现出崭新的风貌。

第一，恢复和发扬了我国戏剧艺术的现实主义传统，敏锐反映社会现实，深刻地反映人民群众的愿望和要求。以《于无声处》等剧作为先行，各种"社会问题剧"和以改革为题材的剧作应运而生，如《报春花》（崔德志）通过青年女工白洁的命运批判了反动血统论，《未来在召唤》（赵梓雄）表现了思想解放的历史要求同现代迷信的必然冲突，《谁是强者》（梁秉堃）揭露了"关系网""后门风"对"四化"的严重危害,《血,总是热的》（宗福先、贺国甫）揭示出工业改革的势在必行,《权与法》（邢树勋）提出了健全和维护社会主义法制问题,《救救她》（赵国庆）提出了青少年失足犯罪问题……这些剧作干预生活,及时提出并回答了广大群众普遍关心的社会问题,反映了时代和人民的声音,是对十年文化专制主义和"假大空"文艺的历史性反驳。

第二,剧作题材不仅突破了"文革"十年"四人帮"所设置的剧作题材禁区,而且,也深入"文革"前"十七年"所没有接触到的领域。一批歌颂革命领袖的剧作先后涌现,如《秋收霹雳》（赵寰）、《报童》（邵冲飞等）、《西安事变》（程士荣等）、《东进！东进！》（所云平）、《陈毅市长》等,第一次在舞台上塑造了毛泽东、周恩来、陈毅、朱德、贺龙、彭德怀等老一辈革命家的形象。与此同时,一些爱国志士和民主主义革命家,如孙中山、詹天佑、吉鸿昌、张学良、秋瑾,甚至外国的白求恩、马克思都登上了新时期的话剧舞台。历史剧创作也空前活跃,《秦王李世民》（颜海平）、《王昭君》（曹禺）、《大风歌》（陈白尘）等剧作不仅继承了"五四"以来新编历史剧的优秀传统,而且在史学观点和表现角度上发掘了新意。此外,军事题材、婚姻恋爱题材,都有佳作产生。

第三,本时期剧作在塑造人物形象方面也取得了新的进展。不仅数量和品种增加,而且着力塑造了向"四化"进军的新人;努力克服了单一化、类型化、公式化、概念化等缺点,注意多侧面多层次表现人物,开掘人物丰满而又复杂的内心世界;摒弃了简单地把人物划分为"正面人物""反面人物"的排列组合、对号入座的模式,注意表现人物形象的多样性和人物关系的复杂性。除了歌颂英雄人物、鞭笞社会渣滓外,还浓墨重彩地塑造普通人物和小人物形象,丰富了新时期舞台人物的画廊。

进入20世纪80年代以后,随着社会热点的转移和电影、电视、流行音乐等多种艺术形式的迅猛发展,加上观众艺术水平和审美要求的提高,旧的戏剧艺术形式与演出方式已不能适应新时期观众的欣赏要求。于是,从1981年下半年始,一批中青年戏剧工作者在对外文化交流中拓宽了视野,锐意创新,先后开展了"戏剧观"问题和"戏曲现代化"等问题的讨论,并积极进行舞台实践,创作了一批带有探索性的剧作,如《绝对信号》《车站》（高行健）、《WM（我们）》（王培公）、《十五桩离婚案的调查剖析》《一个死者对生者的访问》（刘树纲）、《魔方》（陶骏）、《街上流行红裙子》（贾鸿源、马中骏）、《寻找男子汉》（沙叶新）、《狗儿爷涅槃》（锦云）、《桑树坪纪事》（陈子变、杨建、朱晓平）等。这些剧作冲破旧的戏剧观念与表现手法,借鉴音乐、舞蹈、电影等艺术形式,广泛采纳中西各种戏剧流派的表现方法,大胆创造新的形式,为戏剧艺术的发展提供了新的经验。在戏剧结构上,探索戏剧打破"三一律"（时间、情节、地点的整一）的传统模式,采用了多种多样的结构方式。在刻画人物形象方面,探索性剧作不再满足于表现人物的外部行为,而致力于人物深层心理的开掘,淡化和虚化情节,外化人物的内心世界;不少剧作借鉴了西方现代派戏剧艺术直喻、象征、变形、夸张等手段,强化审美过程中的理性因素,加深了剧作的哲理意蕴;在舞台演出中,突破了"镜框式""第四堵墙"的传统舞台形式,注重台上台下直接交流,调动观众的参与创造意识。

在探索话剧风行之际,另一些作家则执着于在坚持传统形式的基础上有所突破,如北京艺人先后排演的苏叔阳的《家庭大事》《左邻右舍》、李龙云的《小井胡同》《有这样一个小院》等剧作,继承和发扬了老舍话剧京味浓郁的民族风格和地方色彩,又对传统形式有所突破——不再追求曲折的戏剧性和贯串全剧的中心事件、中心人物,也不讲究严格意义上的"起承转合",

而按生活本来面貌，从平凡小事中发掘戏剧性，使戏剧生活化，从而获得"京华风俗戏"的美誉。

总之，我国戏剧文学舞台上正出现一个百花齐放、争奇斗艳的局面，进入了一个探索创新、多向发展的新阶段。

思考与练习

1. 十一届三中全会以后，文艺界思想解放运动取得的成果主要表现在哪些方面？
2. 第四次文代会的伟大意义是什么？
3. 邓小平在第四次文代会上所作的祝辞的主要内容是什么？其基本精神是什么？
4. 新时期文学创作的主要特点有哪些？

第十章 文体作品选读

第一节 小说

班主任（故事梗概）

刘心武

　　1977年春天的一天，光明中学的党支部书记老曹询问初三（3）班的班主任张俊石，是否同意接收刚从公安局拘留所释放的小流氓宋宝琦到他班上读书。张俊石毫不犹豫地接受了这个任务。张老师从公安局了解情况后回到学校时，在年级组办公室，大家围绕接收宋玉琦的事，进行了争论。数学教师尹达磊提出了反对意见，他对张老师在目前狠抓教学质量的时候弄个小流氓进来表示非常不理解，生怕宋宝琦会"一粒耗子屎坏掉一锅粥"。张老师则表示现在不可能把宋宝琦退回公安局，既然他是班主任老师，那么，宋宝琦来后他会开展相关的工作，争取能把宋宝琦教育好。

　　可还没等张老师开展工作，班上的团支书谢惠敏就来找他报告说，班里同学对宋宝琦来插班学习一事反应强烈，有的女同学甚至表示明天不会来上学。谢惠敏单纯真诚，品行端庄，但由于投入社会工作的时间和精力太多，学习成绩反而平平。"四人帮"被揪出之前，她就是班上的团支书。当时，"四人帮"把持的团市委向光明中学派驻了联络员，联络员经常找她谈话。之后，张老师跟她就开始显露出某些似乎解释不清的矛盾。譬如，团组织生活能不能搞爬山活动，女同学夏天可不可以穿短袖衬衫等。直到"四人帮"被揪出，两人的矛盾都还没有完全消除。

　　在接到谢惠敏的报告后，张老师召集班干部开了个会。谢惠敏提议明天在课后召开针对宋宝琦的批斗会，以张老师从公安局拿回的宋宝琦的物品为依据，狠狠批判他的资产阶级思想。但是，在要不要批判宋宝琦犯案时被搜出的长篇小说《牛虻》的问题上，张老师和她产生了分歧。谢惠敏主张狠批"黄书"，而张老师却认为《牛虻》是一本好书。另外，他注意到宋宝琦的那本《牛虻》已被撕掉封面，插图中女主角的脸上被野蛮地画上了八字胡。

　　之后，张老师来到宋宝琦家里，跟这个明天将要进班上课的学生进行了第一次谈话。站在张老师面前的宋宝琦一身横肉，上唇在斗殴时被打裂过，眼神中充斥着空虚与愚蠢。谈话中，张老师感到宋宝琦缺乏起码的政治觉悟，知识水平大约只有初一程度。宋宝琦将"牛虻"念成"牛亡"，说书是偷来的，看不懂，但又认定它是"黄书"。这引起了张老师的深思：像宋宝琦这样的人，并非一定是由于读了有"毒"的书而中毒受害，恰恰是因为他们什么书也不读而坠落于无知的深渊。

　　听说谢惠敏跟班干部石红吵架了，张老师又赶到石红家。石红出身干部家庭，从小受家庭熏陶，是个"小书迷"。她邀请谢惠敏等女生一起到家里读书，但谢惠敏认为石红向大家推荐的外国小说，报纸上都没有推荐过，所以是"毒草"，不但拒绝了邀请，还和石红吵了一架。当张老师来到石家时，石红正在灯下朗读苏联小说《表》，听得入神的正是扬言宋玉琦进班她们就罢课的五位女同学。读完了一段，她们争先恐后地提出问题："谢惠敏说我们读'毒草'，这本书能叫'毒草'吗？""宋宝琦跟这本书里的小流氓比，他好点儿还是坏点儿呢？"并向张老师表示：明天她们不罢课了。

走出石红家，张老师又骑上自行车去了谢惠敏家。一路上他一直在思索如何解决班上的这些问题。来到谢惠敏家门口时，在他的脑海里，一个计划已经明朗：他要将《牛虻》留给谢惠敏，引导她去正确分析问题，他要在全班开展有指导的阅读活动，来教育包括宋宝琦在内的学生。他要将"四人帮"毒瘤从孩子们脑中除去，从而让他们成为社会主义革命和社会主义建设更强有力的接班人……

【导读】

刘心武（1942—），1942年6月4日出生，中国当代著名作家、红学研究家。笔名刘浏、赵壮汉等。四川成都人，曾任过中学教师、《人民文学》杂志主编、中国作协理事、全国青联委员，并于1979年加入国际笔会中国中心。1977年，其发表短篇小说《班主任》，开伤痕文学先声，被认为是新时期文学的发轫作，获首届全国优秀短篇小说金奖，并由此取得在文坛上的地位。其作品以关注现实为特征，对生活感受敏锐，善于作理性的宏观把握，作风严谨，意蕴深厚。出版有短篇小说集《班主任》《母校留念》《刘心武短篇小说选》，中篇小说《秦可卿之死》，中短篇小说集《绿叶与黄金》《大眼猫》《都会咏叹调》《立体交叉桥》《519长镜头》，中篇小说集《如意》《王府井万花筒》《木变石戒指》《一窗灯火》《蓝夜叉》，纪实小说《公共汽车咏叹调》，长篇小说《钟鼓楼》（获全国第二届茅盾文学奖）、《风过耳》《四牌楼》等，还出版了散文集、理论集、儿童文学等作品以及8卷本《刘心武文集》。20世纪90年代后，成为《红楼梦》的积极研究者，曾在中央电视台"百家讲坛"栏目进行系列讲座，对红学在民间的普及与发展起到促进作用。

《班主任》发表于1977年的《人民文学》上，是刘心武在"文革"结束以后发表的。"文化大革命"期间，乃至到了粉碎"四人帮"之后仍然继续存在的一些社会现象，暴露了"文革"对人们造成的深深伤害，启迪人们不断地对"文革"进行反思，这让刘心武创作的这部《班主任》具有不寻常的意义。它是中国当代文学史中的一个坐标点，标志着"文革"结束后中国文学的真正转机，成为伤痕文学的开山之作。他用他的创作实践打破了"文革"一系列文艺禁区，从题材的选择到主题思想的挖掘，从人物关系的新表现到自己特有的艺术风格的形成，都作了新的开拓。

作品以张俊石老师接收小流氓宋宝琦为线索，以不凡的勇气和见识，通过两个表面上的好坏分明，实质上都被极"左"思想扭曲而畸形的中学生形象，揭露和批判了"四人帮"极"左"思想对青少年纯洁心灵的毒害、腐蚀，满腔热情地赞颂了忧国忧民、关心青少年成长的张老师；成功地刻画出在"四人帮"的反动路线干扰破坏下长大的一部分青少年的雕像，控诉了十年浩劫造成的隐患，并为真实地反映"文革"生活打开了通道。

作品中"救救被四人帮坑害的孩子！"这激愤的呼喊，使人想起半个世纪前五四运动的先行者鲁迅用救救孩子的呼喊，愤怒地揭露和控诉吃人的封建宗法、道德和礼教，反映了中国人民反帝反封建、实行新民主主义革命的要求。半个世纪后，在中国人民已经完成了新民主主义革命，进入社会主义革命和建设的历史时期，重新喊出救救孩子的呼声，这是意味深长的。

刘心武在小说中是把宋宝琦写成一个正在被拯救出来的畸形儿，但是我们不能不从这类人物身上思考他们出现的深刻的原因：他们的出现是"文革"极"左"思潮的必然产物。在宋宝琦那白里透红的肤色里和一疙瘩一疙瘩横肉的躯体里，极"左"的思想已经侵蚀到他的灵魂。虽然宋宝琦还没有成为直接的政治工具，但是政治环境为他准备了必然的前途。

如果说宋宝琦是"文革"毒化出来的变了形的灵魂，以小流氓的身份存在于社会，那么谢惠敏的存在，更进一步揭示了"文革"中精神污染的严重性。作者以惊人的笔触展示了两个思想、素质、品德完全不同的人物，他们思想观点不仅在对待一本外国小说《牛虻》的态度上，两人惊人地一致，而且还在于谢惠敏以近于虔诚的态度信奉"文革"时极"左"思潮，心甘情愿地正在把自己塑造成所谓的"正面人物"。

然而，宋宝琦与谢惠敏，虽然品质不同，但从不同的途径走向同一个归宿——成为黑暗政治的盲目的支持力量。这是一幅多么令人惊心动魄的画面啊！

"浩劫"中受害的人们（尤其是成长中的孩子），不仅肉体上受到伤害，而且精神上也同样受到伤害。但是更可怕的地方在于，孩子们精神上的"伤痕"往往是作为一种"进步"的表象出现在我们面前的，更具有欺骗性，所以只有从精神层面上挽救这些受害者的灵魂，社会才能进步。

小说虽然揭示了现实中的紧迫问题，但并不引人消沉悲观。通篇都跳动着时代的激情，响彻着历史的召唤，在催人深思中唤发起革命的责任感。作者始终以积极的态度寻求问题的答案，并且通过小说中的正面人物，主导矛盾冲突的解决方向，令人信服地展示了光明的前景。光明中学的张俊石、曹书记、石红这些生气勃勃的形象，形成了一股战胜黑暗的坚强力量，使人们充满了信心和对未来的美好的憧憬。

由于《班主任》出现在新时期文学发展的初期，它摆脱了虚假、夸饰，转向再现真实的生活、真实的人、真实的情感，作为一个有历史转折意义的文学作品，起到一定的先锋作用，它的价值主要体现在政治与社会层面上。尽管当时有些作品还很粗糙，艺术上不尽完善，但作品深沉的思索，着力向人物的精神世界开掘，这是刘心武小说创作的独特风格。《班主任》提出了发人深省的社会课题，传达了"文革"结束后一代人的心声，对思想解放和政治进步起了极大的启蒙作用。

春之声（故事梗概）

王蒙

工程师岳之峰出国考察归来，接到刚摘掉地主帽子的、八十多岁的父亲的来信，决定春节前夕，搭乘闷罐子列车回到阔别二十多年的家乡探亲。

在回乡探亲的闷罐子列车上，岳之峰听到看到了很多东西，让他展开了驰骋的联想。昏黄的月亮让他想到甜蜜的童年和双亲；车轮撞击铁轨的声音，使他想到歌曲《泉水叮咚响》和不会再因"革命化"被取消的快乐春节；车厢里"旱烟叶发出的辣味"和"汗味"，让岳之峰觉得亲切，南瓜的香味让他想到各种小吃和土特产，以前物质匮乏很难见到东西，现在在火车站的广场上应有尽有。他感到物质越来越丰富，人民的生活正越来越好，他的内心也因此满足而幸福。列车上的拥挤让岳之峰产生了对比联想，由"王府井的人流"想到"汉堡的街道上可以说看不到人"；由"火车站黑压压的人头"，想到新中国成立前学生去南京请愿"也没这么多人"。由以前故宫的冷清想到如今排着长队买票参观故宫的游客。车厢里乘客的抱怨、交谈，让岳之峰浮想联翩，由法兰克福到西北高原，由西北高原又到解放前的北平和解放后的北平。他的遐想是被车厢中突然响起的德语歌合唱打断的。闷罐子车厢里竟有先进的录音机，录音机的主人正是他给让座的抱着小孩的妇女。通过闲聊，他知道这妇女正在学习德语。

伴随着她的录音机里放的《春之声圆舞曲》，他的列车之旅结束了。他感到"闷罐子车正随着这春天的旋律而轻松地摇摆着，熏熏地陶醉着，袅袅地前行着"。让"他觉得如今每个角落的生活都在出现转机，都是有趣的、有希望的和永远不应该忘怀的。春天的旋律，生活的密码，这是非常珍贵的"。

【导读】

王蒙（1934—），男，河北南皮人，祖籍河北沧州，1934年10月15日生于北京，新中国成立初从事共青团工作。中共第十二届、十三届中央委员，第八、九、十届全国政协常委。中国当代作家、学者，文化部原部长、中国作家协会名誉主席，任中国海洋大学文新学院院长。1953年，19岁的王蒙写出了他的处女作长篇小说《青春万岁》，1956年以《组织部新来的青年人》成名。次年被划为"右派"。此外，王蒙还创作了大量的作品，其中的《夜的眼》《海的梦》《春之声》《风筝飘带》《蝴蝶》和《布礼》等，被文坛称为王蒙的"集束手榴弹"。2015年8月，王蒙的长篇小说《这边风景》获得第九届茅盾文学奖。

王蒙的作品反映了中国人民在前进道路上的坎坷历程，他也由初期的热情、纯真趋于后来的清醒、冷峻，而且乐观向上、激情充沛，并在创作中进行不倦的探索和创新，成为当代文坛上创作最为丰硕、始终保持创作活力的作家之一。

王蒙在国内首开新时期国内意识流小说创作先河，倡导作家学者化、学者作家化，掀起人文精神大讨论，是中国当代文学走向现代写作技巧的开拓者。

《春之声》是王蒙借鉴"意识流"创作手法的代表作。所以他又被称为"最新文艺思潮的代表作家"。王蒙所用的"意识流"与普通的意识流又有所区别，有学者称之为"革命的意识流"或"理想主义的意识流"，这也是王蒙在新时期小说创新的探索。

《春之声》这篇小说比较特别，它的题目取自小说中火车上录音机里传出的德语歌曲和约翰·施特劳斯的《春之声圆舞曲》。春天的声音、春天的力量都象征着那个时代生机勃勃、万象更新。这一标题也蕴涵着20世纪80年代初期人们对"时代"的特定指认方式，包含作者对于"历史""现实"，"过去""现在""未来"，"落后""文明"等的思考。

小说摒弃了传统小说的叙述模式，运用了以人物为中心的放射状结构。出国考察归来的工程物理学家岳之峰在春节回乡途中，身处闷罐车厢，"意识"流动。其所见、所闻、所思、所感，反映了新旧交替时代色彩斑斓的社会生活，传达出"春的旋律"，表现了新时期新转机的主题。它不重塑造人物性格，不重故事情节叙述，不按正常时空顺序。他借鉴了西方的"意识流"手法，但又不是西方纯粹的"意识流"。他采用的"放射性"结构有一个端点，就是坐在闷罐车厢这一特殊环境中主人公的心灵世界。主人公意识流动，产生丰富的联想，进而把那生生不息的、不可扼杀的、浩浩荡荡的生活之流，通过人物心理的旋转得到全景式、对照式的反映。这种手法的运用突破了时空界限,揭示了主人公的心灵奥秘及时代氛围。小说语言结构独特,以极精练的笔墨表现出十分丰富的思想内涵。此外,意味深远的象征,寓情于景、情景交融的描述,也很好地反映主人公为祖国命运忧喜悲欢、渴望祖国人民走进温暖春天的美好愿望。这是作家内心爱国深情的真实写照,体现了一种抒情散文的情韵。

王蒙自己也总结道:"我打破常规,通过主人公的联想,突破时间和空间的限制,把笔触引向过去和现在、外国和中国、城市和乡村。满天开花,放射性线条,一方面是尽情联想,闪电般的变化,互相切入,无边无际;一方面,却是万变不离其宗,放出去都能收回来,所有的射线都有一个共同的端点,那就是坐在1980年春节前夕的闷罐子车里我们的主人公的心灵。"

乔厂长上任记(故事梗概)

蒋子龙

"十年动乱"之后,重型电机厂生产停顿,人心混乱,两年半都没有完成既定的生产任务,局长霍大道主持机电工业局党委扩大会议,研究派谁到这个重型电机厂当厂长。电机公司经理乔光朴却放弃自己原本很好的位子,打破沉寂毛遂自荐,并当众立下了"不完成国家计划请求撤销党内外一切职务"的军令状。他提出要老干部石敢担任党委书记,并硬是将在"文革"中被批斗得心灰意懒的石敢动员出山。

乔光朴在家中,翻开一本书,看到了里面的相片。相片中的人是他和童贞。童贞是乔光朴在苏联时一起工作认识的留苏学生。童贞在工作中深爱上了乔光朴,回国后,乔光朴出任电机厂厂长,童贞也在厂里当技术员。但由于乔已有妻室,她便矢志不嫁。而从小在童贞家长大的,她的外甥郗望北却以为厂长欺骗了他老姨的感情,对乔光朴一直怀恨在心。七年后,在"文革"中,乔光朴的妻子不清不白地死在"牛棚"里,他自己也被造反派头头郗望扣上了"道德败坏分子"的帽子,专门批斗他,使他比别的"走资派"吃了更多苦头。童贞的心灵也受到了伤害,想一死了事。如今过了这么多年,突然看到相片的乔光朴神差鬼使地给童贞打了电话。

两人见面后,乔光朴感慨万分,他向童贞求婚,并希望明天回厂上任后就结婚。童贞担心群众议论,又怕乔光朴跟已担任副厂长的郗望北无法共事,开始心里一直惴惴不安。但在交谈中,发现乔光朴仍然如以前一样雄心勃勃,热爱自己的事业,这使她那颗心热了起来,她同意跟他到厂里转转。

进了车间,乔光朴发现青年工人杜兵采用"鬼怪式操作法",十分气愤。在他之前先到厂的石敢摸到的情况更严重:工人思想混乱,干部其实是三套班子。他告诉乔光朴,冀申正在主持召开紧急党委会,这肯定跟他们回厂有关。他们来到办公楼,只见会议室灯光通明,好像在讨论明天的大会战。乔光朴给霍大道挂了一个电话,拉着石敢、童贞走进了会议室。党委会正在讨论两项内容:一是郗望北的停职清理,二是大会战。冀申想用大会战孤注一掷,在生产回升后下借台阶离开电机厂,同时在交印之前把郗望北拿下去,在乔光朴和郗望北这对冤家中埋下一根引信。不料会议中乔光朴他们来了,后局长霍大道也来了。局长当众宣布了党委的决议,并补充了一项任命:任命童贞为厂副总工程师。乔光朴谈了对工厂搞大会战的不同意见,最后,为了让童贞放下各种成见,能专心投入工作,还先斩后奏地宣布自己跟童贞已经结婚。

乔光朴上任半个月,整天在下边转。终于,连留在上边坐镇的石敢也坐不住了。乔光朴告诉他已经有了眉目,抓准了病情,可以动大手术了。第二天,他一下将全厂九千多名职工推上了大考核、大评议的赛场,留下精兵强将,把考核不合格的,组成服务大队替代农民工搞基建和运输。乔光朴因此也有了一批"仇敌",他们强烈要求对厂长也进行考核。在"考厂长"时,乔光朴对各种各样的问题对答如流,而副厂长冀申却完全被考垮。乔光朴当机立断,将冀申调去搞基建,把下车间的郗望北调上来。而服务大队里对乔厂长不满的人放风出来,要把他再次打倒。

乔光朴亲自出差去搞"外交",却因不通"关系学"大败而归,而郗望北却显示了处理这类关系的能力。这期间,冀申走上层路线,到外贸局上任去了,两人在剧场相遇,冀申一脸得意。郗望北准备连夜出发,去解决材料、燃料和各关系户的协作问题。

石敢在灯下看着一封封控告乔光朴的信件,心里愧疚,而霍大道却一脸轻松。乔光朴看完这些信后,非常生气,但坚定地说:"我不怕这一套,我当一天厂长,就得这么干。"霍大道告诉乔光朴,部长对电机厂的做法很认可,让他把手脚放开,加油干。三人越谈越高兴,似乎看到希望就在前方。

【导读】

蒋子龙(1941—),当代作家。河北沧县人。任中国作协理事、中国作协天津分会主席。1958年初中毕业后进天津重型机器厂工作,当过兵。1965年发表第一个短篇小说《新站长》。善于写工业题材。60年代初发表《三个起重工》《进攻的性格》等10余个短篇。1976年发表小说《机电局长的一天》,受到读者欢迎。1979年创作了短篇小说《乔厂长上任记》,并因而获誉文坛,获1979年全国优秀短篇小说奖。1981年加入中国作家协会。著有短篇小说《一个工厂秘书的日记》《拜年》,中篇小说《开拓者》《赤橙黄绿青蓝紫》《燕赵悲歌》《锅碗瓢盆交响曲》《蒋子龙文集》(8卷)等。长篇小说有《蛇神》《子午流星》《蒋子龙选集》(3卷)等。作品善于在尖锐的社会矛盾和思想冲突中塑造工业战线上的人物形象。其作品题材重大,有强烈的时代气息,风格刚健雄浑。

自1979年夏蒋子龙的短篇小说《乔厂长上任记》脱颖而出,"改革文学"开始了它的发轫期,这一时期的作品多揭示旧的经济体制、极"左"政治路线影响与改革家的改革事业的矛盾冲突,并且预言了一个"只要改革,生产就能搞上去"的神话。

《乔厂长上任记》揭示了新时期经济改革中的种种矛盾,剖析了不同人物的复杂的灵魂,塑造了一位敢于向不正之风挑战、勇于承担革命重任、具有开拓精神的改革者形象。这是当代工业题材小说创作中未曾有过的现象。作品通过乔厂长上任前前后后的描写,较早地把注意力由揭露"四人帮"造成的创伤转向社会现实,向人们展示了我国工业战线从拨乱反正到体制改革这一现实生活的画卷,深刻揭示了人们面临的种种历史遗留问题,表达了广大人民群众的心愿和理想,超越了当时一般的伤痕文学,步入新的领域。作品表达了当时人民渴望变革的迫切要求,因而被公认为新时期中国文学的一个里程碑。

蒋子龙的写作风格是在创作中完善了一种思想体系,对生活有自身独到的体会,善于从某种事件中以独特的视角观察生活,把自己与众不同的感受通过作品传导给读者。

小说以两年零六个月没有完成任务的电机厂为故事,展开具体的环境,选择"上任"这一矛盾集中的焦点,充分展示人物的复杂关系,刻画出乔光朴"合金般"的性格特征。乔光朴所处的是新旧交替的历史时期,生活呈现出异常复杂的状态。他到电机厂,既是"新官",也是"官复原职";在人事上既有老关系,又有新关系;在生产管理上,既有过往的经验与旧的规章制度,又要有新的科学管理方法;在爱情生活上,有旧的矛盾纠葛,又有新的变化……面对这一切,乔光朴向组织立了军令状,誓在重重困难与矛盾中杀出一条生路。小说通过大考核、大评议、成立编余的服务大队,整顿无政府主义思想、抓产品质量等情节,表现乔光朴的才干与魄力。其中最主要的是写他如何正确处理复杂的人事关系:与原厂长冀申所要弄的一系列诡谲多诈的政治手腕周旋,激发与点燃党委书记石敢心中的革命火焰,正确处理郗望北的问题以及与童贞的爱情关系,等等。而在解决这一系列矛盾冲突过程中,作品突出表现了乔光朴开拓精神的两个方面:一是他雷厉风行、大刀阔斧、说干就干的快刀斩乱麻的作风——时间精神。他没有抚摸"伤痕"哀叹,而是勇往直前,表现了一个共产党员高度的革命事业心和责任感。二是他严格的科学态度,认真细致、一丝不苟的作风——数字精神。乔光朴有较高的知识水平,通晓企业管理之道,按经济规律办事。这种精神是医治10年动乱中遗留下来的"内伤"与"外伤"所需要的最可宝贵的进攻型性格。乔厂长正是为广大读者所呼吁的"我们就是需要这样的厂长"的光辉形象。与此同时,作品还刻画了与乔光朴截然相反的形象,如狡猾诡诈、在瞬间变化的政治斗争中捞取个人利益的冀申,衬托了工业建设中的种种矛盾。由于蒋子龙长期生活在工厂,熟悉了解工厂的生活与斗争,因而他的作品写得真实感人。

诚然,这篇小说所描写的企业整顿还只是我国工业体制改革的前奏,文学反映现实生活的传统在当时也才恢复不久。然而,作家却有力地摆脱了长期以来文学创作表现阶级斗争的模式,毅然地将艺术的聚焦点调整到经济建设、企业整顿改革上来。更为可贵的是,作家无意在自己的作品中人为地缓解"文革"结束不久客观存在于我国政治经济领域、企业整顿改革中的尖锐复杂的矛盾,而是如实地表现种种严峻的生活——不仅仅是企业内部存在的"千奇百怪的矛盾,五花八门的问题",而且有政治活动中难于绕开的障碍,以及不易对付的社会关系网。作家将其主人公置于一个巨大的漩涡中,置于一场并不亚于战争的磨难中,通过"和平年代的战争"的种种描写,展示出新时期之初的社会面貌,以及时代强者的遭遇和命运。《乔厂长上任记》以激烈多样的性格冲突,环环相扣,迅速推进典型情节,塑造了典型人物形象,同时注重表现人物性格的丰富性和复杂的内心活动。用笔简洁、干净,风格粗犷豪放,堪称蒋子龙创作风格的代表。

爱,是不能忘记的(故事梗概)

张洁

我(珊珊)是个三十岁的未婚女青年,已经到了必须谈婚论嫁的年纪,而且身边有一个相处了两年、在外人看来十分理想的求婚者——乔林。但是,我对于乔林爱我什么和我爱乔林什么,一直都很困惑,拿不定主意是否应当像大多数人一样过一种婚姻与爱情分离的生活。

因为我一直记得已经去世的、如朋友般的、我深爱的母亲——作家钟雨在去世前给我说过的话:"珊珊,你要是吃不准自己究竟要的是什么,我看你就是独身生活下去,也比糊里糊涂地嫁出去要好得多。"

我的母亲因年轻幼稚,与一个相当漂亮、公子哥似的男人结了婚,但彼此并不相爱。在我很小的时候他们就分手了。我一直觉得像母亲这样优秀的人应该再婚,但母亲却以"吃不准自己要什么"的借口回避了。母亲有一套珍爱的甚至不让我动的《契诃夫小说选集》,每每出差都会带上一本,空闲时也会对着发呆,我不明白这套书有什么魔力。直到母亲去世,我打算把这套书和一本写着"爱,是不能忘记的"笔记本陪她一同火葬。但我留下了那本笔记,才发现,原来母亲心中一直深爱着另一个男人,并在笔记本里写下了她对他的无限深情。

那个男人三十年代在上海做地下工作的时候,一位老工人为了掩护他而牺牲。出于报恩和责任,他与老工人的女儿结了婚,虽无爱情,但几十年风里来雨里去,也是患难夫妻。然而却在遇见母亲之后,唤醒了他心中沉睡的爱情。母亲深爱着他,他也深爱着母亲,但却因道义而无法接近。他们彼此心心相印,但却相约互相忘记。他们在生活中远远地关注着对方,但却在相遇时竭力躲避。母亲只能通过自己的文章,在字里行间和他交流心意。"文革"中,那个男人因被迫害,死于非命,母亲因此一夜白头,觉得生命从此失去了灵性。母亲在剩下的有生之年,经常孤独地走在他们曾经唯一一次共同走过的小路上,却只为和他的灵魂相会。母亲去世前,在笔记本上最后记下的,也是她对天国之中的他的期盼和沉重的爱。

我对着这本爱的笔记,不止一次地痛哭过,遗憾着"为什么他们不互相等待着那个呼唤自己的灵魂",而这种印记,深深地刻在我的心里,也成为我对爱情的终极理解。

【导读】

张洁(1937—),当代女作家,原籍辽宁,生于北京。在20世纪80年代文坛中,以写作具有女性意识和反映女性问题的作品著称。她的作品多以"人"和"爱"为主题,其中理想主义和批判意识相互交织,社会生活中复杂的道德现象是作为历史范畴来表现的。1979年发表第一篇小说《从森林里来的孩子》,其清新、流利的叙述语调颇引人注目。著有作品集《张洁小说剧本选》,小说散文集《爱是不能忘记的》《方舟》,小说集《祖母绿》,长篇小说《沉重的翅膀》(获全国第2届茅盾文学奖),《只有一个太阳》。作品多以浓烈的感情笔触探索人的心灵世界,细腻深挚,优雅醇美。张洁曾获意大利1989年度"玛拉帕尔帝"国际文学奖。

张洁自幼遭父亲遗弃,随母在陕北艰难谋生,对于陕北的民俗民情记忆深刻。物质清苦,文化贫乏,人与人、心与心却有那么多的淳、真、暖、善,易于生成关爱之树,结出亲近、融洽之果,犹如未经雕琢的璞石或满带茸刺、鲜嫩欲滴的黄瓜,随处可见。而这些都是中国传统农业文明熏陶积淀的结果。到了20世纪后期,人类社会工业化、商业化步伐加快,中国农业文明遭到愈来愈多的挑战、冷遇、蚕食、剥夺,作者童年时代所熟悉和感到的那份童真童趣,那种人情人性的温馨醇美,已经愈来愈远,无法挽留。现在的孩子,即便是现在陕北农村的孩子,还能享有当初那种如此这般的童年吗?于是,作者便有了对自己童年生活片断的追思、眷念、回忆以及由此而来的淡淡的忧愁、哀伤。

新中国成立后,中国百废待兴,妇女在传统世俗的压力下并不能得到完全的解放,男人主宰着生活中的一切。这些都影响张洁的创作。另外一个值得注意的问题是作者本身,她幼年丧父，在父爱缺失的生长环境中，形成了一种对男人漠视与敌对。张洁的创作分为两个阶段，在前一个阶段，她试图寻找到一种人世间的真善美，这个美丽是一种理想的境界，人性在美好中被凸显出来。她的文笔清新流畅，让人在舒缓的语境中感受作者细腻的观察力和优美的笔触。但是后期的作品是尖锐、深刻的，她对男人是排斥的，甚至把男人比作长在女人身边的毒蘑菇。这样犀利的语言轰轰烈烈地展示了作者的情感。

张扬人性美是张洁一贯的笔调，她的这种人性追求在文坛上引起过多次的争议，也正是这种争议促使人们更好地去认识她，领悟她内心的细腻。

《爱，是不能忘记的》是一篇在新时期之初的中国文坛上有广泛影响的短篇小说。张洁以抒情散文的笔调向人们叙述了一个凄婉动人的爱情故事："我"的母亲因年轻幼稚，糊里糊涂地与一个花花公子式的男人结了婚。在"我"很小的时候他们就分手了。但"我"发现母亲心中一直深爱着另一个男人，并在"爱，是不能忘记的"笔记本里写下了她对他的无限深情。这个男人出于报恩和责任与一个因救他而牺牲的老工人的女儿结了婚。他虽也爱着"我"的母亲，但因道义上的心理障碍而无力言明。他们彼此心心相印，但从未有过让人沉醉的亲近。他们曾相约互相忘却，但在梦中时时相见。就连他去世后，她仍然觉得他活着，依然用她的笔对他倾诉着她的情和爱。

这是一个伤感的故事，作者欲借此悲剧告诫人们：在人的婚姻生活里，除了道义、责任和传宗接代外，还有更重要的东西——爱。如果没有这种纯洁而又深沉的爱，就不必屈从于世俗，而应以独身处之。但必须指出的是，作者在这里渲染的是一种柏拉图式的纯精神的爱，这种爱带有浓厚的理想主义色彩，它虽然具有永恒的艺术魅力，但不具备现实的生命力。

作品叙述的口吻更加切近作者本人，她是从个体的角度，从个人经历遭遇和现身说法中来表现婚姻悲剧、呼吁爱情位置的。这是一个非常值得重视的信息，意味着除了对泛泛的爱情肯定外，作家的个性正在觉醒，对个体的生存价值、情感要求的呼唤和追寻，意味着新时期文学正从朦胧、混沌中一步步向人、生命逼近。

这篇小说在艺术上的最大特点，便是浓郁的主观抒情色彩。小说没有去铺叙小说主人公的爱情生活经历，也没有具体展现其活动的社会和工作环境。作者有意识地用浓烈的主观情感来淡化这些情节要素，而以一种抒情散文的笔调，经由对往事的片断式回忆来展示男女主人公的情感历程，揭示出他们丰富的内心世界，并以抒情式的议论传达出作者对爱情、婚姻和道德等方面的人生感慨，显示出强烈的抒情色彩。在语言上，小说同样显示出浓郁的抒情风格，全篇以抒情和议论为主，极少有细致的叙述与描写，显得既哀婉凄惨、如泣如诉，又坦率真诚、酣畅淋漓，收到了很好的艺术效果。

活着（故事梗概）

余华

外出采风的"我"看到一个老头招呼一头老牛耕地，明明只有一头牛，他却吆喝着六七头牛的名字，"我"好奇之下，和这个老头福贵攀谈起来。

福贵说自己是个孽子，在女人家珍怀孕的时候去城里嫖、赌，把全部家当输给了龙二。

爹把家当换成铜钱,让福贵自己挑进城还赌债。龙二成了这片土地和房子的主人。爹断气后,丈人把老婆家珍接回到城里。

福贵租了龙二五亩地,开始养家劳作。家珍半年后带着儿子有庆回到了家里。娘生病了,福贵到城里请医生,和县太爷的仆人打起架来并被抓夫。他打过多次仗,九死一生,最后被解放军围困俘虏。被送回家后才知道自己离家两个月后娘就去世了,女儿凤霞在一次生病后哑巴了。土改开始,福贵分到了五亩地,龙二被枪毙。

为了送有庆去念书,福贵曾经把凤霞送给了别人。凤霞忍不住偷跑回来。有庆放学就去割草喂羊。1958 年人民公社成立,五亩地和羊都成了公社的。家里的铁锅被砸了炼钢铁,家珍得了软骨病,治不好了,只能挣四个工分。食堂吃不下去了,散伙后,福贵重新买了羊羔。有庆为了养羊天天赤脚来回奔跑,被体育老师看上了。福贵却说跑步没用。饥荒来了,福贵用有庆的羊换了四十斤米。凤霞因为一个地瓜和王四发生争执。家珍到丈人家带回一小袋米。家珍的病似乎熬不过去了。有庆却因为救助产后出血的县长夫人,失血过多离开了人世。福贵急得要杀人,县长却是和他一块被抓夫的春生。家珍感觉自己不行了,让福贵背着她去看望坟地里的儿子。

福贵给家珍准备了棺材,家珍却活了下来。"文化大革命"开始了,到了谈婚论嫁年龄的凤霞遇到了好男人偏头二喜,帮福贵重新装修了家里的房子,风光地把凤霞娶到了城里。"文化大革命"越来越凶,队长被抓到了城里挨训,春生也在受到批判后自杀。凤霞生完儿子苦根后大出血而死,之后不到三个月,家珍也死了。

二喜带着儿子苦根搬运货物,辛苦度日。三人相依为命。四年后,二喜被水泥板压死了。苦根七岁的时候,吃了太多的煮豆子撑死了。第二年,看自己还能活几年,福贵买了一头差点被屠宰的老牛,和自己一起度日。

【导读】

余华(1960—),当代作家,祖籍山东高唐县,后来随父母迁居浙江海盐县。中学毕业后,因父母为医生的关系,余华曾当过牙医,五年后弃医从文,进入县文化馆和嘉兴文联工作,从此与创作结下不解之缘。余华曾在北京鲁迅文学院与北师大中文系合办的研究生班深造。1984 年开始发表小说,自其处女作《十八岁出门远行》发表后,便接二连三地以实验性极强的作品,在文坛和读者之间引起颇多的震撼和关注,他亦因此成为中国先锋派小说的代表人物。长篇小说《活着》和《许三观卖血记》同时入选百位批评家和文学编辑评选的"九十年代最具有影响的十部作品"。1998 年获意大利格林扎纳·卡佛文学奖,2002 年获澳大利亚悬念句子文学奖,2004 年获法国国文学与艺术骑士勋章。著有中短篇小说《十八岁出门远行》《鲜血梅花》《一九八六年》《四月三日事件》《世事如烟》《难逃劫数》《河边的错误》《古典爱情》《战栗》等,长篇小说有《在细雨中呼喊》《活着》《许三观卖血记》《兄弟》,也写了不少散文、随笔、文论及音乐评论。现就职于杭州文联。

事实上,余华并不算是一名多产作家。他的作品,包括短篇、中篇和长篇加在一起亦不超过 80 万字。他以精致见长,作品大多描写真实,纯净细密地叙述打破了日常的语言秩序,组织着一个自足的话语系统,并且以此为基点,建构起一个又一个奇异、怪诞、隐秘和残忍的独立于外部世界和真实的文本世界。余华曾自言："我觉得我所有的创作，都是在努力更加接近真实。我的这个真实，不是生活里的那种真实。我觉得生活实际上是不真实的，生活是一种真假参半、鱼目混珠的事物。"

《活着》讲述一个人一生的故事，这是一个历尽世间沧桑和磨难老人的人生感言，是一幕演绎人生苦难经历的戏剧。小说的叙述者"我"在年轻时获得了一个游手好闲的职业——去乡间收集民间歌谣。在夏天刚刚来到的季节，遇到那位名叫福贵的老人，听他讲述了自己坎坷的人生经历：地主少爷福贵嗜赌成性，终于赌光了家业一贫如洗，穷困之中福贵因母亲生病前去求医，没想到半路上被国民党部队抓了壮丁，后被解放军所俘虏，回到家乡他才知道母亲已经过世，妻子家珍含辛茹苦带大了一双儿女，但女儿不幸变成了哑巴。

真正的悲剧从此才开始渐次上演。家珍因患有软骨病而干不了重活；儿子因与县长夫人血型相同，为救县长夫人抽血过多而亡；女儿凤霞与队长介绍的城里的偏头二喜喜结良缘，产下一男婴后，因大出血死在手术台上；而凤霞死后三个月家珍也相继去世；二喜是搬运工，因吊车出了差错，被两排水泥板夹死；外孙苦根便随福贵回到乡下，生活十分艰难，就连豆子都很难吃上，福贵心疼便给苦根煮豆吃，不料苦根却因吃豆子太多而撑死……生命里难得的温情被一次次死亡撕扯得粉碎，只剩得老了的福贵伴随着一头老牛在阳光下回忆。

从国民党统治后期到解放战争、土改运动，再到大炼钢铁运动、自然灾害时期等，余华经历了从大富大贵到赤贫如洗的物质生活的巨大变迁，经历了多次运动给他带来的窘迫和不幸，更是一次次目睹妻儿老小先他而去。后来，他听到了一首美国民歌《老黑奴》，歌中那位老黑奴经历了一生的苦难，家人都先他而去，而他依然友好地对待这个世界，没有一句抱怨的话。这首歌深深地打动了他，决定写下一篇这样的小说，于是就有了1992年的《活着》。

《活着》是余华改变风格之作。在叙述方面，他放弃了先锋前卫的笔法，走向传统小说的叙事方式。在结构上，仍能给读者据力万钧、富于电影感官和想象的感觉。作品讲述了在大时代背景下，徐福贵的人生和家庭不断经受着苦难，到了最后所有亲人都先后离他而去，仅剩下年老的他和一头老牛相依为命。作品展现了一个又一个人的死亡过程，掀起一波又一波无边无际的苦难波浪，表现了一种面对死亡过程的态度。活着本身很艰难，延续生命就得艰难地活着，正因为异常艰难，活着才具有深刻的含义。没有比活着更美好的事，也没有比活着更艰难的事。人是为活着本身而活着的，而不是为了活着之外的任何事物活着。作品展现了人对苦难的承受能力，对世界乐观的态度。而余华也因这部小说于2004年3月荣获法兰西文学和艺术骑士勋章。

《活着》是一篇读起来让人感到沉重的小说。那种只有合上书本才会感到的隐隐不快，并不是由作品提供的故事的残酷造成的。毕竟，作品中的亡家、丧妻、失女以及白发人送黑发人这样的故事并不具备轰动性。同时，余华也不是一个具有很强煽动能力的作家，实际上，渲染这样的表达方式是余华一直所不屑的。余华所崇尚的只是叙述，用一种近乎冰冷的笔调娓娓而又执着地叙述一些其实并不正常的故事，而所有的情绪就是在这个娓娓叙说的过程中悄悄浸入读者的。《活着》以一种渗透的表现手法完成了一次对生命意义的哲学追问。

棋王（故事梗概）

阿城

  我在去插队的火车上，和棋呆子王一生相邻而坐，被他拉着下棋，但我因着离别而伤感，不想下棋。在旅途中，从别人和王一生自己的口中知道，王一生从小家里贫穷，偶然的机会使他迷上了下象棋，并且痴迷成性。他母亲深知儿子所好，但更知道填饱肚子的重要性，在临终时留给他一副用到处捡来的牙刷头磨好的"无字棋"和一句劝慰，从而使得王一生对"吃"特别地注重。为了打发火车上无聊的时间，王一生经常拉我下棋或求我讲故事，就在这一来一往中，我和他熟识起来。

  下车之后，我和他被分在不同的农场，我只能从一些小道消息里了解到王一生的各种情况。王一生因"棋呆"，窜连收钱，一时各种流言满天飞，批判他的大字报比比皆是，他却不在意，只知拾纸卖钱解决吃饭问题和寻人下棋。在这期间，他结识了一个拾破烂老头，老头精通棋道，在老头指点下他的棋艺有了飞速的进步。

  不久，王一生因妹妹在工厂里挣工分了，经济压力减小，于是来我工作的农场里玩。我介绍了队里高手，据说是棋坛世家后人的倪斌与他相识。倪斌与王一生厮杀了半夜却没有赢王一生一盘棋，因此对王一生产生了敬佩之情，两人也因此成为挚友。倪斌在知道运动会有县里的象棋高手参加时，劝王一生去参加运动会，也可以去会会那些高手，王一生欣然同意。可是等王一生去报名的时候，却因为经常请假四处斗棋而被知青领导取消了参赛资格。最后倪斌以家传宝物为承诺，为王一生争取了区运动会棋赛的资格，但王一生却不想欠别人人情，拒绝了参赛。

  运动会结束后，王一生主动找到比赛获胜的几位高手，提出比试棋艺的要求，一时吸引了众多高手跃跃欲试。最后九个人同时对战王一生。这次比赛从上午比到傍晚，王一生挫败其中八人并夺得最后一盘胜势，此时最后一盘与王一生对弈的老者——运动会冠军，亲身来到现场向王一生求和，并大赞王一生的棋艺融汇释道，世所罕见。王一生答应了他的求和，比赛以王一生的大获全胜告终。

  赛后，众人搀扶着王一生回到了休息的地方，王一生见到母亲的"无字棋"，大哭了一场，这才从如痴如醉的棋局中清醒过来。

【导读】

  阿城（1949—），原名钟阿城，1949年于清明节出生于北京，籍贯为重庆江津，当代著名作家。其父1956年被划成"右派"，家道由此败落。阿城中学未读完就先后在山西、内蒙古等地务农，最后到云南插队。1974年在云南遇大画家范曾并习画，1979年回京后以帮人画画为生。考中央美院不中，做过生意，也不成功。1984年开始写小说。有《棋王》《树王》《孩子王》，系列短篇小说《遍地风流》等。现定居美国。1984年创作的处女作《棋王》一经发表，便震惊文坛，先后获1984年福建《中短篇小说选刊》评选优秀作品奖和第三届全国优秀中篇小说奖。阿城近年来小说作品渐少，但一直是海内外汉学家关注的对象。时有随笔发表。其改编或原创的电影剧本有《孩子王》《月月》《芙蓉镇》(获金鸡奖"最佳编剧奖")、《书剑恩仇录》《人在纽约》(获台湾金马奖"最佳编剧奖")、《郑成功》《孔子》《小城之春》。参与制作的电影有《中国日记》(旁白撰写及编辑)、《海上花》(艺术顾问)、《DAVID L.Wolper》(获1989年国际纪录片协会纪录片成就奖)。

《棋王》在20世纪华文小说一百强排名第20名。原载《上海文学》1984年第7期，获1983—1984年全国优秀中篇小说奖。《棋王》一直被看作寻根文学的代表作。这个以"知青"生活为题材的中篇小说着重表现的是对传统文化中理想精神的寻找。小说以远赴云南边境"上山下乡"的一群"知青"为主人公，勾画了他们在非常环境里的人生经历。主人公王一生是其中的一员。他天性柔弱，面对粗糙喧嚣的社会环境，其唯一的"定力"只能来自自身内部精神的平衡。这是一个典型的"隐于市"的"大隐"之人：既不远离世俗生活，又不沉溺于俗世环境。在作品中，政治事件和社会矛盾被淡化了，"知青生活"和"文革"背景或许并不是小说中人物生存和活动的全部环境和依据，而中国传统文化中的道家思想才真正影响到了"王一生们"的为人处世乃至精神世界：老庄哲学中的淡泊宁静、无为而为、身处俗世、不耻世俗的"超脱境界"，或许正是"王一生们"梦寐以求的人生理想，也是小说所要建立的文化立场。

小说以一种通达的态度叙述故事。这种通达态度主要表现在叙述的客观性，对故事中人物悲欢离合的遭遇不掺入主观感情，仿佛一切都不在意，只是关心如何尽可能准确地把故事讲明白。

小说语言朴素，诙谐，富有深意，而且具有鲜明的个人风格和浓郁的民族特色，状物力求简省，刻画人物的语言古朴、简约而丰厚，有时近乎白描，显示了作者对本民族语言的独特把握和深厚的语言功底。

在整个小说中，反复突出和反复描写的是两种意象：饥饿和象棋。吃是人生和社会的基本需要。王一生一生只有两种基本欲求：一是吃饭，二是下棋。乍看起来吃饭与下棋毫不相干，一个是纯物质需要，一个是纯精神活动。其实，这蕴含丰富的人生道理：人活着要适应环境、知足常乐，但又要有一定的精神追求，才不会迷失自我。

阿城以传统文化哲学观为基础，努力于文学与传统文化的"续接"。以"天人合一"的哲学观，张扬了道家顺应自然、无为而治的道家思想。传统文化中发现的是多灾多难的中华民族赖以生存和繁衍的精神支柱。在阿城看来，文化是人类历史上远比阶级立场、政治意识更具"历史连续性"的制约和促进因素。

黑骏马（故事梗概）

张承志

离开草原9年的白音宝力格，再一次回到了草原。这一次，他从牧人变成了畜牧厅的科学工作者。但他始终不能忘记奶奶唱给他的歌——《黑骏马》以及一个他曾深爱的女孩。

白音宝力格幼年丧母,在公社当社长的父亲整天在牧场忙,没时间管他。他住在公社的镇子里,已经越学越坏,居然偷了武装部的短枪,把天花板打了个大洞。于是父亲便把白音宝力格送到伯勒根草原一位老额吉身边。老额吉家有一个收养的孙女,叫索米娅,与他同岁。额吉没有亲人,把两个孩子当亲生儿女一样抚育。两个人在额吉身边度过了青梅竹马、两小无猜的美好岁月。白音宝力格在一次偶然之中,得到了一匹小黑骏马,因为额吉的一首歌,他给黑骏马取名叫钢嘎哈拉。随着年龄的增长,白音和索米娅慢慢产生了爱情,而老额吉也希望二人能结成夫妻。白音十七岁时,公社兽医站给了一个通知:旗里准备开办一个牧技训练班,为牧业生产队培养畜牧兽医骨干,为期半年。这是他期待的专业学习,于是他决定去参加。

索米娅送白音去培训班,搭的是一辆运羊毛的货车,两个年轻人相互依偎着,立下誓言,要结为夫妻,永世相爱,并约定培训班结束后就回家结婚。训练班学习结束了,白音宝力格回到了草原。他渴望的幸福生活就要开始了。可是他发现索米娅的目光和神情非常古怪,并开始躲避他。后来,白音宝力格从一群牧人口中得知索米娅被当地的一个恶鬼黄毛希拉强暴并身怀有孕。白音宝力格痛苦绝望,在激愤中离开伯勒根草原,去城市上大学了。

这一次,他陪畜牧厅规划处的几位专家来这一带调查仔畜价值问题,重新回到他生活过的草原。他来到伯勒根岸边,却发现原来老额吉已经去世,索米娅也远嫁他乡。原来老额吉去世后,索米娅一个人带着黄毛希拉的孩子赶着勒勒车去给老额吉送葬。路上,车轮散了,正好善良、剽悍的赶车人达瓦仓路过此地,帮她安葬了奶奶。然后她嫁给了达瓦仓,他们生了三个孩子。而索米娅在学校里做勤杂工,深得师生的敬重。达瓦仓对黄毛希拉的孩子其其格不是很好,为了让其其格幼小的心灵有一丝安慰和期待,索米娅谎称其其格的父亲是白音宝力格,并告诉其其格,她父亲有一天会骑着一匹叫钢嘎·哈拉的黑骏马来找她们。当他们相见时,白音宝力格默认了这个善意的谎言,而其其格真的对白音宝力格产生了父亲一般的依恋。

最后,白音宝力格骑着黑骏马离开了诺盖淖尔,唱起了《黑骏马》这首长调古歌,悄悄地哭了。

【导读】

张承志(1948—),回族,1948年生于北京。中国当代最具影响力的穆斯林作家、学者。他1978年开始发表作品,处女作为蒙文诗《做人民之子》,第一篇小说《骑手为什么歌唱母亲》获得了1978年全国优秀短篇小说奖。中篇小说《阿勒克足球》获得《十月》第一次文学奖和全国少数民族文学创作奖。早年的作品带有浪漫主义色彩,语言充满诗意,慷慨硬朗,充满了大漠荒原气息。后来的作品转向宗教题材,引起过不少争议。文学之于张承志,不是目的,不是终极,而是工具,是手段,是表达人生理想和精神追求的物态载体。80年代以小说创作为主,90年代至今以散文为主。代表性作品有小说集《黑骏马》《北方的河》《黄泥小屋》;长篇小说《金牧场》《心灵史》;散文集《荒芜英雄路》《清洁的精神》等。

小说主要描写的是宝力格骑着黑骏马寻找童年爱人索米娅的故事。白音宝力格幼年丧母,父亲无暇抚养，为此将其交给在伯勒根草原上的额吉抚养。他在额吉家遇到了和他有相同命运的一个孤儿——索米娅。两个孩子渐渐长大，额吉想让他们结成终身伴侣，但心怀抱负的宝力格一心想到外面读书，将来做一名兽医。宝力格接到通知，要他到苏木参加兽医培训班，索米娅送宝力格去培训班，两个人坐在货箱的羊毛堆里，两个年轻人相互依偎着立下誓言，要结为夫妻，永世相爱，并约定在培训班结束之后就回家结婚。宝力格学成后回到伯勒根草原，意想不到的事情发生了，索米娅居然被草原上的恶棍黄毛希拉所玷污，并且已经怀上了他的孩子。宝力格的精神几乎崩溃，在看到额吉和索米娅居然默默承受这一切后，宝力格发现自己和草原生活的隔阂，愤然出走。九年后，宝力格大学毕业，成为自治区畜牧厅的一名技术员，又回到伯勒根草原，他决定去寻找他依然念念不忘的索米娅。此时，索米娅早已经远嫁到诺盖淖尔湖畔，她嫁给了车夫达瓦仓，又给达瓦仓生了三个儿子。而其其格异常瘦弱，又受到继父的不平等对待。为了给其其格幼小的心灵一丝安慰和期待，索米娅谎称其其格的父亲是宝力格，并对她说，她的父亲有一天会骑着一匹叫钢嘎·哈拉的黑骏马来找她们。当他们相见时，宝力格默认了这个善意的谎言，而其其格真的对宝力格产生了父亲一般的依恋。最后，宝力格骑着黑骏马离开了诺盖淖尔，唱起了这首长调古歌。

这部小说，是一部来自草原深处的博爱与情殇。小说以辽阔壮美的大草原为背景，以一首古老的民歌《黑骏马》为主线，描写了蒙古族青年白音宝力格的成长历程，以及他和索米娅的爱情悲剧。小说以舒缓的节奏、优美的笔法再现了蒙古草原秀丽的风光、草原民族的风俗人情；讴歌了伟大的母爱，也赞美了草原人民善良、朴质、勤劳的美德以及战胜命运折磨的顽强意志。

这个故事不仅仅抒写了草原儿女的博爱，还将笔锋深入草原民族凝重的文化积淀深处，对传统文化做了深层次的剖析。主人公白音宝力格是一个追求文明进步的蒙古青年，象征着现代文明和科技进步。奶奶和索米娅是勤劳、善良、纯朴的蒙古人民的象征，在她们身上既有传统美德，也有古老落后的愚昧和逆来顺受的思想。现代文明和古老草原文化中对创造生命的喜悦意识在这里发生了冲撞，这才是悲剧的根源。白音宝力格面对这强烈的冲撞，感到孤独迷惑、苦闷失望。一个孤独的理想主义者，注定伤痕累累。

张承志是新时期最引人注目的作家之一，在汉文化、回文化、北方游牧文化的影响下，他的文学作品内涵不断深化。在文学的创作过程中，他不断构筑自己的精神阵地，宣扬自己"纯洁的精神"，而抵抗流俗和坚守信念就是他"纯洁的精神"的内核。《黑骏马》是对张承志"小说应当是一首诗，而全部感受、目的、结构、音乐和图画，全部诗都要仰仗语言的叙述来表达和表现。所以，小说应当是一篇真正的美文"这一文学理想的最好诠释。小说以牧人基本素质的心绪——蒙古草原文明的独特灵性为内核，以深厚的艺术底蕴为机体，向人们倾诉他神往的家园天堂。美源自灵魂，源自精湛，源自意象，源自真挚和感悟。小说通过一个深沉而挚切的爱情悲剧、一段漫长感伤的成长历程，述说了蒙古人艰难咀嚼的生活。然而，正是生活磨炼出了坚强、隐忍、刚毅、豪放、守护神般的草原男子汉和善良、伟大的女性。那广袤的草原，通透人性的黑骏马，那粗犷强悍的牧民，那红霞燃烧的早晨，那鸣叫着的雁阵，那清澈的伯勒根小河，那质朴悲怆的民歌，都是草原的精灵。

长恨歌（故事梗概）

王安忆

王安忆的小说《长恨歌》名副其实，主人公王琦瑶整个孤独的人生无处不透着一股强烈的遗憾之恨，惆怅的寂寞如一声沉重的叹息。

漂亮优雅的王琦瑶，赢得了"沪上淑媛"的称号后又当选为"上海小姐"的季军，可谓风光无限。但这些貌似荣华的烟云并未使她的人生更加一帆风顺，反而几乎将她毁灭。在获得这些盛名的道路上，她学会隐忍、认命，更使她再也不能像平常人一样甘于在平淡的状态中默默生活。在痴情苦恋她的程先生和神龙见首不见尾的神秘"李主任"之间，她选择了后者，也就选择了一条再也不能平常的人生之路。在"金丝笼"一般的"爱丽丝"公寓，王琦瑶完成了她从女儿到女人的蜕变。没有盛大的婚礼，没有名分地位，没有亲朋的祝福，悄然而进，深居简出。在"爱丽丝"公寓，王琦瑶得到的只有"李主任"镜花水月般短暂的恩义，到最后甚至连"李主任"的真实身份也未必清楚。此为第一恨。

邬桥虽好，终不是惯处繁华的王琦瑶所能悦纳的归宿。正值青春大好年华的王琦瑶屈居于此，自感悲凉，满腹寥落。唯一的慰藉是憧憬大城市繁华的少年阿二的单纯爱慕，阿二走了，王琦瑶也就更无心寓留，返沪。

在这已经改天换地的上海，王琦瑶再无依靠，还好她很快就学会了自谋生路。严家师母的出现丰富了她孤单的生活，更给她带来了情感生活新的契机。康明逊、萨沙来了又去，最终却谁也没有能陪她走完一生的勇气。身怀六甲，身陷绝境，与程先生的重逢是王琦瑶毕生最幸运的事。然而程先生最终还是不能接受对他只有感激而并无爱意的王琦瑶，在薇薇满月不久，默然离开。

窗前的鸟儿相继飞来又陆续飞走，除了女儿薇薇，王琦瑶还是形单影只，茕茕孑立。此为第二恨。

韶光易逝，年华易老。薇薇的成年使王琦瑶心中的惆怅愈深。在那个浮躁浅薄的年代里，只有天赋异禀的张永红成为她的忘年交，而怀旧青年"老腊克"则成了她的知音并渐渐走进她即将枯萎的生命。薇薇出嫁并远离后，是张永红及其以投机为生的男友"长脚"和"老腊克"陪她度过了那些被拉长的时光。但不久之后，"老腊克"从对王琦瑶世俗人眼里畸形的迷恋之中清醒，欲抽身远去，带走了她对这人世最后的留恋。放有黄金的五斗柜钥匙却辗转到了破产的"长脚"手中，行窃因王琦瑶的清醒变成了抢劫。恼羞成怒，"长脚"掐死了这位寂寞而优雅绽放一生的昔日的沪上名花，这在意料之外却又似乎在意料之中。

"长恨"以此结局。

【导读】

王安忆（1954—），当代女作家，祖籍福建同安，1954年生于南京，茹志鹃的次女。1955年随母迁入上海。1970年初中毕业到安徽农村插队。1972年考入徐州地区文工团。1976年开始发表作品。1978年调回上海，任《儿童时代》编辑。1987年开始专业创作，是一位多产的作家。2001年当选上海市文联主席。

1980年发表成名作《雨，沙沙沙》。不少作品表现了作者对社会人生问题的深沉思考。她善于从平凡的生活中发掘其底蕴，抉微钩沉，纤毫毕现。笔墨素淡，情韵幽婉，一些作品在文坛上产生广泛的影响。著有小说《雨，沙沙沙》《王安忆中短篇小说集》《尾声》《流逝》《小鲍庄》，长篇小说《69届初中生》《黄河故道人》《流水三十章》《父系和母系的神话》《长恨歌》，散文集《蒲公英》《母女漫游美利坚》（与茹志鹃合集），儿童文学作品集《黑黑白白》，论著《心灵世界——王安忆小说讲稿》以及《乘火车去旅行》《王安忆自选集》等。其中《本次列车终点》获1982年全国优秀短篇小说奖，《流逝》和《小鲍庄》分获全国优秀中篇小说奖。《长恨歌》获"第五届茅盾文学奖"。

可以说，在王安忆的创作过程始终呈现出一种倾向，那就是捕捉蕴含丰富的主题意象，用以营造象征化的、隐喻性的叙述空间，更通过在小说中编织一连串的意象，通过意象叠加和组合的方式来架构和拓展叙述空间，使小说文本的叙述空间更富有立体感和层次感。主题意象在作品中构建起与文本世界相呼应的象征世界，由于象征意义本身具有不确定性，它不显示精确的语义值，这就使叙述的时空淡化了作品的情节线索和人物性格发展的内在逻辑，造成一种虚实交错、明暗掩映的模糊风格。

而在王安忆的整个创作中，也存在作品与作品间、作品风格间、人物之间甚至表层结构之间的相互对应的形态，实际上这也是圆形思维在作品中的投射和表现方式。蕴含在圆形结构中对立的两极不断斗争又相互转化的运动形式，并以此对立关系为逻辑动力推动一部小说乃至整个创作向前发展。例如，从文本的表层结构上来看，王安忆惯用双层对比结构，即两个或两组不相干、相对独立的故事平行发展或交错套置在一部小说文本中，呈现出多义的、不甚明晰的意旨。

王安忆的长篇小说《长恨歌》，用近30万字的篇幅浓缩了上海40年的岁月变迁，用细腻而绚烂的笔将一段尘封已久、早已被人遗忘的历史生活艺术地再现了出来。因此，《长恨歌》一直被认为是王安忆笔下最为动人的一曲挽歌，具有强烈的悲剧意蕴。

作品将一个背负悲剧命运的女子置于旧上海那个特殊的环境里，用叙述性的诗化语言展示那个变迁年代城市和女人的悲剧以及人性和人情的悲剧，而作者也正是凭借着一种旁观者的叙述姿态以及对古典感伤诗词的借鉴加深了作品的悲剧意蕴。王琦瑶的一生，从一个典型的上海旧式女子到意外地成为"上海小姐"再到经历各式各样的男子带给她的爱情，王琦瑶在弄堂的见证下上演自己的悲剧。她的路并没有像她自己期待的那样笔直，五个男人从她的生命中匆匆走过，只是那样略一驻足稍事停留，随即便转身离开，一切恢复宁静，仿佛世界上从来没有出现过这个人。他们或许有过真感情，或许有过快乐，但是快乐与爱都是偷来的，那么轻，那么少，那么经不起考验，而苍凉和绝望却成为她眼中最痛的泪滴。而这些就像王安忆笔下的弄堂，声色各异，断断续续的际遇将她折磨得身心疲惫，人与人之间最后的一点温暖和爱情也被各自的私心剥夺。

对时代政治主流意识形态的疏离，对个人生存命运的描述更为细碎琐屑，成为小说的主题。

白鹿原（故事梗概）

陈忠实

白嘉轩引以豪壮的是一生里娶过七房女人。第六房女人胡氏死去后，他从山里娶回第七个女人吴仙草，同时带回罂粟种子。结婚一年后，这个小厢房厦屋的土炕上传出一声婴儿尖锐的啼哭。然而，第二个孩子出生以后取名骡驹，这个家庭里的关系才发生了根本性变化。由罂粟引种成功骤然而起的财源兴旺和两个儿子相继出生带来的人丁兴旺，彻底扫除了白家母子心头的阴影和晦气。她第八次坐月子，生了白灵。

白嘉轩在去请阴阳先生的路上，无意间发现了传说中的白鹿。白嘉轩用先退后进的韬略，借助冷先生的撮合，谋到了白鹿家的那块风水宝地。随即给父亲迁坟。

活在今天的白鹿村的老者平静地说，这个村子的住户永远不超过二百，人口冒不过一千，如果超出便有灾祸降临。这个村庄后来出了一位颇有思想的族长，他提议把原来的侯家村改为白鹿村，同时决定换姓。侯家老兄弟两个要占尽白鹿的全部吉祥，商定族长老大那一条蔓的人统归白姓。老二这一系列的子子孙孙统归鹿姓；白鹿两性合祭一个祠堂的规矩，一直把同根同种的血缘维系到现在。改为白姓的老大和改为鹿姓的老二在修建祠堂的当初就立下规矩，族长由长门白姓的子孙承袭下传。

白嘉轩怀里揣着一个修复祠堂的详细周密的计划走进了鹿子霖家的院子。翻修祠堂的工程已经拉开。这年夏收后，学堂开学了。白嘉轩的两个儿子也都起了学名，马驹叫白孝文，骡驹叫白孝武，他们自然坐在里边。鹿子霖的两个儿子鹿兆鹏和鹿兆海也从神禾村转回本村学堂。在白嘉轩的劝说下，鹿三让黑娃进了学堂。

黑娃外出打工，却引回了举人家的小老婆——小娥回到白鹿村，被白鹿两家不容后，他们住进了村子东头一孔破塌的窑洞。

一队士兵开进白鹿原，进驻田福贤总乡约的白鹿仓里。杨排长用乌黑的枪管对白嘉轩说："马上回村给我敲锣。"白嘉轩敲了锣。白鹿村的男女老幼都被吆喝到祠堂门外的大场上。杨排长讲了话，征粮的规矩是一亩一斗，不论水地旱地，更不按"天时地利人和"六个等级摊派。黑娃受兆鹏鼓舞夜里烧了白鹿仓。

白嘉轩在乌鸦兵逃离后的第五天鸡啼时分，就起身出门去看望在城里念书的宝贝女儿灵灵，却发现她和鹿兆海在一起。鹿兆海在补堵被围城的军队用枪炮轰塌的城墙豁口时，挨了枪子儿，白灵几乎天天都到临时抢救医院去看望他。鹿兆海即将出院的时候，加入了共产党，黑娃受兆鹏的鼓动在白鹿原掀起了"风搅雪"，砸了祠堂，抓了田福贤。

蒋介石策动了"四一二"政变，国共分裂。鹿兆海认为国民党才是他的选择，而白灵却改投共产党，两个人的感情出现了裂痕，鹿兆鹏和黑娃等人开始了亡命的生活。习旅长观看完黑娃的射击比赛就把他调进旅部警卫排。在队伍被打散后，黑娃慌不择路地当上了土匪"二拇指"，在打家劫舍中，他唆使手下打折了白嘉轩挺直的腰杆，并且杀死了鹿太桓。田福贤下套捕捉黑娃，小娥为了救黑娃去求鹿子霖，鹿子霖乘机"扒灰"，却被白嘉轩搅了兴致。为了报复，他唆使小娥勾引白孝文，年轻的一代在小娥的"教育"下真正成"人"了。

一场异常的饥馑临到白鹿原上。饥馑是由旱灾酿成。白孝文在分家之后，在饥饿难忍之下卖掉了土地，在毒瘾的逼迫下又卖掉了房屋，终于沦为乞丐。

到滋水县保安大队仅仅一月，孝文身体复原了，信心也恢复了，他第一次领饷之后，就去酬答指给他一条活路的恩人田福贤和鹿子霖，并打算把剩余的钱给小娥，但小娥却神秘地死了。鹿三抖出句话来——人，是我杀的。

白灵很快成为党的骨干力量。就在此时，她与鹿兆鹏发生了感情。当鹿兆海来哥的住宅接嫂子时却发现是已怀孕的白灵。白灵在兆海的掩护下逃到了南梁根据地，然而在肃清运动中，因遭到"清洗"而被活埋了。

白鹿原又一次陷入毁灭性的灾难之中——一场空前的大瘟疫在原上所有或大或小的村庄里蔓延。白鹿村被瘟神吞噬的第一个人却是鹿三的女人鹿惠氏，仙草倒显得很镇静。从午后拉出绿屎以后，她便断定了自己走向死亡的无可更改的结局。鹿三被小娥附了身，一身正气的族长，力排众议造了镇妖塔，瘟疫终于停歇了。

鹿子霖许久以来就陷入一种精神危机当中。鹿子霖瞥见被公开枪毙的郝县长的一瞬间，眼前出现了一个幻觉，那被麻捆缚的人不是郝县长，而是儿子鹿兆鹏。

白孝文终于从大姑父朱先生口里得到了父亲的允诺，准备认下他这个儿子，宽容他回原上。白孝文开始进入人生的佳境，升为一营营长，负责县城城墙圈内的安全防务，成为滋水县府的御林军指挥。

滋水县境内最大的一股土匪归服保安团的消息轰动了县城。鹿黑娃的大名鹿兆谦在全县第一次公开飞扬。黑娃被任命为营长，并且娶了妻子，开始向有思想的人转化。他回乡去探亲，重新被这个家族容纳了。而鹿三却在孤独中死去。黑娃接受鹿兆鹏的意见倒戈反将，却依旧死于肃反派的屠刀之下。

鹿子霖重新雇了长工，赎回坐监期间被女人卖掉的土地，家底开始殷实起来。可是在枪毙岳维山、田福贤和鹿黑娃时，他变成了痴呆。白嘉轩双手拄着拐杖，盯着鹿子霖的眼睛说："子霖，我对不住你。我一辈子就做下这一件见不得人的事，我来生再世给你还债补心。"

【导读】

陈忠实（1942—2016），1942年6月生，陕西西安人。中国当代著名作家，中国作家协会副主席。1965年开始发表作品。著有短篇小说集《乡村》《到老白杨树背后去》，中篇小说集《初夏》《四妹子》，长篇小说《白鹿原》。出版了《陈忠实小说自选集》（3卷）、《陈忠实文集》（5卷），以及散文集《告别白鸽》等。短篇小说《信任》获1979年全国优秀作品奖，《立身篇》获1980年"飞天"文学奖，中篇小说《康家小院》获上海首届"小说界"文学奖，《初夏》获1984年"当代"文学奖，《十八岁的哥哥》获1985年"长城"文学奖，报告文学《渭北高原，关于一个人的记忆》获全国1990—1991年报告文学奖，长篇小说《白鹿原》获1993年陕西双五文学奖、1996年人民文学出版社炎黄杯文学奖、第四届茅盾文学奖。2016年4月，因病在西安去世。

陈忠实是我国20世纪90年代小说创作的杰出代表。他的创作无不体现了他对文学创作的激情与冲动，他的思想情感和人生观总能与勤劳朴实的最基层的广大劳动者相结合，其艺术创作的宗旨是关照农民。而他对农业文明的审美把握和特有的现实主义创作的特色，则构成了他强烈的艺术创作的色彩。

《白鹿原》是陈忠实花了十年的时间写成的，所展示的是一部渭河平原清末到新中国成立初期50年变迁的雄奇史诗，是一轴中国农村斑斓多彩、触目惊心的长幅画卷。这部作品在历史的长河中演绎了一个民族独特的思维方式，体现了一个民族的历史意识、政治意识和一个民族的顽强的生命力，把当代长篇小说的现实主义创作推进到一个新的时代高度。陈忠实以黄土高原上的社会变迁为历史舞台，用文学的形式，将中国的近现代历史的腥风血雨展现在读者的面前，反映了作者对历史与文化的凝重思考。作者站在人类共同的立场上，从人类文明史的高度，对中国现代历史进行了全新的体验和认识，将近代以来的政治争斗史，尤其是国共间交错复杂的矛盾斗争史，置于农村宗族文化的社会结构中。在家族矛盾与政治斗争中，展现了一段纷纭变化的世事风云，使小说真正成为"一个民族的秘史"。在陈忠实笔下，历史不再仅是一部单一线条的阶级对抗史，还是一部在对抗中相互依存、相互融合的历史；不再仅是一部单纯的政治史，还是一部经济史、文化史和心灵史。历史的主动性不只在社会政治层面展开，也在人性和人的心理层面展开，历史已不再是那种清醒而理智的存在了。同时，作者用蜘蛛网式的结构将关中地区五十多年的战乱史、风俗史及革命史等通通刻画出来，进而将它们——展现在读者的面前。

作者还刻画出了几个典型的人物形象，如朱先生、白嘉轩父子与鹿子霖父子以及田小娥和黑娃。在这些人物的塑造上，作品打破了以往同类题材两元对立的创作模式，注意从中国几千年的封建宗法文化和家族文化的角度出发，塑造出具有崭新意义的人物形象。在他们的身上，体现了我国的传统文化的某些纯粹与圣洁，同时也展现了传统道德的蒙昧与荒唐，通过对中国传统农民系列形象的塑造，展示了成熟的中国村社文明。从思想上来说，陈忠实在对《白鹿原》进行艺术创作时，以反映中国传统儒家文化为主，努力寻找的是儒家文化的生命力所在。

《白鹿原》是20世纪90年代中国长篇小说创作的重要收获之一，能够反映那一时期小说艺术所达到的最高水平。把这部作品放在整个20世纪中国文学的大格局里考量，无论就其思想容量还是就其审美境界而言，它都有其独特的、无可取代的地位。即使与当代世界小说创作中的那些著名作品比，《白鹿原》也应该说是独树一帜的。

一地鸡毛（故事梗概）

刘震云

小林和他妻子本是踌躇满怀、心比天高，有着高品位追求的大学生。大学毕业后留京，分配到国家某部委机关上班。慢慢有了孩子，有了房子，可生活的烦恼却不断增加。

小林为了买豆腐而耽误了单位的班车，又因赶公交车而忘了把豆腐放进冰箱，致使豆腐变馊，为此和老婆小李争吵起来。当争吵即将升级时，查水表的瘸老头来警告他们说有人举报他们晚上偷水，小林夫妻马上想到了是对门自称长得像印度人的女人告的密。小李晚上又想到了最近调动工作的事，本来小林已经托人了，可由于心急，让人事处的头头知道了，调动工作的事也搁置下来了。小林的老家在农村，家乡人来北京都到小林家，时候长了，引起了小李的不满。小林的孩子感冒了，由于小李在单位开的药还没有吃完，因此省了不少钱。为此一家人很高兴，晚上还商量九月份孩子入托后辞去保姆。九月份，小李的单位开通了班车，小李不用再调动单位了，但因为是头头的小姨子搬家才加开这线班车时，心里有些别扭。但想到不用调动工作，又高兴起来。但孩子入托又面临困难，好的幼儿园不能去，而这时保姆又辞职了，家里很乱。可在这时对门印度女人的丈夫却给了他们一个好幼儿园的名额，后来才知道是让自己的孩子当陪读。小林在菜市场碰到了卖鸭子的大学同学"小李白"，"小李白"让小林帮他卖十天的鸭子，每天 20 元。开始小林面子上有些挂不住，可是每天能挣 20 块钱，又感觉好了些。当同学回来后，自己还有些恋恋不舍。元旦过后，由于没给幼儿园的老师送礼物，女儿闹着不肯去，于是小林跑遍全城高价买下了女儿指定的炭火。

晚上，小林梦见一地的鸡毛和蚂蚁般的人群。

【导读】

刘震云（1958—），1958 年 5 月生于河南省延津县，著名作家，中国人民大学文学院教授。1978 年至 1982 年就读于北京大学中文系并开始创作。1987 年后连续在《人民文学》发表《塔铺》《新兵连》《头人》《单位》《官场》《一地鸡毛》《官人》《温故一九四二》等描写城市社会的"单位系列"和干部生活的"官场系列"作品，引起强烈的反响。在这些作品中，他确立了创作中的平民立场，将目光集中于历史、权力和民生问题，但又不失于简洁、直接的白描手法，因此他被称为"新写实主义"作家。其中《塔铺》获 1987—1988 年全国优秀短篇小说奖。自 1991 年发表长篇小说《故乡天下黄花》始，他开始追求新的创作境界。1993 年发表"故乡"系列第二部长篇《故乡相处流传》，后经过五六年的时间完成长篇巨著《故乡面和花朵》。2007 年推出小说《我叫刘跃进》，并改编成电影。2009 年出版小说《一句顶一万句》，引起轰动。现为中国作家协会全国委员会委员、北京市青联委员、一级作家。

《一地鸡毛》写于 20 世纪 80 年代中后期以后，当时中国社会处于急剧的转型期，社会的中心由政治转向经济，整个社会的政治、经济、文化以及社会生活诸方面发生了巨大的变化，人们忙于追逐经济利益，忽略了理想。此小说被称为新写实主义的代表作。"新写实主义"，其概念在不同学者中一直有争论，有人贬其一无是处，有人赞其深入人心。而无论褒贬，都应该看到的是，它的存在带给了我们多方面的观察与反思。一般观点是，新写实主义小说有三个明显特征：①还原生活本相；②从情感的零度开始创作；③作者和读者共同参与创作。《一地鸡毛》正是这样一部作品，用"生活流"的手法写出了"毛茸茸的原生态"，还原了生活的本来面目；没有褒奖，没有贬低，用旁观者的身份冷冷道出事实；读者参与其中，通过生活阅历的逐渐丰富和生活经验的不断积累，对此部作品会越来越感同身受，角色认同感日益强烈。

小说没有曲折离奇的故事情节，有的只是对一对小夫妻日常生活的描述。作者没有运用华丽的辞藻，没有对人物进行太多的心理描写，而是以非常传统、朴实的语言叙述普通老百姓的生存状态。通过描写充满浓厚生活气息的小事，真实地反映了现实生活中小人物生活的艰辛与无奈，写活了人们在日常生活琐事下观念的转变。人与环境的关系，即社会结构中人的悲剧性处境，在刘震云所创造的普通人生活世界中，构成难以挣脱的网。生活于其间的人物面对强大的"环境"压力，难以自主地陷入原先拒绝陷入的"泥潭"，也在适应这一生存环境的过程中，经历了个人精神、性格的扭曲。对于这一复杂的关系，对于他们折磨、猥琐、自私的心理行为，小说采用了冷静、不露声色，却感受到冷峻批判立场的叙述方式。

在刘震云小说中塑造的知识分子形象小林随着时代的变迁发生演变。在社会转型期，知识分子的"世俗化"成为这一时期的无奈选择。小林思想行为的嬗变，是时代变革中人们思想行为转变的缩影，是知识分子精神滑坡、人格退化的典型代表。刘震云集中笔墨将他由一个有理想、有抱负的大学生变为一个庸庸碌碌、无所作为的小市民。这种历史转型期普通知识分子世俗化的进程，也深刻地揭示出导致知识分子世俗化的种种原因。小林正是处于这种尴尬境地而不自知的知识分子。当他清醒地意识到这一点的时候，却又手足无措。于是小林为了生活不得不改变自己的生存姿态，但同时又伴随着灵魂的挣扎和痛苦。

传统知识分子所具有的人文精神与坚守的人生观、价值观、道德观似乎已经不复存在，作者正想要表达知识分子理想的丧失和破灭、灵魂的挣扎与耗损，放弃了对理想的坚守；人格的磨损和耗散、价值的颠覆和虚无，无边的生存网络精神世界彻底滑向庸常。小说告诉世人，生活就是种种无聊小事的任意集合，它以无休无止的纠缠使每个现实中人都挣脱不得，并以巨大的销蚀性磨损掉他们个性中的一切棱角，使他们在昏昏若睡的状态中丧失精神上的自觉。这也是作者在一篇创作谈里所说的："生活是严峻的，那严峻不是要你去上刀山下火海，上刀山下火海并不严峻。严峻的是那个日复一日、年复一年的日常生活琐事。"

红高粱（故事梗概）

莫言

我奶奶刚满十六岁时，就由父母作主，嫁给高密东北乡有名的财主，家里有着酿酒坊的单延秀的有麻风病的独生子单扁郎。在坐花轿去单家路上，威武有力的杠子头余占鳌因为奶奶的小脚和哭声，对我的奶奶产生了怜惜。在走到蛤蟆坑时，却遇上了拦路打劫的。余占鳌收拾了打劫的人，也因为我奶奶淡定从容的表现和笑容，喜欢上了我奶奶。奶奶进入单家，每晚拿着剪刀和单扁郎对峙。三天后，是奶奶回门的日子，在高粱地里，余占鳌拉走了我奶奶，并霸占了她，奶奶对余占鳌也产生了强烈的情感。在奶奶返回单家时，余占鳌已杀掉了单家父子，从此余占鳌和奶奶一起，过上三十多年不被大家认可，却幸福的生活。奶奶在酒坊师傅刘罗汉的帮助下，振兴了酒坊，爷爷余占鳌则逐渐把本地的土匪势力收拢起来，形成了自己的一支力量队伍。

"七七事变"爆发后，日军进占山东，打破了高密县往日的繁荣。民国二十七年（1938年），日军捉高密、平度、胶县民夫累计四十万人，修筑胶平公路，毁稼禾无数，公路两侧骡马被劫掠一空。传说中对我奶奶有着不清不白心思的酒坊师傅刘罗汉，受够了日军的欺压，在一个夜晚潜入日军驻扎地，用铁锹铲伤骡蹄马腿无数，被捉获。第二日，日军将刘罗汉"剥皮零割示众"。刘面无惧色，骂不绝口，至死方休。

第二年，在民族大义面前，我爷爷余占鳌和几方势力不计前嫌，停止争端，共同抗日。在和冷支队长达成协议后，八月初九，爷爷带着我父亲和队伍去胶平公路伏击日本人的汽车队,但冷支队长却姗姗来迟。我奶奶和王文义的妻子为队伍送去打饼时被日军机枪射杀。爷爷和父亲拼命杀敌,最终干掉了日军一大将,但奶奶却再也不能醒来。我父亲看到爷爷那从来坚硬的面孔上,滑落下两行泪水。

【导读】

莫言(1955—),原名管谟业,1955年2月17日生于山东高密,中国当代著名作家,青岛科技大学客座教授,香港中文大学、澳门大学荣誉文学博士。他自20世纪80年代以一系列乡土作品崛起,充满着"怀乡"以及"怨乡"的复杂情感,被归类为"寻根文学"作家。2000年,莫言的《红高粱》入选《亚洲周刊》评选的"20世纪中文小说100强"。2005年,《檀香刑》全票入围茅盾文学奖初选。2011年,凭长篇小说《蛙》获第八届茅盾文学奖。2012年10月11日莫言以其"用魔幻现实主义将民间故事、历史和现代融为一体"而获得诺贝尔文学奖,是首位获得该奖的中国籍作家。2013年10月30日,中国首家培养网络文学原创作者的公益性大学"网络文学大学"开学,莫言担任该校的名誉校长。据不完全统计,莫言的作品目前至少已经被翻译成40种语言。

《红高粱》是莫言于1986年发表在《人民文学》第三期的中篇小说,反响十分强烈,被读者推选为《人民文学》1986年"我最喜爱的作品"第一名。小说以抗日战争及二十世纪三四十年代高密东北乡的民间生活为背景,故事融合了多种混乱的异质,最终通过一种强烈的刺激来塑造时代背景,从民间的角度向读者再现了抗日战争的年代,展现的是一种为生存而奋起反抗的暴力欲。莫言笔下的高密东北乡就像他所说的:"无疑是地球上最美丽最丑陋、最超脱最世俗、最圣洁最龌龊、最英雄好汉最王八蛋、最能喝酒最能爱的地方。"就是在这片充满梦幻与神奇、浪漫与纯真,充满生命力的土地上,展现出壮美的画面:站立着无边无际凄婉可人的、激荡着爱情波浪的红高粱;款款流动着的墨水河;伴随着螃蟹散发出的腥甜。高密东北乡的壮美画面对应着作者开阔、宏大、丰满、艳丽、血腥的语言。莫言用这种语言追述了发生在这片土地上的叙述者以及他的爷爷、奶奶、父亲时候的那场华丽的战役,表现出细腻独特的生命体验。

这是一部表现高密人民在抗日战争中的顽强生命力和充满血性与民族精神的经典之作。小说主要通过"我的奶奶"戴凤莲以及"我的爷爷"余占鳌两个人之间的故事,讲述发生在山东的生命赞歌。《红高粱》主线是"爷爷"余占敖率领的武装打击日军,辅线是"爷爷"余占鳌和"我奶奶"戴凤莲之间的爱情故事。故事发生的主要地点是东北高密。小说里的主要人物有的是自发的造反势力,有的是混乱和无纪律的地方首领。他们没有救国家和人民群众的主动意识。他们反抗的目的是为自身的生存。整部小说中没有着墨太多的正面形象,"我爷爷"这个人物形象既是"土匪"又是"抗日英雄",土匪的野性和英雄的血气使人物更加丰满和真实,还原了真实的历史一幕。在小说中,莫言竭尽全力地对几乎所有的战争场面都进行了精心的雕刻,无论战争场面的大小,甚至人与野狗在吞噬尸体时的较量也用了极多的笔触,展现了一幅幅尸横遍野、血肉横飞的血淋淋的画面。在这些血肉交汇之中,莫言描绘了一片红如鲜血的红高粱,整个世界都是血红的。莫言正是以这种狂欢式的语言、天马行空式的笔触，塑造了一个在伦理道德边缘的红高粱世界，一种土匪式英雄，他们做尽坏事但也报效国家，他们缱绻相爱、英勇搏杀，充满着离经叛道又拥有无限生气的时代气息。

《红高粱》不仅张扬了个性解放，而且还颂扬了抗日爱国的顽强意志与牺牲精神。文学作品这种启蒙与救亡的双重主题是对五四传统的继承，五四运动与新文化运动，都是在帝国主义对中国侵略日益加剧，民族危机感和民族自强、自立以及救亡的历史要求日益紧迫的时候发生的。也正因为此，五四那一代，在强调个性解放时，强调了自我牺牲精神。

小说引发了人、人的命运、人的价值、人生、死亡、生命力、民族精神、伦理道德等方面在哲学层面上的深刻思考。作家用一种富有表现力的表达，在对民族性进行自我反思和自我认识、自我赞颂与自我批评中，追寻民族文化心理与民族精神力量。弥漫小说全篇的是一种刚健暴烈、自由激昂的生命状态的赞美基调，让人产生热血沸腾的感觉。

《红高粱》的整个符号系统就是一个多侧面多层次的审美范畴，其中的人物语言是粗话、脏话、野话、荤话、骂人话、调情话等粗俗污秽的乡村用语，是典型的高密农民在说话，这种在旁人看来近乎疯癫的语言在小说的环境中却有一种独特的美感，这种语言风格表现了作者独特的审美趣味。

粗俗又崇高的人物对白是作品的一大特点。个性化的民间口语贯穿于故事的始终，在扑面而来的乡土气息中，读者既能感受到民间口语原汁原味的"粗俗"，又能听到粗俗背后那份源自生命底层最原始、最崇高力量的呐喊。

场面描写一直是莫言的拿手好戏，莫言在场面描写中喜欢使用通感，而且想象离奇大胆，语言汁液横流，饱满生动，给人一个更广阔的想象世界和更复杂的感觉空间。用他自己的话说就是："创作者要有天马行空的狂气和雄风。无论在创作思想上还是在艺术风格上，都必须有点邪劲儿。"在《红高粱》中，也充斥了大量这种独特风格的场面描写。

浮躁（故事梗概）

贾平凹

小说的故事是关于州河边上几个青年人金狗、雷大空、小水追求自己的命运的故事。州河的北岸是两岔镇，河南岸是不静岗和静虚村。两岔镇是有名的贫困镇，而静虚村里有巩姓、田姓两大家大户人家，田、巩两家上辈因为组织游击队，他们亲戚不少成了国家干部。巩宝山是州城专员，田有善是白石寨县委书记，田中正是两岔乡乡长。田、巩两家在乡里作威作福，而且暗地里争权夺利。小说的主人公金狗出生在静虚村，他胆子大，而且读过书、服过役，有天生的领导能力，受到田家欺压后立志要出口气，改变自己的命运。复员后，他带领乡里的年轻人组织了河运队，共同致富，田中正却干涉插手为己谋利。金狗把握住机会到州城里做了报社记者，成为两岔乡的名人。他利用媒体的便利大胆揭露田巩两家的违法行为，使他们得到了应有的处分。金狗的好朋友雷大空也不甘于平庸，做起生意，最后却钻法律漏洞办空壳公司诈骗挣钱，也成为乡里最有钱的人。田、巩两家趁机报复，使雷大空被捕入狱，利用人际关系将其害死，金狗也因受到牵连而入狱。小水想尽办法最终帮金狗脱离关系，惩治了田家。小说的最后，作者描写了另一场洪水即将到来。

【导读】

贾平凹（1952—），1952年2月21日生于陕西省商洛市丹凤县棣花镇，陕西作协主席，中国书协会员，当代著名作家。贾平凹是我国当代文坛屈指可数的文学大家和文学奇才，是一位当代中国最具叛逆性、最富创造精神和广泛影响的具有世界意义的作家，也是当代中国可以进入中国和世界文学史册的为数不多的著名文学家之一。他被誉为"鬼才"。代表作有长篇小说《商州》《浮躁》《废都》《白夜》《秦腔》《古炉》等，曾多次获文学大奖。作品《我不是个好儿子》选入鲁教版语文必修三，作品《月迹》已选入苏教版语文课本，作品《落叶》入选北师大版和鲁教版中学教材。

1974年开始发表作品。1975年毕业于西北大学中文系。1982年发表作品《鬼城》《二月杏》，1992年创刊《美文》，1993年创作《废都》。1997年凭借《满月儿》，获得首届全国优秀短篇小说奖。2003年，先后担任西安建筑科技大学人文学院院长、文学院院长。2008年凭借《秦腔》，获得第七届茅盾文学奖。2011年凭借《古炉》，获得施耐庵文学奖。

《浮躁》是贾平凹"商州系列"的第一部，奠定了他在文坛的实力派地位。正如后来的《废都》及《秦腔》一样，该书一经出版即引起轰动，并获美国美孚飞马文学奖。

《浮躁》写于1986年6月，以农村青年金狗与小水之间的感情经历为主线，描写了改革开放初始阶段暴露出来的问题以及整个社会的浮躁状态和浮躁表面之下的空虚。主人公金狗，历经了务农、参军、复员回乡、任州报记者、辞职跑河上运输几个人生的大起落，商州的芸芸具象便随着他的生活际遇而渐次展开。那是20世纪最后10多年间一幅真实的社会画卷。当时改革作为一个关键词，无时不在牵动着中国政治高层和普通百姓的思维与心态。各种探索正处在起步期，各种机遇正在给人们带来希望。如同大河响起了冰凌碎裂的声音，人们敏感到新生活的浪潮已扑面而来。从金狗最初出发点的那个小村仙游川，到两岔乡，到白石寨县，乃至整个商州，出现了前所未有的打破封闭后的亢奋与躁动。

这是一部把写实性的具体描写和象征性的总体构思成功地统一起来的长篇巨著。它通过州河上小小的静虚村、两岔乡，写出了中国社会特定历史阶段的时代情绪（或称作"民族心态"），具有丰富的思想文化内蕴。"浮躁"这个词，就是对时代情绪的总体概括。小说展示的是具有封闭性、背负着沉重的历史包袱，艰难而又不可逆转地发生某种深刻变化的乡镇社会生活图景。这个社会确实是很古老的。不静岗上的佛寺、渡口与渡船、矮子画匠的画笔、麻子铁匠的铁匠铺、小水对传统爱情方式的恪守，等等，都是传统乡镇社会的生活面貌。甚至巩宝山、田有善、田中正这些党员干部，在本质上也还是传统社会宗法势力的代表。然而，随着社会的改革开放，具有一定现代意识的金狗出现了，欺诈而又愤世嫉俗的雷大空出现了。他们像投到湖面上的石头，在传统乡镇社会的一潭死水中激起了一层一层的波浪。他们既动摇了封建宗法势力的顽固统治，也改变了人们固有的生存状态和思想观念。田有善和田中正不得不利用他们，甚至被他们斗败；那些在巩、田两大家族的统治下小心翼翼生活了许多年的人们开始寻求经济上的富裕和人格的自由。当然，这种变化中充满了痛苦、挫折、混乱乃至荒诞。具有正义感和社会责任心的金狗遇到那么多的障碍和陷阱；在欺诈中不失纯真与正直的雷大空死于非命；小水保持着传统的质朴与纯洁，被金狗称作"干净的神"，但与英英和石华相比，她又显得不合时宜，没有竞争力；矮子画匠对世事的变化又迷惘又胆怯；求神问卜中新中国的领袖成了阴阳师供奉的大神，插在香炉里的是"大前门"牌香烟，等等。这些都说明这个变化过程的曲折、复杂。不过，无论过程怎样曲折、复杂，最后生活还是前进了：金狗走出了监狱，并且在州河上发展自己的事业，形成了一股势力。由于作者熟悉商州山地生活，所以小说对以静虚村和两岔乡为主的乡镇生活的描写细致而逼真，充满乡土气息。

但是，只看到上述这些还不能认识这部小说的全部价值。小说描写的是州河边上小小的乡镇社会，但力图揭示的是整个国家和民族的历史命运、文化变迁轨迹、心态特征。所以小说追求总体构思上的象征性。在小说的"序言"中，作者称，小说中的商州是"虚构的商州，是作为一个载体的商州"；小说中的州河是一条"太年轻"的河，"它的前途是越走越深沉，越走越有力量的"；小说力求写出民族文化"令人振奋又令人痛苦的裂变过程"，所以设计一个考察者对州河进行考察，从哲学的高度思考州河的性格、命运，并结合州河谈民族心态。小说中那条既连接着州城、两岔乡、静虚村、白石寨，又贯串整个故事情节、与人物命运密切相关的州河，绝不仅仅是一条蜿蜒于群山之中的地理学意义上的河，而具有很大的象征性。你可以把它理解为一种文化、一种历史，或者曲折动荡的现实生活。所以在作品中州河被赋予与金狗、与时代、与小说作者同样的品格——浮躁。小说最后预言州河将爆发有史以来的第二次大洪水，实际上是暗示一场巨大的社会变革即将到来。正是这种象征性使《浮躁》这部以乡镇生活为主要描写内容的小说具有高度的概括性和丰富的思想文化内蕴，成为民族心态的活标本。象征性追求还给这部以写实为基本内容和主要风格的作品抹上了一层淡淡的神秘色彩。比如小说写到的金狗神奇的出生、看山狗古怪的习性、和尚玄妙的高论、阴阳师的装神弄鬼、自杀的寡妇和死去的老铁匠将阴魂附在一个病女人身上等，都神秘而又耐人寻味。

第二节　诗歌

回答（作者：北岛，原诗略）

【导读】

北岛（1949— ），原名赵振开，另有笔名石默、艾珊等。原籍浙江湖州，1949年8月生于北京，中国当代诗人。1969年进北京一家建筑公司，当过混凝土工、铁匠等。1970年末开始写诗。1972年开始写小说。1976年参加天安门运动，写出诗歌《回答》。其现代主义色彩的新诗歌形式受到青年读者的欢迎，被称为"朦胧诗"的代表诗人，但也受到来自传统保守势力的批评。1986年被《星星》评为"我最喜欢的中青年诗人"之一。《北岛诗选》获中国作协全国第三届（1985—1986）优秀新诗（诗集）奖。曾三次获得诺贝尔文学奖提名。

《回答》作于1976年清明前后，后发表于朦胧诗主要阵地的民间油印刊物《今天》的第一期。

全诗共7节，北岛企图在一个封闭的逻辑空间内构建一个完整、自足的"自我"形象，并依靠与外部世界的对立关系来强化这一形象的独立性。第1、2节,是对人类生存世界的黑暗体验并由此产生疑问。在诗中所描绘的世界里,卑鄙者以卑鄙的手段可以在世上畅行,高尚者的高尚品行却使其自身走向墓地。"镀金的天空"寓意以辉煌的表象掩盖一个时代真正的黑暗,到处是歌功颂德,到处是粉饰太平,人性被扭曲成"弯曲的倒影",四处凋落。诗人在世界的混乱与无序中,保持清醒的痛感,对置身其中的世界提出了疑问:"冰川纪过去了""好望角发现了",这个世界明明已经经历过巨大的变革、阵痛,一个旧时代曾被庄严地宣告死亡,为什么"到处都是冰凌"和"千帆相竟"的"死海"的现实,依然显示着诡异和不公正?从第3节开始,"我"作为抒情主体,出现在一片死寂、冰凉、规则混乱和缺乏公正的世界,以一种理性的声音,开始对世俗世界审判、否定和挑战,对一切习以为常的规则表示质疑:"我——不——相——信!"在6~7节中,这个傲岸的"我"在对这个不义的世界与历史宣战之后,毅然表达了愿以个体的自我来承担属于全部人的一切,特别是人的苦难,此时的"我"是一代人中最清醒和坚定的灵魂:如果一个民族的历史,真的能重新开始,就让所有的苦难只存留在"我"的心中;如果一个民族的再生,需要一代人的伤痛作为代价,这一切就由我们来承担吧。这里,"海洋的决堤""陆地的上升",都是以自然界恢宏阔大的沧桑变迁,寓意人类历史的涅槃和新生。最后一节,对人类与世界的未来新的转机充满信心和期望:"闪闪的星斗"缀满天空,"五千年的象形文字"是一个民族悠久和坚实的力量。由于诗人从一开始就自觉地承担起了重整乾坤的伟大使命,因而诗作中始终能感到历史的目光在注视。

"文革"结束后,文坛上先"伤痕"继而"反思"的写作,竞相展示苦难和控诉历史,在对历史的鞭挞中把现实指认为"新生"。而北岛的《回答》却是以清醒的眼光审视过去,愤怒而又不失理性,拒绝承认全部现实的新生性,以一种批判的立场,为了重新确立人类的基本价值,而不惜牺牲一切。北岛在《回答》一诗中向世界喊出"我不相信!"传达了一代青年人的心声。

《回答》丝毫看不到任何撒娇的痕迹,只有愤怒和反抗挑战之声。新的一代人成熟了。曾经撒娇和哭闹的孩童,如今喊出了独立的、自我的声音。而作为一代人成熟的标志,倒不仅仅是他们已知道审时度势和懂得事物要害,更重要的是他们已拥有自己的原则和信条,那就是"怀疑",是说出"我不相信!"的勇气和能力。北岛的这些带有"怀疑主义"倾向的诗歌,事实上标志着一个新的启蒙时代的到来。

但是,果真是什么都不相信了吗?也许。"怀疑一切"是理性的根本尺度,是"自我意识"成熟的标志。但是,在北岛他们看来,有一样东西却是毋庸置疑的,那就是自己的"声音"。因而,"我不相信!"这样的语句,首先是喊给自己听的,它提醒一代人注意到自己应有的独立自主的"自我意识"。同时(也是更主要的)是喊给父辈听的,它宣告了新的一代人的成熟,并表明了自己的反叛性态度。这是一次蓄意的、大胆的挑战。它典型地体现了朦胧诗中的理性批判精神和对于人性和人道主义的呼唤,以及对人的价值和尊严等被践踏时的愤慨与反抗。

此外,作为北岛的代表作,诗作在抒情结构和意象的选用上,具有"北岛特色":"审视—怀疑—否定—挑战"的抒情结构,以及"天空""海洋""陆地的上升"和"让所有的苦水都注入我心中"等意象的拼贴与组合,追求陌生化和距离感,使用密集的意象群和飘忽不定的语义转换,从而产生"朦胧"的诗意和充满弹性与张力的结构。这与同为朦胧诗人的舒婷诗作中对于"星星""风铃草""鸢尾花"等意象的选用和诗意表达上的婉转、抒情和感伤相比,显得冷峻、势不两立和剑拔弩张。

神女峰（作者：舒婷，原诗略）

【导读】

舒婷（1952— ），原名龚佩瑜，1952年出生于福建石码镇，是我国朦胧诗派的代表作家之一，与北岛、顾城齐名。1969年下乡插队，1972年返城当工人。1979年开始发表诗歌作品。1980年至福建省文联工作并从事专业写作。著有诗集《双桅船》《会唱歌的鸢尾花》《始祖鸟》，散文集《心烟》《秋天的情绪》《硬骨凌霄》《露珠里的"诗想"》《舒婷文集》（3卷）等。诗歌《祖国呵，我亲爱的祖国》获1980年全国中青年优秀诗歌作品奖，《双桅船》获全国首届新诗优秀诗集奖。

在发表《致橡树》后四年，舒婷的《神女峰》发表于《星星》诗刊1982年第4期。《致橡树》通过"木棉"对"橡树"的倾诉，表现了对独立平等、既尊重对方存在又珍惜自身价值的爱情观念的呼唤。而《神女峰》则更多地表现出对爱情婚姻中"正统"道德的反思与批判。

诗歌由巫山神女峰触发的灵魂惊悸写起。神女峰凝结着许多不同内涵的爱情故事，而这首诗主要取意于宋玉的《高唐赋》和《神女峰》。两赋写楚怀王梦中亲幸了巫山神女，神女便树立了永远忠贞于他的志节。怀王死后，他的儿子襄王和宋玉游巫山，神女虽一度对宋玉萌生爱意，又被襄王苦苦追求，却终于理性战胜情欲，毅然表示要永远忠于怀王，不再与别人恋爱。沿着这一逻辑，民间传说又补充了神女日夜凝望怀王，日久化为石柱，成了人们万世景仰的偶像等内容。于是，神女峰便成了不嫁二男、贞节重于生命的文化标本。

诗歌一开始就展现的意向是：船到神女峰前，游客们向石像挥舞起各色手帕，表达对这一偶像狂热的崇敬，表现出在传统道德的强大磁场中，人们思维习惯和感情趋向的顽固惯性。然而觉悟者还是有的，她收回挥舞的手臂，捂住眼睛擦拭泪水——她分明觉察了神女偶像的可悲性。人们离去后，她继续苦苦思索：那么多女人总是通过苦守贞洁来追求一种道德价值的实现，她们热衷于把美丽的梦想安排在一条可怕道路的尽头。她们的悲惨充斥着社会生活和神话故事，以致悲剧"代代相传"，被铸造成道德楷模，被铺设成文化传统，那是多么可悲啊。

"但是，心/真能变成石头吗？"这是困惑，更是质疑：那神女，那许多的妇女，本来有鲜活的生命和正常的需求，怎么能甘心变成石头呢？她们为着一个没有价值的期待，错过许多俯拾即是、本该属于自己的幸福机遇，多么荒谬啊。

下文的"金光菊"和"女贞子"是巫峡中的常见植物，它们聚凑成迎船而来的"洪流"。它们生机蓬勃，自由活泼，体现了生命属于自己、应由自己支配的哲理，启发人们抛弃那为"规范"而生活的旧的伦理枷锁。

最后两句，指出"神女"们为了一种道德虚荣，在寂寞痛苦中挣扎，甘做一个毫无意义的展览品，实在不值得，不如步入世俗生活，向心爱的人倾诉心声，宣泄委屈，这才是幸福。诗人吟咏至此，已把贞节观这副压抑妇女几千年的沉重的十字架彻底掀翻、打碎，收到铲除梦魇、大快人心的效果。

《神女峰》的艺术特色首先表现在观察角度的新奇和剪裁生活的精当。对于一个困扰人们几千年的老问题,诗人让一个自然奇景和文化胜迹来承载,可谓独具法眼、另辟蹊径。而问题的展现,又是凭借游船上一个刹那间的生活片段。诗人一按灵感快门,便摄取了巨大的时空,使一瞬间的情景回荡着一串千年浩叹,映照出旧道德的黯淡与新道德的闪光。

其次是善于把具有鲜明反差的意象组合在一起,如众人狂热的欢呼与一人忧伤的思索,对远天梦想的眺望与对眼前幸福的错过,悬崖上可笑的千年展览与俯在爱人肩头上痛哭的酣畅淋漓。这种组合,使形象更加鲜明,更能突出问题的悲哀与沉重。

另外,诗人的映衬手法与象征手法也是很出色的。衣裙在风中飘动,既是以动衬静,突现思索者雕塑一般的伫立,又是以动衬动,暗示她心灵的激烈颤抖。"浪涛高一声低一声",象征着悲剧故事的"代代相传"。而"金光菊与女贞子的洪流"既映衬贞节主义的陈陋,又象征着新道德的觉醒。这些手法的运用,增强了诗歌的艺术感染力。

读完这首诗,感到诗人对中华文化中的一个千年痼疾思索得那样深沉,针砭得那样中肯。它像一支忧伤而又悠扬的调子,能洗涤人的心灵,激发人的顿悟,并为道德重塑提供了一个惊世骇俗的创意。

生命幻想曲(作者:顾城,原诗略)

【导读】

顾城(1956—1993),男,1956年9月24日生于北京。1969年随父顾工下放山东广北一部队农场。12岁时辍学放猪。1974年回北京。做过搬运工、锯木工、借调编辑等。"文革"期间开始诗歌写作,1973年开始学画,次年回京在厂桥街道做木工,1977年重新开始写作。与舒婷、北岛一起为朦胧诗派的主要代表诗人。1980年初所在单位解体,失去工作,从此过漂游生活。1985年加入中国作家协会。1987年应邀出访欧美进行文化交流、讲学活动。1988年赴新西兰,讲授中国古典文学,被聘为奥克兰大学亚语系研究员,后辞职隐居激流岛。1992年获德国DAAD创作年金,在德国写作。1993年10月8日在其新西兰寓所辞世,留下大量诗、文、书法、绘画等作品。

顾城是朦胧诗主要代表人物之一,被称为当代的唯灵浪漫主义诗人,早期的诗歌有孩子般的纯稚风格、梦幻情绪,用直觉和印象式的语句来咏唱童话般的少年生活。其《一代人》中的一句"黑夜给了我黑色的眼睛/我却用它寻找光明"成为中国新诗的经典名句。后期隐居激流岛,1993年10月8日在其新西兰寓所因婚变,杀死妻子谢烨后自杀。留下大量诗、文、书法、绘画等作品。作品译成英、法、德、西班牙、瑞典等十多种文字。

《生命幻想曲》充满了新奇的想象。这些想象都有一个共同点,即都是将个体生命融入自然的结果。于是,"我"才能"把我的幻影和梦/放在狭长的贝壳里",才能让太阳当我的纤夫,才能"抛下了新月——黄金的锚",才能"用金黄的麦秸/织成摇篮/把我的灵感和心/放在里边"……这一系列的天才的想象让我们觉得我们不是站在世界的另一端去审视这个世界,而是将生命融入其中,整个世界即我的情感世界,它是温情脉脉的。当我们身在一个异化的世界中，身为整个社会大机器的一个零件，不得不像冷漠的机械一样在理性的框架内生活的时候，诗歌可能是我们通向温情的唯一窗口。

顾城被称为"童话诗人"，以描写幻想之境和感觉见长。顾城的《生命幻想曲》还是年仅十五岁的诗人对人生和命运的思考。其中闪耀着理想主义的光辉。顾城拒绝进入成人的世界现实中去，拒绝像一个成人那样去思想，他沉浸在孩子般的幻想与感觉中，顽强地守护着一颗"赤子之心"。《生命幻想曲》的前三节是诗人对一种理想的自由的生命境界的肯定和期许。"没有目的/在蓝天中荡漾/让阳光的瀑布/洗黑我的皮肤"这样的生活是多么逍遥自适！从这句诗中我们可以看到一种庄子式的逍遥的人生观。第三节是诗人对时光的思考。在时光面前，我们总是身不由己，被"强光的绳索"拉着，"走完十二小时的路途"。我们的生命是被动的，"被风推着/向东向西"。"太阳消失在暮色里"这一句真好，对命运的不可抗拒的力量的感慨，全部浓缩在这一句喟叹中了。诗歌的好处就在于不明说，但是可以真实地感受到。诗歌是通过什么获得这一神奇的效果的呢？是意象。意象凭什么具有这种魅力呢？正是人的心灵与物象的契合。

第四节"黑夜来了/我驶进银河的港湾"。"我"看到的是什么呢？"几千个星星对我看着""海洋挤满阴云的冰山/碰击着/'轰隆隆'——雷鸣电闪"。当"抛下了新月——黄金的锚"的时候，我再次发出了对命运的询问："我到那里去呵/宇宙是这样的无边。"是呀，自然是这样广阔，而人却如此渺小。以我有限的生命怎么能够去寻索无限的自然之秘呢？

诗人的回答是这样的："我把希望溶进花香/黑夜像山谷/白昼像峰巅/睡吧，合上双眼/世界就与我无关"。生命是有限的，命运中不可避免山谷和峰巅，起落都是平常事。而"我把希望溶进花香"，生命终将逝去又怎么样？我已经领略了自然和人生之美。这就足够了。因此，即使"时间的马/累倒了""黄尾的太平鸟/在我的车中做窝"，生命即将走到尽头，"我仍然要徒步走遍世界——/沙漠、森林和偏僻的角落"。

"太阳烘着地球/像烤一块面包"。真是天才的想象力！"我行走着/赤着双脚/我把我的足迹/像图章印遍大地/世界也就溶进了/我的生命。是呀，生命就是一个行走的过程。"我"的足迹所到之处都融入了我的生命。生命的意义或许就在这行走中去体验、去见证吧。

诗人的抱负是"我要唱/一支人类的歌曲/千百年后/在宇宙中共鸣"。或许，他已经实现了。

面朝大海，春暖花开（作者：海子，原诗略）

【导读】

海子（1964—1989），原名查海生，出生于安徽省安庆市怀宁县高河镇查湾村，当代青年诗人。海子在农村长大。1979年15岁时考入北京大学法律系，1982年大学期间开始诗歌创作。1983年自北大毕业后分配至北京中国政法大学哲学教研室工作。1989年3月26日在山海关附近卧轨自杀。

海子1983年自北京大学毕业后分配至中国政法大学哲学教研室工作，1984年创作成名作

《亚洲铜》和《阿尔的太阳》，第一次使用"海子"作为笔名。从1982年至1989年不到7年的时间里，海子创作了近200万字的作品，出版了《土地》《海子、骆一禾作品集》《海子的诗》和《海子诗全编》等。

从1984年的《亚洲铜》到1989年3月14日的最后一首诗《春天，十个海子》，海子创造了近200万字的诗歌、诗剧、小说、论文和札记。比较著名的有《亚洲铜》《麦地》《以梦为马》《黑夜的献诗——献给黑夜的女儿》等。

《面朝大海，春暖花开》是海子的抒情名篇，写于1989年1月13日。两个月后，1989年3月26日，海子在河北省秦皇岛市山海关区附近卧轨自杀。这一事件，使得这首诗表面的轻松欢快与实际内涵之间产生了某种分离。也许正是从这首诗中，我们得以窥见诗人最后的生存思考。这个用心灵歌唱着的诗人，一直都在渴望倾听远离尘嚣的美丽回音，他与世俗的生活相隔遥远，甚而一生都在企图摆脱尘世的羁绊与牵累。20世纪80年代有一种特殊的精神氛围，海子是一个与之密切相关的文化象征，代表了某种价值理念和精神原型：以超越现实的冲动和努力，审视个体生命的终极价值，质疑生存的本质和存在的理由为核心的激进的文化姿态和先锋意识。

"从明天起，做一个幸福的人/喂马，劈柴，周游世界"，似乎宣告了诗人面向尘世，开始了一系列的体验式行动，不再任时间在贫穷、单调和孤寂中逝去。"周游世界"是诗人的理想，那便是让自己的心灵充分向世界开放，充分享有这个世界。"从明天起，关心粮食和蔬菜"，"粮食和蔬菜"本来是物质世俗的代表，是生存的最基本的资料。"关心粮食和蔬菜"是积极的生活态度，是热爱生活的表现，从这可以感受日常生活本身包含的享受物质快乐，使人休闲放松的内容。诗人下定决心"从明天起，关心粮食和蔬菜"，表明过去诗人缺少幸福感受，对生活漠不关心，于是踌躇满志，打算重整心绪，重建生活，追求幸福。"我有一所房子，面朝大海，春暖花开"。诗人在想象中构建着自己的幸福家园，想象自己有一个超离生活之外、眺望大海的姿态和空间，在那里，诗人可以面朝大海，获得逍遥无待的精神自由。诗歌的审美意蕴往往凭借单个词语或者一句话产生，"面朝大海，春暖花开"这个情境显示了诗人丰富的想象力，创造了富有生命力的审美情境。在此，我们感受到自然和人的内心世界融合为一体，达到了崇高的境界。

《面朝大海，春暖花开》语言质朴，意象本色，思路飘逸，形式工整，读后令人感到意犹未尽。从诗中我们能体会到一个超越自我的生命关怀。"从明天起，和每一个亲人通信/告诉他们我的幸福"。当诗人拥有了如此美妙的幸福感受时，他迫不及待地想把这种感受告诉每一个亲人，他甚至要将幸福送给每一个与他不相关的人。"那幸福的闪电告诉我的/我将告诉每一个人"。"那幸福"如"闪电"一般，表明幸福的突如其来以及诗人对幸福的强烈的感受，似乎也表明了这种幸福会转瞬即逝，是那样虚无缥缈。

"给每一条河每一座山取一个温暖的名字"，其实就是对那日常司空见惯的、早已感到失去光彩的山山水水的重新审视，重新感受，重新发现。"陌生人，我也为你祝福/愿你有一个灿烂的前程/愿你有情人终成眷属/愿你在尘世获得幸福"。在这个春光明媚的幸福世界里，诗人的幸福感受因过于强烈而溢出，他用真诚的祝愿、世俗而实在的祝愿为陌生人祈福。关爱万物生命是诗歌的存在价值，此诗的抒情主体以一种"超越自我"的姿态关怀人类，祝愿所有的人都得到幸福，悲天悯人的人类情怀使得整首诗突破了通常抒情诗的情感表达，全诗进入了一个全新的境界。"我只愿面朝大海，春暖花开"。"我只愿"暗示了前边的一切，原来都是诗人在为别人祈祷，他自己根本就不愿去拥抱世俗，而是坚守自我的空间和姿态，只愿独自一人面朝大海，背对尘世，静看花开花落。

因此，无论是想象中还是现实中的尘世幸福，海子都不在其中。海子这个20世纪80年代最后一个牧歌诗人，将永远栖居在自己的麦地里，守望着别人的幸福。

第三节 散文

怀念萧珊（作者：巴金，原文略）

【导读】

巴金（1904—2005），原名李尧棠，另有笔名佩竿、极乐、黑浪、春风等，字芾甘。汉族，四川成都人，祖籍浙江嘉兴。中国杰出现代文学家、出版家、翻译家、社会活动家，无党派爱国民主人士。

巴金1904年11月生在四川成都一个封建官僚家庭里，1920年考入成都外语专门学校。参加反封建的进步刊物《半月社》的活动。为了追求光明，1923年和三哥毅然冲破封建家庭的牢笼，来到上海、南京，进东南大学附中，并参加了一些社会活动。1927年旅法在巴黎读书，并开始了文学创作，次年回国从事文学活动，"九一八"事变后积极参加救亡工作。五四运动后，巴金深受新潮思想的影响，并在这种思想的影响下开始了他个人的反封建斗争。和鲁迅有交往。曾任《文学季刊》编委、文化生活出版社总编辑，与靳以合编《文学季刊》。抗日战争爆发后，和茅盾创办《烽火》，任中华全国文艺界抗敌协会理事。新中国成立后，历任中国文联二至四届副主席，中国作家协会副主席、主席，《收获》和《上海文学》主编，曾任第五届全国人大常委会委员、全国政协副主席、中国作家协会主席。主要作品有长篇小说《爱情三部曲》（《雾》《雨》《电》）《激流三部曲》（《家》《春》《秋》）和《抗战三部曲》（《火》之一、之二、之三），中篇小说《灭亡》（1928年完成的第一部中篇小说）《春天里的秋天》《憩园》《寒夜》，散文集《新声集》《赞歌集》《随想录》（5集）。译作有长篇小说《父与子》《处女地》，回忆录《往事与随想》。

巴金在"文革"后撰写的《随想录》，内容朴实、感情真挚，充满了作者的忏悔和自省，巴金因此被誉为"二十世纪中国文学的良心"。

《怀念萧珊》是巴金散文集《随想录》中的一篇，为悼念其妻子萧珊而作。写于1978年8月至1979年1月。当时，人们还刚刚从"文化大革命"的梦魇中挣扎出来，怀着悚怖的心理反思着昨天的灾难。正是带着这样一种时代情绪，作者在哀悼亡妻的同时，也倾诉了对自己的伤悼，伤悼自己在这场灾难中所失去了的一切。他虽然写的是个人的遭遇，但又时时把这场遭遇与整个国家、民族的劫难过程联系在一起，使散文中所写的日常生活场景超越了个人的意义，成为特殊的历史年代里一个知识分子的见证。

散文记述了妻子在"文革"中因自己而受到牵连，身患绝症得不到及时治疗，最后连诀别的话也没留下一句就离开人世的悲惨遭遇，描写了夫妻俩在那段日子里患难与共、相濡以沫的深厚感情，以及互相鼓励着希望摆脱厄运的深切愿望。

《怀念萧珊》可以说是为萧珊立传，虽然她的一生并没有在文章中得到完全体现，但最重要的人格已经在忧患岁月中闪耀着光辉底色。但巴金没有把萧珊写成英雄，而是写了一个凡人在非凡岁月中的坚持和顽强。这是一篇真挚、深情而又自然朴实的散文，作者是怀念自己最亲爱的朋友，一个善良的人——自己的妻子，追忆了"文化大革命"中萧珊为了自己所受的苦，以及在精神上给予自己强有力的支持；也写到了她有病不能治、被延误的痛苦和悲哀，以及最后一段时间在医院的"厮守"。作者从一个生者对死者的怀念为起点来写，追忆了已逝者的高尚品格，表达了自己深深的怀念与感激，而这又是一个丈夫写妻子、一个男性写女性的文章，也透露出常年埋在作者心里的遗憾和歉疚。

《怀念萧珊》语言朴实无华，写的都是平常琐事，是作者的追溯，是从记忆中把具体的细节重新唤醒，再写到具体的文章中。写得虽然有些琐碎，没有跳跃，但在以自然情感的连缀中表达出了复杂的思想感情。表面上看仅仅是怀念萧珊，但实际上既有对爱妻萧珊的深切怀念，又有对萧珊去世的深沉悲痛，还有对因萧珊受自己连累而被折磨直至得病死亡的深深自责与歉疚，更有对林彪、"四人帮"祸国殃民罪行的无比愤怒和强烈控诉。这些感情都很强烈，又相互紧密相关。通过作者一家在"文革"中的不幸遭遇来揭露"文革"所造成的灾难，以警示后人永远不能让"文革"的悲剧在中国重演。

捡麦穗（作者：张洁，原文略）

【导读】

张洁（1937—），当代女作家，原籍辽宁，生于北京。

《捡麦穗》是我们熟知的一篇关于张扬人性美的一篇文章，写于 1979 年。其是一篇带有自传性质的叙事散文，但它所承载和传达的生活体验、人生感悟更复杂。故事讲述的是在农村这样一个女性生存艰难背景下，主人公大雁和一个卖灶糖的老汉之间那种纯洁感情的故事。这样看似不起眼的话题，却被作家赋予了灵魂，成为一种美的享受，一种道德境界的追求。

《拣麦穗》关注的是生活在农村里的那些妇女的境况。在农村这个广袤的大地上，生活中众多的农村女性在田间辛苦劳作，艰难地活着。由于物质匮乏，婚姻是她们改变命运的唯一的一条路。她们怀揣着梦想，想找到一个自己心目中的男人，希望这个男人能将他们带到幸福的生活中去。所以她们拣麦穗，备嫁妆。但是事实不是这样的，她们心中的男人和现实中的男人是不一样的。世俗的压力让她们又不能反抗，她们也只能顺从地嫁给自己不想嫁的人，过着自己不想过的生活。对生命美好的追求就像是一个简单的梦想，梦醒了就不再去寻找这个梦。

作品中的"我"叫大雁,是一个单纯、幼稚的农村小姑娘。这个小姑娘受那些待嫁女子的影响,也去拣麦穗,只是她所期待的不是改变她命运的白马王子,而是那个能做出灶糖的老汉。在物质贫乏的农村,一块糖就是孩子生命中最美好的东西,她在追寻着这种生活之美。而卖灶糖的老汉真心地疼爱着这个长得不起眼又比较丑的小女孩。把一种长辈对晚辈的爱护悄悄送给这个缺乏爱的小姑娘。这种无欲无求的爱是世界上最美好的,人性的光辉在这里闪现。在物欲横流的社会中,单纯而美好的爱不存在了,人性的自私成了人们眼光前一层薄薄的迷雾,我们不再相信生活中的无私。更多的人是以一种有色的眼光去看待一切。所以,在他们的世界里没有纯洁的爱。但是作品中的老汉却偏偏是这样一个有爱心的人。他们的这种情谊打破了世俗的观点,成为一种美的经典。

都江堰(作者:余秋雨,原文略)

【导读】

余秋雨(1946—),1946年出生于浙江余姚,1957年随父亲到上海,1966年考入上海戏剧学院。"文化大革命"期间曾下乡劳动。据余秋雨本人自述,"文化大革命"中后期,曾一度参与设在复旦大学的教材编写组的写作活动。"文化大革命"结束后,担任过上海戏剧学院院长等社会职务。80年代前期,余秋雨主要致力于戏剧理论研究,先后出版了《戏剧理论史稿》《艺术创造工程》等四部学术专著。80年代后期,余秋雨开始转向散文写作。1992年出版的《文化苦旅》以游记的形式,通过对文化名胜古迹的描写和叙述,用现代人的眼光来思考中国传统文化与文明,在文化散文中融进了理性的思索,竭力营造感伤的历史情怀,作品富于思索和回味的余地,受到读者的欢迎。1995年出版的《山居笔记》,有意识地选择了中国历史上一些重大的文化现象入手,试图对中国文化中的某些难题作总体性的探索和反思,追求既有历史深度,又有现代哲理意味的大散文风格。同《文化苦旅》相比,《山居笔记》的艺术水准有所下降。1999年出版的《霜冷长河》则是一本谈论现实人生散文集,较多探讨与立身处世相关的道德问题。2000年推出的《千年一叹》,是余秋雨随香港凤凰卫视"千禧之旅"节目组,考察世界各地文明的旅途中写下的日记体散文集。2001年的《行者无疆》,则是作者游历欧洲的异域旅行散文。

从总体上看,余秋雨在《文化苦旅》中竭力营造和表现的是一种感伤、低回的历史气息,但《都江堰》却是个例外,正像作者说的那样,"产生了对中国历史的某种乐观"。这种乐观,是作者在李冰主持修建的水利工程都江堰的巨大历史功绩面前感到的震撼。这是对李冰造福人民精神的讴歌。

都江堰是中国历史上最著名的水利工程之一,直到今天仍然在继续发挥着不可替代的作用,这在世界水利史上也堪称奇迹。余秋雨作为一个旅游者站在现实的都江堰面前,借助于现代意识穿透时间和历史,把李冰在修建都江堰时体现的顽强精神与中华民族的强大生命力联系在一起，进行了热情的讴歌。对现实的描绘和对历史的重新发现在《都江堰》中完美地结合，体现了余秋雨所提倡的"文化散文"的特色。

余秋雨写历史，总是有着明确的现实目的，《都江堰》也不例外。我们要注意余秋雨在《都江堰》中体现出来的现代意识。首先，把李冰的都江堰和秦始皇的长城作对比，对长城所代表的残忍和杀戮做了否定性评说，同时，高度褒扬了都江堰所体现出来的滋养和奉献。这种独立的思考以及质疑的精神，是散文中最有价值的地方。其次，在描绘李冰的形象时，始终保持着强烈的现实关怀，明确张扬了李冰因官位而成了一名实践的科学家，并由此批判和否定了把专门学者制造成无所作为的政治官僚的传统。这种批判，与其说是指向历史，不如说是针对现实中某些问题而发的。最后，现代意识还体现为一种恢宏而开阔的人类历史情怀。这主要指描写都江堰、赞美李冰的精神世界时，超越了具体的时空限制，从人类生存和发展这个永恒的角度来看待都江堰的价值，阐发李冰身上体现出来的奉献精神，显得大气，胸襟开阔。

对都江堰景象的描写很有特色。作者用先抑后扬的手法，从最初自己对都江堰的不以为然入手，为感受都江堰的奔涌而出做了有力的衬托和铺垫。第二，善于从侧面营造气氛，写都江堰附近的滋润和清朗，描述天地间隐隐约约的水声，等等，都是为都江堰的"急流浩荡，大地震颤"的宏大气势作侧面的铺叙。第三，作者采用对比、拟人、排比等修辞手法，生动地描绘都江堰壮观的水势，突出其"踊跃着生命的喧嚣"的景观。用拟人手法，形象而又生动地写出都江堰水势的活泼与勃勃生气。最后以排比句作结，对都江堰的水势作了尽情的赞扬，把景象描绘推向了极致。余秋雨散文语言的华丽和典雅，在这里得到了充分的体现。

《都江堰》的总体结构也值得注意。作品始终在对比中来谈论都江堰，讴歌李冰"冰清玉洁的政治纲领"和人格精神。把都江堰和长城作对比，把李冰和秦始皇作对比。其次，是采用虚实结合的方式来组织材料和抒发感情。作者在把历史人物李冰与眼前的都江堰融合在一起，自由出入于历史材料和现实生活之间，把描写景物的生气勃勃与讴歌李冰政治理想的生命力，歌颂历史上的李冰与批评现实中的弊病等内容融为一体。比如，在描绘都江堰壮观水势的时候，紧紧抓住踊跃着生命这个特征来写，这和后来的站在江心的李冰形象形成了呼应，历史感和现实感有机贯通。

思考与练习

1. 分析《班主任》在新时期"伤痕文学"中的重要位置。
2. 分析《春之声》在小说的艺术形式和表现手法上的创新。
3. 简要说明《乔厂长上任记》在"改革文学"中的开拓性贡献。
4. 简要分析《棋王》中王一生形象的认识意义。
5. 分析《黑骏马》的艺术特色
6. 以《长恨歌》为例，简要说明王安忆小说对张爱玲小说的继承与发展。
7. 试分析《白鹿原》独特的思想内涵与艺术审美。

8. 以《一地鸡毛》为例，分析"新写实主义"小说的特点。
9. 以《红高粱》为例，分析莫言小说的特点。
10. 分析《浮躁》深刻的思想主题。
11. 比较分析北岛、舒婷、顾城诗歌创作的风格与特点。
12. 分析海子诗歌的艺术风格。
13. 以《怀念萧珊》为例，分析巴金散文的艺术特色。
14. 《拣麦穗》表达了作者怎样的思想感情？
15. 略说余秋雨在对都江堰的描绘和思考中体现出来的现代意识

第六篇 港台文学

第六篇·港台文学

第十一章 港台文学的发展

第一节 文学思潮与流派

一

台湾是中国不可分割的神圣领土。

台湾当代文学，是指1945年发展到现阶段的台湾文学。它是自五四以来台湾新文学的承接与延展，是台湾当代文学工作者用心血所创造的宝贵的精神财富。它所表现的主要内容是台湾当代人的思想感情、理想愿望、精神品貌及其现实的斗争生活。它和日据时期的以乡土抗日文学为主潮的台湾文学在内涵、表现形式、审美价值和文学思潮等方面都发生了新的巨大变化，自然形成了"光复"前后台湾新文学发展的明显"界碑"。又由于它长期孤悬海外、海峡两岸政治敌视、相互隔绝，所以，这一时期的台湾文学既和祖国优秀的文学传统有血肉的紧密联系，又受到西方文艺思潮的严重冲击和影响，富有自己的独具的个性与特色，属于中国当代文学特殊的重要组成部分，具有明显的爱国、亲民、反帝、反封建的性质。

台湾文学的这一性质，早在日本占领时期就有明显的表现。尽管台湾当代文学在历史的风雨中道路曲折、坎坷，但它对社会人生的揭示与观照，对民族、国家命运的思考与忧患，始终未改变这一根本的性质，最多只不过在不同流派、不同时期有程度上的差别。

台湾当代文学的这一性质，使它展示了如下显著的特点。

第一，具有强烈的民族精神与爱国主义思想，始终与广大民众保持着紧密的联系。这一基本特色，已在台湾"光复"前的赖和、杨逵、吴浊流、龙瑛琮等前辈著名作家作品中，表现得十分明显。在日寇的铁蹄重压下，他们坚决站在台湾同胞一边，以文艺为武器，与日寇的法西斯统治作了殊死的斗争。随着台湾的"光复"，在陈映真、黄春明、曾心仪、林海音、黄凡等新一代作家作品中，不仅对这一特色有所继承和发展，而且还表现得更加深刻与强烈。从题材的开掘、意蕴的揭示以及人物的塑造等方面，都无不蕴含着反帝爱国的民族意识，洋溢着对国家、民族、广大民众的现实与未来的深切忧患与关注，有着强烈的时代色彩。

第二，具有浓郁的地方色彩与乡土气息。台湾当代文学是对台湾当代社会现实生活的形象、真实的反映。台湾当今的政治风云、风情人事以及秀丽的山水色，都成为它描写的主要对象。这就构成了它独特的乡土气息。它描写的多是"世居在台湾的中国同胞的具体生活，以及在生活中的欢笑和悲苦，胜利和挫折"，表现的是他们那"勤劳、坦率、耿直、奋斗、忍从和富于阳刚性"的独特性格。它展示的环境氛围，像布满礁石的海滩、连绵的槟榔林、郁郁葱葱的竹丛、咆哮的海涛、海天一色中的海鸥、懒洋洋漫步的水牛、敬拜"土地"与"妈祖"的迎神赛会等，都是台湾地地道道的风俗民情。台湾方言在当代文学中的普遍运用，更增加了它的乡土色彩与"台湾味"。

第三，文学流派的多元化。20世纪50年代前，台湾文坛几乎以乡土文学为主，虽然日本、俄国等文学当时对它曾有深刻的影响，但未能形成流派。从50年代开始，随着台湾政治、经济、文化形势的复杂变化，除乡土文学外，相继而起的有"战斗文学"派、现代文学派、乡愁文学派、纯情文学派、新武侠派等。这些新兴的文学流派，除个别具有严重的反共政治偏见而短命外，都各有自己的艺术思想倾向和特色，都有自己的优势与局限，都有自己的代表作家作品，都有自己的读者群，对台湾当代文学的新发展都有不同程度的贡献和影响。它们相互影响、相映生辉、相互渗透与竞争，展示了台湾当代文学绚丽多姿的勃勃生机，引起了海内外的关注。

第四，女性文学的崛起与勃兴。"光复"前，台湾女性作家作品较少，但自20世纪五六十年代以来，女性作家不断涌现，女性文学便迅猛崛起与勃兴起来。究其原因，一是和台湾特定的社会、政治环境有关。国民党当局普及了中等文化教育，但不希望广大民众过问政治，这就促使了纯文学的发展。而文学又很能投合那些不安于做家庭主妇又具有较高文化的女性所好，她们有精力和兴趣致力于文学创作。再加之她们思想敏锐、感情丰富、细腻，因此作品常常畅销、走红。二是与开放、经济起飞，提倡新女性主义有关。随着西方现代化生活的影响，台湾出现了新的妇女运动。她们宣扬"新女性主义"，提倡妇女先做"人"，然后"再做女人"。要求与男人真正平等，这就很自然地促进了女性文学的发展。女性文学最热衷的是揭示思乡恋国的乡愁、爱情婚姻与家庭的复杂纠葛，处于事业与家庭夹缝中挣扎奋进的"女强人"的艰辛和不幸等主题，而对国家、民族命运的安危、盛衰，社会风云的巨大变幻，则关注甚微。然而这些作品，仍具有重大的认识与审美价值。

台湾当代文学发展至今，已有七十多个春秋，道路曲折坎坷。窥其发展轨迹，大致可分为以下三个时期。

第一是停滞、徘徊期：从1945年台湾"光复"至50年代末。在这十多年间，由于国民党退居台湾以后竭力推行"反攻复国"政策，实行全面封锁控制，严禁大陆图书报刊入台；提倡反共、反人民的"战斗文学"与"大兵文学"，真正的文学创作受到严重的压抑和摧残。这时即使是怀乡与言情等文学，也难以生存和发展。这是台湾当代文学发展中的一个重大失误与曲折。

第二是现代派与乡土派竞相发展与消长期：从20世纪60年代初至70年代末。这一时期，台湾急剧向工商社会转化。在经济上，大量依靠外资"起飞"，与之相适应的深受西方文艺思潮影响的现代派文学，尤以现代派诗歌为滥觞，小说紧跟其后，以迅猛发展之势，于60年代淹没了乡土文学，跃居文坛的支配地位。它的出现，无疑是对反共的"战斗文学"的有力反叛，是将文学转向真正的"人学"的实践与呼唤。到了70年代，由于过分依赖外资而出现殖民化色彩，现代派的全盘西化与脱离台湾现实社会及中下层劳苦大众等各种弊端，乡土派文学又重新崛起，以拥抱乡土，直面社会、人生而深得人心，似有发展为主潮之势。70年代末，两派发生了影响深远的文学大论战。现代派首先发难，攻击乡土派"没有人性""搞工农兵文艺"等，引起了乡土派的奋力反击，指责现代派搞全盘"西化"；否认民族传统，严重脱离社会现实等。论战尖锐、激烈，但因有文艺前辈胡秋原等的关注和引导，仅限于学术范围，总体上避免了政治势力的介入。论战的结果是促进了两派的相互交融、取长补短，呈现出相互发展的新局面。

第三是新生代多元化发展期：从80年代初至现在。这一时期，台湾同胞深受祖国大陆"一国两制"、海峡两岸"江山一统"的感召，台湾回归祖国怀抱的呼声越来越高，两岸已开始出现了经济、科学文化与艺术领域内的民间交流。再加之台湾社会由于剧烈的市场竞争，对于文学的重视与需求，80年代初陆续出现了一批思想活跃、善于幻想与思辨的青年作家，如黄凡、苏伟贞、肖飒、张大春等。他们的创作既不同于现代派，也有别于乡土派，对两派均采取了扬长避短的吸取与发展，在一定程度上展现了台湾当代文学的发展与风貌。正是由于他们那种新的思维方式和表现方法，有力地推动了台湾当代文学走向多元化发展的崭新局面。无论严肃文学、通俗文学、新女性主义文学还是其他各流派的文学，都有各自发展的新天地，都引起了海内外的深切关注与瞩目。

七十多年来，台湾当代文学取得了显著的成就。

一是形成了一支著名的作家队伍，尤以女作家最为活跃。二是出现了一批反映台湾历史与现实生活较为深刻、艺术上又具探索创新的作品。仅从白先勇的《台北人》、陈映真的《华盛顿大楼》、李昂的《杀夫》等小说即可窥见一斑。三是风格、流派多式多样。除乡土、现代、写实等流派外，还有言情、乡愁、女性文学等，也与其竞相发展，相映生辉。即使是一个流派的作家作品，其风格与表现手法也千变万化，各具特色，呈现出多姿多彩的风格。

随着世界局势的日趋缓和，两岸的紧张关系逐渐松动，商贸往来、学术交流也日益活跃与频繁。在这新的历史氛围下，台湾当代文学已展示出最新的发展趋向。这一方面明显地表现在不少作家、诗人对优秀的民族文学传统的认同、回归、继承与发扬上。如现代派的旗手白先勇，号称"诗魔"的洛夫等，其创作历程、艺术表现手法，都极为突出地说明了这一点。另一方面，表现在不少台湾文艺家在关心社会、面向人生、憧憬民族与国家伟大未来的时代潮流中，与大陆当代文学自然走向汇合，呈现出相互学习、借鉴、共攀世界文学高峰的趋向上。再一方面，随着台湾社会的急剧工商化，文学创作也越来越表现出一种都市化的新趋向。一贯描写都市上层社会生活的现代派作家，这时也把重心转移到揭示都市生活中不同人的各种心理的变态上。乡土派作家更以揭示都市生活中的种种社会弊端，特别是外国跨国公司及各种企业集团，压榨、盘剥台湾广大职工、市民的各种丑恶行径为己任。他们都力图在表现喧嚣、繁乱的都市生活中，着力探索现代人的人生价值和意义。这是台湾当代文学中出现的一股不可忽视的新潮流，它目前正向都市、人心纵深发展。

二

香港当代文学是香港新文学的继续和延展，是香港当代文学工作者所创造的宝贵的精神财富，是香港独特的社会现实生活的反映，属于中国当代文学的特殊重要组成部分。

香港新文学发端于五四新文学运动时期。经过鲁迅、茅盾、郭沫若等南下前辈作家们的拓荒播种，又经侣伦、杰克等香港本土作家的惨淡经营，南下作家不断培育，曾于抗战期间与新中国诞生前夕形成了两次文学高潮，但都以内地南下作家为其主力，香港本土作家比较微弱、幼嫩，并未形成独立的主流体系。真正形成独立发展的香港当代文学是在新中国诞生以后，它继承了五四新文学运动的优良传统，具有反帝、反封建、争民主、求自由的性质。

鸦片战争后，英帝国主义对香港实行殖民统治，香港很快便成了英帝国主义倾销商品、掠夺资本与廉价劳动力的"自由港"和国际贸易市场，西方形形色色的腐朽文化也随之大量浸入，香港当代文学的形成与发展道路也因此极其坎坷不平。在经过了在20世纪50年代与"反共文学""美元文化"和"黄色文学"的艰苦斗争，六七十年代与西方文化的冲突交融后，直到80年代才逐渐成熟，走向多元化的蓬勃发展道路，形成真正独成体系的香港当代文学。

香港当代文学在广大作家的辛勤耕耘下取得了显著的成就，形成了一支独具香港特色的、老中青三位一体的作家队伍。像刘以鬯、曾敏之、夏易、舒巷成等老一辈作家笔耕不辍、老当益壮；西西、施叔青、东瑞、陶然、小思、亦舒等中年作家，才思兴旺、成就卓著；钟晓阳、西茵凰、夏婕、方娥真等青年作家生气蓬勃、勇攀高峰。他们都为香港当代文学作出了巨大的贡献。他们组成了不少文学社团和阵地。20 世纪 80 年代初，相继出现了"香港文学艺术协会""香港儿童文艺协会""香港青年作者协会""香港作家联谊会"等较有影响的组织。在文艺阵地的创建上，20 世纪五六十年代就有较大型的期刊《文艺世纪》《文艺新潮》《海洋文艺》《文艺侣伴》《诗风》《文艺季刊》等。七八十年代，又相继出现了《当代文艺》《青年文学》《香港文学》等。除此还有各大报开辟的文艺副刊，也有声有色。像《文汇报》的"文艺"、《新晚报》的"星海"、《星岛日报》的"星座"、《星岛晚报》的"大会堂"以及"大指姆"等，都团结、容纳了各派作家，其成就饮誉海内外；在小说、散文、诗歌等各门类创作中，也出现了不少很有影响的作家作品。在纯文学创作方面，夏易的《变》、刘以鬯的《酒徒》、舒巷城的《艰苦的行程》、西西的《我城》、钟晓阳的《停车暂借问》等小说，曾敏之、小思、方娥真、蒋芸、李素等的散文，梨青、张思剑、付天虹等的诗歌，都给港岛内外的读者留下了深刻的印象。在通俗文学创作方面，金庸、梁羽生的新武侠小说，亦舒、严沁等人的言情小说，倪匡的科幻小说，更是热浪迭起，影响台港澳及东南亚。

从香港当代文学的形成、发展、实绩及其他所受的地域影响来看，它展现了如下鲜明的特点：一是它自始至终都与祖国内地的当代文学有着血肉的关系。即使从六七十年代以来，香港文学一直承受着现代主义文学的冲击与影响，也都没有走向全盘"西化"的极端，一般也比较注意继承民族文化传统，关心香港的现实和人生。二是地域性特别明显。香港是一个国际贸易大都会，揭露金钱社会的矛盾与弊端的"都市文学"，反映下层人民生活与品貌的"乡土小说"，以及表现工商社会各种荒谬形态与奇特心灵的现代派作品，都表现了它的地域特征。三是开放性与商品化。随着香港的日益开放，香港文学也就日益成为中西交融、新旧并存、鱼龙混杂的兼收并蓄体。再加之它的商品化，文学也得服从于市场竞争的经济规律，于是物欲、色情、凶杀等带刺激性的作品泛滥，怪诞、奇谈、荒谬的文艺层出不穷，人们必须以正确观点加以扬弃和吸取。

随着改革开放的深入、香港的回归，异彩纷呈的多元化发展的香港文学，目前已经历了由西进到东归、由认同到回归传统的发展变化。在新的形势下，它必将奔向更加辉煌的前程，开创出更有实绩的美好未来。

第二节 小说创作

一

台湾当代小说创作取得了较大的成就，主要表现在白先勇、陈映真、琼瑶、古龙等小说家的创作上。

白先勇（1937—），生于广西桂林。他从 1958 年发表第一篇短篇小说《金大奶奶》起，到 1979 年 8 月在香港《八方》文艺丛刊上发表《夜曲》为止，共发表了 30 多篇短篇小说，陆续结集成《寂寞的十七岁》《纽约客》《台北人》《谪仙记》等几个短篇小说集问世。他还写有一部长篇小说《孽子》，于 1977 年开始在《现代文学》上连载，由台湾远景出版社出版。

白先勇的小说创作大致可分为三个时期：

（1）始发期，即1958年至1961年之间的小说创作。主要有《金大奶奶》《月梦》《青春》《玉卿嫂》《寂寞的十七岁》等。这些作品受西方现代主义文学思想影响较深，有较多的个人色彩与幻想成分。从总体来看，一是以寓言的形式表现了对已逝青春的珍惜与追念。像老画家始终未调出那在海边裸体的美少年的"嫩得带着草芽上的腻光"的青春肉色，未把他洋溢着青春活力的形体"捉到我的画上"（《青春》）。老医生终于未能救活眼前那位身患肺炎的美少年，在月下再也未能重圆他年轻时与另一美少年在海水里游玩、嬉戏、偎依的美梦（《月梦》）。二是以童稚的心理情趣，表现了对美的毁灭及性的冲动与压抑的痛苦。像金大奶奶心灵的美善，终被金大先生骗去田产后，惨遭虐待而含悲自尽；形态心灵都美丽照人的玉卿嫂，执着地追求人生的理想爱情而不得，最终用短刀杀死了她最钟爱的庆生，自己也以此无怨地结束了生命。这类作品思想艺术都尚欠成熟，多有作者的主观认识和感受，怀旧与悲剧意识较重。

（2）成熟期，即20世纪六十年代初到七十年代中期的创作，主要以《纽约客》《台北人》两部短篇小说集为代表。这一时期，白先勇由台湾漂流到了美国。他既在台湾看到了国民党旧官僚政客们的没落，晚景的落魄、潦倒与凄凉，也看到了流落到美国去的青年知识分子无根、无依的挣扎与痛苦。这时的作品思想意蕴较深，艺术上也日臻成熟。《纽约客》中的作品，大都写于1963至1965年之间。计有《芝加哥之死》《上摩天楼去》《火岛之行》《谪仙记》《谪仙怨》《安乐乡的一日》等篇。这些作品，写尽了留美青年男女的众生相，篇篇都充满了乡思与怨愁。《台北人》中的作品，大都写于1964至1971年间，主要有《永远的尹雪艳》《金大班的最后一夜》《游园惊梦》《国葬》《梁父吟》《思旧赋》《一把青》《冬夜》《孤恋花》《那像血一般红的杜鹃花》《岁除》《花桥荣记》《秋思》等篇。这些作品，着重揭露了流落到台湾的国民党旧官僚晚年的落魄、潦倒，以及大商巨贾们的腐朽、堕落与变态，蕴含着对失去美好的天堂生活，有着"无可奈何花落去"的惆怅，也揭露了世态炎凉与"台北人"已处于颓势的现实。

（3）近期创作，即1975至今。代表作是长篇小说《孽子》。《孽子》写的是台北市新公园内一群"男同性恋"者的放荡行径与悲惨遭遇的故事。小说以李青与管理员发生"淫猥行为"被学校开除，又被家长骂为"畜生"，赶出家门流落到同性恋、男妓的"黑暗王国"里的肉欲活动与灵肉挣扎为主要线索，围绕它，还写了一群身世凄凉、面目俊美、野性十足、受尽摧残的男妓的不幸命运。像小玉、阿凤、涂小福、桃太郎、龙子等。他们成天像是"一具具让欲望焚炼得痛不可当的躯体"，拼命追逐着"充满了爱与欲的梦魇"。大都没有好的下场。阿凤最后"被天雷勾动了地火"的纵欲狂龙子挖了心、殉了情，滚荡的鲜血喷洒在荷花池旁；桃太郎为自己钟爱的男理发师与一姑娘结了婚，气得投河身亡；涂小福则被美国华侨欺骗失身后而发了疯；小玉从良不成而越陷越深……以此描写，既把台湾现实社会中的毒瘤与弊端暴露在光天化日之下，又展现了作者对"台北人"后代如此放浪形骸的无限哀伤与忧患。可以说，这是作者始发期作品的深化与延展，但它却远不如《纽约客》与《台北人》作品中意蕴的丰厚与光彩。

在艺术表现手法上，白先勇主要是将传统的写作技巧融入现代艺术技法之中。如《游园惊梦》全是以意识流与联想为主体的：由钱夫人兰田玉参加桂枝香蒋碧月的家宴，触景生情而萌发的意识流动，联想到当年被钱将军的娇宠、南京桂园家宴的豪华，与郑彦青参谋的情丝万缕，未完而终的"游园惊梦"……以此展现了她眼前的失落、悲凉、过时的处境。而全篇在人物的衣着、室内的陈设、环境氛围的渲染等却是传统的细腻写实。《永远的尹雪艳》等篇，也是以这种手法为主体的。其次是象征、对比等种手法的灵活运用。像尹雪艳的全身着"白"，华夫人最宠爱的全名花"一捧雪"却"枯黑得发了白霉"中的白色，既象征死亡，又寓意旧官僚贵族的衰败。至于对比更为多样。一是人与人之间的对比，像兰田玉的失落潦倒与蒋碧月的春风得意的对比；二是一个人前后的对比，像《一把青》中的少妇朱青，流入台湾前后在对待爱情、家庭上，由之前的温情柔顺、同生共死，到之后的冷漠淡然、似若旁人的鲜明对比，揭示了残酷的现实对人性的摧残。

陈映真（1937—2016），原名陈永善，笔名许南村。1961年毕业于台湾淡江文理学院外文系，曾担任过《笔汇》《文学季刊》的编辑。1968年被台湾当局以"阅读毛泽东、鲁迅著作"与"涉嫌叛乱"的"罪名"被捕，监禁达七年之久，身心备受摧残。1975年获释后，不畏当局的压制，勇敢地投入了"乡土文学"与"现代派"的大论战，连续发表了《文学来自社会，反映社会》《建立民族文学的风格》等反击文章，勇敢地捍卫了乡土文学的原则和方向。1979年"高雄事件"前夕，台湾当局又以"莫须有"的罪名逮捕了他，由于海内外知识界的强烈抗议，当局才被迫予以立即释放。1985年他创办了新型报告文学杂志《人间》，图文并茂，专以社会中下层人士为关心报道重点，影响很大。

陈映真的创作始于1959年，其处女作是发表在《文汇》上的《面摊》，1964年他又发表了《将军族》，很引人瞩目。其后他相继发表了20多篇著名的作品。结集为短篇集《将军族》《第一件差事》，中短篇集《华盛顿大楼》《夜行货车》《山路》等。理论文集为《知识人的偏执》与《孤儿的历史，历史的孤儿》两部。他的创作，历经了三个时期的曲折发展过程。但都具有尖锐的现实批判锋芒，只不过每个时期都有不同的重点。

（1）早期创作，即1959至1965年前的作品。主要有《面摊》《我的弟弟康雄》《乡村的教师》《将军族》《一绿色之候鸟》《兀自照耀着的太阳》等篇。这些作品受现代主义思潮影响很深，呈现出浓厚的感伤主义色彩，也蕴含着一定的人道主义精神。其主人公不是遭受无言的命运折磨，就是被现实与社会环境逼使他们走向自我毁灭或疯狂。作者都对他们寄予了无限的同情与哀伤。这些作品，都对人生与现实表现了悲悯与惨绿的暗淡情怀，但从中对现实的黑暗与冷酷，也进行了一定的揭露与批判。

（2）中期创作，即1965至1975年间的作品，也称转变期的创作。这十年间，由于作者被长期囚系狱中，作品不多。主要有《最后的夏日》《唐倩的喜剧》《六月里的玫瑰》《第一件差事》《永恒的大地》《某一个日午》《累累》等篇。这时期的作品，摆脱了早期创作的现代主义的严重影响，以写实求真代替了感伤自怜的惨绿情绪，加深了对现实的批判分量，其原因是多年的铁窗烈火使他接触到了比他更苦难的难友，进一步认清了台湾社会的种种弊端，他必须更加坚定沉着地面对这愈加复杂的人生和现实。

（3）近期创作，即1975年至今的作品。这一时期，作者经过长期艰苦生活的磨炼，对台湾社会冷静思索和观察，其作品不仅现实主义愈加深化，而且还充满了理想主义的光华。有《贺大哥》《华盛顿大楼》中短篇系列小说集，《玲珰花》和《山路》等短篇。《华盛顿大楼》是本时期的代表作，包括《夜行货车》《上班族的一日》《云》和《万商帝君》四篇。华盛顿大楼是西方跨国企业设在台北的办公大楼，是外资公司的集聚地。篇篇作品都揭露了西方对台湾的经济掠夺与对台湾职工的凌辱与压榨。总之，《华盛顿大楼》的四篇小说"贯穿了二个重大的主题，就是对国际垄断资本主义的揭露和批判，以及对祖国民族、乡土与文化的认同和卫护"。除此，《山路》与《玲珰花》，均是反映战后台湾革命志士的坎坷遭遇及崇高品格的作品，表现了蔡千惠等革命者的自觉性与牺牲精神。

在艺术表现手法上，陈映真既以朴实、求真、遵循优秀传统的写实主义为核心，但又不排斥现代派的表现技法。作者运用得最多的是象征寓意：《夜行货车》最典型。"货车"是负重的，它在黑夜中轰鸣、怒吼、奔驰，象征着台湾同胞的雄浑厚重的力量，以维护民族尊严的壮举，战胜黑暗，迎来黎明。其中的几个小标题也寓意深刻、形象。"长尾雉的标本"是林荣平之流的洋奴象征；"沙漠博物馆"象征西方空虚、浮华，似建筑在沙滩上的所谓文明世界；"温柔的乳房"象征中华民族温柔宽厚的肌体、丰富的资源、宝藏；"景泰蓝的戒指"，象征我们伟大民族悠久的文化历史与卓越的创造精神等，都很贴切、动人。其次是很注意人物的心灵刻画与浪漫手法：如前期作品中对康雄、吴锦翔等人的痛苦心灵的揭示；后期作品中对林德旺（《万商帝君》）的甘为洋奴，但最后又被遗弃的狂呼乱喊的心迹展露，都恰到好处地表现了人物的性格。至于浪漫主义手法，则随处可见。如《贺大哥》中的少女小曹，在贺大哥的真诚帮助下，勇敢地"试过自食其力的生活"，对前途充满了理想和希望。《云》中的何春燕，虽然斗争失败了，但追求民主、自由的理想，却仍像蓝天的云彩那样，永远高远、存在。除此，作品还富有独特的乡土气息，只不过这种乡土已不再只限于对台湾下层人民生活、台湾的风情人事、山光水色的描写，而是随着新的时代潮流显现出了更加耀眼的特色。如《将军族》等篇对海峡两岸希冀一统的关照，《华盛顿大楼》等对外资经济、文化侵入、一些人崇洋媚外的愤怒与忧患等，都给人以新的深刻印象。

琼瑶（1938—），原名陈喆，笔名琼瑶、心如、凤凰等。在战乱中度过童年。1949年随家去台湾，毕业于台北第二女子中学，是台湾著名的言情派代表作家。

琼瑶从小受到家庭父母的熏陶，酷爱文学。9岁时便在上海《大公报》儿童版上发表文章《可怜的小青》，16岁在台湾《晨光》杂志上发表小说《云影》。1963年，她的第一部自传式长篇小说《窗外》问世，一举成名，跃登台湾当代文坛。此后至1985年的20余年间，她共创作出版了长篇小说42部，主要有《窗外》《彩霞满天》《幸运草》《在水一方》《烟雨朦胧》《浪花》《几度夕阳红》《心有千千结》《我是一片云》《人在天涯》《月朦胧、鸟朦胧》《雁儿在林梢》《船》《剪剪风》《聚散两依依》《昨夜之灯》《冰儿》等。根据她的作品改编成电影和电视剧的已达50余部之多。曾在海内外均出现过"琼瑶热"。

琼瑶小说获得人们的广泛认同，显示了它强大的艺术生命力与独具的特征。

第一，她在表现纯真的"爱"与"情"的同时，也蕴含了一些对台湾社会现实的揭露与批判。《窗外》描写了江雁容和她心爱的语文老师康南那段刻骨铭心的爱情悲剧，《彩霞满天》讲述了乔书培与殷采芹的悲欢离合，作品"对令人堕泪"的坚贞爱情的展露，既是对多难、纯真爱情的赞美，也是对台湾现实社会中对爱情的急功近利、短暂多变以致道德沦丧的委婉抨击。《浪花》《心有千千结》《烟雨蒙蒙》等篇，不仅冲击了封建门第等级观念，也鞭挞了拜金主义。此外，还在《兔丝花》《紫贝壳》中，对狂荡的、爱情婚恋中的第三者给予了惩戒。

第二，琼瑶小说中的人物形象，都是一般青年男女在爱情上倾慕、追求的最佳理想对象。她笔下的女性形象，不仅才、学、情兼备，各具气质与个性，而且都多俏丽、热情、纯净、温顺，如"轻灵秀气"的江雁容（《窗外》），雨中蔷薇般的江雨薇（《心有千千结》），"清雅脱俗""青春妩媚"的杜小双（《在水一方》）等。她作品中的男性形象，多是一些既刚毅坚强、精明能干、博学多才，而又英俊挺拔、忠实潇洒、对女性体贴入微的钟情才子。像《在水一方》中，于生活与事业上都"站得挺好挺直"，人品上"又好高好大"的朱诗尧；《彩霞满天》

中，始终恪守与恋人的旦旦誓言、九死不悔的乔书培；《月朦胧、鸟朦胧》中，对事业既有奋斗、拼搏精神，又对恋人刘灵珊关怀备至的韦鹏飞等。这些都很吻合痴情男女的心。

第三，琼瑶小说很讲究艺术技巧，追求感人的魅力。首先是最善于编织曲折离奇、结局常出人意料、让人揪心的爱情故事。在《月朦胧、鸟朦胧》中，韦鹏飞本最疼爱他的妻子裴欣桐，但裴却突然失踪。韦在极度痛苦中，得到少女刘灵珊的理解与挚爱，待他们正爱得不可分割时，欣桐又出现了。但她并未回到韦的身边，而是另有所钟，出人意料。其次是长于揭示人物的内心世界，特别是少女情窦初开时的兴奋、迷惘、神秘与彷徨的心理。如江雁容与老师康南邂逅时的羞怯、初吻的激动、热恋的痴迷、失恋的痛苦等，都展露得惟妙惟肖、真实可信。最后是以浓郁的诗意与雅俗并举的语言打动人心。或在点明题意、揭示主题，或在剖析人物的复杂心态、促进情节的发展时，琼瑶常将一些婉转清丽的诗词贯穿其中，以增强作品的迷人色彩。如《在水一方》中的主题歌，诗词几乎贯穿全篇。《心有千千结》也是以"天不老，情难绝，心似双丝网，终有千千结"的诗句展开故事情节的。再加之她的语言不仅优美、简练、通俗典雅，而且复沓回环，深富感情，很有表现力。

琼瑶作品的严重不足：一是它的题材过于狭窄，缺乏宽度；二是人物、故事理想色彩过重，给人以虚幻不实之感；三是主题单一浮浅，情节雷同。始终局限于个性解放、个人奋斗的生活领域，夸大爱情的力量，最后多以"劫波浩尽""大团圆结局"等。这些都使琼瑶小说在整体艺术价值上，受到严重影响，削弱了它的艺术力量。

古龙（1937—1985），原名熊耀华，祖籍江西，生于香港。十三岁时迁居台湾。毕业于台湾淡江文理学院外文系，一生酷爱读书和文艺创作。从20世纪60年代初至1985年逝世的25年间，先后创作武侠小说80余部，被改编成电影电视的有两百余部，读者与观众都不在金庸之下，主要代表作有《多情剑客无情剑》《孤星传》《绝代双骄》《陆小凤》《楚留香传奇》《七种武器》《萧十一郎》《武林外史》《天涯明月刀》等，形成了他与金庸、梁羽生鼎足而立的中国新派武侠小说的三巨头之一。

古龙武侠小说的主题始终是侠义、友谊与爱情。《多情剑客无情剑》《武林外史》等都很典型。前者通过小李飞刀李寻欢在一次身临险境时被龙啸云所救后，为报答龙的深情，发现了龙已爱上了他最心爱的表妹林诗音，便忍痛割爱，远走塞外。二十年后因误伤了龙啸云无理行凶的儿子，遂被龙多次暗害、追杀，但李始终以德报怨，表现了剑法无情、剑客有情的江湖风范，抒发了对人生友谊与爱情的渴求。后者更以江湖中的"衡山惨祸"：为争夺根本不存在的"七十二种内外功秘籍"，致使武林高手互相残杀为契机，以"仁义山庄"武功卓绝的游侠少年沈浪与武林富豪千金朱七七的爱情纠葛、侠义行径为中心，再交织着"衡山惨案"元凶柴玉关与同谋云梦仙子一家的恩怨情仇的抒写，形象地表现了武林中爱情的纯真炽烈、朋友间的忠诚义气、真正英雄的悲壮慷慨，使人揪心感奋。

古龙武侠小说蕴含着深厚的现代社会意识。一是表现在男女情爱的描写上：男女可以自由交往，女性多不"从一而终"、死守节操。《绝代双骄》中的铁萍姑，原委身于诡计多端的江玉郎，后在危难中又与胡药师爱不可分，最终结为夫妻，而胡药师却又原是倾心于白夫人的。二是强调人的本能欲望的描写：古龙作品中的不少武林英雄，常在美色面前英气尽失。像楚留香，不问任何情况，都对"女人从来不会拒绝"；萧十一郎，身边常跟随着俏丽女子，只要女子目之所使，他便随意伤人，成为江湖上的众矢之的。当他们的这种欲望受到挫折时，往往产生出畸形的变态心理，干出许多为非作歹的勾当来。如林仙儿因得不到小李飞刀的爱，便怀恨在心，以设置温柔陷阱，不仅把李的朋友一个个拉下了水，使有的人甚至精神崩溃，而且淫荡邪恶，最后沦为娼妓。冷艳阴毒的白飞飞，为报母仇，竟然一反常态，决定嫁给杀死她母亲的仇人快乐王柴玉关，以泄心中之恨。

古龙武侠小说很讲求情节的构置，人物性格的刻画。在情节构置上，不仅曲折离奇，悬念四伏，而且还具有"公案"与推理的因素。像《陆小凤》中对"红鞋子"与绣花大盗案的侦破，侠隐岛与隐形人的原形毕露；《武林外史》中沈浪从王怜花举止中，发现了他的棺材店的秘密等，都具有传统"公案"小说与现代推理侦破小说的融合技巧。至于人物刻画，更是各具个性，很少有雷同之感。像《七种武器》中外柔内刚、机智俊美的袁紫霞，宽厚仁慈、深沉稳重的金开甲；《武林外史》中豪气干云的少年游侠沈浪，单纯直爽而又傲气的富豪千金朱七七等，一个个都鲜活动人。特别是古龙笔下还有不少善恶兼备、美丑并陈的复杂性格的人物，像《绝代双骄》中的江小鱼、《武林外史》中的幽灵宫主白飞飞等。

二

香港当代小说也取得了较大的成就，主要有刘以鬯、舒巷城、钟晓阳、亦舒、金庸等作家的作品。

刘以鬯（1918—2018），原名刘同泽，浙江镇海人，生于上海。1941年毕业于上海圣约翰大学文学系后，即赴重庆新闻界工作。曾任《国民公报》《扫荡报》副刊编辑。抗战胜利后回上海，创办"怀正文化社"。1948年赴香港，任《香港周报》编辑及《西点》杂志主编。1952至1956年赴新加坡从事新闻报业工作。1957年回香港后从事文学创作。曾任《香港文学》杂志社社长和总编、《星岛晚报》文艺周刊《大会堂》主编、香港文学研究会与香港作家联会会长等职。他的主要作品有长篇小说《酒徒》《陶瓷》，中篇小说《寺内》，中短篇小说集《春雨》《一九九七》，短篇小说集《天堂与地狱》，文论《端木蕻良论》《短绠集》等，翻译小说有《人间乐园》《娃娃谷》《庄园》等。

刘以鬯是香港当代著名作家，他的文学观与创作思想独到新颖，提倡"现实主义现代化""主张作家探求内在真实，并描绘'自我'与客观世界的斗争"和"吸取传统的精髓，然后跳出传统"。在表现形式上，力主小说与诗歌的结合，这确是难能可贵的创新。但刘以鬯认为"现实主义应该死去了"，则是偏颇不实的。即使在他的创新小说中，现实主义也仍具有生命力。

刘以鬯的创新小说，有深沉丰厚的思想意蕴，也体现了他所说的"小说不但反映人生，也可以视作对人生的解析"。《酒徒》写的是香港一个名叫新民的职业作家，在个人生活与事业上遭受金钱、势利的重重打击之后，精神崩溃，最后沦为酒徒的悲剧故事，以此揭露了香港现实社会的种种弊端、香港文坛的混乱污浊、职业作家的悲惨生活与心灵的痛苦。《天堂与地狱》与《一个月薪水》都表现了金钱社会的丑恶。前者写的是一个半老徐娘舍出三千元养了"小白脸"，小白脸把这钱送给了他的情人媚媚，媚媚即将这钱交给控制她的大胖子，大胖子再将这钱献给他所惧怕的太太，即那位养小白脸的半老徐娘，表现了人间的尔虞我诈，相互欺骗的丑行。后者写老女佣二婆，为马家帮工四十余年，含辛茹苦地把从小失去父母的马文滔养大成人，并以帮人洗衣供其读书；待马成家立业后，女佣因要求"加一个月薪水"而被赶出了门，气得女佣撞向汽车，展示了无情冷漠的社会世相。《时间》《龙须糖与热蔗》等篇，形象地描绘了香港底层劳动者不仅为生存终日劳累拼搏，还遭受流氓无赖的残害。作者对此寄予了深切的同情。

刘以鬯十分考究艺术表现手法的新颖别致。一是注重人物内心隐秘的揭示，即"探求内在真实"。《第二天的事》就很典型，通过"我"去寻访昨晚舞会上相识的欧阳妮妮，一路上的种种矛盾心迹，表现出了一个初上欢场而又疑惧的香港"靓仔"的心理状态。《对倒》也更为形象地表现了淳于白与陌生的姑娘偶然坐在一起看电影的不同心态与感受，描写得真实生动。二是追求诗的意境。他一方面大量借鉴诗歌的意象描写，像《酒徒》中的蜘蛛爬上爬下的分泌织网，以象征作家像爬格子的动物似的艰辛；酒徒走进了"一面偌大的镜子"的幻梦，曲折地揭示了他在现实社会中的痛苦、失落与扭曲。另一方面，他尽量创造诗的意境和诗的语言，以使小说的自然诗化。《除夕》在小说大师曹雪芹晚景悲凉、即将辞世时所构置的梦幻氛围和所运用的深富感情的语言等，均达到了诗的境界。《寺内》一篇，在描写张君瑞于月下诉琴的心态情景时，也收到了这同样的艺术效果。

舒巷城（1921—1999），原名王深泉，生于香港，从小喜欢文艺，深受母亲喜读武侠小说的熏陶，广读群书。1941年日寇入侵香港，他逃亡内地，希望"在自己能力的范围内，为抗战尽一点个人的绵力"。但却漂泊"在那风雨泥泞的日子里"，直到1948年才返回香港。这大大丰富了他的人生阅历，为后来的创作奠定了基础。

舒巷城的文学创作始于1950年，态度认真严谨。他说："我每写一篇都感到艰难和痛苦，都是从零开始的。没有深刻的感受和独特的见解，我宁愿不写，甚至搁笔几年都行。"他的主要作品：长篇小说有《太阳下山了》《艰苦的行程》《白兰花》《再来的时候》《港岛大街的背后》，短篇小说有《山上山下》《雾香港》《曲巷恩仇》《伦敦的八月》《波比的生日》，中篇小说有《巴黎两岸》等，散文随笔集有《拜伦与爱情》《灯下拾零》，诗集有《我的抒情诗》《回声集》《都市诗钞》，另有《舒巷城选集》等。对香港最底层人民生活与命运的同情关注，并赞誉其高尚品格与美好的心灵，是其小说在内容上最为突出的特征。《艰苦的行程》是自传体小说，有作者自身对人生历程的各种体验，也同时揭露了香港沦陷前后，广大劳苦大众漂流无依、为生存挣扎苦斗的情景。《太阳下山》抒写了海员不平静的漂泊生活，礼赞了他们勤劳博大的胸怀。《港岛大街的背后》，通过弃儿林江，在穷教师何通、贫苦妇女梁玉银、困顿作家张凡等人的先后苦心培育下，终于长大成人，并懂得了人生意义的描写，形象地展现了在港岛大街、高楼林立的背后，底层人民间，在危难时刻的相互信赖与无私支持的深厚情谊。

质朴真实、平中见奇，具有浓郁的地域色彩，是舒巷城小说表现手法与风格上的显著特征。他笔下的人物，多是善良高尚、出污泥不染、刚正不阿的平民百姓，虽穷愁困顿，但不潦倒，具有港人勤奋、义气、宽厚的性格，如穷教师何通、作家张凡等。作品的情节自然平实，但常给人以新奇之感。《秋千》中的穷家小女玉玲，本是富家小千金绮莲邀去家里陪玩的，但竟被女主人无理赶走。《波比的生日》不仅给狗宴祝诞辰，而且那狗也竟然依利附势，忘却了过去饲养与宠爱它的主人。

钟晓阳（1963—），生于广州，长于香港，中学就读于圣玛利诺书院，毕业于美国密西根大学电影系。15岁起便发表诗歌、散文，曾三次荣获香港青年文学奖。笔名钟残醉，像一个饱经人世沧桑、落魄江湖的武林中人，实为香港最年轻的女作家。她的主要作品有长篇小说《停车暂借问》（又名《赵宁静传奇》），中短篇小说集《流年》《爱妻》，散文小说集《春在绿芜中》，诗、散文集《细说》等。其中《停车暂借问》最有影响。

钟晓阳的小说现实性很强，大多是写人生的失意与爱情的不幸悲剧，并形象地阐释了造成这种境遇的主要原因，既是现实社会的流弊所迫，也是人性被腐蚀、扭曲所致，给人以巨大的灵魂震撼。《停车暂借问》分《妾住长城外》《停车暂借问》《却遗枕函泪》三部,实为女主角赵宁静的爱情三部曲。第一部写赵宁静与日本青年千重在防空洞里相遇,一见钟情。但这正值抗战时期,国恨家仇,导致爱情的破灭。第二、三部,主要是写赵宁静与林爽然爱情的悲欢离合与人生的沧桑。最后林爽然虽然给了她的夫妻情,但却悄然远去,造成了有名无实的婚恋悲剧。《二段琴》中的胡琴手莫非,与善弹扬琴的张凤回,两人在悠悠的琴声中相亲相爱,但终因莫非学历太低、工作太贱,难养活妻儿而离异;《流年》中的留美学生张潮信,也因远赴重洋失去了他青梅竹马的叶晨;《爱妻》更因李天良的"娶妻生子"的封建余毒,爱妻霍剑玉含怨离世。这些都给人以悲愤、哀绝之感。钟晓阳在刻画人物形象上,主要采用的是细腻的心理描写。如《停车暂借问》中,无论是对赵宁静的家恨国仇与千重爱情的矛盾心态,或是她以后对林爽然的万千心绪,都揭示得真实细腻。林爽然失约,她便立即想到他昨天买飞车不买气球的"居心不良",因为要"让她像风车般在他手里转,不似气球的远走高飞"。其次是情景交融,意境深远。《荔枝熟》中曹少娥对家乡与香港太阳的不同感受、赵宁静对月亮的心境变幻等,都呈现出一种新的境界,异常感人。

亦舒(1948—),原名倪亦舒,笔名骆绎、梅阡等,原籍浙江宁波,生于上海,从小在香港长大并受教育,后留学英国,曾任职香港新闻处。她自幼聪慧,酷爱文学。15岁时便在《中国学生周报》上发表文章。她的第一篇小说是《女记者手记》,从此笔耕不辍。近20多年来她出版文学创作60余部,主要有长篇小说《玫瑰的故事》《喜宝》《银女》《曾经深爱过》等,中篇小说《香雪海》《独身女人》《风信子》等,短篇小说集《偶遇》《戏》等,散文小品集《豆芽集》《自白书》等。有的已拍成电影。

亦舒小说的主题,始终是香港金钱社会中各种复杂多变的爱情婚恋故事。通过它,揭示人生价值,剖析社会时弊,呼唤真纯、执着、平等、美好的情恋,婚爱与家庭,鞭打假恶丑,摒弃男欢女爱的金钱与商品化,启迪女性自立、自强、自尊、自爱,为新女性主义作形象的阐释。《玫瑰的故事》以天真、善良、美艳而又从不自持的黄玫瑰在情海爱河中的变幻、波折,几度悲欢离合,展现了在纸醉金迷的现实社会中,寡情少义、真爱难求的世相。《喜宝》通过留英少女喜宝,在一秒钟内就迫不及待地决定嫁给腰缠万贯、和她祖父年岁相当的勖老头子,揭露了爱情已被金钱所扭曲。《我的前半生》与《婚外之恋》中的唐晶与任思龙,以她们爱情上的挫折、艰辛与事业上的辉煌成就,向女性呼吁:"没有人能帮助我们""只有依靠自己",令人深思,具有普遍意义。

亦舒笔下的人物,多为高级职员、文艺家、建筑师、教授、博士、医生、律师等士林人物。正如她所说的:"主要是表现布尔乔亚和知识分子的。"男士们多玉树临风、精明乖僻,女士们多绮年玉貌、美艳照人。大体分为如任思龙等的"女强人"型、林展翅(《独身女人》)似的偏传统型、喜宝似的超现实女郎型三种。通过他们的爱情、婚姻及家庭生活,揭示出不同的心灵与人生的价值取向,从而反映出金钱社会的本质,人世间的冷漠无情,让人警醒。

亦舒在艺术表现手法上的主要特征:一是注重情节的曲折、复杂与悬念的构置。像《香雪海》中的香雪海,从她迟迟不出场,到她出场后的傲视群富,及至她对爱情对象的选择,只求灵魂而不及于肉体的对待方式,到最后的突然隐遁消失,都很新颖独特,引人入胜。二是注重揭示人物内心的隐秘。正如喜宝决心嫁给勖老头时所想到的:"钱,还是钱呀!"很是真实。三是语言的通俗、风趣与个性化。这一切都很符合现代读者的审美情趣与心理。

金庸(1924—2018),原名查良镛,曾用笔名林欢、娇嘉农、姚馥兰等,浙江海宁人,毕业于上海东吴大学法学院。1948年去香港,从事新闻报业工作,为香港《明报》创办人之一。他出身书香门第,自小喜欢文学,中学时便向报刊投稿。1955年他的第一部新武侠小说《书剑恩仇录》问世,引起文坛震动。接着,他连续创作了《射雕英雄传》《神雕侠侣》《笑傲江湖》《天龙八部》《倚天屠龙记》《碧血剑》《鹿鼎记》等15部小说,有的已拍成电影。为梁羽生、古龙台港新派武侠小说三巨头之首。他集前人之大成,将文化、哲学、宗教、政治学等观念,用通俗的武侠小说形式表现出来,以探索人生的价值和意义,呈现出独具的风格特色,影响海内外。

金庸的武侠小说,在主题内涵上已融入强烈的民族意识与爱国主义精神,超越了单纯的个人恩怨、门派残杀与侠义奇情的旧模式,显得宏大精深。《射雕英雄传》以南宋宁宗年间的宋、蒙、金的民族纷争为背景,着重表现了南宋抵抗金国与蒙古的艰苦斗争史绩。为挫败成吉思汗的南侵,大侠郭靖放弃了元帅、大将军及"金刀驸马"的高官厚禄,冒着母死与生命的危险,冲出北漠南归,与其妻黄蓉死守南宋襄阳,奋力击退蒙古的围攻。《神雕侠侣》中的杨过与小龙女,也最后走上了抗击蒙古入侵的道路。他们在危难时刻,赶赴襄阳,帮助郭靖斗败了金轮法王,用飞石击毙了蒙古皇帝蒙哥,解除了襄阳之围。这一切都展示了民族大义与爱国主义精神,很振奋人心。其他如《书剑恩仇录》《天龙八部》等,都具有这一特色。

在构置曲折离奇的情节时,注意人物形象的塑造,是金庸武侠小说对只追求情节故事的旧模式又一超越。他的每部小说情节都新奇不凡,但都是为塑造人物形象而设置的。《神雕侠侣》既有宋、蒙间的民族战争,又有杨过与小龙女悲欢离合的爱情纠葛,还有各武林门派的情友敌仇的莫测变幻等矛盾冲突的交织,然而这一切都是根据人物性格发展及内在可能而自然构成的。像杨过的偏激狂傲、洒脱不羁,小龙女的纯洁淡泊、不染尘俗,郭靖的忠厚侠胆、深富民族大义,黄蓉的智敏机变、侠骨柔肠,东邪黄药师的清奇怪异,西毒欧阳峰的阴险诡谲等不同人物的不同性格,都动人心魄,给人以深刻印象。

除此,金庸小说在依据历史的同时,又跳出历史,并给人以多方面的广博知识。这都为他的作品增色不少。

第三节 诗歌创作

台湾当代诗歌发展成就较大,其代表性的诗人有余光中、洛夫、吴晟、席慕蓉等。

余光中(1928—2017),生于南京。1949入台湾,毕业于台湾大学外文系。1953年与覃子豪、夏菁等人创办"蓝星诗社",担任《蓝星周刊》主编。1958年去美国爱荷华大学进修,次年获艺术硕士学位。回台后,任教于台湾师范大学和政治大学。1974年赴香港,任中文大学教授,1985年回台湾任高雄"中山大学"文学院院长。

从青年时代起,余光中就酷爱诗歌创作。1948年便在厦门的《星光》《江声》等报刊上发表新诗。1952年他的第一部诗集《舟子的悲歌》问世后,一直勤奋笔耕不辍,至今共出版了诗集15部。主要有《蓝色的羽毛》《钟乳石》《万圣节》《莲的联想》《五陵少年》《天国的夜市》《敲打乐》《在冷战的年代》《白玉苦瓜》《天狼星》《梦与地理》等。此外,还出版了散文集《左手的缪思》《逍遥游》《望乡的牧神》《焚鹤人》《听听那冷雨》《余光中散文集》《青青边愁》等。除此,还有评论集《掌上雨》及一些译著。

余光中的诗歌创作道路曲折而富有探索创新精神。20世纪50年代初至中期(1950至1956年),他的诗歌基调是传统写实,但因受新月派唯美主义的影响,其诗作又深富浪漫主义色彩。如《邮票》,《饮一八四二年葡萄酒》等篇,就充满了激情与想象。50年代中后期(1957至1960年)他进入现代主义诗作的狂潮中,诗集《万圣节》《钟乳石》的作品,大都是现代诗的实验之作,意象奇特,晦涩艰深。60年代初至中期(1961至1967年),由于他对现代诗歌的"恶性西化"不满,再加之他的《天狼星》发表后与洛夫等人的大论战,于是他告别了"虚无",进入了重新审视与认同传统的"新古典主义"创作期。《莲的联想》和《五陵少年》这两部爱情诗集,便是这一时期的结晶。但这时期的诗作,尚未将传统与现代在内涵上融合,较多地停留在外化的表面层次上。60年代后期至今,他的诗歌创作才逐渐地真正回归到传统的写实道路上来,探寻传统与现代的融合。诗集《敲打乐》《白玉苦瓜》等,便是其中的代表作品。

余光中的诗歌内容丰富,意蕴深邃。影响最大的是他创作的关于乡愁、情恋与对人生真谛探索的诗歌。《乡愁》仅16句,四节,既表现了作者由小到大及至现今的恋国思乡之情,也抒发了海外赤子远离祖国的漂泊、流离、诀别,以至望而不能归的离愁别恨。《白玉苦瓜》一诗,由鉴赏故宫的一只白玉雕琢成的苦瓜,而抒发了对乡土之思,对故国之爱的情怀,即"钟整个大陆之爱在一只苦瓜"上。《当我死时》更表现了生不能返乡,死后也要葬"在长江与黄河之间"的"最美最母亲的国度"里。《等你,在雨中》与《莲的联想》等,都是情丝缕缕的爱情诗篇,前者表现了爱情的执著、坚贞,后者抒发了爱情给人的力量与希望,都很动人。《火浴》一诗,表现了诗人对人生的超脱净化与弃旧更新的不断探求。诗中的凤凰自焚、天鹅泳游冰海,便是这形象的体现。

在诗的表现手法上,余光中最善于以独特的象征、意象抒发情思,很少直抒胸臆。如《乡愁》中的"邮票""船票"和"海峡"等意象;《莲的联想》中的"莲",《火浴》中"火""冰海"等意象,都准确、形象地抒发与表达了诗人的复杂感情,意味深长,让人难忘。除此,他还很讲究诗的整体结构,注重开篇与结尾的照应,使诗歌精巧、严谨,更富有美感。

洛夫(1928—2018),原名莫洛夫,湖南衡阳人。1949年7月随国民党军队入台湾,毕业于淡江大学英语系。1954年与张默、痖弦创办《创世纪》诗刊,任编辑多年。1973年于东吴大学外文系任教,是台湾现代派著名诗人。

洛夫致力于诗歌创作近40年,其主要诗作有《灵河》(1957),《石室之死亡》(1965),《外外集》(1967),《无岸之河》(1970),《魔歌》(1974),《洛夫自选集》(1975),《众荷喧哗》(1976),《时间之伤》(1980)等诗集,并有《诗人之镜》(1969),《诗的创作与欣赏》(1975),《洛夫诗论选集》(1977)等诗论集问世。

洛夫是一位大胆探索,不断创新进取的诗人。他的诗风几经转折、变化与自我突破,都引人瞩目。洛夫自1958年发表《我的兽》一诗起,便狂热地进入了对超现实主义诗歌的探索和创作。他的诗歌最大的特点,是以繁复的意象,着眼于表现主体意识对现实、人生的认知与体验,并不重视对现实的反映。《石室之死亡》是最具这一特征的现代派作品。全诗共64首,其诗的主旨并不十分明确,但从内含中似可窥见它以诗人的角度,力图探索人生的价值,以及生与死的哲学意蕴。全诗意象繁复,诗思艰涩。"石室"本身,就并非指"碉堡或坚固的石质掩体之类",而是一种禁锢生命、束缚人性的一种意象物体的象征。

洛夫诗歌创作的另一特征是常以直觉和幻觉的融汇、交错,给人以广阔的联想与领悟。像《石室之死亡》第18首中的"城市中我看到春天穿得很单薄";《魔歌》中的"香烟摊老李的二胡/把我们家的巷子/拉成了一缕长长的湿发"等,都使人能从这些虚与实的感觉中,外化领悟出不同于原事物新的意蕴与情景。

《魔歌》以后,诗人的诗风开始由艰深晦涩转向明朗、简洁,由激动趋于静观,师承古典而落实生活。《长恨歌》就是突出的代表。尽管他写的仍然是唐明皇与杨贵妃的爱情悲剧,但他直抒胸臆,影射现实流弊:"唐玄宗/从/水声里/提炼出一缕黑发的哀恸""他高举着那只烧焦了的手/大声叫喊:/我做爱,/因为我要做爱/因为/我是皇帝/因为/我们惯于血肉相见。"于是"他开始在床上读报,/吃早点,/看梳头,/批阅奏折/盖章/盖章/盖章/盖 章/从此/君王不早朝"。把一个自视为百姓之上、倚权弄势、唯我独尊、只知淫欲享乐、下令盖章的封建皇帝的形象,描绘得入木三分。然而,诗歌仍然承接了他善用意象的特点。诗中的"水","黑发","烧焦了的手"等意象,用得贴切、别致。其含义耐人寻味。

吴晟(1944—),本名吴胜雄,台湾彰化人。1971年于屏东农业专科学校毕业后,便回乡作中学教师兼务农。课余假期,常与农村父老兄弟为伍,与酷日风霜搏斗,浸染了一身"泥土味"。

吴晟是台湾最有代表性的乡土派诗人。他从中学时代便开始写诗,第一部诗集《飘摇集》便是这时期的创作结晶,抒发了对人生真谛的寻求、对未来理想的探索。以后他勤奋笔耕,连续发表了浸透乡土感情与体验的系列性诗集《吾乡印象》,诗集共分《泥土篇》《吾乡印象》《禽畜篇》《植物篇》四集。接着又出版了《愚直书简》《向孩子们说》等诗集。1979年,他又将以上诗集中的优秀诗作结集为《泥土》诗集出版。

吴晟诗歌的主要特点:一是具有浓郁的乡土气息,思想意蕴深邃。他的系列性诗集《吾乡印象》便很突出。尽管它的主题较为广泛,但中心却是表现对台湾乡村中广大劳动群众生活、劳动及其命运的关注,并以此抒发他对乡土、民族、国家的真情挚爱。其中《野草》一诗,以野草独具的顽强生命力:"任意践踏""任意铲除""诅咒""鄙视"都不能阻止"我们的子子孙孙,依然蔓延""依然茂盛"的坚强不屈的品格,表现了对农民的礼赞。《稻草》既对乡野农民那"也曾绿过叶、开过花、结过果"像稻草那样默默地作出过贡献的崇高品性热烈歌颂,也同时为他们像稻草那样被人丢弃、遗忘而愤怒呐喊。《手》不仅对诗人的母亲,以及台湾农村勤劳、善良的广大妇女抒发了赤子之爱,而且表达了对养育自己的土地的无限挚情。

二是具有鲜明的现实批判锋芒,表现出对时代变化的愁绪与忧患。作者把社会、乡土作为自己诗的描写对象,但从未忘记诗的社会批判使命。《愚直书简》和《向孩子们说》这两部诗集中,都对远离故土、崇洋媚外、忘恩负义者们投以憎恶和批判的眼光。《你也走了》一诗,对那些切断故土血缘,"甘愿抛弃/几千年来自己祖先的国籍"的"外流者",既规劝,又饱含愠怒。《美国籍》一诗,更向他们提出了愤怒的直问:"……不知道,你可曾像母亲这样惦记你/惦记着不断衰老的母亲?/……不知道,你在遥远的异国/为谁而忙碌?为什么而忙碌?"《过客》等篇,在对于那些抛弃乡土、祖国、民族和母亲的无情无义之徒进行批判、谴责的同时,也在字里行间流露出了诗人惶惑的愁绪与忧国忧乡的情怀。

吴晟的诗风明朗朴实,自然有力,多形象地传统写实。他善用愚直的乡土语言表情达意,用对仗、排比与复沓的句式,造成音乐效果;以捕捉典型的生活场景与细节,促使诗的意象含蓄、新颖而明确。

席慕蓉(1943—),生于重庆,祖籍为内蒙古察哈尔盟明安旗。她的蒙古族名字叫穆伦,意为大江河。出身于蒙古族世家,席是她的蒙古姓氏席连勃的头一个字,慕容是蒙古名穆伦的谐音。幼年随家在四川、南京度过，1949年入香港，1954年去台湾。后入台湾师范大学艺术系，专攻绘画，业余喜好是在日记本上写诗。1964年赴比利时布鲁塞尔皇家艺术学院进修油画，1970年回台，任教于新竹师专美术科，并从事绘画与文学创作。席慕蓉从十几岁便开始写诗，曾以夏采、萧瑞、穆伦、千华等笔名发表诗作。《七里香》是她于1981年问世的第一部诗集，当时便"造成校园的骚动与销售热潮"。第二年她出版了诗集《无怨的青春》，更激起社会波澜。接着她又先后出版了诗集《心灵的探索》《时光九篇》，散文集《成长的痕迹》《有一首歌》《画出心中的彩虹》《写给幸福》等，深受读者欢迎，表现了她灵秀的诗情与才华。

席慕蓉是在"被宠爱与被保护的环境里"成长起来的。这样的生活背景孕育了她诗歌创作的特色。对纯真爱情的执着追求与赞美，对美丽青春的珍视与惋惜，始终是席慕蓉诗歌的重要主题与内容。在诗人眼里，青春与爱情是人生中最美好、最甜蜜的时刻，值得人永远怀念、珍惜与歌唱。她的《一棵开花的树》《抉择》《如果》等篇都对这种理想的纯真爱情，进行了炽烈的礼赞。《一棵开花的树》抒写了真正的爱情来之不易，是在"我"向佛"求了五百年，求它让我们结一段尘缘"之后才获得的，因此，你必须珍爱，千万不能"无视地走过"以错失良机，不然那将是"在你身后落了一地的不是花瓣"，而"是我凋零的心"的终身遗憾与痛惜。

乡愁，是席慕蓉诗歌中的另一个重要的主题和内容。诗人长期生活在海峡一隅的台湾，但对祖国大陆、家乡的相思愁绪，却时时刻刻萦绕着她。《乡愁》写道："故乡的歌是一支清远的笛/总在有月亮的晚上响起/故乡的面貌却是一种模糊的惆怅/仿佛雾里的挥手别离/离别后/乡愁是一棵没有年轮的树/永不老去。"《长城谣》更表现了诗人对故乡、家国的情牵梦回，难以自已。除此，还有《狂风沙》《出塞曲》《高速公路的下午》等诗篇，都是乡心、乡愁的抒写，它已超出了诗人个人的心绪，而具有普遍的典型意义。

在艺术手法上，她的诗风写实求真，清丽柔婉，意象单纯，音韵和谐，似一曲曲悠扬的牧歌。在诗的语言上追求自然流畅的朴素美，善于选择最能表达特定感情的词语和句子，重复使用，以突出诗的主旨。如《悲歌》与《生别离》中，"再"与"再也不能"的多次重复，就更使诗的离愁别绪的感情更为强烈。再加之诗人常以画入诗，更使诗的形象鲜明感人，独具一格。

二

香港当代诗歌发展成就主要体现在张诗剑和钟玲等诗人的诗歌创作上。

张诗剑（1938— ），原名张思鉴，笔名有剑鸣、东乔、张皓等，福建长乐人。1965年毕业于厦门大学中文系，先后做过干部、工人。1978年定居香港，任职于香港新闻界，于采风通讯社工作。早在中学与大学读书期间就爱好写诗、作文、绘画。曾在《长乐报》《厦门日报》上发表过诗歌、散文。入港后，进入创作丰盛期。已出版诗集《爱的笛音》，散文集《诗剑集》《流火醉花集》等。

张诗剑出身贫苦，自幼丧父，曾在新中国长大，对于个人与祖国的骨肉之情体验尤深，面对着"是少数人的天堂，却是多数人的幻梦"的香港现实社会，也有深刻的认识与感受，这就形成了他的诗歌创作在内容上所独具的突出特征：一是对祖国与家乡亲人的深切怀念，二是对光怪陆离的香港现实社会的冷眼审视与剖析。

《祖国·母亲》一诗，以难以遏制的激情选择了最具特征的长城、珠穆朗玛峰、长江、黄河、西湖等物象，极力抒发其对乡土之思、祖国之恋的激情。最后全诗以"啊，祖国，母亲/您在我心里/我在您的怀抱"作结，达到了海外赤子与祖国母亲骨肉相依的感情高峰与极致。类似的还有《五色的梦——给母亲》《梦游神州》《两岸情思》《故乡水》《爱的梦》等篇，都表现了诗人对祖国、故乡真切、深沉的恋情。但对于香港现实社会中的流弊与痼疾，诗人则进行了无情的揭露与嘲讽。像《浮云》《秋声》等篇，便是对香港人世冷酷虚伪、相互疑忌的形象剖视。《天风集》对风、云、雨的描绘，也实是对香港世风病态的象征与讽刺，令人深思。

张诗剑诗歌的艺术手法，多写实，象征与抒情的自然融合。格调朴实、清新、犀利。无论写景状物，都意蕴丰厚，深富哲理寄托，耐人寻味，独具一格。

钟玲（1945— ），原名钟燕玲，生于广州。台湾东海大学毕业，美国威斯康星大学比较文学博士，任教于香港大学。著有《寒山诗》《群山呼唤我》《轮回》《赤足在草地上》，《文学评论集》等。

钟玲在台湾学的是西洋文学，后又到美国深造，经受了西风洋雨的冲击，但她的诗歌创作仍植根于民族文化的土壤中，具有浓郁的中国风味。其主要代表作是她的乡愁诗，像《无根者之歌》《长城谣》《织女》等篇。《无根者之歌》实际上是写漂泊海外的赤子们的寻根之歌。诗人抒发了他们寻根愿望的迫切："我要握住你/一把地在我手中/吊在空中的根——/昨夜铿铿（渗透千年云海波涛）/你来刮我疑云的玻璃窗/以一阵水晶花雨/滤过我的晨梦……"然而终未实现："而你总像白雪/微微倾身/由八方以你的须/掠我而去"。以此深感忧伤与失望，备受寻根之苦的熬煎。显然，他们所要寻找与思念的根，不同于一般，而是一种对民族的认同，对优秀文化传统的怀念与向往。《织女》更以"天河"阻隔的痛苦，决心像织女那样"把隔离的灰雾/朝朝暮暮/织成漫天的锦霞"，以使赤子们能早日回归祖国怀抱。《长城谣》还在抒发乡愁情怀的同时，对古老的长城进行了深沉的历史反思与对现实、未来的严峻思考。此外，钟玲还有《死结》《活结》《念秋》等爱情诗歌。篇篇都情真意切，扣人心弦。无论乡愁或爱情诗，钟玲都善于在朴实抒情描绘中，适当地运用比喻和象征，既有中国诗风的浓郁格调，又不完全拘泥于此，很具特色。

第四节　散文创作

一

台湾当代散文创作成就主要表现在张秀亚、许达然、三毛等人的散文创作上。

张秀亚（1919—2001），笔名陈兰、亚兰、心井。生于河北平原，祖籍河南。曾就读于辅仁大学西语系，1948年去台湾，先后任教于台湾静宜英专与辅仁大学多年。中学时代便尝试创作。几十年笔耕不辍，出版各类著作50余部，其中以散文成就最大。主要散文集有《三色堇》《牧羊女》《怀念》《湖》《北窗下》《曼陀罗》《心寄何处》《水仙辞》《石竹花的沉思》《少女的书》等。

张秀亚曾说，她写作有两个原则：一是写她内心深受感动的印象；二是写她深刻知道的事情。从她的散文创作实践中也完全证明了这一点。她最熟悉的是她的家乡，那位于渤海之滨的雄奇古城，以及那苍茫原野的凄迷景色，大自然的月夜、秋日、花木、草虫等各种生态万物。她深刻知道的是她身边最亲密与最熟悉的人和事。像妈妈、老校工、传教士，以及种花、养兔、赏月等凡人琐事,无不激发起她的创作兴趣与灵感,也蕴含着她散文的独具风格与特色。

思乡恋国、挚爱亲人是她散文的突出特征。在她的《三色堇》《怀念》等散文集中,一再出现她的大陆家乡、故园及其亲人故旧的影子,总是流露出魂牵梦回、情思切切的思绪。《没有荷叶》一篇,就深情地回忆了她曾于抗战期间在重庆那段难忘生活中的人和事,不仅抒写了她当时所经历的摆脱日伪、就业、结婚的几件"人生大事",还把山城的雄奇风光、习俗民情,写得细腻秀逸。《秋日小札》更是触景生情,每到秋天,便想起了"秋天里的故乡",在泪光中,我似乎又看到了故乡的湖水,湖边我常坐的青石,石边更有那凌乱的菖蒲,如同古英雄锈了的青剑……还有那微睡的鹭鸶,在秋月下白得如此玲珑……深刻地表现了思乡恋国的缕缕情怀。《髻》以赤子之心,满怀激情地历诉了母亲一生的坎坷与艰危,赞美了母亲纯净、善良的心灵,及其慈爱、宽厚的胸怀,其中也蕴含了对祖国母亲的深切眷恋。

以小说笔法刻画人物形象,是她散文的又一特征。她常以小说技法刻画散文中的人物,通过人物容貌、心态的变化,抒写时代与人物命运的巨大变迁。《髻》很典型。从母亲年轻时那"油油的柔发像一匹缎子似的垂在肩头,微风吹来,一绺绺的短发不时拂着她白嫩的面颊"的俏丽丰润,到她遭受厄运折磨后的"丰润亮丽"的容颜完全消失,常把"她的眼睛停留在镜子里,望着自己出神"的变化过程描写,既刻画了饱经磨难的母亲形象,又揭示了时代的变幻沧桑,从中给人以淡淡的一抹忧伤之感。《杏黄月》等篇也采取了这样的手法。

追求诗情画意与深邃哲理,是她散文最明显的风格。张秀亚曾说:"我希望我的散文是诗的延展。"《杏黄月》《秋日小札》等篇就很突出。《杏黄月》不仅从万籁静寂的夜晚写出了杏黄色的迷人凄清的月光,月光下那鱼缸内热带鱼闪光的鳞片,以及那"幽幽的""低咽"、饮泣的箫声,很富诗情画意,又从中折射出人生的哲理:"鱼鳞上的银光,在暮色中闪闪明灭,她想,那不是像人生的希望吗?闪烁一阵子,然后黯然了,接着又是一阵闪光……"但谁又能说这些细碎的光片,能在人们的眼前闪耀多久呢?"它形象地展示了人生中希望与失望的相互关系。《秋日小札》中,也有类似的诗情哲理的抒写:"这是秋天,这是秋天里的春天。让我们把春天的远景,嵌在秋日的窗口。"表现了在萧煞的秋天里也孕育着春天的生机,诗意中有哲理,哲理中又有诗情画意,更使其意境幽远、含蓄蕴藉,甚为感人。

许达然(1940—),原名许文雄,台湾台南人。1962年毕业于台湾东海大学历史系,后留学美国和英国,现任教美国西北大学。他著有散文集《含泪的微笑》《远方》《土》《水边》《人行道》《违章建筑》等,是台湾具有影响的学院派散文家。许达然的散文面向人生,取材社会,很富现实意义。他既大量地抒写现实人生中的乡土情怀:对故乡,"对于土,掉落脐带的我们是断不了了奶的孩子"。并且"还记得我们祖先,为土而渡海,拓荒岛上,总算找到生命的边疆,生根萌芽……活着奋斗,奋斗活着,活着梦回故土,死后墓向原乡"(《土》);"爱看星,虽然星闪烁着我童年的悲哀,却是我生命的夜里的寄托……而且我总是被远近的那颗星吸引住""我的热情自燃着烧掉了我的青春,烧短了我的生命,却依旧不了解生命。我认识的依旧是童年里的英雄,依旧只是远天那颗星"(《星》)。充分展现了他对工商化社会的破坏自然环境、生态,与人世间的冷漠、嚣繁的无穷忧患:《溪》揭示了农村涓涓细流的小溪,已"被修理得遍地伤痕",失掉了它原有的迷人风姿。《过街》更是把城市的杂乱喧嚣揭露无遗:那一群群同路不同心的人,"都一概踩着杂沓的噪音,越踩越吵,越吵越噪"。

许达然的散文还深富哲理,具有人道主义思想。无论是《星》中的"虽然星闪烁着我童年的悲哀，却是我生命的夜里的寄托"的抒写，还是《探索》篇中的"拥抱雄壮的愚昧，愤懑但惶惑，激慨却盼望，自矜那样比失望高级""富人的美感是穷人的悲愤"等的揭示，都蕴含着深邃的人生哲理，给人以深沉、凝重之感。至于人道主义思想，在他的散文中则比比皆是。他在《普渡》中写道："农人终年劳苦为闲人忙……长工做到老，不及一根草，困苦如发，剪了又长……"表现了对穷苦农民的深切关注与同情。甚至对自然界被人类迫害的动物，也流露出怜悯与泛爱的情思。在《失去的森林》中，对被铁链锁在屋里，最后终于寂寞、痛苦、挣扎致死的猴子阿山，也表现出无限的怜惜。

此外，许达然的散文还具有意象鲜明、用语奇特的艺术功效。他在《感觉》一篇中有这样的描写："云似乎代流浪的你飘荡，其实任风摆晃。雨似乎替悸动的他流泪，其实云在天空待不住。花似乎因愉悦的我绽放，其实它们要引诱虫来传粉。鸟似乎为有春之心情的我们歌唱，其实它们互相传情，叫唤儿女。"这其中的云、雨、花、虫、鸟等意象物，都特别具有人格化的新意，既使其意蕴丰厚，又增强了诗美的感人魅力。在驾驭语言上，他善用谐音与双关语，以扩大语言的意境。在《清明》中就有"神越拜越不清明了"的双关语句，借以抨击现实的污浊。在《名》中又把那些崇洋媚外，以彼得、麦克、乔治、丽莎、玛莉、南希取名的洋奴，有意以其谐音写成：庇的、卖渴、酒鸡、力杀、麻痹、难洗等，不仅对假洋鬼子们的病态心理进行了嘲讽，也收到了更为感人的艺术效果。

三毛（1943—1991），原名陈平，祖籍浙江定海，出生于重庆的一个律师家庭。自幼体弱多病，孤僻善感，却与书结下不解之缘。小时候，她就被张乐平的《三毛流浪记》《三毛从军记》迷住了；长大后，她阅读了大量的中外古典名著，为她以后的文学创作奠定了坚实的基础。她的作品主要有《雨季不再来》《撒哈拉的故事》《稻草人手记》《哭泣的骆驼》《万水千山走遍》《背影》《温柔的夜》等十多种。

三毛短暂的一生，按她的话说，"漂流过很多国家"。她从台湾大学毕业后，曾去西班牙、西德、美国求学，也去过不少其他国家旅游。三毛的一生，情感经历坎坷，她在台执教时，因为初恋失败和所爱者意外猝亡，精神上受到极大创伤。为逃避感情危机，她逃到撒哈拉，与西班牙籍小伙子荷西结婚。婚后十年的羁旅生涯，给了她不尽的创作动力，然荷西却因潜水事故早逝，这对三毛来说，更是一个绝望而沉重的打击，这无疑是她看破红尘，辞别人世的重要原因。

三毛散文描写的内容多为色彩斑斓的异域风光、异乡情调，文中具有同情被压迫民族和人民的思想意蕴。著名的有她描写撒哈拉沙漠和马利纳群岛的一组风情散文。在《沙漠观浴记》中写撒哈拉威人三四年才洗一次澡，并用小石片沾水刮身子；在春天，人们在海滩上成群结队用海水灌洗肠子。在《娃娃新娘》中，写十岁的女孩子被迫出嫁，婚礼上残忍的习俗等，故事扣人心弦，开人眼界。《悬壶济世》《芳邻》等篇，更形象地抒写了三毛对撒哈拉最下层人民生活、命运的关注与同情，表现她与他们的友好相处与交往，并为他们排忧解难与治病的生动情景，字里行间洋溢着深情厚谊，读来让人振奋不已。这类游记散文，融知识性、趣味性、艺术性为一体，具有较高的文化审美价值，这也是三毛散文引人入胜的缘由之一。

三毛散文的吸引人之处还在于以她真挚的感情表现她深刻的人事风霜的经验感受。时而洒脱，时而明快，时而色彩绮丽斑斓，时而感喟苍凉老成。特别是《稻草人手记》中的一些篇目如《这种家庭生活》以及记述她寡居、纪念荷西、叙述哀情的散文，如《云青山月在天》《不死鸟》《背影》《似曾相识燕归来》等，风格更趋于沉郁、淡泊，更具有耐读性。

三毛文笔幽默、诙谐，常常行文曲折有致，耐人寻味。人物貌喜夸张，形象饶有趣味。语句运用表面上随心变异，自然天成，洒脱不拘，实则惨淡经营，精心考究。例如她写自己在英国机场受阻入狱时，泰然自若，说："人生几度坐监牢呀"，不尽的幽默与谐趣溢于言表。有时她的语言又如诗一般吸引人，如她形容与荷西的情笃："结婚以前，在塞尔维亚的雪地里，已经换过了心，你带去的那颗是我的，我身上的，是你。"因为这些从内容到形式的特征，三毛作品具有雅俗共赏的效果。但由于她有时过分追求神奇，不太注意感情的张弛与节制，致使有的作品显得虚幻不实，缺乏厚度，但她终究是一位有影响和魅力的散文家。

二

香港的散文创作成就主要体现在小思和蒋芸等人的散文上。

小思（1939—），原名卢玮銮，笔名有明川、卢讽，生于香港，1964年毕业于新亚学院中文系。于香港中文大学任教，兼任"香港文学研究会"秘书。小思从小受母亲的熏陶，热爱文学创作，有深厚的古典文学根底，她以散文写作踏上文坛，在港岛内外均有良好影响。其主要散文集有：《路上谈》《日影行》《承教小记》《不迁》《叶叶的心愿》等。

小思是一个自尊、自爱、自强、出淤泥而不染的散文家。她尊师爱友，乐于助人，对文学创作与研究都有一种敬业与奉献的可贵精神。对于追求"个人化"的创作倾向，她一向持批评态度。她说："我在伏案写作时，有一种使命感，感到有载道的需要，执起笔来，会想到自己的创作可能对他人有所影响，应该要反映时代和社会的情况。"她的散文题材广泛，意蕴精深，洋溢着对真善美的呼唤。一是对祖国不尽的思念和挚爱。《路上行》中《龙的故事》一篇，便很典型。文中特别写了泰山、长城、黄河等最具象征中华大地的壮丽景物，从龙过去鼾睡而遭受种种欺凌、残害，到今天终于"醒了"过来的抒写，对民族苦难的历史进行了深刻的反思，对其新生尽情礼赞，很引人深思。《日影行》集中的《两张旧报纸》《一座记恨馆》等篇，都强烈地抒发了她的民族意识和爱国主义感情。前者抒发了她对日本军国主义歪曲侵略真相的义愤，后者展示出她对第二次世界大战的沉重反思。尤以《日近长安远》一篇为甚，表现了她当时远在日本时刻不忘故国、家乡的心境，字里行间显露出浓郁的乡愁与淡淡的哀思。二是挚爱前辈恩师，启发青年学生积极向上向善。《把苦闷放逐》恳切希望香港青年树立人生信念，排除各种苦闷心绪和惆怅，并负起责任来。作者写道："世界是我们的世界，她不好，我们实在要负责。"《嗨！这多彩的假期》中，也一再启迪青年，要迎接彷徨、苦闷、碰钉子、抉择、等待，只有"我们坚定的面临它们，人生才显得更多彩"。《三人行》一篇，既表现了她对前辈恩师的深情，又抒发了她热爱教师工作的心声。三是揭露现实社会生活弊端，阐发仁慈博爱精神。《真的很冷》既揭露了社会的冷酷、人间除了金钱之外的无情，又对音乐乞丐表现了同情和爱怜。《承教小记》更洋溢着作者的仁慈与童真。

在写作技巧上，小思常将写人、记事、说理、写景等有机地融合在一起，给人以完整、飘逸之感。她常对一件小事、一个小场景进行挖掘、联想，以表达自己的深刻感受。除此，小思善用对比映衬手法，以加深印象。如《日影行》中常把中国和日本、中华民族和大和民族相比；《书的故事》也把书的外表装帧与里边内容相比，以使作品形象鲜明，更为感人。

蒋芸（1944—），江苏吴县人。毕业于台北政治大学中文系，1969年来港。早在少年时期，她对文学即产生了浓厚的兴趣，阅读了许多著名的文学作品。大学时代便在《中央日报》副刊及其他报刊上发表散文，并曾获奖。后到香港曾任职于电影公司、电视台。曾任《清秀杂志》及《黄金时代》总编辑。她已出版的散文集有《属于我的雨季》《迟鸽小筑》《离家以后》《小心眼》《低眉集》《港都夜雨》《心头还滴着昔时的雨点》等。除此，还有《与我同舞》《热线》等小说集问世。

蒋芸的散文感情真挚细腻，深富人生哲理，读来让人寻味、深思。在她的《吟唱六则》中很为突出，像《远望》篇中就有"要认识一个人、也无法从静止的时候去判断，在一个静默有如塑像面前，没有资料与听闻，如何能知道他的过去与未来呢？"《筛子》中也有"其实任何东西也一样，在他属于你的时候，已经是你失去的开始，曾经欣赏过的好风景，曾经度过的晨昏，或者有那么短暂的时间，你是觉得满足与信赖的，但是到底这种感觉都失去的，什么都变成了曾经而已"。没有细腻的观察、自身的体验，是不可能有这样真挚的人生感受的。

蒋芸的散文灵秀清雅，对于青春与爱情隐含着一抹淡淡的哀愁。《才知道青春》全篇都流露出对青春韶光的珍惜与对它易逝的悲哀与惆怅。其中的一段是这样描写的："才知道青春，是一个不可能的梦；等到过了青春，才知道梦的永不可能；等到过了青春，才知道重回青春更是不可能的事；虽然青春不知道那些梦，也许还不真正做过梦，等到过了青春，才知道清醒果然是更深沉的梦"。

蒋芸在艺术手法上更为考究，他精心构置意境，描写形象，使文章更具魅力。《只是一缕轻烟》一篇，就很有代表性。文中写的是一个善吹萨克斯风的青年与"我"的一段梦幻似的深情。他很令"我"着迷："他殷勤依旧，我不知为什么低下头去，我只想去多想想他吹萨克斯风的那份沉醉，那份着迷……那时候他脸上闪着五颜六色的光。"文中的意境，也用得甚为巧妙，当青年离去后，"萨克斯风软绵绵的响在我的耳际""但我还在试探着眼前一条条的路，细雨像烟一样飘散着，你以及我对你的记忆都会像这阵烟一样轻了、淡了、近了"。这情与景的交融，达到了出神入化的境界、感人甚深。

思考与练习

1. 台湾文学的性质是什么？
2. 台湾文学的特点有哪些？
3. 台湾当代文学发展取得了哪些成就？
4. 香港文学的特点有哪些？

第十二章　文体作品选读

第一节　小说

天龙八部（故事梗概）

金庸

　　小说叙述云南大理国武林世家镇南王之子段誉，为逃避习武，来至无量山中，因种种机遇，学得一身古怪奇妙的武功，并先后结识少女钟灵、木婉清，他们互相悦慕。岂料此二人是父亲段正淳四处留情的私生女。四大恶人之首段延庆本该是大理国王位的真正继承人，因宫中内乱流落江湖。为报复保定帝，他捉到段誉和木婉清，欲使之兄妹乱伦，破坏段家清誉。大理国君臣斗智斗勇，终于战胜四大恶人，救出段誉。

　　吐蕃国大轮明王法王鸠摩智为抢大理国天龙寺武功绝学六脉神剑图谱，与天龙寺众高僧比武。段誉适逢其会，为救伯父保定帝，以深厚的内力为基础，一人使出六脉神剑，大败鸠摩智，后被鸠摩智用计擒住，带至姑苏武林世家、以"以彼之道，还施彼身"著名的慕容氏家中。在苏州，他遇见苦恋表哥慕容复的王语嫣，对她一见钟情，紧追不舍；后又在无锡松鹤楼与丐帮帮主，有中原武林"北乔峰"之誉的乔峰结为异性兄弟。

　　乔峰来姑苏，本是找慕容复了解丐帮副帮主马大元被自己成名绝技所杀一事，谁知帮内突然发生大乱，他被指证为契丹人。为解开自己的身世之谜，他北上少室山，找自己的养父乔三槐和恩师玄苦，可二人已被害身亡，目击之人皆认为是乔峰出手。他悲愤异常，百口莫辩，为救少女阿朱之命，大战聚贤庄，与天下英雄为敌，后见杀戮太多，想自刎以求解脱，却被一神秘的武林高手救走。在雁门关，他为自己的身世所苦恼、自卑，因见宋兵屠杀契丹百姓，如醍醐灌顶，立即顿悟，不再以契丹人自耻。为寻找仇人，他和阿朱往返千里，苦苦求索，途中情意互生，彼此爱恋，后又被马大元之妻所骗，以致失手打死假扮父亲段正淳的阿朱，悔恨终生。他答应阿朱，照料她的妹妹阿紫。

　　阿紫是星宿老怪丁春秋的徒弟，满身邪气，不以他人之是非为是非。乔峰带她至东北，从金人手中救出辽国皇帝耶律洪基，结为兄弟，帮助消除叛乱，被封为南院大王。逍遥派掌门人无崖子为寻找一个色艺双全、聪明伶俐的徒弟，设下珍珑棋局，为少林寺虚字辈弟子虚竹误撞解开。相貌不佳、为人愚直的小和尚成为逍遥派的掌门人后，又被灵鹫宫主天山童姥带至西夏皇宫中，尽得逍遥派真传。天山童姥与西夏王妃李秋水同归于尽后，虚竹成为灵鹫宫主人，并与跟随王语嫣而来的段誉结为兄弟。为向方丈忏悔自己的罪行，虚竹回到少林寺，适逢天下各路英雄齐至少林寺，有丐帮、星宿派、姑苏慕容、鸠摩智、大理段氏、四大恶人等。

　　原来阿紫在乔峰处耐不住寂寞，跑出游玩，被其师丁春秋毒瞎眼睛，幸亏已学得少林寺武学秘籍"易筋经"的聚贤庄公子游坦之对她热恋不已，并将她带至丐帮。游坦之受丐帮内奸全冠清利用，以武功夺得帮主之职，并向少林寺挑战，欲争夺武林盟主之位。乔峰为寻阿紫，也率燕云十八骑赶来，受到群雄围击。段誉、虚竹挺身而出，帮助大哥共同御敌。一场龙争虎斗，乔峰用降龙十八掌打倒游坦之，虚竹以生死符大败丁春秋，段誉将六脉神剑发挥得淋漓尽致，大胜慕容复。慕容复失尽颜面，举剑自刎，被一突然出现的灰衣老僧制止，并教训他身为大燕子孙，不可轻生。灰衣老僧正要与乔峰比武，又赶来一黑衣僧人，也就是当年救乔峰之人，他们是诈死的慕容博和大难不死的萧远山。

原来三十年前，慕容博为使中原武林与契丹结怨，假传消息，说契丹武士要往少林寺抢夺武功图谱，众武林豪杰在少林寺玄慈方丈的带领下前往雁门关伏击，杀死无辜的契丹武林高手萧远山的儿子和手下之人，萧远山奋力反抗，后见爱妻身亡，伤心跳崖，将周岁的儿子扔在昏迷的丐帮帮主汪剑通身旁，这个孩子就是乔峰——应该叫萧峰。萧远山跳崖后并没有死，隐姓埋名，潜入少林寺偷学武功。慕容博假传消息后，诈言身死，也不时去少林寺偷阅武林秘籍。玄慈杀死萧远山妻子侍从后，意识到自己被人欺骗，便和汪剑通一同托人照料萧峰。如今真相大白，萧峰苦苦追寻的凶手正是自己的父亲；而更叫人难以预料的是虚竹是玄慈与无恶不作的叶二娘所生之子，玄慈受少林寺规之罚后自尽，叶二娘殉情，萧远山、慕容博被少林寺藏经阁一神秘老僧点化，皈依佛门。

此时西夏国张榜招婿，众人相继赶来。慕容复为应招拒绝王语嫣的爱情；段誉救起伤心自杀的王语嫣，终于获得她的芳心；鸠摩智贪练少林武功，走火入魔，幸被段誉吸去全身功力，保住性命，大彻大悟，成为一代高僧；陪同段誉而来的虚竹是唯一能够回答西夏公主问题的人，原来公主是当初天山童姥偷来为虚竹破戒的梦姑，二人终于结为连理。

段誉回大理的途中，误入王语嫣的母亲、段正淳的另一个情人设计捉拿段正淳的庄园之中；段延庆擒住段正淳和他的夫人、情人们，也赶来这里，以杀死段誉要挟段正淳以皇位相让。正在危急时分，王妃刀白凤告诉段延庆，段誉是当年她为报复段正淳感情不专一而与叫化子段延庆所生之子。段延庆闻此，激动不已，一时不察，被慕容复下毒，内力全失。慕容复丧心病狂，欲拜段延庆为义父，竟杀死自己的部下和段正淳的四位情人，其中包括自己的舅妈王夫人，又举剑向刀白凤走去。段誉见母亲危急，挣脱绳索，打跑慕容复。段正淳、刀白凤自杀殉情，段延庆飘然远逝，段誉回大理继承皇位。

这一年，辽国发兵进攻宋朝，萧峰不愿生灵涂炭，中毒被囚。已换上游坦之眼睛的阿紫逃出辽国，传信中原，天下豪杰闻风而来，救出萧峰，并捉住辽国皇帝耶律洪基，逼他答应有生之年不向宋朝发兵。两军阵前，萧峰胁迫皇帝、愧对族人，自杀身亡；阿紫抱着心爱之人的尸体，挖出眼珠还给游坦之，跳下万丈悬崖；游坦之也高呼"阿紫"的名字，紧跟跳下；慕容复一心想做皇帝，最后发了疯。故事到此结束。

【导读】

金庸（1924—2018），浙江海宁人，是新派武侠小说最杰出的代表作家，被普遍誉为武侠小说作家的"泰山北斗"，更有"金迷"们尊称其为"金大侠"或"查大侠"。1939年，金庸15岁时曾经和同学一起编写了一本指导学生升初中的参考书《给投考初中者》，畅销内地，这是此类书籍在中国第一次出版，也是金庸出版的第一本书。1944年考入重庆国立政治大学外文系，因对国民党职业学生不满投诉被勒令退学，一度进入中央图书馆工作，后转入苏州东吴大学（今苏州大学）学习国际法。抗战胜利后回杭州进《东南日报》做记者，1948年在数千人参加的考试中脱颖而出，进入《大公报》，做编辑和收听英语国际电讯广播当翻译。不久

《大公报》香港版复刊，金庸南下到香港。

1950年，《大公报》所属《新晚报》创刊，金庸调任副刊编辑，主持"下午茶座"栏目，也做翻译、记者工作，与梁羽生（原名陈文统）一个办公桌，写过不少文艺小品和影评（笔名姚馥兰和林欢）。姚馥兰的意思是英文的Your friend（你的朋友）。1955年开写《书剑恩仇录》，在《大公报》与梁羽生、陈凡（百剑堂主）开设"三剑楼随笔"栏目，成为专栏作家。1957年进入长城电影公司，专职为编剧，写过《绝代佳人》《兰花花》《不要离开我》《三恋》《小鸽子姑娘》《午夜琴声》等剧本，合导过《有女怀春》《王老虎抢亲》。

新中国成立不久，金庸为了实现自己的理想来到北京，但由于种种原因而失望地回到香港，从而开始了武侠小说的创作。从20世纪50年代末至70年代初，金庸共写武侠小说15部，1972年宣布封笔，开始修订工作。

金庸博学多才，阅历丰富，文思敏捷，眼光独到。就武侠小说方面，他继承古典武侠小说之精华，开创了形式独特、情节曲折、描写细腻且深具人性和豪情侠义的新派武侠小说先河。举凡历史、政治、古代哲学、宗教、文学、艺术、电影等都有研究，作品中琴棋书画、诗词典章、天文历算、阴阳五行、奇门遁甲、儒道佛学均有涉猎，金庸还是香港著名的政论家、企业家、报人，曾获法国总统"荣誉军团骑士"勋章，为英国牛津大学董事会成员及两所学院荣誉院士，多家大学名誉博士。

金庸一支笔写武侠，一支笔纵论时局，享誉香江；少年游侠，中年游艺，老年游仙；为文可以风行一世，为商可以富比陶朱，为政可以参国论要，金庸一生的传奇，可谓多姿多彩。佛学对金庸的影响很大。在他的文学作品中处处可见金庸中庸平和的风格。

小说《天龙八部》以宋哲宗时代为背景，通过宋、辽、大理、西夏、吐蕃王国之间的武林恩怨和民族矛盾，从哲学的高度对人生和社会进行审视和描写，展示了一幅波澜壮阔的生活画卷。所谓"天龙八部"是佛经用语，包括八种神道怪物，作者以此为书名，旨在象征大千世界之中形形色色的人物。

《天龙八部》通过讲述虚构的辽宋时代的侠义故事，揭示了帝王霸业盛衰成败的一些根本原因，透露出作者敬天爱民的仁慈之心。北宋统治者不喜欢打仗，喜欢送东西。虽然北宋经济不错，但军事不够强，估计大辽全力攻下来，北宋就玩完，而普通老百姓就得面临辽兵的烧、杀、掳、掠，自然就会生活在水深火热中。正因为如此，萧峰才强迫大辽皇帝承诺不侵宋。而段誉在援救萧峰的行动上，又多了层国家利益的东西。虚竹倒是单纯得多。即使他贵为西夏国驸马，但估计他这个江湖门派的老大是不用顾及太多西夏国的利益的。至于丐帮等武林人士，皆有一腔热血，但易盲目排外，不能正确分辨是非。不过，在此历史背景下，却又显得真实而可爱。

当然，故事的出彩之处还在于性格鲜明、独特的人物。萧峰的大仁大义，段誉的痴情，虚竹的憨厚，王语嫣的冰雪聪明，段正醇的风流成性，段延庆的狭隘心胸……诸多人物，在金庸先生的笔下，活灵活现，具有浓厚的时代特色及主观价值追求。

和金庸的其他作品一样，《天龙八部》的文字通俗易懂，没有什么晦涩难懂的地方。有人借此批评金庸，但殊不知这恰是金庸的长处。金庸虽然追求语言清畅易懂，但绝不失灵动厚重，力求言简而意深。他的文字构建了深邃的意境，淋漓展示了人物个性，含蓄表达了小说思想。细细品之，倍觉醇香悠长。

游园惊梦(故事梗概)

白先勇

小说的主人公蓝田玉由一位昆曲清唱姑娘一跃成为钱将军夫人,也曾经风华骗跹,显赫一时,"筵席之间,十有八九的主位,倒是她占先的"。然而这一切都是"从前钱鹏志在的时候",现在她不过是一个落魄夫人。王谢堂前的燕子,落入了百姓人家,隐居在南部乡下,连台北现在流行短到膝盖上的旗袍风尚都已经不知晓了。十几年后,当年的连"出面请客都没份儿"的姐妹桂枝香已经熬成了正经的"窦夫人",出面办了"赏心乐事"昆曲票友会,邀请当年姐妹——五妹妹蓝田玉——现在的钱夫人来她的公馆赴宴,并请钱夫人在席上演唱她的拿手曲目《游园惊梦》。

跟随钱夫人的视角,进入窦公馆游宴。一场交织着数十年家国历史、几个人爱恨情仇、从大陆到台湾荣辱兴衰的惊天大"梦"徐徐展开。故事地点不断转换:公馆前厅—正厅—饭厅—客厅—露台,钱夫人一路逶迤行来,与故人新交应酬唱和,窦府的豪华绝美一一映入眼底,同时那些勾缠不清的前尘旧事也如一阙昆曲,总在她的颦眉敛首、沉吟忖度,在觥筹交错、人影喧哗间,不经意袭上心头,在她的意识内轰响不止。故事末尾,华宴落幕,曲终人散,只剩老去的人儿唏嘘感叹。

小说主要描述了钱夫人与窦夫人的前世今生与荣辱浮沉。过去的钱夫人,就是现在的窦夫人;今晚的窦夫人,就是明天的钱夫人。权势和显赫都是短暂的,梦一般,正如窦夫人今晚这栋"上上下下灯火通明,亮得好像烧着了一般"的大楼公馆,哪里持得了多久,转眼间就会灯火熄灭,烧成灰烬。还有两人的妹妹,十七月月红和十三天辣椒,用窦夫人桂枝香的话说"是亲妹子才有拣自己的姊姊往脚下踹"。两人都捡尽了姊姊的"便宜",前者和钱夫人"命中的冤孽"副官郑彦青纠缠一起,后者横空夺了姐姐的聘礼。当然还有郑彦青和程参谋,都是随从参谋,都是相貌英俊,甚至连姓"郑"和"程"都非常接近,他们都和上司的太太、妹妹有感情纠葛。

小说主要描写了两场宴会并形成对比。当年在南京梅园新村钱夫人替桂枝香请三十岁的生日酒,十几年后的现在在台北近郊的天母窦公馆办"赏心乐事"票友会。两场宴会,两位女主角,多处场景、人物的映射对比,尤其插入了重头戏——昆曲《游园惊梦》的演唱,前者在演唱《惊梦》时突然发现郑彦青和妹妹有纠葛导致倒了嗓没唱完,后者在宴席上发现窦夫人的妹妹和程参谋也纠缠在一起感觉"喉头好像让刀片猛割了一下",被邀请演唱《惊梦》时推称"不能唱了"。两处不同的时空,似曾相识却又完全不同的上场人物,园是"游"了,而"梦"终是惊醒了。回不去的曾经,认不清的现实。

【导读】

白先勇 1958 年 9 月读完大学一年级时在夏济安主编的《文学杂志》发表第一篇小说《金大奶奶》。1960 年与台大同学王文兴、陈若曦、欧阳子等创办了后来很有影响的刊物《现代文学》,早期所作小说大多发于这本刊物。1963 年到美国爱荷华大学研究小说理论和创作,获硕士学位后一直在加州大学任教。

白先勇在小说《游园惊梦》中有意识地采用了叙事学方法及互文性思路。小说在外视角叙述中加入局部人物的内视角，并把两种叙述视角相互结合、穿插，进而通过内视角的回顾性叙事，自然转入意识流中的诗意表达。与此同时，中国文学的丰厚传统给予作品互文性以极大便利，并营造了"人在戏中，戏在戏中"等多方面的艺术效果。由此，又构成了梦醒时分的宽阔的阐释空间。

在《游园惊梦》中，由于"人在戏中"和"戏在戏中"，所以，所谓的意蕴已经不独属于汤显祖笔下的《牡丹亭》，或者昆曲的《游园惊梦》，而具有形而上的性质。具体地说，相当于康德哲学中的"物自体"的恒久不变、独立存在的意味，更衬托出人生变换不居的永恒悲剧命运。

白先勇在小说《游园惊梦》里因为"戏中戏"的营构，失落、批判等意义已经不具体有所指，抽象程度进一步提高。大自然的美好生发出独立存在的永恒意味，与之对应，人则是短暂的。所以"姹紫嫣红开遍"也好，"良辰美景"也好，"赏心乐事"也好，作为客观的存在，都不固定地属于哪个地点、哪个时间、哪个人家，是永远的"物自体"，以此映照出人世的变迁和短暂。白先勇是人类灵魂的探险者和人生哲学的发现者，他在形而上的探索中加进了自己的理解。

几度夕阳红（故事梗概）

琼瑶

《几度夕阳红》讲述了抗战时，梦竹、明远、孝城、慕天之间的爱情故事。

战时，梦竹、明远、孝城读艺专，慕天读中大，梦竹和慕天皆出身富有人家，梦竹家教森严，两人深深相爱。梦竹因早有婚约，被母亲软禁不许与慕天往来，梦竹在奶妈帮助下逃出家门与慕天订婚，但不知慕天早有妻子，慕天欲回昆明，梦竹想同行，被慕天阻止。慕天回家不料妻子蕴文难产，一时无法启齿。后提出离婚遭到家庭的强烈反对。梦竹发现有了身孕，去昆明找慕天，谁知慕天外出，却遇到蕴文，蕴文阴毒的离间使梦竹痛不欲生。明远一直爱着梦竹，此时向梦竹求婚，当慕天终与妻离婚回到重庆时，梦竹已嫁给了明远。孝城告诉慕天，梦竹曾去昆明找他，慕天始知真相。

"秋风清，秋月明。落叶聚还散，寒鸦栖复惊。相思相见知何日，此时此夜难为情。秋夜静，独自对残灯。啼笑非非谁识我，坐行梦梦尽缘君。何所慰消沉？风卷雨，雨复卷侬心，心似欲随风雨去，茫茫大海任浮沉。无爱亦无憎！"

【导读】

琼瑶16岁在《晨光》杂志发表小说《云影》，高中阶段在各报刊发表小说、散文200篇，成为台湾岛内有名的中学生作家。1963年在平鑫涛主持的台北皇冠出版社出版了长篇小说《窗外》，一举闻名文坛。

她以文学创作为业。从1964年开始，先后由台北皇冠出版社出版了近50部小说，并相继改编成电影电视剧,产生了长久的社会影响,在华语文坛形成了一种历时30多年而不衰的"琼瑶现象"。她的作品大多以爱情为主题,以生活言情题材取胜,富有浓厚的情感色彩和文化精神,描写中国的人生、人情、传统伦理道德,又将传统观念和现代意识、艺术美感融会贯通,和谐统一,打动了亿万读者、观众的心。作品的构思巧妙,文笔淡雅,以情动人,深受少男少女的喜爱,也颇受各阶层人们的欣赏。

她的主要作品有:中长篇小说《六个梦》《烟雨濛濛》《几度夕阳红》《庭院深深》《心有千千结》《一帘幽梦》《在水一方》《我是一片云》《月朦胧鸟朦胧》《聚散两依依》《问斜阳》《青青河边草》《水云间》和散文集《不曾失落的日子》、游记《剪不断的乡愁》、自传《我的故事》等。她的作品先后在台湾、香港、大陆出版发行,印数巨大,影响深远。1990年,她的《六个梦》在大陆拍摄成电视连续剧《婉君》(19集)、《哑妻》(17集)、《六朵花》(11集),开其作品在大陆重拍之先河。之后,她的许多作品被大陆影视业搬上银幕和荧屏。1998年、1999年,她的新作《还珠格格》由湖南经济电视台拍摄成两部巨集电视连续剧,在台、港、大陆上演后,引起很大反响。

在一系列故事中,《几度夕阳红》的爱情故事是最深刻的。不管是何慕天对李梦竹十九年的思念,还是杨明远对李梦竹默默的奉献,在那看似平淡的叙述中,读者会发现他们都是多么深切地爱着梦竹。何慕天那保存了十九年的木匣子,那每当夕阳西下时的回忆,杨明远那苦苦耕耘了大半生的劳作甚至不惜磨光了自己身上所有的艺术细胞,这都不只是奉献而是真正对于爱情的执着。而梦竹在何慕天与杨明远中,她作出了理智的抉择,这就是人格的升华。对于何慕天,虽然他不能与梦竹共同生活,但他只要知道梦竹依然是那么爱着他,这就够了,人生还有什么奢求呢?

虽然有有情之人不能终相厮守的不满与遗憾,但是现在看来,这是一种人生的妥协、不完美中的平衡,惆怅之余多了些许无奈,有了几分理解。假设琼瑶结局时让梦竹回到了慕天的怀抱,那么还有韵味吗?还有这么强烈的感叹吗?我们还会思考讨论吗?这么多年来人们还会记住他么?

在《几度夕阳红》的第三部里,何慕天和李梦竹相见时,生活优越的何慕天问梦竹是否还作诗,梦竹凄然一笑,慢慢地道:"书、画、琴、棋、诗、酒、花,当年件件不离它,如今诸事皆更变,柴、米、油、盐、酱、醋、茶!"李梦竹由只会吟吟诗、填填词、赏花弄月的娇小姐,到了一个被柴米油盐困住的妇人,其间的辛酸可想而知。许多的人认为琼瑶的小说完全是脱离实际的梦想,《几度夕阳红》显然不是。正是这种实际生活上的穷窘,才使得杨明远的自卑有了可能。《几度夕阳红》虽是琼瑶的前期作品,但琼瑶是编造故事的天才,她把两代人的爱情纠葛戏剧性地扭结在一起,由此掀起一阵阵情感的漩涡。琼瑶到底是受中国传统教育太深,她在两代人的爱情中所表现的价值观与道德观,实际上是同中国文化中富于人情味的价值观、伦理观一脉相承的。她的小说的爱情观、婚姻观基本上是追求发自内心的爱、忠贞不渝的爱、有道德的爱、虽然他们不顾一切地相爱,但是他们始终没有超越传统伦理道德的规范。《几度夕阳红》中的李梦竹最终还是留在了杨明远身边,而且其后的《寒烟翠》,也是这样的结局。

琼瑶在《几度夕阳红》中还倾吐了她自己对母亲复杂的感情。李梦竹在寻找何慕天受到打击后,回来的第一件事便是想回到母亲的身边,向她承认自己的错,可母亲已经去世了,梦竹这时回忆起母亲所说的话："我做的一切，都是为了你好，如果你不是我的女儿，我也不要来管束你，就因为你是我的女儿，我关心你，爱护你，才宁愿让你恨我，而要保护你的名誉，维持你的清白。"梦竹直到这时才体会到了母亲的可贵。在这里，琼瑶移情和升华了她和母亲之间复杂难解的情结。

总括而言，在琼瑶的爱情王国，爱情是滋润女性自我禀赋与活力的源头。没有爱情，女性的自我就会枯萎凋零。在这种情况下，琼瑶的女性形象无可避免地显得被动和消极。事实上，在五四时期，"爱情"这个概念是一种公众性的意识形态，主要是对中国父权制度的反叛和挑战，但在琼瑶的言情小说里则完全属于私人领域，对爱情的描述也纯粹由女性的立场出发，这亦是被李敖等人批评为女主角面目苍白的理由。然而，这样一个梦幻世界推到了极致也有其意识形态上的助力，逆转了父权家庭中尊卑阶层的权利和义务关系，使拥有资源及力量的父母或男性，在感情和道德的召唤下，对一无所有的子女，特别是女性全心全意的奉献。这亦是言情小说的精神所在。

第二节　诗歌

乡愁（作者：余光中，原诗略）

【导读】

乡愁，是中国诗歌一个历史常新的普遍主题，余光中多年来写了许多以乡愁为主题的诗篇，《乡愁》就是其中情深意长、音调动人的一首。

正像中国大地上许多江河都是黄河与长江的支流一样，余光中虽然身居海岛，但是作为一个挚爱祖国及其文化传统的中国诗人，他的乡愁诗从内在感情上继承了我国古典诗歌中的民族感情传统，具有深厚的历史感与民族感。同时，台湾和大陆人为的长期隔绝、飘流到孤岛上去的千千万万人的思乡情怀，客观上具有以往任何时代的乡愁所不可比拟的特定的广阔内容。余光中作为一个离开大陆三十多年的当代诗人，他的作品也必然会烙上深刻的时代印记。

《乡愁》一诗，侧重写个人在大陆的经历，那年少时的一枚邮票，那青年时的一张船票，甚至那未来的一方坟墓，都寄寓了诗人的绵长乡关之思，而这一切在诗的结尾升华到了一个新的高度："而现在/乡愁是一湾浅浅的海峡/我在这头/大陆在那头。"有如百川奔向东海，有如千峰朝向泰山，诗人个人的悲欢与巨大的祖国之爱、民族之恋交融在一起，而诗人个人经历的倾诉，也因为结尾的感情的燃烧而更为撩人愁思了，正如诗人自己所说："纵的历史感，横的地域感。纵横相交而成十字路口的现实感。"这样，诗人的《乡愁》是我国民族传统的乡愁诗在新的时代和特殊的地理条件下的变奏，具有以往的乡愁诗所不可比拟的广度和深度。

在意象的撷取和提炼上，这首诗具有单纯而丰富之美。乡愁，本来是大家所普遍体验却难以捕捉的情绪，如果找不到与之对应的独特的美的意象来表现，那将不是流于一般化的平庸，就是堕入抽象化的空泛。《乡愁》从广远的时空中提炼了四个意象：邮票、船票、坟墓、海峡。它们是单纯的,但绝不是简单,而是明朗、集中、强烈,没有旁逸斜出意多文乱的芜蔓之感;它们又是丰富的,但绝不是堆砌,而是含蓄,有张力,能诱发读者多方面的联想。在意象的组合方面,《乡愁》以时间的发展来综合意象,可称为意象递进。"小时候""长大后""后来啊""而现在",这种表时间的时序像一条红线贯穿全诗,概括了诗人漫长的生活历程和对祖国的绵绵怀念,前面三节诗如同汹涌而进的波涛,到最后轰然汇成了全诗的九级浪。

《乡愁》的形式美也令人瞩目。它的形式美一方面表现为结构美,另一方面表现为音乐美。《乡愁》在结构上呈现出寓变化于传统的美。统一,就是相对地均衡、匀称;段式、句式比较整齐,段与段、句与句之间又比较和谐对称。变化,就是避免统一走向极端,而追逐那种活泼、流动而生机蓬勃之美。《乡愁》共四节。每节四行,节与节之间相当均衡对称。但是,诗人注意了长句与短句的变化调节,从而使诗的外形整齐中有参差之美。《乡愁》的音乐美,主要表现在回旋往复、一唱三叹的美的旋律,其中的"乡愁是——"与"在这头……在那(里)头"的四次重复,加之四段中"小小的""窄窄的""矮矮的""浅浅的"在同一位置上的重叠词运用,使得全诗低回掩抑,如怨如诉。而"一枚""一张""一方""一湾"的数量词的运用,不仅表现了诗人的语言功力,而且加强了全诗的音韵之美。

《乡愁》,是有如音乐中柔美而略带哀伤的"回忆曲",是游子深情而美的恋歌。

你的名字(作者:纪弦,原诗略)

【导读】

纪弦(1913—2013),祖籍陕西,生于河北,曾居住扬州。原名路逾,曾用笔名路易斯和青空律等。1933年毕业于苏州美专。1936年留学日本,回国后从事教育工作。1948年到台湾,任教于台北成功中学。1974年因病退休。16岁开始诗歌创作,作品有《摘星的少年》《饮者诗钞》《槟榔树》(5册)和《在飞扬的时代》《无人岛》《纪弦诗选》《五八诗草》等诗集,以及诗论《纪弦诗论》,诗评集《新诗论集》《纪弦论现代诗》等。他于1953年创办《现代诗》季刊,提倡新现实主义。其诗不讲究押韵、平仄,语随其意,以自然为美,不拘形式。被誉为台湾现代派诗的创始人,对台湾诗坛的新诗运动产生了重要影响。

《你的名字》是一首别开生面的爱情诗。诗中没有出现一个爱字,而是鬼使神差地选取了人所忽视的对方的名字为吟咏对象,在平凡中酿出了不平凡的艺术美酒。

这首18行抒情诗,以"用了世界上最轻最轻的声音/轻轻地唤你的名字每夜每夜"开头,中间以一节一系列比喻形容名字的灿烂,再以一节刻写动作来写名字,终以"轻轻轻轻轻轻地唤你的名字"结束,结构单纯而明朗,但主旨却是朦胧的。文字浅显易懂,内涵却很丰富。

全诗喃喃自语而滔滔不绝,轻轻而充满深情地呼唤"你的名字",赞美你的名字。可"你"是谁?是爱人,是情人,是朋友,还是一个抽象的悬念?是家乡,还是祖国?作者虽然没有明确交代,我们却可以想象到许多的诗美。谈情者误为情人,说爱者误为爱人,乐山水者误为山水,思念祖国者目为祖国,正是在这样的不定中,使诗美得到了无限的扩展。

诗中如日、如星、如灯、如钻石、如火花、如闪电、如原始森林的燃烧等鲜明生动的博喻，在读者的脑海里也烙下了难忘的印象。此诗没有直白地呼喊，而是以伴随轻声呼唤的动作的展开来表达绵绵不尽的情绪。诗从唤、写、画转入梦，是从实写暗渡到虚比。又从梦跳到此刻，是从虚比回渡到实写。诗情在这虚实的交替中显得活泼多姿。诗的选句虽较随意却很自然，句子放长收短非常自由，但诗人用深情的线将其结合在一起，首尾照应，结构紧凑而完整。字句的重叠与反复，旋律层层逼紧急促，充分表达了倾诉爱慕之情时的紧迫感，似乎能听见主人公的心跳。

思考与练习

1. 分析《天龙八部》的深刻思想内涵。
2. 《游园惊梦》是如何体现白先勇小说将传统表现手法与现代主义技巧相结合的特征的？
3. 以《几度夕阳红》为例，分析琼瑶小说的鲜明特色。
4. 《乡愁》是如何使抽象的情感意象化的？
5. 《你的名字》是如何抒发诗人的思想感情的？

参考文献

[1] 北京大学，等. 中国现代文学史参考资料·文学运动史料选[M]. 上海：上海教育出版社，1979.

[2] 王自立. 中国现当代文学[M]. 北京：高等教育出版社，1996.

[3] 苏光文，胡国强. 20世纪中国文学发展史[M]. 重庆：西南师范大学出版社，1996.

[4] 苏光文，胡国强. 20世纪中国文学作品选读[M]. 重庆：西南师范大学出版社，1997.

[5] 叶鹏. 中外文学作品导读[M]. 北京：中国人民大学出版社，1998.

[6] 曹廷华，胡国强. 中华当代文学史[M]. 重庆：西南师范大学出版社，1993.

[7] 吴宏聪，范伯群. 中国现代文学史[M]. 武汉：武汉大学出版社，2001.

[8] 钱理群. 中国现当代文学名著导读[M]. 北京：北京大学出版社，2002.

[9] 钱理群，温儒敏，吴福辉. 中国现代文学三十年：修订本[M]. 北京：北京大学出版社，2012.

[10] 鲁迅. 鲁迅全集（编年版）：第2卷[M]. 北京：人民文学出版社，2014.

[11] 胡建军，郭恋东. 中国现代文学作家作品选读[M]. 上海：上海交通大学出版社，2013.

[12] 郁达夫. 郁达夫经典作品选[M]. 北京：当代世界出版社，2013.

[13] 李葆琰. 文学研究会小说选[M]. 北京：人民文学出版社，2011.

[14] 鲁迅，等. 最好的小说[M]，北京：中国华侨出版社，2013.

[15] 温儒敏. 中外文学作品导读[M]. 北京：外语教学与研究出版社，2012.

[16] 孙光萱，张新，戴达. 新诗鉴赏辞典（重编本）[M]. 上海：上海辞书出版社，2013.

[17] 洪子诚，程光炜. 中国新诗百年大典：第3卷[M]. 武汉：长江文艺出版社，2013.

[18] 张治富. 经典诵读诗文精选[M]. 北京：清华大学出版社，2013.

[19] 朱自清. 匆匆：朱自清散文[M]，杭州：浙江文艺出版社，2014.

[20] 鲁迅. 鲁迅散文·诗全集[M]. 郑州：河南人民出版社，1994.

[21] 冰心. 冰心经典作品选[M]. 北京：当代世界出版社，2007.

[22] 周作人. 周作人经典[M]. 海口：南海出版公司，2001.

[23] 林志浩. 中国现代文学史：上、下[M]. 北京：中国人民大学出版社，1984.

[24] 钱谷融. 中国现代文学作品选读[M]. 上海：华东师范大学出版社，1988.

[25] 唐弢. 中国现代文学史简编[M]. 上海：复旦大学出版社，2008.

[26] 洪子诚. 中国当代文学作品选[M]. 北京：北京大学出版社，2008.

[27] 温儒敏. 中国现当代文学专题研究[M]. 北京：北京大学出版社，2011.

[28] 程光炜，等. 中国现代文学史[M]. 北京：中国人民大学出版社，2000.

[29] 朱栋霖，朱晓进，龙泉明. 中国现代文学史（1917—2000）[M]. 北京：北京大学出版社，2007.

[30] 颜敏，王嘉良. 中国现当代文学史[M]. 上海：上海教育出版社，2009.
[31] 严家炎，孙玉石. 中国现代文学作品精选[M]. 北京：北京大学出版社，2001.
[32] 钱谷融. 中国现当代文学作品选：下卷[M]. 上海：华东师范大学出版社，2008.
[33] 张义波. 解析莫言《红高粱家族》的故事及其现实意义[J]. 山花，2014（14）.
[34] 钱翰. 细读《面朝大海 春暖花开》[J]. 学灯，2006（12）.
[35] 薛正昌. 贾平凹创作的文化涵蕴[J]. 青海师范大学学报，1997（2）.
[36] 张伯存. 王小波的文学世界[J]. 齐鲁学刊，2009（4）.
[37] 孙郁. 当代文学经典读本[M]. 北京：北京大学出版社，2015.
[38] 魏向丹. 近十年陈忠实《白鹿原》研究综述[J]. 文学教育（上），2011（9）.
[39] 周爱荣. 浅析刘震云《一地鸡毛》的艺术风格[J]. 长城，2012（6）.
[40] 陈思和. 中国当代文学史教程[M]. 上海：复旦大学出版社，1999.
[41] 王安忆. 心灵世界——王安忆小说讲稿[M]. 上海：复旦大学出版社，2007.
[42] 余盛详，王慧英. 生活的苦难 艺术的审美——试析余华《活着》[J]. 黑河学刊，2010（9）.
[43] 孙冰，徐巍. 中国现当代文学精典导读[M]. 上海：学林出版社，2011.
[44] 白杨. 台港文学[M]. 长春：吉林大学出版社，2009.
[45] 田锐生. 台港文学主流[M]. 郑州：河南大学出版社，1996.
[46] 潘亚暾. 台港文学导论[M]. 北京：高等教育出版社，1990.
[47] 陶德宗. 百年中华文学中的台港文学[M]. 巴蜀书社，2003.
[48] 党秀臣. 中国现当代文学[M]. 北京：高等教育出版社，1994.